U0037880

I PLAY 音樂手冊

MY SONGBOOK

歌曲索引

二字部

三字部

四字部

五字部

六字部

七字部

八字部

九字部

英文字部

調性＼級數	I	II	III	IV	V	VI	VII
C	C	Dm	Em	F	G	Am	Bdim.
C♯/D♭	D♭	E♭m	Fm	G♭	A♭	B♭m	Cdim.
D	D	Em	F♯m	G	A	Bm	C♯dim.
D♯/E♭	E♭	Fm	Gm	A♭	B♭	Cm	Ddim.
E	E	F♯m	G♯m	A	B	C♯m	D♯dim.
F	F	Gm	Am	B♭	C	Dm	Edim.
F♯/G♭	G♭	A♭m	B♭m	C♭	D♭	E♭m	Fdim.
G	G	Am	Bm	C	D	Em	F♯dim.
G♯/A♭	A♭	B♭m	Cm	D♭	E♭	Fm	Gdim.
A	A	Bm	C♯m	D	E	F♯m	G♯dim.
A♯/B♭	B♭	Cm	Dm	E♭	F	Gm	Adim.
B	B	C♯m	D♯m	E	F♯	G♯m	A♯dim.

※各調之七級和弦Xdim.彈奏Xdim7(減七和弦)即可

各調級數和弦表

Key：E
Play：C
男調：A 女調：E
4/4 ♩=115

童年

詞 / 羅大佑 曲 / 羅大佑 唱 / 張艾嘉

彈奏參考

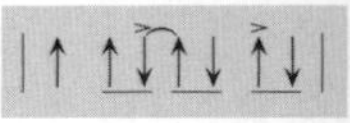

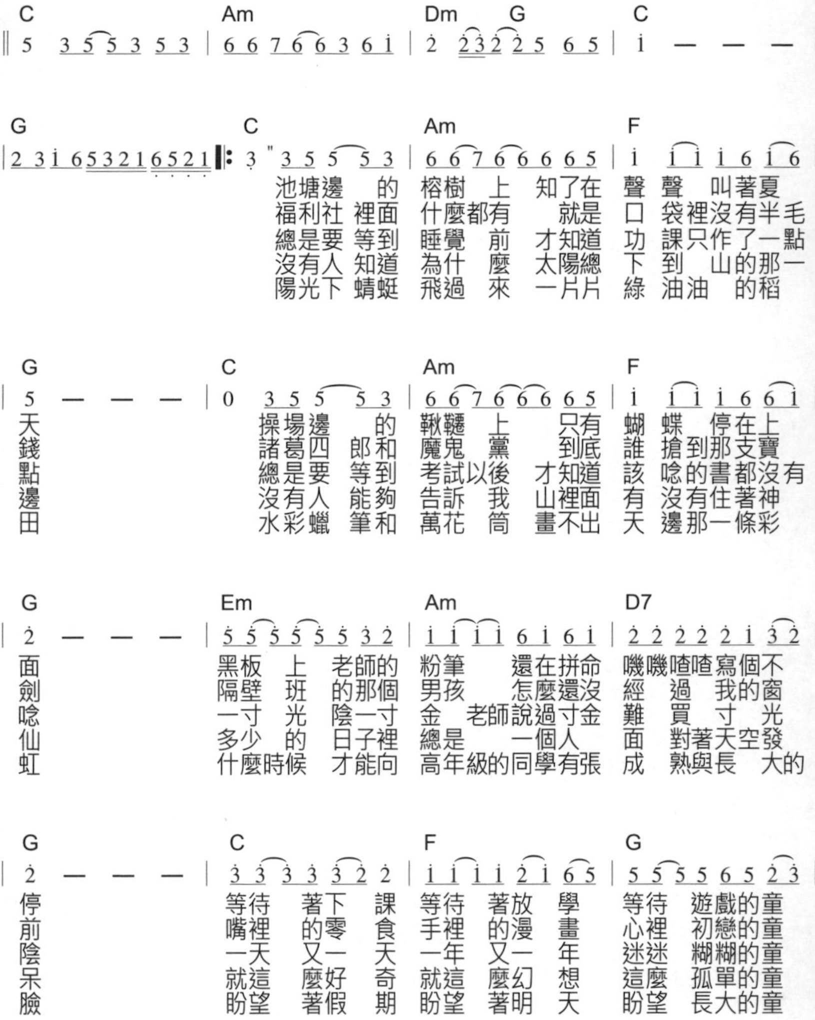

| ↑ ↑↓↑↓ ↑↓ |

C | Am | Dm G | C

‖ 5 3 5 5 3 5 3 | 6 6 7 6 6 3 6 i | 2 2 3 2 2 5 6 5 | i — — — |

G | C | Am | F

| 2 3 i 6 5 3 2 1 6 5 2 1 ‖: 3 3 5 5 5 3 | 6 6 7 6 6 6 6 5 | i i i i 6 i 6 |

池塘邊 的 榕樹 上 知了在 聲 聲 叫著夏
福利社 裡面 什麼都有 就是 口 袋裡沒有半毛
總是要 等到 睡覺 前 才知道 功 課只作了一點
沒有人 知道 為什 麼 太陽總 下 到 山的那一
陽光下 蜻蜓 飛過 來 一片片 綠 油油 的稻

G | C | Am | F

| 5 — — — | 0 3 5 5 5 3 | 6 6 7 6 6 6 6 5 | i i i i 6 6 i |

天 操場邊 的 鞦韆 上 只有 蝴 蝶 停在上
錢 諸葛四 郎和 魔鬼 黨 到底 誰 搶到那支寶
點 總是要 等到 考試以後 才知道 該 唸的書都沒有
邊 沒有人 能夠 告訴 我 山裡面 有 沒有住著神
田 水彩蠟 筆和 萬花 筒 畫不出 天 邊那一條彩

G | Em | Am | D7

| 2 — — — | 5 5 5 5 5 5 3 2 | i i i i 6 i 6 i | 2 2 2 2 2 i 3 2 |

面 黑板 上 老師的 粉筆 還在拼命 嘰嘰喳喳寫個不
劍 隔壁 班 的那個 男孩 怎麼還沒 經 過 我的窗
唸 一寸 光 陰一寸 金 老師說過寸金 難 買 寸 光
仙 多少 的 日子裡 總是 一個人 面 對著天空發
虹 什麼時候 才能向 高年級的同學有張 成 熟與長 大的

G | C | F | G

| 2 — — — | 3 3 3 3 3 2 2 | i i i i 2 i 6 5 | 5 5 5 5 6 5 2 3 |

停 等待 著下 課 等待 著放 學 等待 遊戲的童
前 嘴裡 的零 食 手裡 的漫 畫 心裡 初戀的童
陰 一天 又一 天 一年 又一 年 迷迷 糊糊的童
呆 就這 麼好 奇 就這 麼幻 想 這麼 孤單的童
臉 盼望 著假 期 盼望 著明 天 盼望 長大的童

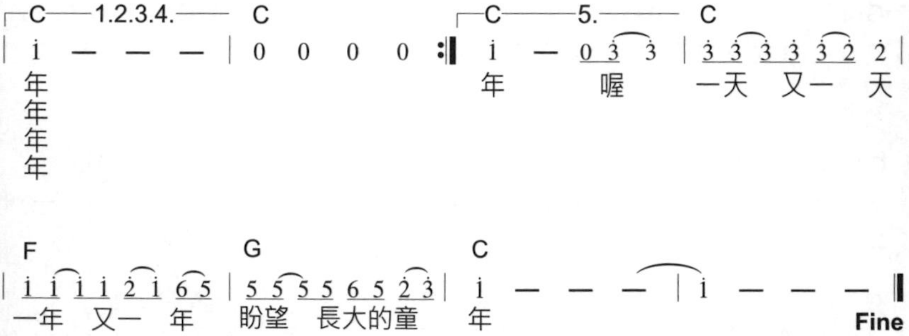

C 1.2.3.4. | C | C 5. | C

1 — — — | 0 0 0 0 :‖ 1 — 0 3 3 | 3 3 3 3 3 2 2 |

年 年 年 年 | | 年 喔 | 一天 又一 天

F | G | C

| 1 1 1 1 2 1 6 5 | 5 5 5 5 6 5 2 3 | 1 — — — | 1 — — — ‖

一年 又一 年 | 盼望 長大的童 | 年

Fine

Key：B
Play：G
男調：G 女調：D
4/4 ♩=120

認錯

詞 / 李驥　曲 / 李驥　唱 / 優克李林

彈奏參考

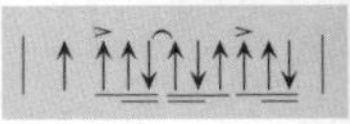

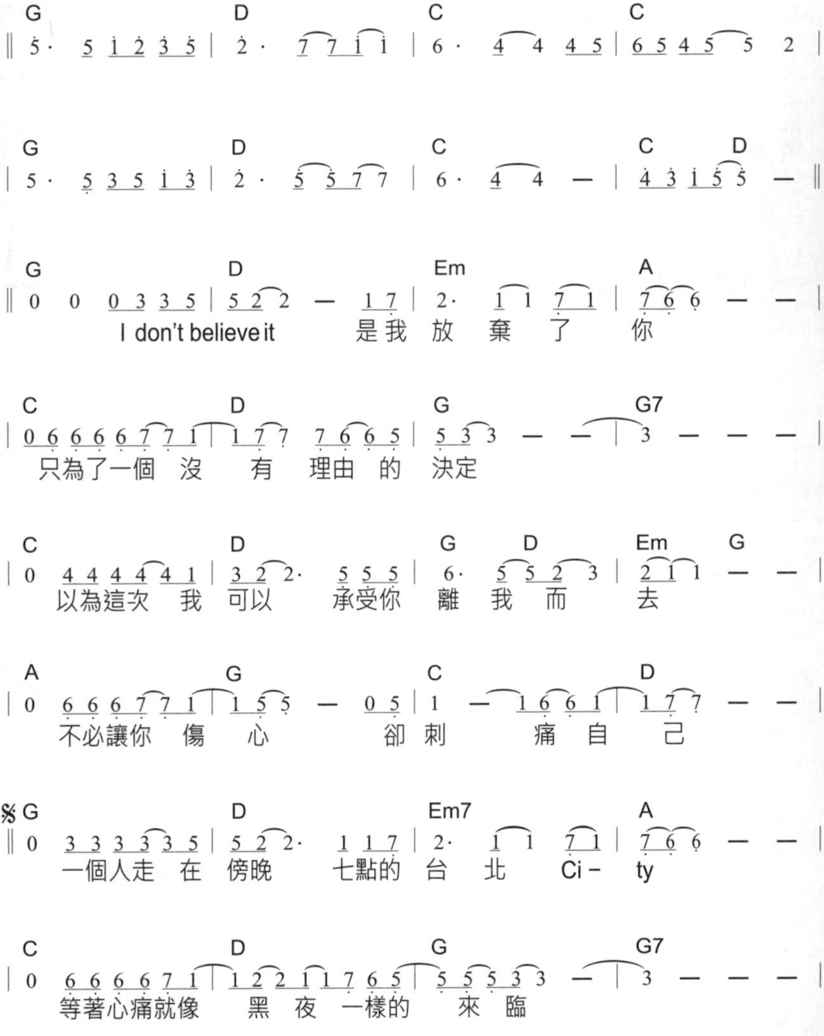

| ↑ ↑↑↓↑↓↑↑↓ |

G　D　C　C
‖ 5· 5 1 2 3 5 | 2· 7 7 1 1 | 6· 4 4 4 5 | 6 5 4 5 5 2 |

G　D　C　C　D
| 5· 5 3 5 1 3 | 2· 5 5 7 7 | 6· 4 4 — | 4 3 1 5 5 — ‖

G　D　Em　A
‖ 0 0 0 3 3 5 | 5 2 2 — 1 7 | 2· 1 1 7 1 | 7 6 6 — — |
I don't believe it 是我 放 棄 了 你

C　D　G　G7
| 0 6 6 6 6 7 7 1 | 1 7 7 7 6 6 5 | 5 3 3 — — | 3 — — — |
只為了一個 沒 有 理由 的 決定

C　D　G　D　Em　G
| 0 4 4 4 4 4 1 | 3 2 2· 5 5 5 | 6· 5 5 2 3 | 2 1 1 — — |
以為這次 我 可以 承受你 離 我 而 去

A　G　C　D
| 0 6 6 6 7 7 1 | 1 5 5 — 0 5 | 1 — 1 6 6 1 | 1 7 7 — — |
不必讓你 傷 心 卻 刺 痛 自 己

𝄋 G　D　Em7　A
‖ 0 3 3 3 3 3 5 | 5 2 2· 1 1 7 | 2· 1 1 7 1 | 7 6 6 — — |
一個人走 在 傍晚 七點的 台 北 Ci－ ty

C　D　G　G7
| 0 6 6 6 6 7 1 | 1 2 2 1 1 7 6 5 | 5 5 5 3 3 — | 3 — — — |
等著心痛就像 黑 夜 一樣的 來 臨

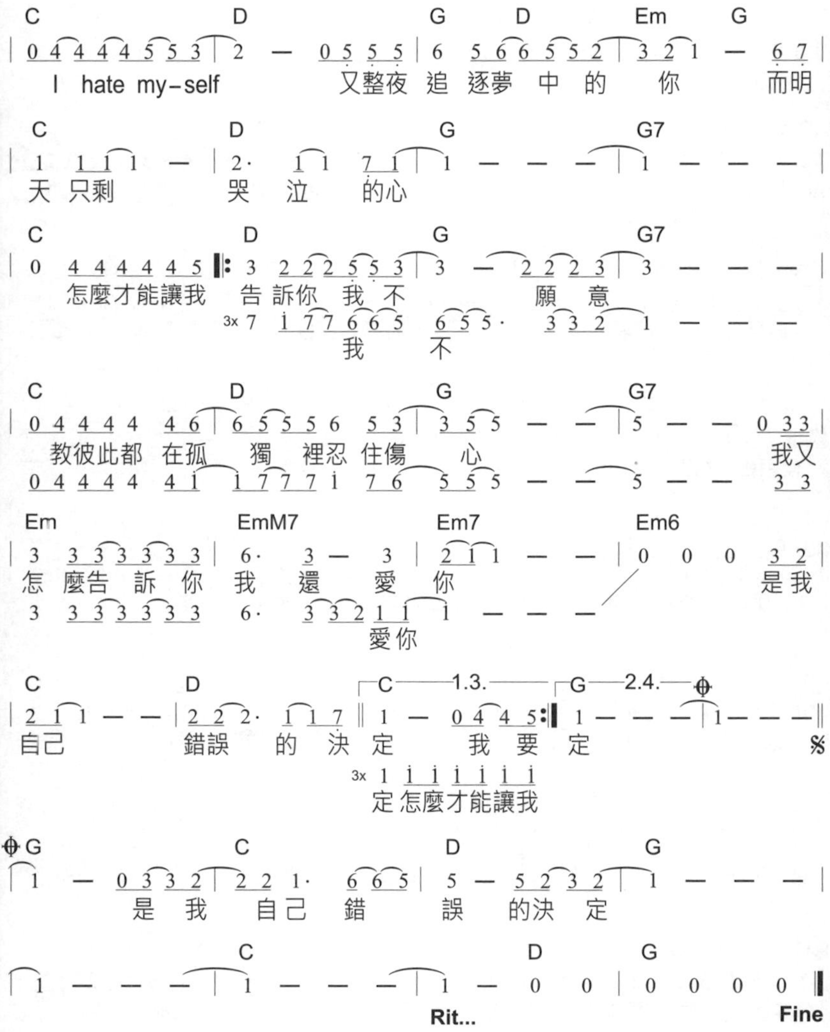

C D G D Em G
| 0 4 4 4 4 5 5 3 | 2 — 0 5 5 5 | 6 5 6 6 5 5 2 | 3 2 1 — 6 7 |
I hate my-self 又整夜 追 逐夢 中 的 你 而明

C D G G7
| 1 1 1 1 — | 2· 1 1 7 1 | 1 — — — | 1 — — — |
天 只剩 哭 泣 的心

C D G G7
| 0 4 4 4 4 4 5 |: 3 2 2 2 5 5 3 | 3 — 2 2 2 3 | 3 — — — |
怎麼才能讓我 告 訴你 我 不 願 意
3x 7 1 7 7 6 6 5 6 5 5· 3 3 2 1 — — —
我 不

C D G G7
| 0 4 4 4 4 4 6 | 6 5 5 5 6 5 3 | 3 5 5 — — | 5 — — 0 3 3 |
教彼此都 在孤 獨 裡忍 住傷 心 我又
0 4 4 4 4 4 1 1 7 7 7 1 7 6 5 5 5 — — 5 — — 3 3

Em EmM7 Em7 Em6
| 3 3 3 3 3 3 3 | 6· 3 — 3 | 2 1 1 — — | 0 0 0 3 2 |
怎 麼告 訴 你 我 還 愛 你 是我
3 3 3 3 3 3 3 6· 3 3 2 1 1 1 — — —
愛你

C D C 1.3. G 2.4.
| 2 1 1 — — | 2 2 2· 1 1 7 || 1 — 0 4 4 5 :|| 1 — — — | 1 — — — ||
自己 錯誤 的 決 定 我 要 定 𝄋
3x 1 1 1 1 1 1 1
定怎麼才能讓我

𝄌 G C D G
| 1 — 0 3 3 2 | 2 2 1· 6 6 5 | 5 — 5 2 3 2 | 1 — — — |
是 我 自己 錯 誤 的決 定

C D G
| 1 — — — | 1 — — — | 1 — 0 0 | 0 0 0 0 ||
Rit... Fine

Key：C
Play：C
男調：C 女調：G
4/4 ♩=60

分享

詞 / 姚謙 曲 / 伍思凱 唱 / 伍思凱

彈奏參考

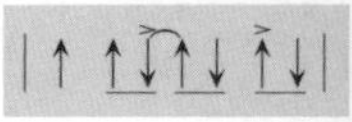

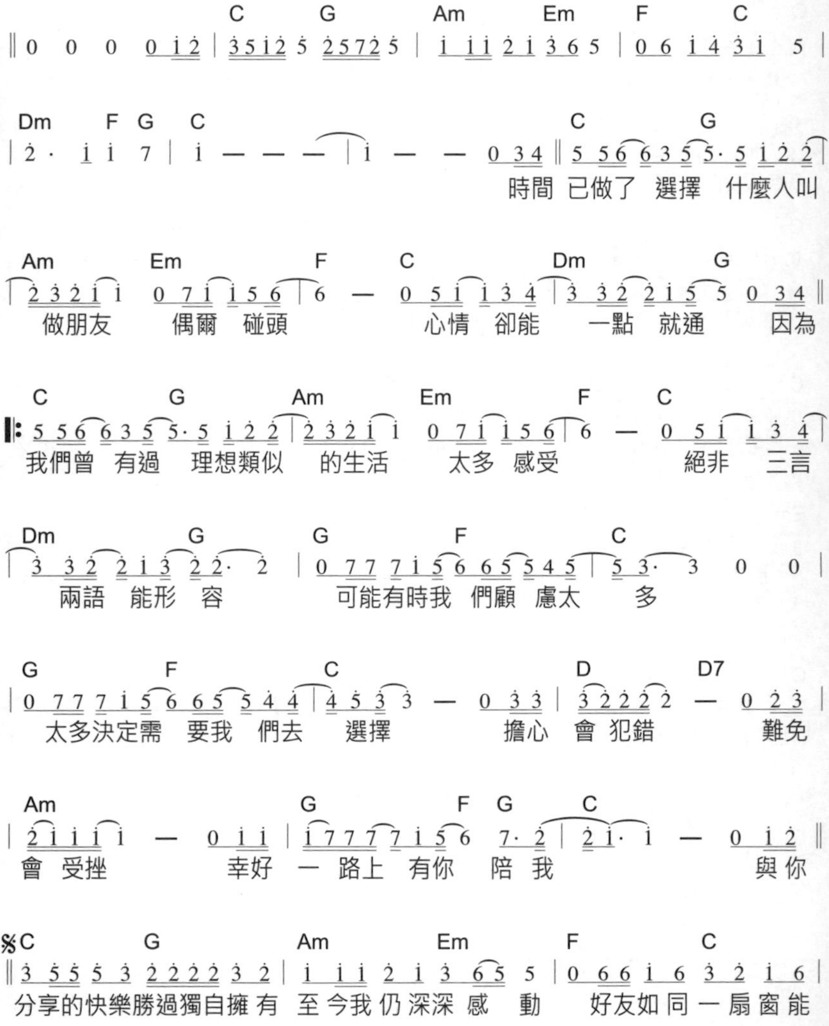

C G Am Em F C
‖ 0 0 0 0 1 2 | 3 5 1 2 5 2 5 7 2 5 | 1 1 1 2 1 3 6 5 | 0 6 1 4 3 1 5 |

Dm F G C C G
| 2· 1 1 7 | 1 — — — | 1 — — 0 3 4 ‖ 5 5 6 6 3 5 5· 5 1 2 2 |
時間 已做了 選擇 什麼人叫

Am Em F C Dm G
| 2 3 2 1 1 0 7 1 1 5 6 | 6 — 0 5 1 1 3 4 | 3 3 2 2 1 5 5 0 3 4 ‖
做朋友 偶爾 碰頭 心情 卻能 一點 就通 因為

C G Am Em F C
‖: 5 5 6 6 3 5 5· 5 1 2 2 | 2 3 2 1 1 0 7 1 1 5 6 | 6 — 0 5 1 1 3 4 |
我們曾 有過 理想類似 的生活 太多 感受 絕非 三言

Dm G G F C
| 3 3 2 2 1 3 2 2· 2 | 0 7 7 7 1 5 6 6 5 5 4 5 | 5 3· 3 0 0 |
兩語 能形 容 可能有時我 們顧 慮太 多

G F C D D7
| 0 7 7 7 1 5 6 6 5 5 4 4 | 4 5 3 3 — 0 3 3 | 3 2 2 2 2 — 0 2 3 |
太多決定需 要我 們去 選擇 擔心 會 犯錯 難免

Am G F G C
| 2 1 1 1 1 — 0 1 1 | 1 7 7 7 7 1 5 6 7· 2 | 2 1· 1 — 0 1 2 ‖
會 受挫 幸好 一 路上 有你 陪 我 與 你

𝄋C G Am Em F C
‖ 3 5 5 5 3 2 2 2 2 3 2 | 1 1 1 2 1 3 6 5 5 | 0 6 6 1 6 3 2 1 6 |
分享的快樂勝過獨自擁有 至今我仍深深 感 動 好友如同一扇窗能

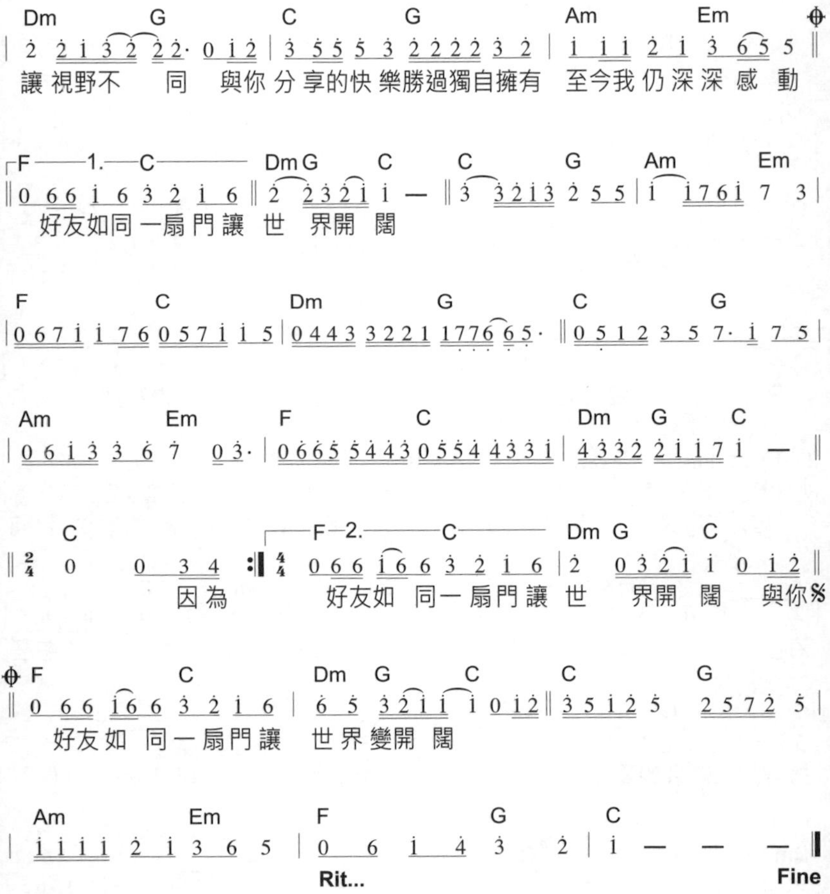

Dm G C G Am Em

| 2 2 1 3 2 2 2· 0 1 2 | 3 5 5 5 3 2 2 2 2 3 2 | 1 1 1 2 1 3 6 5 5 ‖

讓視野不 同 與你分享的快樂勝過獨自擁有 至今我仍深深感動

F 1. C Dm G C C G Am Em

‖ 0 6 6 1 6 3 2 1 6 ‖ 2 2 3 2 1 1 — ‖ 3 3 2 1 3 2 5 5 | 1 1 7 6 1 7 3 |

好友如同一扇門讓 世 界開 闊

F C Dm G C G

| 0 6 7 1 1 7 6 0 5 7 1 1 5 | 0 4 4 3 3 2 2 1 1 7 7 6 6 5· ‖ 0 5 1 2 3 5 7· 1 7 5 |

Am Em F C Dm G C

| 0 6 1 3 3 6 7 0 3· | 0 6 6 5 5 4 4 3 0 5 5 4 4 3 3 1 | 4 3 3 2 2 1 1 7 1 — ‖

C F 2. C Dm G C

‖ 2/4 0 0 3 4 :‖ 4/4 0 6 6 1 6 6 3 2 1 6 | 2 0 3 2 1 1 0 1 2 ‖

因為 好友如 同一扇門讓 世 界開 闊 與你𝄋

𝄌 F C Dm G C C G

‖ 0 6 6 1 6 6 3 2 1 6 | 6 5 3 2 1 1 1 0 1 2 ‖ 3 5 1 2 5 2 5 7 2 5 |

好友如 同一扇門讓 世界變開 闊

Am Em F G C

| 1 1 1 1 2 1 3 6 5 | 0 6 1 4 3 2 | 1 — — — ‖

Rit... Fine

Key：D
Play：C
男調：F　女調：C
4/4 ♩=60

淚海

詞／季忠平、許常德　曲／季忠平　唱／許茹芸

彈奏參考
| ↑ ↑↑↓ ↑ ↑↑↓ |

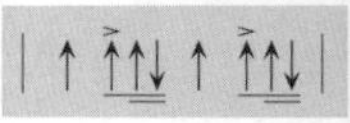

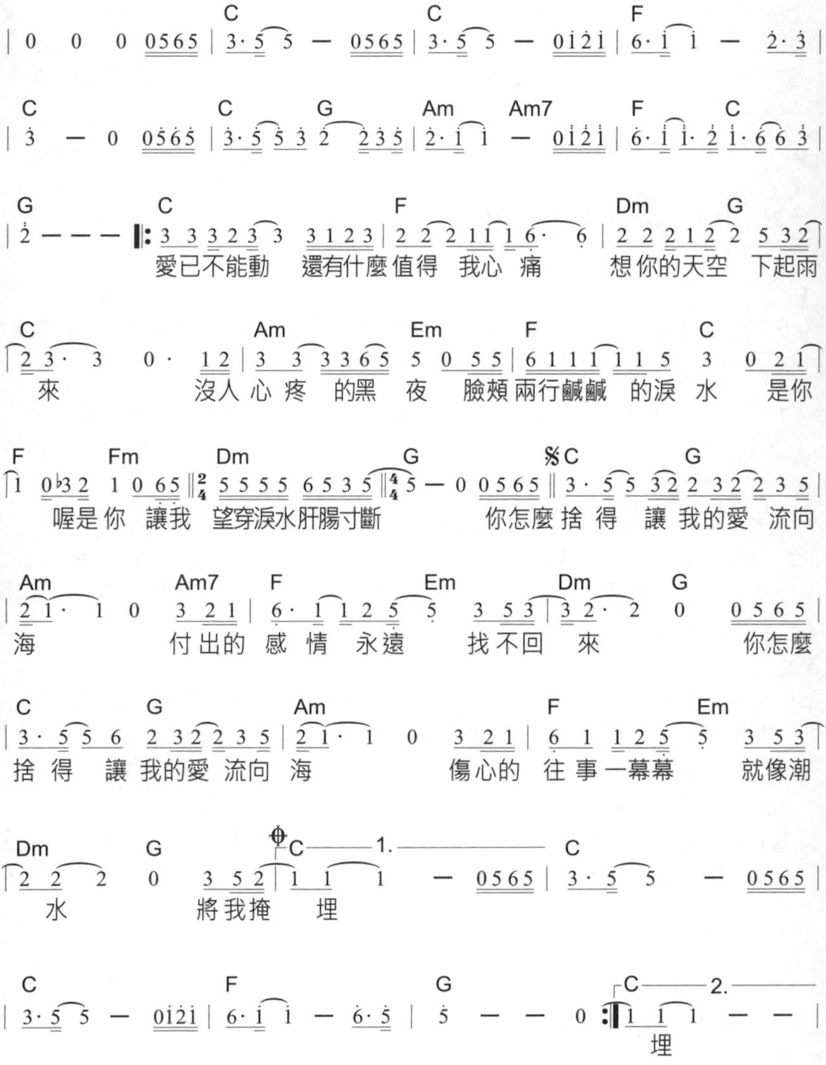

C　C　F
| 0 0 0 0565 | 3·5 5 — 0565 | 3·5 5 — 0121 | 6·1 1 — 2·3 |

C　C　G　Am　Am7　F　C
| 3 — 0 0565 | 3·5 5 3 2 235 | 2·1 1 — 0121 | 6·1 1·2 1·6 6 3 |

G　C　F　Dm　G
| 2 — — — |: 3 3 3 2 3 3 3123 | 2 2 2 1 1 1 6· 6 | 2 2 2 1 2 2 5 3 2 |
愛已不能動　還有什麼值得　我心　痛　想你的天空　下起雨

C　Am　Em　F　C
| 2 3· 3 0· 12 | 3 3 3 3 6 5 5 0 5 5 | 6 1 1 1 1 1 5 3 0 2 1 |
來　沒人心疼　的黑　夜　臉頰兩行鹹鹹　的淚　水　是你

F　Fm　Dm　G　𝄋C　G
| 1 0♭32 1 0 65 ‖ 2/4 5555 6535 ‖ 4/4 5 — 0 0565 ‖ 3·5 5 32 2 32 235 |
喔是你　讓我　望穿淚水肝腸寸斷　你怎麼捨得　讓　我的愛　流向

Am　Am7　F　Em　Dm　G
| 2 1· 1 0 3 21 | 6·1 1 2 5 5 3 5 3 | 3 2· 2 0 0565 |
海　付出的　感　情　永遠　找不回　來　你怎麼

C　G　Am　F　Em
| 3·5 5 6 2 32 235 | 2 1· 1 0 3 21 | 6 1 1 2 5 5 3 5 3 |
捨　得　讓　我的愛　流向　海　傷心的　往　事一幕幕　就像潮

Dm　G　ΦC 1.　C
| 2 2 2 0 3 5 2 | 1 1 1 — 0565 | 3·5 5 — 0565 |
水　將我掩　埋

C　F　G　C 2.
| 3·5 5 — 0121 | 6·1 1 — 6·5 | 5 — — 0 :| 1 1 1 — — |
埋

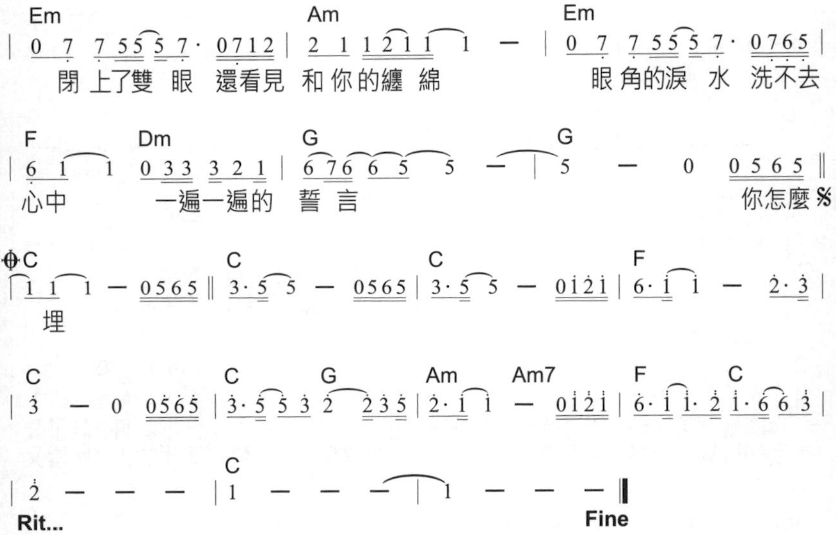

Em Am Em

閉上了雙 眼 還看見 和你的纏 綿 眼角的淚 水 洗不去

F Dm G G

心中 一遍一遍的 誓 言 你怎麼

C C C F

埋

C C G Am Am7 F C

C

Rit... Fine

Key：G
Play：G-F-G
男調：G 女調：D
4/4 ♩=103

情書

彈奏參考

詞 / 姚若龍 曲 / 戚小戀 唱 / 張學友

Em C D G Em Am
| 0 0 0 1 7 5 ‖ 3 — 4 — | 2 3 4 3 3 2 | 1 · 2 2 · 2 |

D Am D G Em C
| 2 — — 0 5 | 4 3 4 3 3 2 2 3 | 3 2 1 3 | 1 — — — |

D G G Em
| 1 7 6 7 | 1 — — — |: 0 5 6 1 2 3 2 1 | 2 1 6 1 1 — |
1x 妳瘦了憔悴得讓 我好心疼
2.3x 妳醉了脆弱得藏 不住淚痕

G Em C D Bm Em
| 0 5 6 1 2 3 2 1 | 2 1 6 6 6 0 6 5 | 6 1 6 2 2 0 5 | 5 3 5 6 6 3 2 1 |
有時候愛情比時 間還殘忍 把人 變得盲目 而 奮不顧身 忘了愛
我知道絕望比冬 天還寒冷 妳恨 自己是個 怕 孤獨的人 偏偏又

Am D 1. D 2.3. D C
| 0 1 1 6 3 2 | 2 1 6 2 2 — :| 5 3 2 2 — | 0 0 0 0 ‖
要兩個同 樣 用心的人 的 靈魂
愛上自由自私
2.3x 0 1 6 3 3 3 3

Bm Em Bm Em
‖ 0 7 7 5 2 2 5 | 2 1 7 7 7 1 1 | 0 7 7 5 2 2 2 1 | 2 3 5 3 3 0 3 4 |
妳帶著 他 唯一 寫過的情 書 想證明當初愛得 並不糊塗 他曾

C Bm Em C D
| 5 1 1 1 1 1 6 | 5 6 5 5 1 1 | 0 1 1 6 3 3 3 3 | 3 2 1 5 5 — |
為 了妳 的逃離 頹 廢痛 苦 也為了破鏡重圓 抱著妳哭

D G Em Bm
| 5 — 0 5 6 5 ‖ 5 6 1 5 6 5 1 | 2 3 2 3 3 5 3 1 | 0 7 7 6 7 7 6 |
喔可惜 愛 不是幾滴眼淚 幾封情書 喔 這樣的 話 或許

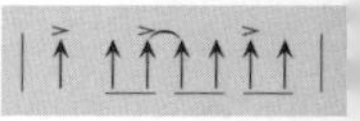

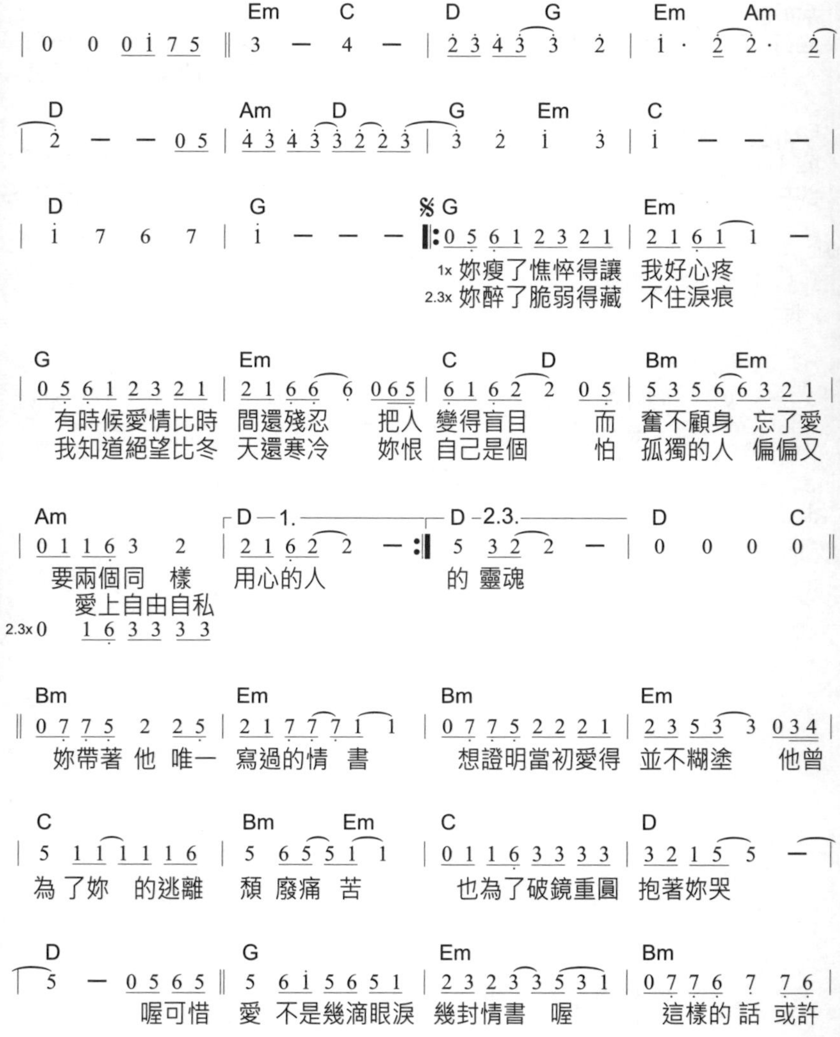

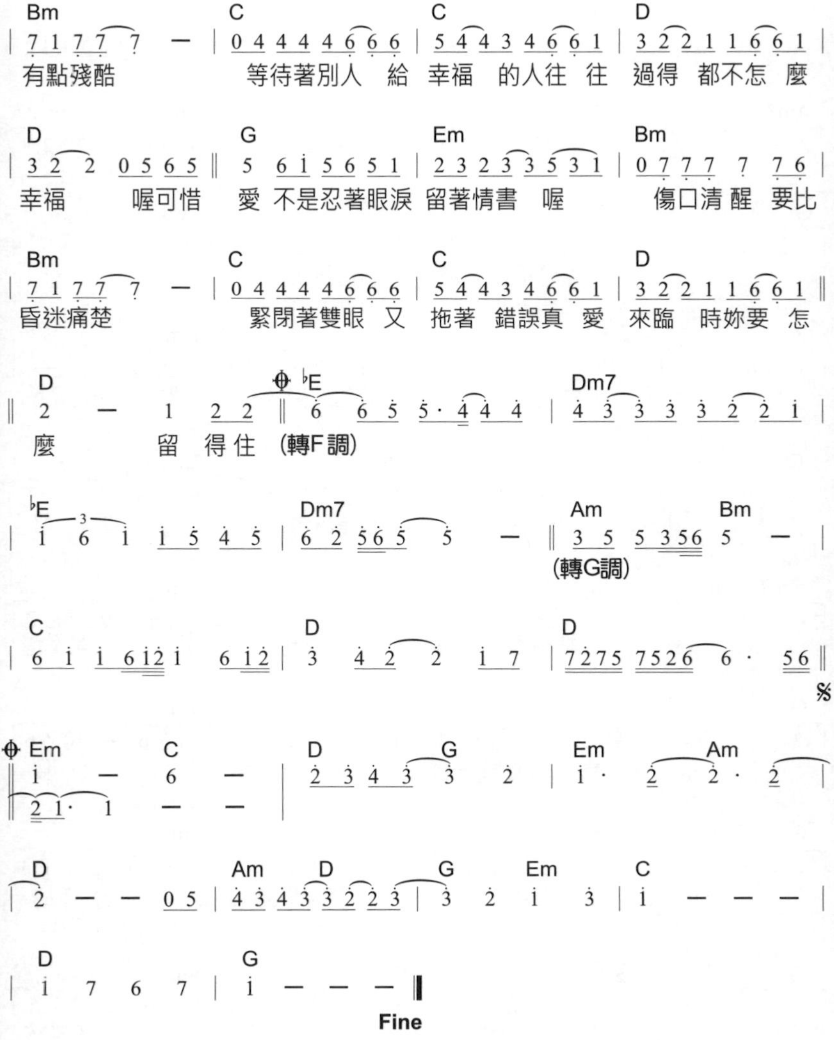

Bm C C D

| 7 1 7 7 7 — | 0 4 4 4 4 6 6 6 | 5 4 4 3 4 6 6 1 | 3 2 2 1 1 6 6 1 |

有點殘酷 等待著別人 給 幸福 的人往 往 過得 都不怎 麼

D G Em Bm

| 3 2 2 0 5 6 5 ‖ 5 6 1 5 6 5 1 | 2 3 2 3 3 5 3 1 | 0 7 7 7 7 7 6 |

幸福 喔可惜 愛 不是忍著眼淚 留著情書 喔 傷口清 醒 要比

Bm C C D

| 7 1 7 7 7 — | 0 4 4 4 4 6 6 6 | 5 4 4 3 4 6 6 1 | 3 2 2 1 1 6 6 1 ‖

昏迷痛楚 緊閉著雙眼 又 拖著 錯誤真 愛 來臨 時妳要 怎

D ⊕ ♭E Dm7

‖ 2 — 1 2 2 ‖ 6 6 5 5· 4 4 4 | 4 3 3 3 3 2 2 1 |

麼 留 得 住 (轉F調)

♭E Dm7 Am Bm

| 1 6 1 (3) 1 5 4 5 | 6 2 5 6 5 5 — ‖ 3 5 5 3 5 6 5 — |

(轉G調)

C D D

| 6 1 1 6 1 2 1 6 1 2 | 3 4 2 2 1 7 | 7 2 7 5 7 5 2 6 6 · 5 6 ‖

𝄋

⊕ Em C D G Em Am

‖ 1 — 6 — | 2 3 4 3 3 2 | 1 · 2 2 · 2 |

‖ 2 1· 1 — — |

D Am D G Em C

| 2 — — 0 5 | 4 3 4 3 3 2 2 3 | 3 2 1 3 | 1 — — — |

D G

| 1 7 6 7 | 1 — — — ‖

Fine

Key：D♭
Play：C
男調：G 女調：C
4/4 ♩=84

解脫

詞 / 姚若龍 曲 / 許華強 唱 / 張惠妹

彈奏參考

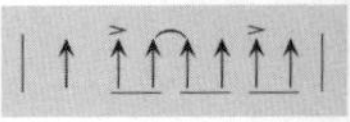

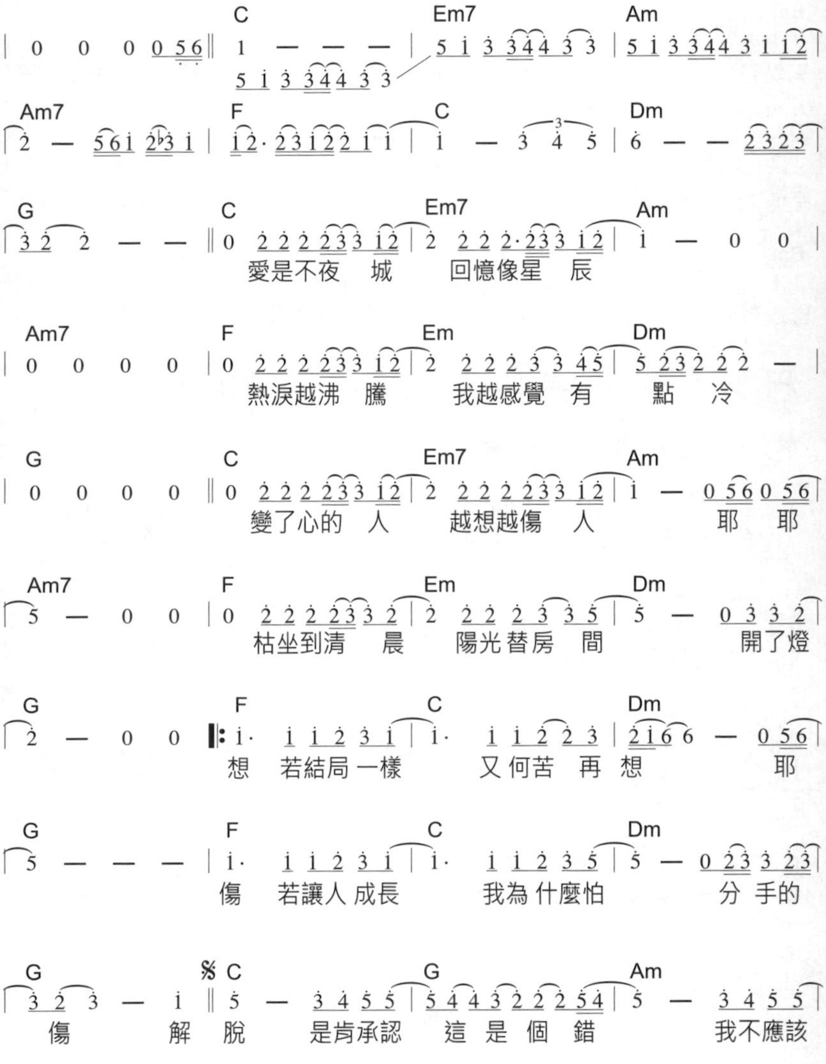

C Em7 Am

Am7 F C Dm

G C Em7 Am
愛是不夜城 回憶像星辰

Am7 F Em Dm
熱淚越沸騰 我越感覺有 點 冷

G C Em7 Am
變了心的人 越想越傷人 耶 耶

Am7 F Em Dm
枯坐到清晨 陽光替房間 開了燈

G F C Dm
想 若結局一樣 又何苦 再 想 耶

G F C Dm
傷 若讓人成長 我為什麼怕 分 手的

G 𝄋 C G Am
傷 解 脫 是肯承認 這是個錯 我不應該

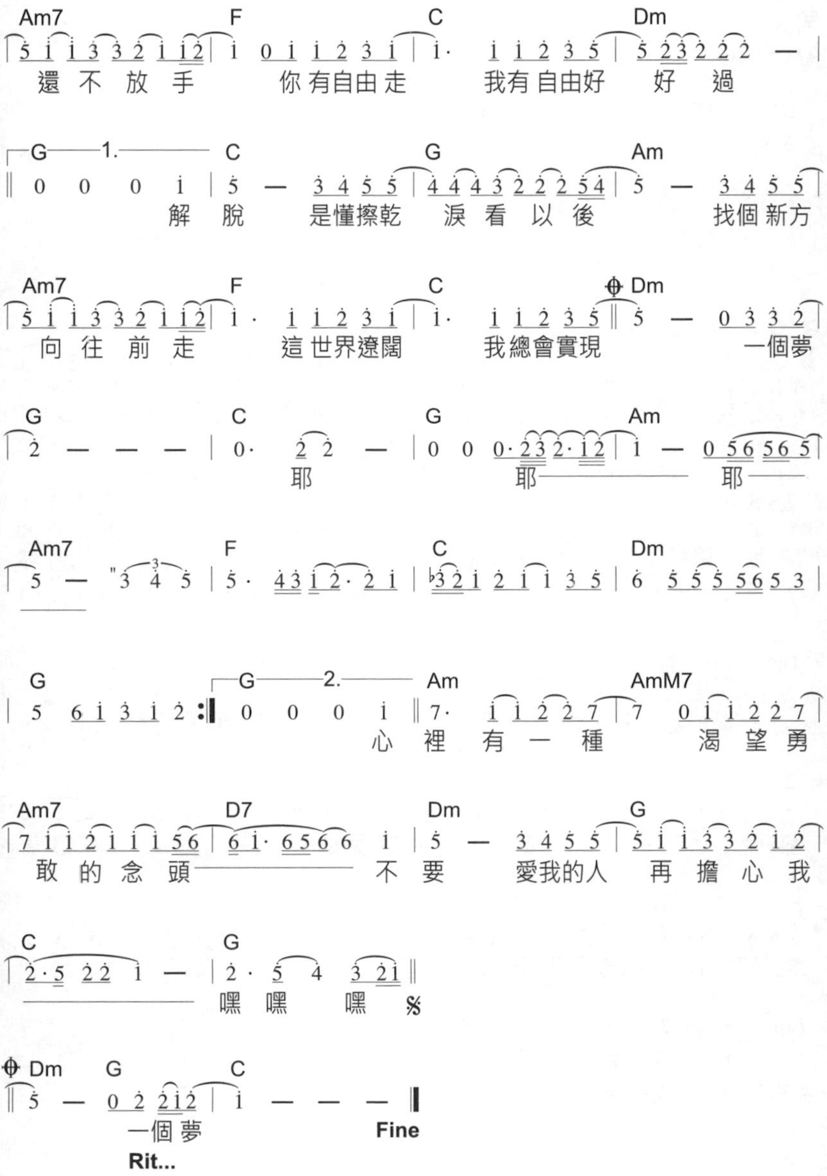

Am7 F C Dm
| 5 1 1 3 3 2 1 1 2 | 1 0 1 1 2 3 1 | 1· 1 1 2 3 5 | 5 2 3 2 2 2 2 — |
還 不 放 手 你有自由走 我有自由好 好 過

G 1. C G Am
‖ 0 0 0 1 | 5 — 3 4 5 5 | 4 4 4 3 2 2 2 5 4 | 5 — 3 4 5 5 |
解 脫 是懂擦乾 淚 看 以 後 找個新方

Am7 F C 𝄌 Dm
| 5 1 1 3 3 2 1 1 2 | 1 · 1 1 2 3 1 | 1· 1 1 2 3 5 ‖ 5 — 0 3 3 2 |
向 往 前 走 這世界遼闊 我總會實現 一個夢

G C G Am
| 2 — — — | 0· 2 2 — | 0 0 0· 2 3 2· 1 2 | 1 — 0 5 6 5 6 5 |
耶 耶—— 耶——

Am7 F C Dm
| 5 — "3 4 5 | 5 · 4 3 1 2· 2 1 | ♭3 2 1 2 1 1 3 5 | 6 5 5 5 5 6 5 3 |

G G 2. Am AmM7
| 5 6 1 3 1 2 :‖ 0 0 0 1 ‖ 7· 1 1 2 2 7 | 7 0 1 1 2 2 7 |
心 裡 有 一 種 渴 望 勇

Am7 D7 Dm G
| 7 1 1 2 1 1 1 5 6 | 6 1· 6 5 6 6 1 | 5 — 3 4 5 5 | 5 1 1 3 3 2 1 2 |
敢 的 念 頭—— 不 要 愛我的人 再 擔 心 我

C G
| 2 · 5 2 2 1 — | 2 · 5 4 3 2 1 ‖
—— 嘿 嘿 嘿 𝄋

𝄌 Dm G C
‖ 5 — 0 2 2 1 2 | 1 — — — ‖
一個夢 **Fine**

Rit...

Key：B♭
Play：C
男調：D 女調：A
4/4 ♩=60

聽海

詞 / 林秋離 曲 / 涂惠源 唱 / 張惠妹

彈奏參考

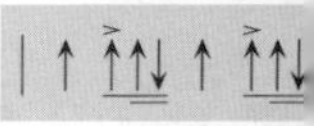

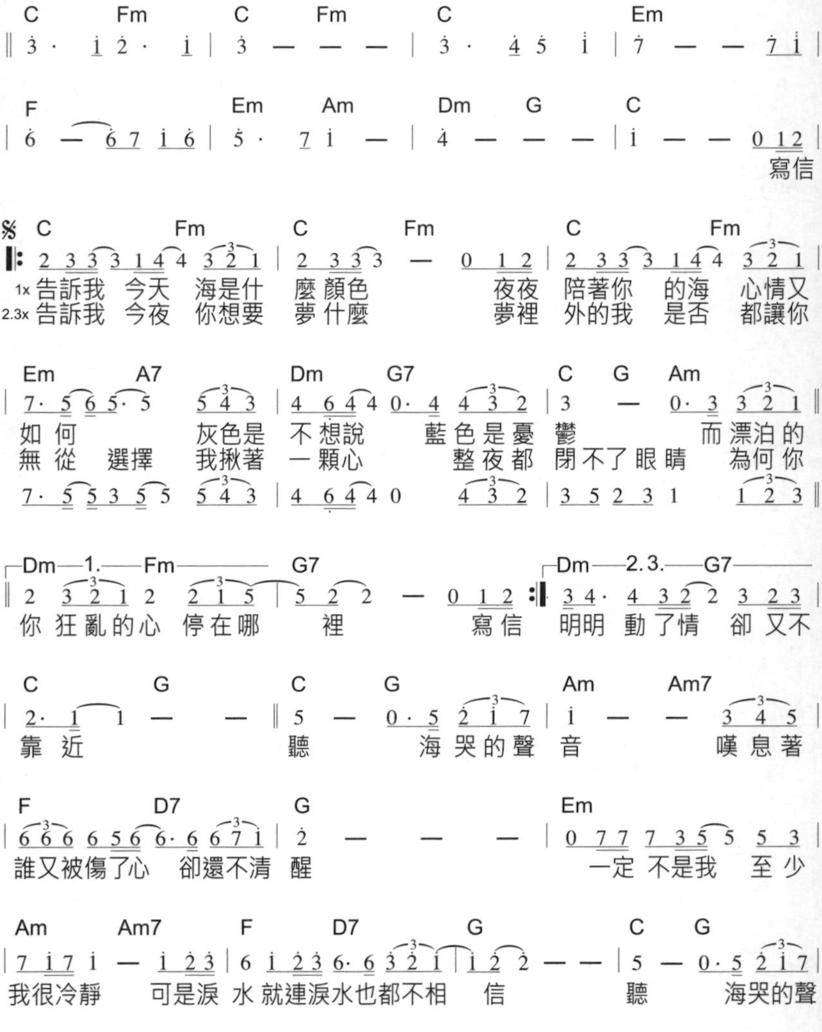

C Fm C Fm C Em
‖ 3 · 1 2 · 1 | 3 — — — | 3 · 4 5 1 | 7 — — 7 1 |

F Em Am Dm G C
| 6 — 6 7 1 6 | 5 · 7 1 — | 4 — — — | 1 — — 0 1 2 |
寫信

𝄋 C Fm C Fm C Fm
‖: 2 3 3 3 1 4 4 3 2 1 | 2 3 3 3 — 0 1 2 | 2 3 3 3 1 4 4 3 2 1 |
1x 告訴我 今天 海是什 麼顏色 夜夜 陪著你 的海 心情又
2.3x 告訴我 今夜 你想要 夢什麼 夢裡 外的我 是否 都讓你

Em A7 Dm G7 C G Am
| 7· 5 6 5· 5 5 4 3 | 4 6 4 4 0· 4 4 3 2 | 3 — 0· 3 3 2 1 ‖
如何 灰色是 不想說 藍色是憂 鬱 而漂泊的
無從 選擇 我揪著 一顆心 整夜都 閉不了眼睛 為何你
7· 5 5 3 5 5 5 4 3 | 4 6 4 4 0 4 3 2 | 3 5 2 3 1 1 2 3 ‖

Dm 1. Fm G7 Dm 2.3. G7
‖ 2 3 2 1 2 2 1 5 | 5 2 2 — 0 1 2 :‖ 3 4 · 4 3 2 2 3 2 3 |
你狂亂的心 停在哪 裡 寫信 明明 動了情 卻又不

C G C G Am Am7
| 2· 1 1 — — ‖ 5 — 0 · 5 2 1 7 | 1 — — 3 4 5 |
靠近 聽 海哭的聲 音 嘆息著

F D7 G Em
| 6 6 6 6 5 6 6· 6 6 7 1 | 2 — — — | 0 7 7 7 3 5 5 5 3 |
誰又被傷了心 卻還不清 醒 一定 不是我 至少

Am Am7 F D7 G C G
| 7 1 7 1 — 1 2 3 | 6 1 2 3 6· 6 3 2 1 | 1 2 2 — — | 5 — 0 · 5 2 1 7 |
我很冷靜 可是淚 水 就連淚水也都不相 信 聽 海哭的聲

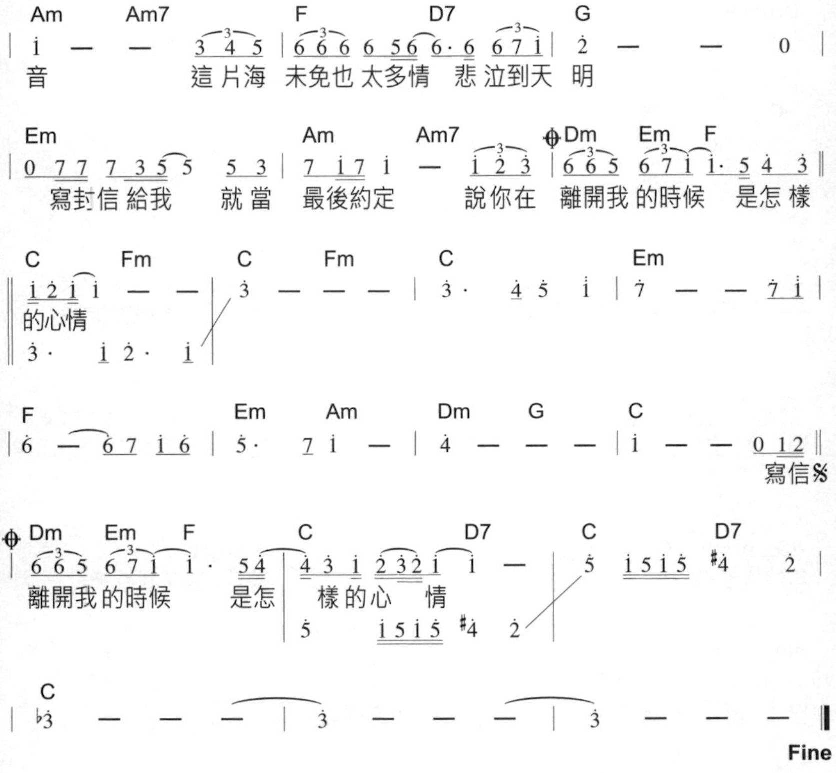

Am Am7 F D7 G

| 1 — — 3 4 5 | 6 6 6 6 5 6 6 · 6 6 7 1 | 2 — — 0 |

音 這片海 未免也太多情 悲泣到天 明

Em Am Am7 Dm Em F

| 0 7 7 7 3 5 5 5 3 | 7 1 7 1 — 1 2 3 | 6 6 5 6 7 1 1 · 5 4 3 ‖

寫封信給我 就當 最後約定 說你在 離開我的時候 是怎樣

C Fm C Fm C Em

‖ 1 2 1 1 — — | 3 — — — | 3 · 4 5 1 | 7 — — 7 1 |

的心情

‖ 3 · 1 2 · 1 |

F Em Am Dm G C

| 6 — 6 7 1 6 | 5 · 7 1 — | 4 — — — | 1 — — 0 1 2 ‖

寫信 𝄋

Dm Em F C D7 C D7

| 6 6 5 6 7 1 1 · 5 4 | 4 3 1 2 3 2 1 1 — | 5 1 5 1 5 ♯4 2 |

離開我的時候 是怎 樣的心 情

| 5 1 5 1 5 ♯4 2 |

C

| ♭3 — — — | 3 — — — | 3 — — — ‖

Fine

Key：F
Play：C
男調：B♭ 女調：F
4/4 ♩=68

被動

詞 / 潘麗玉　曲 / 伍佰　唱 / 蘇慧倫

彈奏參考

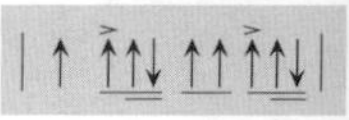

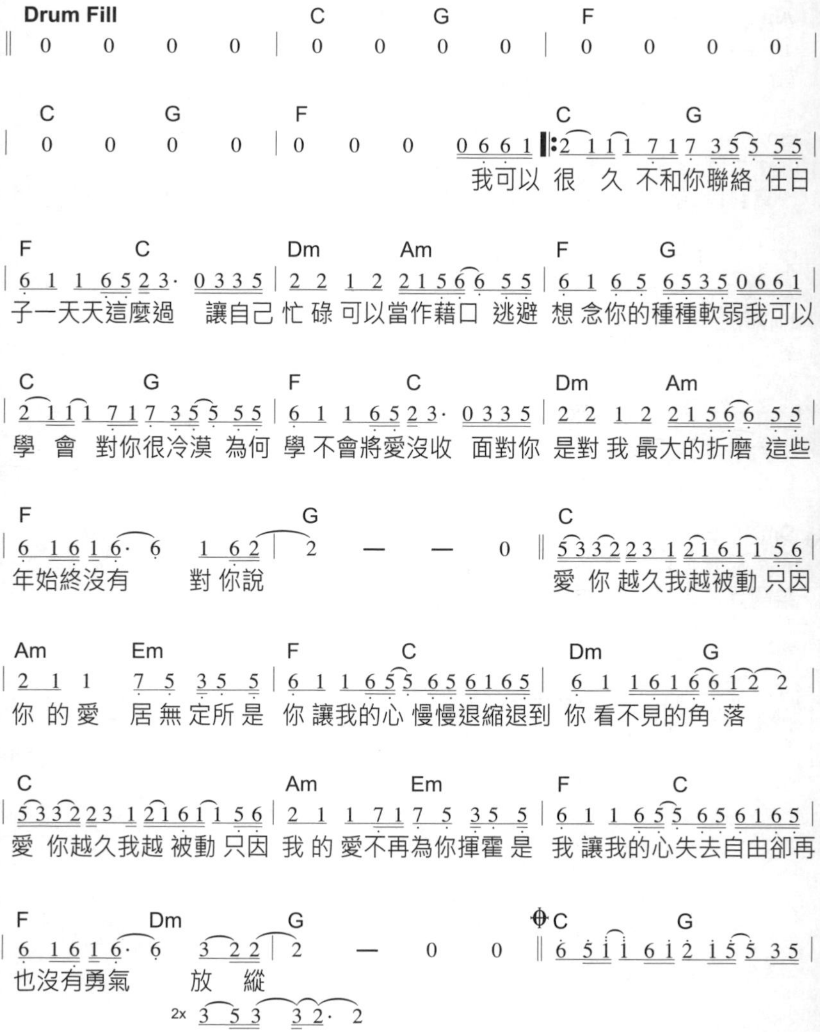

| ↑ ↑↑↓ ↑↑ ↑↑↓ |

Drum Fill

C G	F	C G	F
0 0 0 0	0 0 0 0	0 0 0 0	0 0 0 0 0661

C G — 我可以很久不和你聯絡 任日
F C / Dm Am / F G — 子一天天這麼過 讓自己忙碌 可以當作藉口 逃避 想念你的種種軟弱我可以
C G / F C / Dm Am — 學會對你很冷漠 為何 學不會將愛沒收 面對你 是對我最大的折磨 這些
F G — 年始終沒有 對你說
C — 愛你越久我越被動 只因
Am Em / F C / Dm G — 你的愛 居無定所是 你讓我的心 慢慢退縮退到 你看不見的角落
C / Am Em / F C — 愛你越久我越被動 只因 我的愛不再為你揮霍是 我讓我的心失去自由卻再
F Dm G — 也沒有勇氣 放縱

2x 3 53 32· 2

𝄌 C G

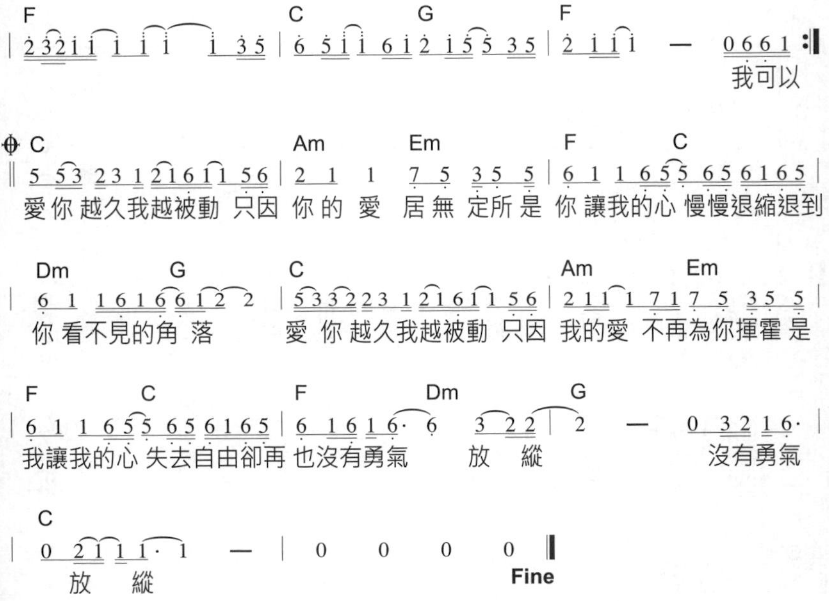

F C G F

| 2 3 2 1 1 1 1 1 1 3 5 | 6 5 1 1 6 1 2 1 5 5 3 5 | 2 1 1 1 — 0 6 6 1 :|

我可以

⊕ C Am Em F C

‖ 5 5 3 2 3 1 2 1 6 1 1 5 6 | 2 1 1 7 5 3 5 5 | 6 1 1 6 5 5 6 5 6 1 6 5 |

愛你 越久我越被動 只因 你的 愛 居無 定所是 你 讓我的心 慢慢退縮退到

Dm G C Am Em

| 6 1 1 6 1 6 6 1 2 2 | 5 3 3 2 2 3 1 2 1 6 1 1 5 6 | 2 1 1 1 7 1 7 5 3 5 5 |

你 看不見的角 落 愛 你 越久我越被動 只因 我的愛 不再為你揮霍 是

F C F Dm G

| 6 1 1 6 5 5 6 5 6 1 6 5 | 6 1 6 1 6· 6 3 2 2 | 2 — 0 3 2 1 6· |

我讓我的心 失去自由卻再 也沒有勇氣 放 縱 沒有勇氣

C

| 0 2 1 1 1· 1 — | 0 0 0 0 ‖

放 縱

Fine

Key：C
Play：C
男調：E　女調：B
4/4 ♩=120

紅豆

詞 / 林夕　曲 / 柳重言　唱 / 王菲

彈奏參考
| ↑ ↑ ↑↓ ↑ ↑ ↑ ↑ |

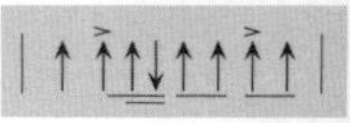

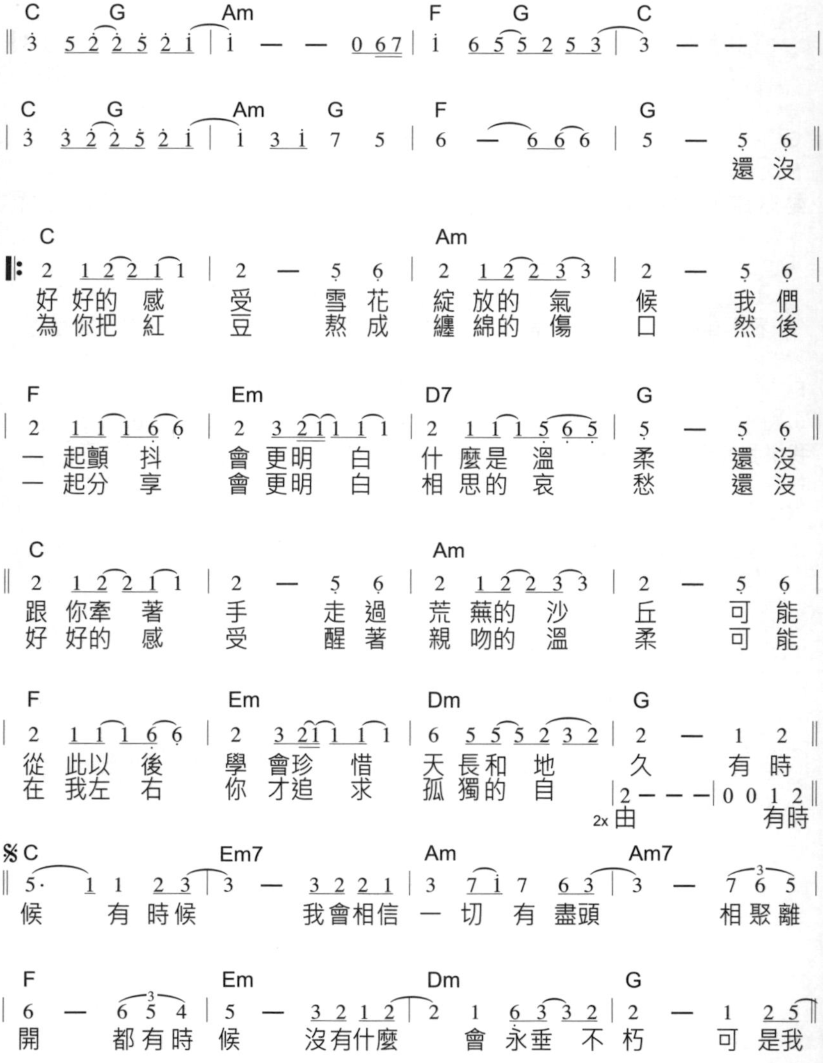

C G Am F G C
‖ 3 5 2 2 5 2 1 | 1 — — 0 6 7 | 1 6 5 5 2 5 3 | 3 — — — |

C G Am G F G
| 3 3 2 2 5 2 1 | 1 3 1 7 5 | 6 — 6 6 6 | 5 — 5 6 ‖
還沒

C Am
‖: 2 1 2 2 1 1 | 2 — 5 6 | 2 1 2 2 3 3 | 2 — 5 6 |
好好的感受　雪花綻放的氣候　我們
為你把紅豆　熬成纏綿的傷口　然後

F Em D7 G
| 2 1 1 1 6 6 | 2 3 2 1 1 1 1 | 2 1 1 1 5 6 5 | 5 — 5 6 ‖
一起顫抖　會更明白　什麼是溫柔　還沒
一起分享　會更明白　相思的哀愁　還沒

C Am
‖ 2 1 2 2 1 1 | 2 — 5 6 | 2 1 2 2 3 3 | 2 — 5 6 |
跟你牽著手　走過荒蕪的沙丘　可能
好好的感受　醒著親吻的溫柔　可能

F Em Dm G
| 2 1 1 1 6 6 | 2 3 2 1 1 1 1 | 6 5 5 5 2 3 2 | 2 — 1 2 ‖
從此以後　學會珍惜　天長和地久　有時
在我左右　你才追求　孤獨的自 |2 — — —| 0 0 1 2 ‖
2x 由　有時

𝄋 C Em7 Am Am7
‖ 5· 1 1 2 3 | 3 — 3 2 2 1 | 3 7 1 7 6 3 | 3 — 7 6 5 |
候　有時候　我會相信一切有盡頭　相聚離

F Em Dm G
| 6 — 6 5 4 | 5 — 3 2 1 2 | 2 1 6 3 3 2 | 2 — 1 2 5 |
開　都有時候　沒有什麼會永垂不朽　可是我

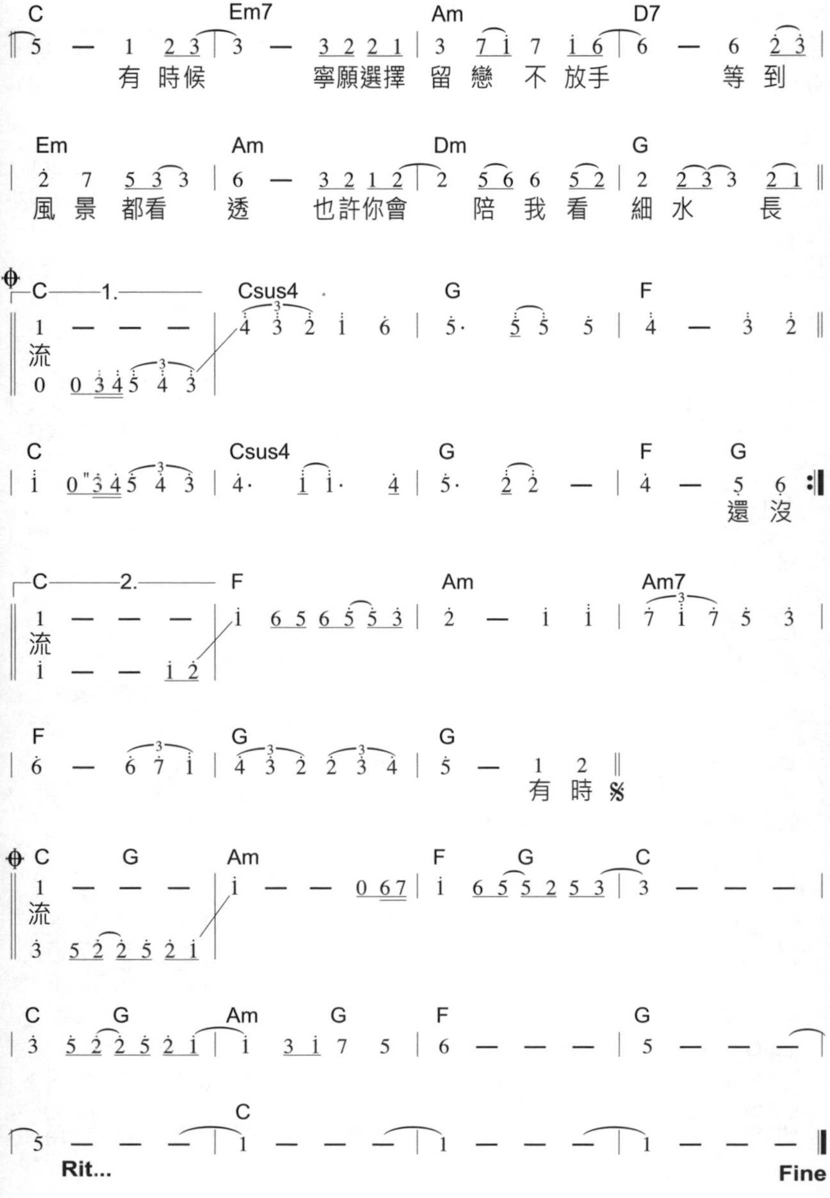

C Em7 Am D7

5 — 1 2 3 | 3 — 3 2 2 1 | 3 7 1 7 1 6 | 6 — 6 2 3 |

有 時候 寧願選擇 留 戀 不 放手 等 到

Em Am Dm G

| 2 7 5 3 3 | 6 — 3 2 1 2 | 2 5 6 6 5 2 | 2 2 3 3 2 1 ‖

風 景 都看 透 也許你會 陪 我 看 細 水 長

C 1. Csus4 G F

‖ 1 — — — | 4 3 2 1 6 | 5· 5 5 5 | 4 — 3 2 ‖

流

0 0 3 4 5 4 3 |

C Csus4 G F G

| 1 0 3 4 5 4 3 | 4· 1 1· 4 | 5· 2 2 — | 4 — 5 6 :‖

還 沒

C 2. F Am Am7

‖ 1 — — — | 1 6 5 6 5 5 3 | 2 — 1 1 | 7 1 7 5 3 |

流

1 — — 1 2 |

F G G

| 6 — 6 7 1 | 4 3 2 2 3 4 | 5 — 1 2 ‖

有 時 𝄋

C G Am F G C

‖ 1 — — — | 1 — — 0 6 7 | 1 6 5 5 2 5 3 | 3 — — — |

流

3 5 2 2 5 2 1 |

C G Am G F G

| 3 5 2 2 5 2 1 | 1 3 1 7 5 | 6 — — — | 5 — — — |

C

| 5 — — — | 1 — — — | 1 — — — | 1 — — — ‖

Rit... Fine

愛情

Key：C
Play：C
男調：F　女調：C
4/4 ♩=66

詞 / 姚謙　曲 / 張洪量　唱 / 莫文蔚

彈奏參考

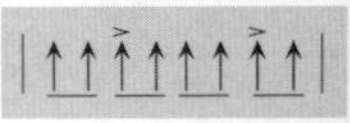

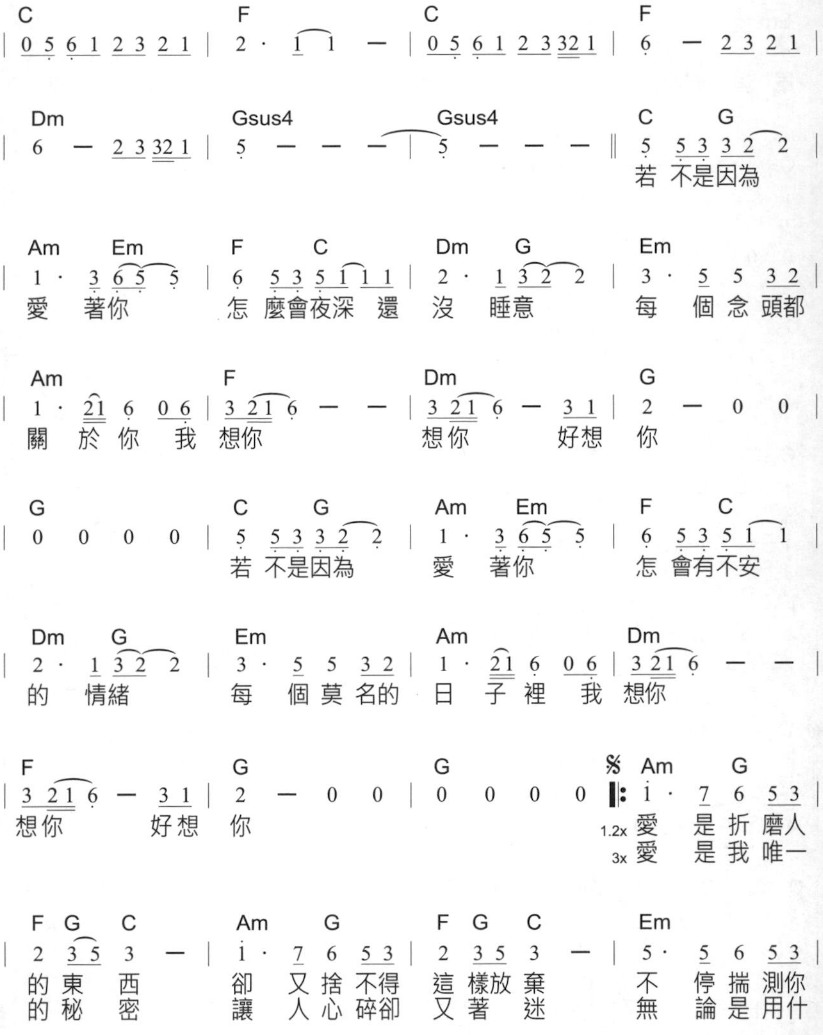

C	F	C	F
0 5 6 1 2 3 2 1	2 · 1 1 —	0 5 6 1 2 3 32 1	6 — 2 3 2 1

Dm	Gsus4	Gsus4	C G
6 — 2 3 32 1	5 — — —	5 — — —	5 5 3 3 2 2
			若 不是因為

Am Em	F C	Dm G	Em
1 · 3 6 5 5	6 5 3 5 1 1 1	2 · 1 3 2 2	3 · 5 5 3 2
愛 著你	怎 麼會夜深 還	沒 睡意	每 個 念 頭都

Am	F	Dm	G
1 · 21 6 0 6	3 21 6 — —	3 21 6 — 3 1	2 — 0 0
關 於 你 我	想你	想你 好想	你

G	C G	Am Em	F C
0 0 0 0	5 5 3 3 2 2	1 · 3 6 5 5	6 5 3 5 1 1
	若 不是因為	愛 著你	怎 會有不安

Dm G	Em	Am	Dm
2 · 1 3 2 2	3 · 5 5 3 2	1 · 21 6 0 6	3 21 6 — —
的 情緒	每 個 莫 名的	日 子 裡 我	想你

F	G	G	𝄋 Am G
3 21 6 — 3 1	2 — 0 0	0 0 0 0	𝄆 1 · 7 6 5 3
想你 好想	你		1.2x 愛 是 折 磨人
			3x 愛 是 我 唯一

F G C	Am G	F G C	Em
2 3 5 3 —	1 · 7 6 5 3	2 3 5 3 —	5 · 5 6 5 3
的 東 西	卻 又 捨 不得	這 樣放 棄	不 停 揣 測你
的 秘 密	讓 人 心 碎卻	又 著 迷	無 論 是 用什

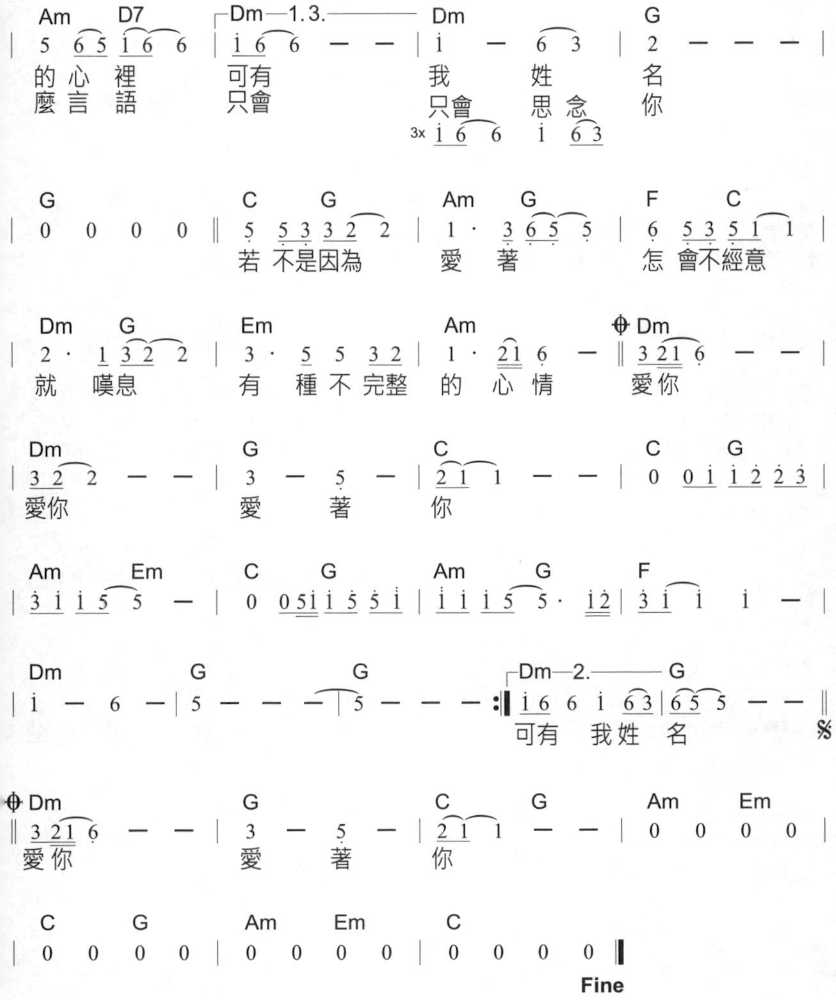

Am D7 | Dm 1.3. | Dm | G

| 5 6 5 1 6 6 | 1 6 6 — — | 1 — 6 3 | 2 — — — |

的心裡 可有 我 姓 名

麼言語 只會 只會 思念 你

3x 1 6 6 1 6 3

G | C G | Am G | F C

| 0 0 0 0 ‖ 5 5 3 3 2 2 | 1 · 3 6 5 5 | 6 5 3 5 1 1 |

若不是因為 愛 著 怎會不經意

Dm G | Em | Am | Ф Dm

| 2 · 1 3 2 2 | 3 · 5 5 3 2 | 1 · 21 6 — ‖ 3 21 6 — — |

就 嘆息 有 種不完整 的 心 情 愛你

Dm | G | C | C G

| 3 2 2 — — | 3 — 5 — | 2 1 1 — — | 0 0 1 1 2 2 3 |

愛你 愛 著 你

Am Em | C G | Am G | F

| 3 1 1 5 5 — | 0 0 5 1 1 5 5 1 | 1 1 1 5 5 · 1 2 | 3 1 1 1 — |

Dm G | G | Dm 2. G

| 1 — 6 — | 5 — — — | 5 — — — :‖ 1 6 6 1 6 3 | 6 5 5 — — ‖

可有 我姓 名 𝄋

Ф Dm | G | C G | Am Em

‖ 3 21 6 — — | 3 — 5 — | 2 1 1 — — | 0 0 0 0 |

愛你 愛 著 你

C G | Am Em | C

| 0 0 0 0 | 0 0 0 0 | 0 0 0 0 ‖

Fine

Key：D
Play：G
男調：F 女調：C
4/4 ♩=62

征服

詞 / 袁惟仁 曲 / 袁惟仁 唱 / 那英

彈奏參考

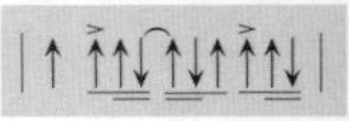

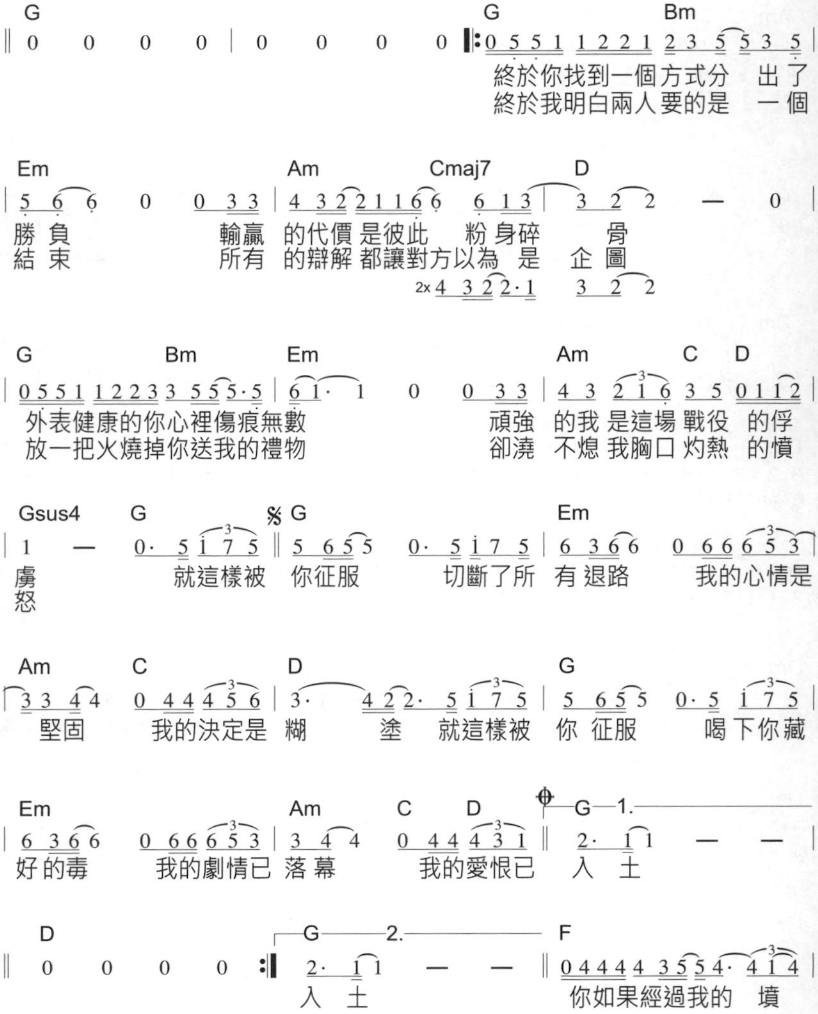

↑ ↑↑↓ ↑↓↑ ↑↑↓

G | G Bm
‖ 0 0 0 0 | 0 0 0 0 ‖: 0 5 5 1 1 2 2 1 2 3 5 5 3 5 |
終於你找到一個方式分 出了
終於我明白兩人要的是 一個

Em | Am Cmaj7 D
| 5 6 6 0 0 3 3 | 4 3 2 2 1 1 6 6 6 1 3 | 3 2 2 — 0 |
勝負 輸贏 的代價 是彼此 粉身碎 骨
結束 所有 的辯解 都讓對方以為 是 企圖
2x 4 3 2 2· 1 3 2 2

G Bm | Em | Am C D
| 0 5 5 1 1 2 2 3 3 5 5 5· 5 | 6 1· 1 0 0 3 3 | 4 3 2 1 6 3 5 0 1 1 2 |
外表健康的你心裡傷痕無數 頑強 的我 是這場 戰役 的俘
放一把火燒掉你送我的禮物 卻澆 不熄 我胸口 灼熱 的憤

Gsus4 G | 𝄋 G | Em
| 1 — 0· 5 1 7 5 ‖ 5 6 5 5 0· 5 1 7 5 | 6 3 6 6 0 6 6 6 5 3 |
虜 就這樣被 你征服 切斷了所 有 退路 我的心情是
怒

Am C | D | G
| 3 3 4 4 0 4 4 4 5 6 | 3· 4 2 2· 5 1 7 5 | 5 6 5 5 0· 5 1 7 5 |
堅固 我的決定是 糊 塗 就這樣被 你 征服 喝下你藏

Em | Am C D | 𝄌 G 1.
| 6 3 6 6 0 6 6 6 5 3 | 3 4 4 0 4 4 4 3 1 ‖ 2· 1 1 — — |
好的毒 我的劇情已 落幕 我的愛恨已 入 土

D | G 2. | F
‖ 0 0 0 0 :‖ 2· 1 1 — — ‖ 0 4 4 4 4 3 5 5 4· 4 1 4 |
入 土 你如果經過我的 墳

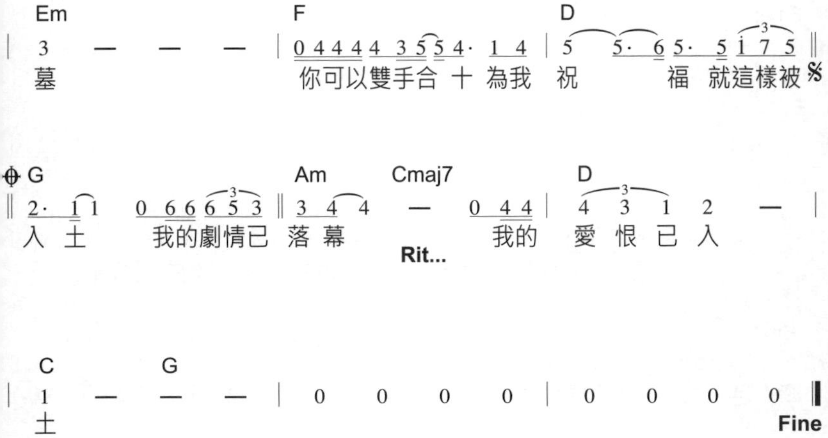

Em F D

| 3 — — — | 0 4 4 4 4 3 5 5 4· 1 4 | 5 5· 6 5· 5 1 7 5 ‖

墓 你可以雙手合十為我 祝 福 就這樣被 𝄋

𝄌 G Am Cmaj7 D

‖ 2· 1 1 0 6 6 6 5 3 ‖ 3 4 4 — 0 4 4 | 4 3 1 2 — |

入 土 我的劇情已 落 幕 我的 愛 恨 已 入

Rit...

C G

| 1 — — — | 0 0 0 0 | 0 0 0 0 ‖

土

Fine

Key：E
Play：C
男調：F　女調：C
4/4 ♩=40

約定

詞 / 姚若龍　曲 / 陳小霞　唱 / 周蕙

彈奏參考

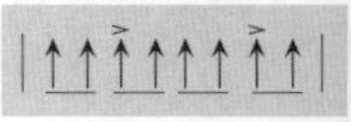

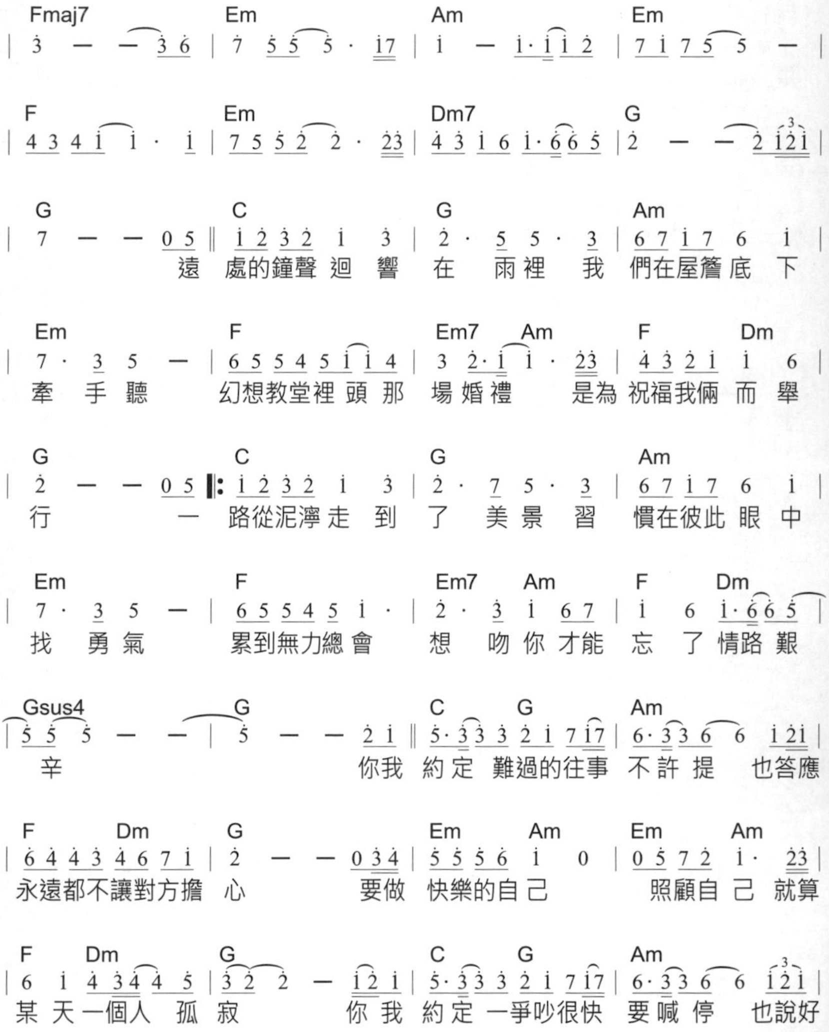

Fmaj7　Em　Am　Em
| 3 — — 3 6 | 7 5 5 5 · 17 | 1 — 1·1 1 2 | 7 1 7 5 5 — |

F　Em　Dm7　G
| 4 3 4 1 1 · 1 | 7 5 5 2 2 · 23 | 4 3 1 6 1·6 6 5 | 2 — — 2 121 |

G　C　G　Am
| 7 — — 0 5 ‖ 1 2 3 2 1 3 | 2 · 5 5 · 3 | 6 7 1 7 6 1 |
遠　處的鐘聲 迴 響　在　雨 裡　我　們在屋簷 底　下

Em　F　Em7　Am　F　Dm
| 7 · 3 5 — | 6 5 5 4 5 1 1 4 | 3 2·1 1 · 23 | 4 3 2 1 1 6 |
牽　手 聽　幻想教堂裡 頭 那　場 婚 禮　是為 祝福我倆 而　舉

G　C　G　Am
| 2 — — 0 5 ‖: 1 2 3 2 1 3 | 2 · 7 5 · 3 | 6 7 1 7 6 1 |
行　一　路從泥濘 走　到　了　美 景　習　慣在彼此 眼　中

Em　F　Em7　Am　F　Dm
| 7 · 3 5 — | 6 5 5 4 5 1 · | 2 · 3 1 6 7 | 1 6 1·6 6 5 |
找　勇 氣　累到無力總 會　想　吻 你 才能　忘　了 情路 艱

Gsus4　G　C　G　Am
| 5 5 5 — — | 5 — — 2 1 ‖ 5·3 3 3 2 1 7 17 | 6·3 3 6 6 121 |
辛　你我　約 定　難過的往事　不 許　提　也答應

F　Dm　G　Em　Am　Em　Am
| 6 4 4 3 4 6 7 1 | 2 — — 0 3 4 | 5 5 5 6 1 0 | 0 5 7 2 1 · 23 |
永遠都不讓對方擔　心　要做　快樂的自 己　照顧自 己　就算

F　Dm　G　C　G　Am
| 6 1 4 3 4 4 5 | 3 2 2 — 1 2 1 | 5·3 3 3 2 1 7 17 | 6·3 3 6 6 121 |
某 天 一個人　孤　寂　你 我　約 定　一爭吵很快　要 喊　停　也說好

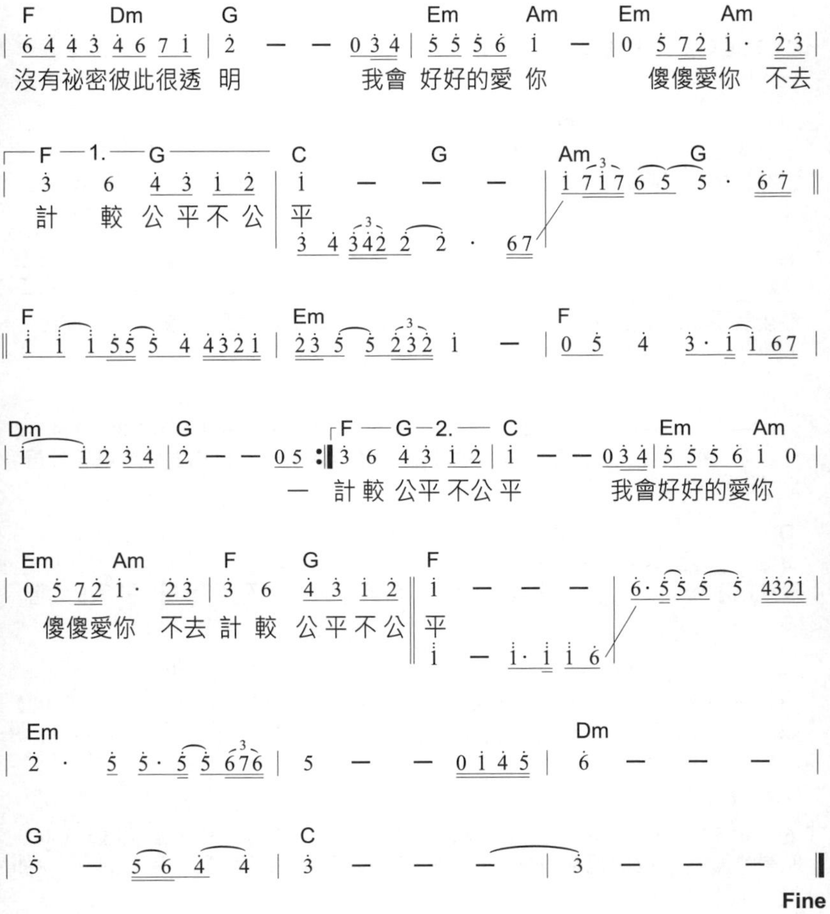

F Dm G Em Am Em Am

| 6 4 4 3 4 6 7 1 | 2 — — 0 3 4 | 5 5 5 6 1 — | 0 5 7 2 1 · 2 3 |

沒有祕密彼此很透 明 我會 好好的愛 你 傻傻愛你 不去

F 1. G C G Am G

| 3 6 4 3 1 2 | 1 — — — | 1 7 1 7 6 5 5 · 6 7 ‖

計 較 公 平 不 公 平

3 4 3 4 2 2 2 · 6 7

F Em F

‖ 1 1 1 5 5 5 4 4 3 2 1 | 2 3 5 5 2 3 2 1 — | 0 5 4 3 · 1 1 6 7 |

Dm G F G 2. C Em Am

| 1 — 1 2 3 4 | 2 — — 0 5 :‖ 3 6 4 3 1 2 | 1 — — 0 3 4 | 5 5 5 6 1 0 |

— 計 較 公平 不公 平 我會好好的愛你

Em Am F G F

| 0 5 7 2 1 · 2 3 | 3 6 4 3 1 2 ‖ 1 — — — | 6 · 5 5 5 5 4 3 2 1 |

傻傻愛你 不去 計 較 公 平 不 公 平

1 — 1 · 1 1 6

Em Dm

| 2 · 5 5 · 5 5 6 7 6 | 5 — — 0 1 4 5 | 6 — — — |

G C

| 5 — 5 6 4 4 | 3 — — — | 3 — — — ‖

Fine

Key：G
Play：G
男調：G 女調：D
4/4 ♩=74

溫柔

詞 / 阿信(五月天) 曲 / 阿信(五月天) 唱 / 五月天

彈奏參考

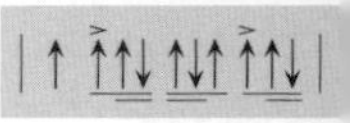

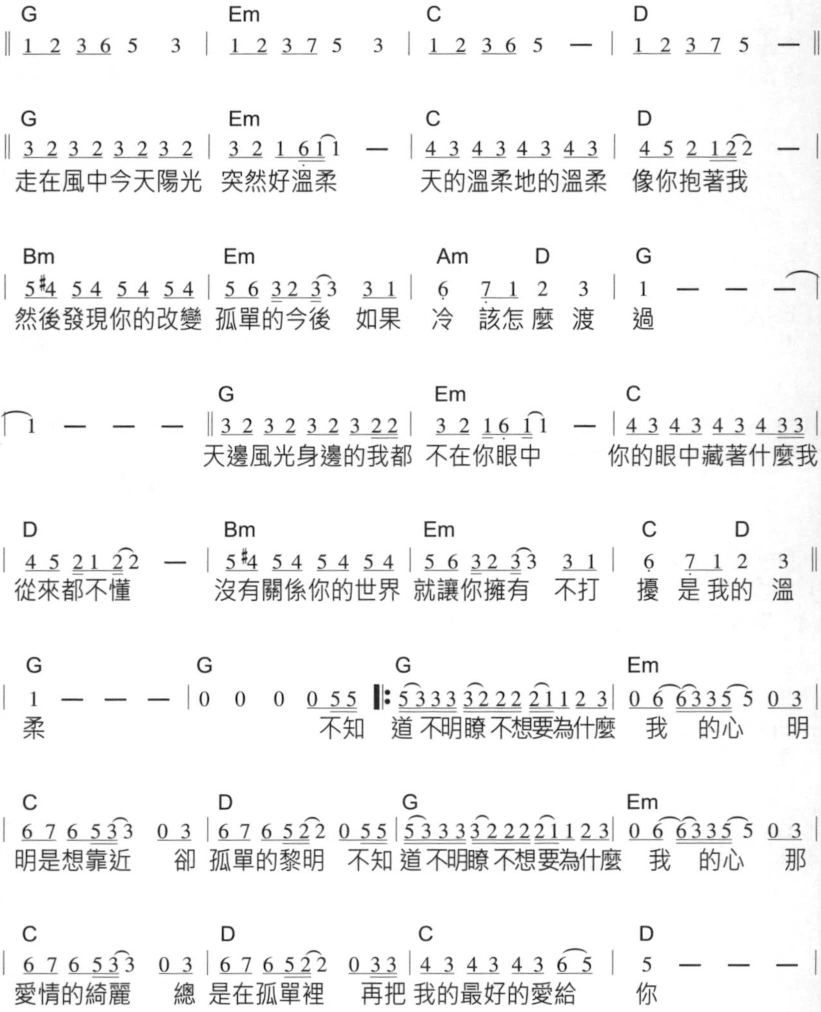

G Em C D
‖ 1 2 3 6 5 3 | 1 2 3 7 5 3 | 1 2 3 6 5 — | 1 2 3 7 5 — ‖

G Em C D
‖ 3 2 3 2 3 2 3 2 | 3 2 1 6 1 1 — | 4 3 4 3 4 3 4 3 | 4 5 2 1 2 2 — |
走在風中今天陽光 突然好溫柔 天的溫柔地的溫柔 像你抱著我

Bm Em Am D G
| 5 #4 5 4 5 4 5 4 | 5 6 3 2 3 3 3 1 | 6 7 1 2 3 | 1 — — — |
然後發現你的改變 孤單的今後 如果 冷 該怎麼 渡 過

G Em C
| 1 — — — ‖ 3 2 3 2 3 2 3 2 2 | 3 2 1 6 1 1 — | 4 3 4 3 4 3 4 3 3 |
天邊風光身邊的我都 不在你眼中 你的眼中藏著什麼我

D Bm Em C D
| 4 5 2 1 2 2 — | 5 #4 5 4 5 4 5 4 | 5 6 3 2 3 3 3 1 | 6 7 1 2 3 ‖
從來都不懂 沒有關係你的世界 就讓你擁有 不打 擾 是 我的 溫

G G G Em
| 1 — — — | 0 0 0 0 5 5 |: 5 3 3 3 3 2 2 2 2 1 1 2 3 | 0 6 6 3 3 5 5 0 3 |
柔 不知 道 不明瞭 不想要為什麼 我 的心 明

C D G Em
| 6 7 6 5 3 3 0 3 | 6 7 6 5 2 2 0 5 5 | 5 3 3 3 3 2 2 2 2 1 1 2 3 | 0 6 6 3 3 5 5 0 3 |
明是想靠近 卻 孤單的黎明 不知 道 不明瞭 不想要為什麼 我 的心 那

C D C D
| 6 7 6 5 3 3 0 3 | 6 7 6 5 2 2 0 3 3 | 4 3 4 3 4 3 6 5 | 5 — — — |
愛情的綺麗 總 是在孤單裡 再把 我的最好的愛給 你

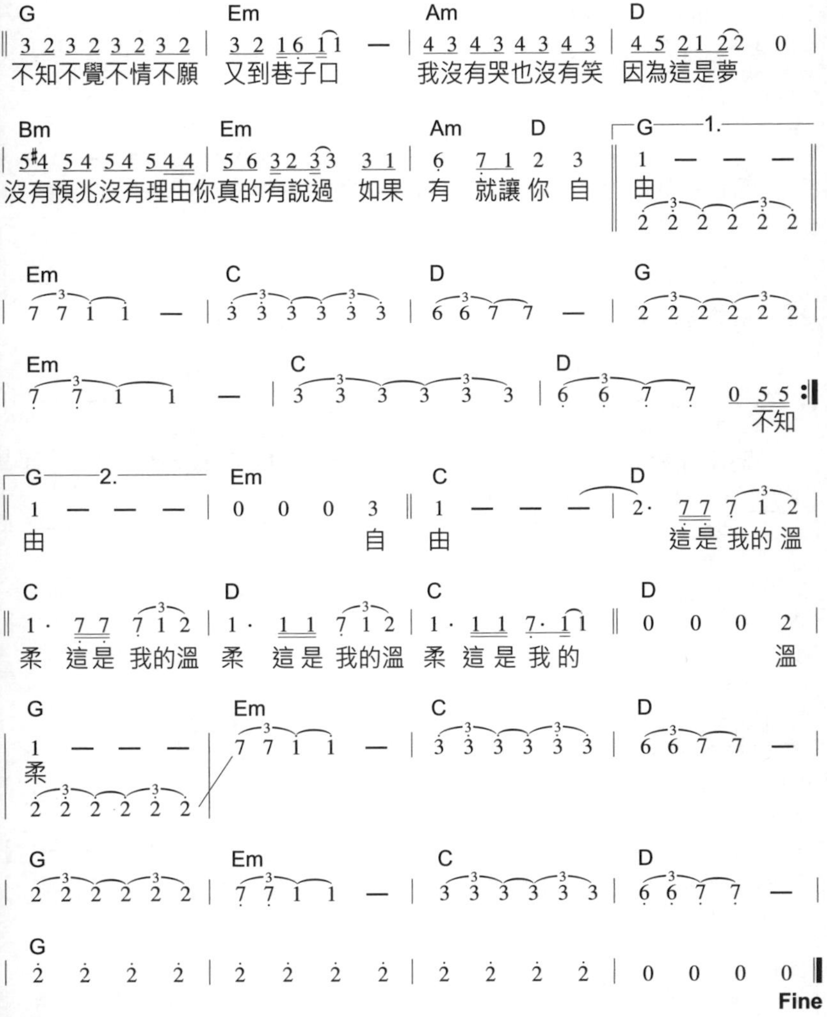

G Em Am D
‖ 3 2 3 2 3 2 3 2 | 3 2 1 6 1 1 — | 4 3 4 3 4 3 4 3 | 4 5 2 1 2 2 0 |
不知不覺不情不願 又到巷子口 我沒有哭也沒有笑 因為這是夢

Bm Em Am D G 1.
| 5 #4 5 4 5 4 5 4 4 | 5 6 3 2 3 3 3 1 | 6 7 1 2 3 ‖ 1 — — — ‖
沒有預兆沒有理由你真的有說過 如果 有 就讓 你 自 由
2 2 2 2 2 2

Em C D G
| 7 7 1 1 — | 3 3 3 3 3 3 | 6 6 7 7 — | 2 2 2 2 2 2 |

Em C D
| 7 7 1 1 — | 3 3 3 3 3 3 | 6 6 7 7 0 5 5 :‖
不知

G 2. Em C D
‖ 1 — — — | 0 0 0 3 ‖ 1 — — — | 2· 7 7 7 1 2 |
由 自 由 這是 我的 溫

C D C D
‖ 1 · 7 7 7 1 2 | 1 · 1 1 7 1 2 | 1 · 1 1 7· 1 1 ‖ 0 0 0 2 |
柔 這是 我的溫 柔 這是 我的溫 柔 這 是 我 的 溫

G Em C D
| 1 — — — | 7 7 1 1 — | 3 3 3 3 3 3 | 6 6 7 7 — |
柔
2 2 2 2 2 2

G Em C D
| 2 2 2 2 2 2 | 7 7 1 1 — | 3 3 3 3 3 3 | 6 6 7 7 — |

G
| 2 2 2 2 | 2 2 2 2 | 2 2 2 2 | 0 0 0 0 ‖
Fine

Key：E♭
Play：C
男調：A 女調：F
4/4 ♩=76

後來

詞 / 施人誠 曲 / 玉城千春 唱 / 劉若英

彈奏參考

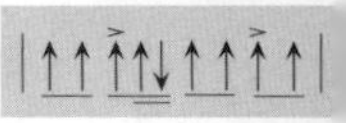

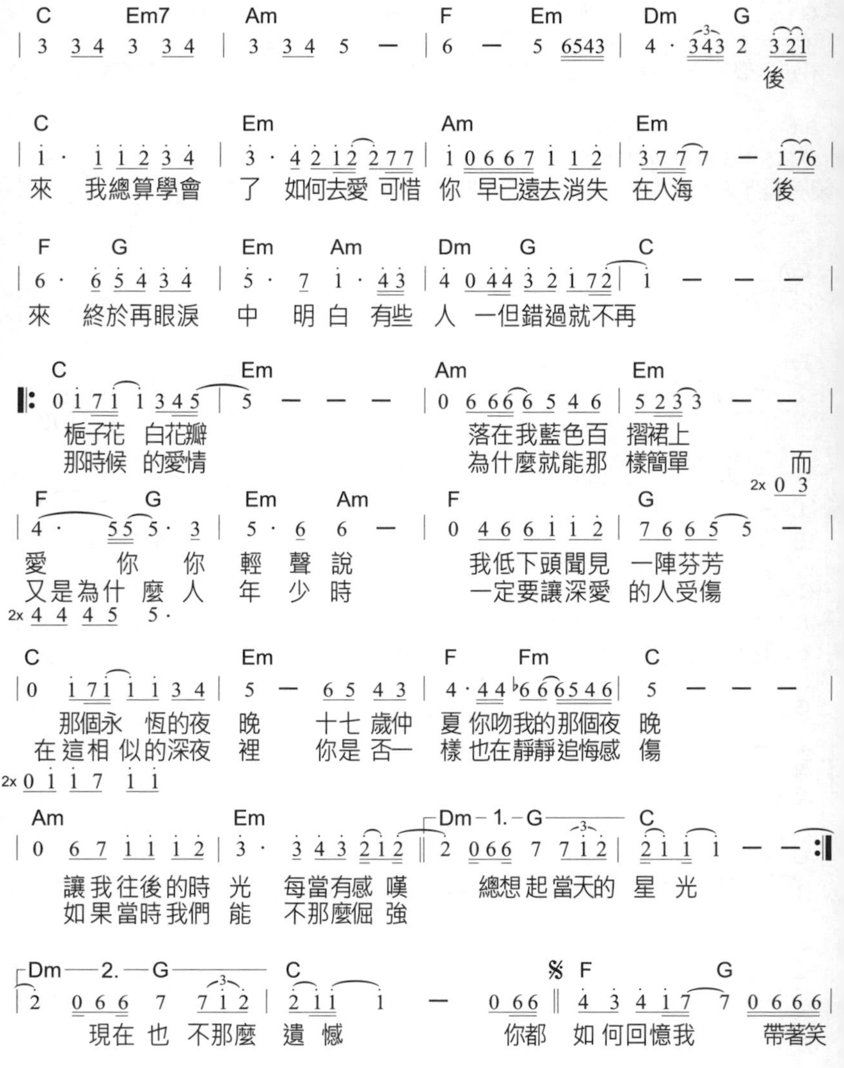

| ↑ ↑ ↑ ↑ ↓ ↑ ↑ ↑ ↑ |

C Em7 | Am | F Em | Dm G
| 3 3 4 3 3 4 | 3 3 4 5 — | 6 — 5 6543 | 4 · 343 2 3 21 |
後

C | Em | Am | Em
| 1 · 1 1 2 3 4 | 3 · 4 2 1 2 2 7 7 | 1 0 6 6 7 1 1 2 | 3 7 7 7 — 1 76 |
來 我總算學會 了 如何去愛 可惜 你 早已遠去消失 在人海 後

F G | Em Am | Dm G | C
| 6 · 6 5 4 3 4 | 5 · 7 1 · 4 3 | 4 0 4 4 3 2 1 7 2 | 1 — — — |
來 終於再眼淚 中 明白 有些 人 一但錯過就不再

C | Em | Am | Em
|: 0 1 7 1 1 3 4 5 | 5 — — — | 0 6 6 6 6 5 4 6 | 5 2 3 3 — — |
梔子花 白花瓣 落在我藍色百 摺裙上
那時候 的愛情 為什麼就能那 樣簡單 而

2x 0 3

F G | Em Am | F | G
| 4 · 5 5 5 · 3 | 5 · 6 6 — | 0 4 6 6 1 1 2 | 7 6 6 5 5 — |
愛 你 你 輕 聲 說 我低下頭聞見 一陣芬芳
又是為什 麼 人 年 少 時 一定要讓深愛 的人受傷

2x 4 4 4 5 5 ·

C | Em | F Fm | C
| 0 1 7 1 1 1 3 4 | 5 — 6 5 4 3 | 4 · 4 4 ♭6 6 6 5 4 6 | 5 — — — |
那個永 恆的夜 晚 十七 歲仲 夏 你吻我的那個夜 晚
在這相 似的深夜 裡 你是 否一 樣 也在靜靜追悔感 傷

2x 0 1 1 7 1 1

Am | Em | Dm — 1. — G | C
| 0 6 7 1 1 1 2 | 3 · 3 4 3 2 1 2 ‖ 2 0 6 6 7 7 1 2 | 2 1 1 1 — — :|
讓我往後的時 光 每當有感 嘆 總想起當天的 星 光
如果當時我們 能 不那麼倔 強

Dm — 2. — G | C | 𝄋 F G
| 2 0 6 6 7 7 1 2 | 2 1 1 1 — 0 6 6 ‖ 4 3 4 1 7 7 0 6 6 6 |
現在 也 不那麼 遺 憾 你都 如何回憶我 帶著笑

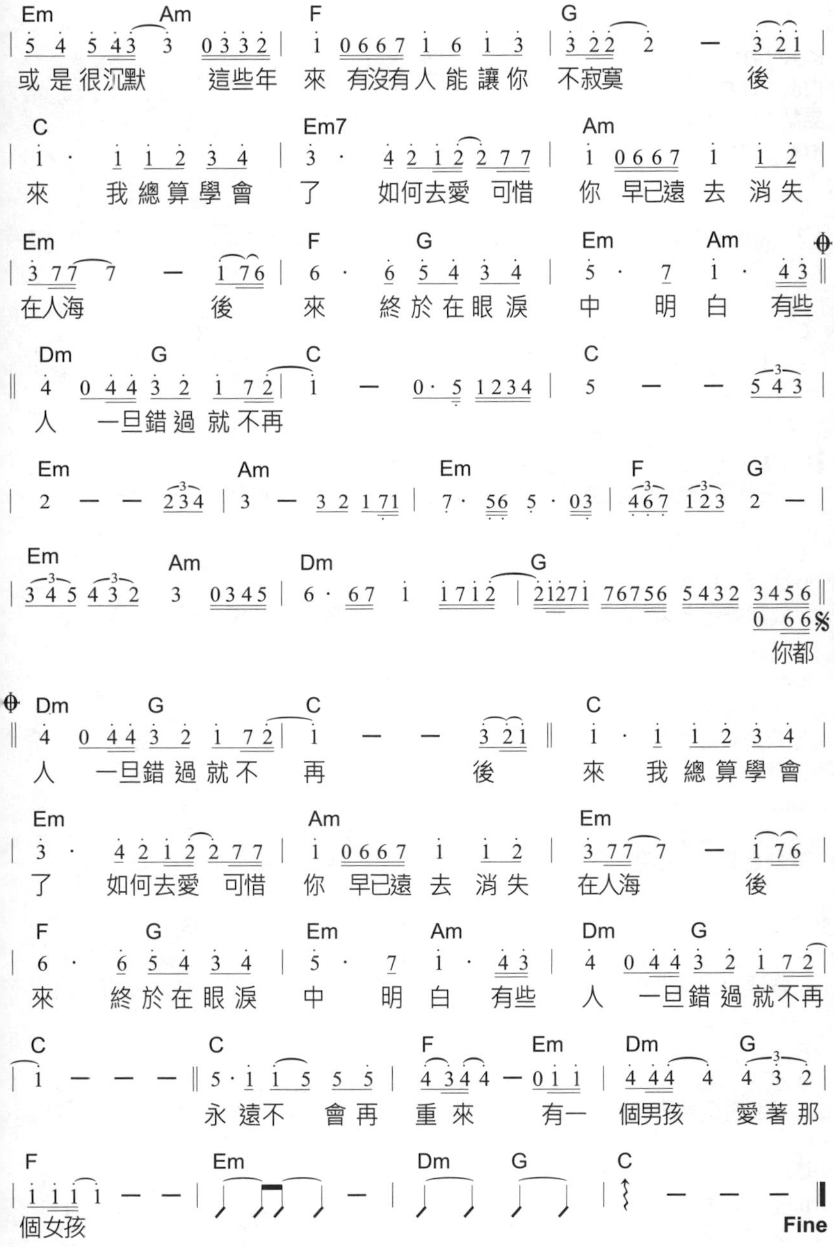

Em　Am　F　G
| 5 4 5 43 3 0332 | i 0667 i 6 i 3 | 3 22 2 — 3 21 |
或是很沉默　這些年　來　有沒有人能讓你　不寂寞　後

C　Em7　Am
| i · i i 2 3 4 | 3 · 4 2 1 2 2 7 7 | i 0667 i i 2 |
來　我總算學會　了　如何去愛　可惜　你　早已遠　去　消失

Em　F　G　Em　Am
| 3 77 7 — i 76 | 6 · 6 5 4 3 4 | 5 · 7 i · 43 ‖
在人海　後　來　終於在眼淚　中　明　白　有些

Dm　G　C　C
‖ 4 0 44 3 2 1 72 | i — 0 · 5 1234 | 5 — — 543 |
人　一旦錯過就不再

Em　Am　Em　F　G
| 2 — — 234 | 3 — 3 2 1 71 | 7 · 56 5 · 03 | 467 123 2 — |

Em　Am　Dm　G
| 345 432 3 0345 | 6 · 67 i i7i2 | 21271 76756 5432 3456 ‖
0 66 %
你都

Φ Dm　G　C　C
‖ 4 0 44 3 2 1 72 | i — — 3 21 ‖ i · i i 2 3 4 |
人　一旦錯過就不　再　後　來　我總算學會

Em　Am　Em
| 3 · 4 2 1 2 2 7 7 | i 0667 i i 2 | 3 77 7 — i 76 |
了　如何去愛　可惜　你　早已遠　去　消失　在人海　後

F　G　Em　Am　Dm　G
| 6 · 6 5 4 3 4 | 5 · 7 i · 43 | 4 0 44 3 2 i 72 |
來　終於在眼淚　中　明　白　有些　人　一旦錯過就不再

C　C　F　Em　Dm　G
| i — — — ‖ 5 · i i 5 5 5 | 4 34 4 — 0 i i | 4 44 4 4 3 2 |
永遠不　會再　重來　有一　個男孩　愛著那

F　Em　Dm　G　C
| i i i i — — | / // / — | / / / / | ⌇ — — — ‖
個女孩
Fine

Key：B♭
Play：C-D
男調：G 女調：D
4/4 ♩=72

安靜

詞 / 周杰倫 曲 / 周杰倫 唱 / 周杰倫

彈奏參考

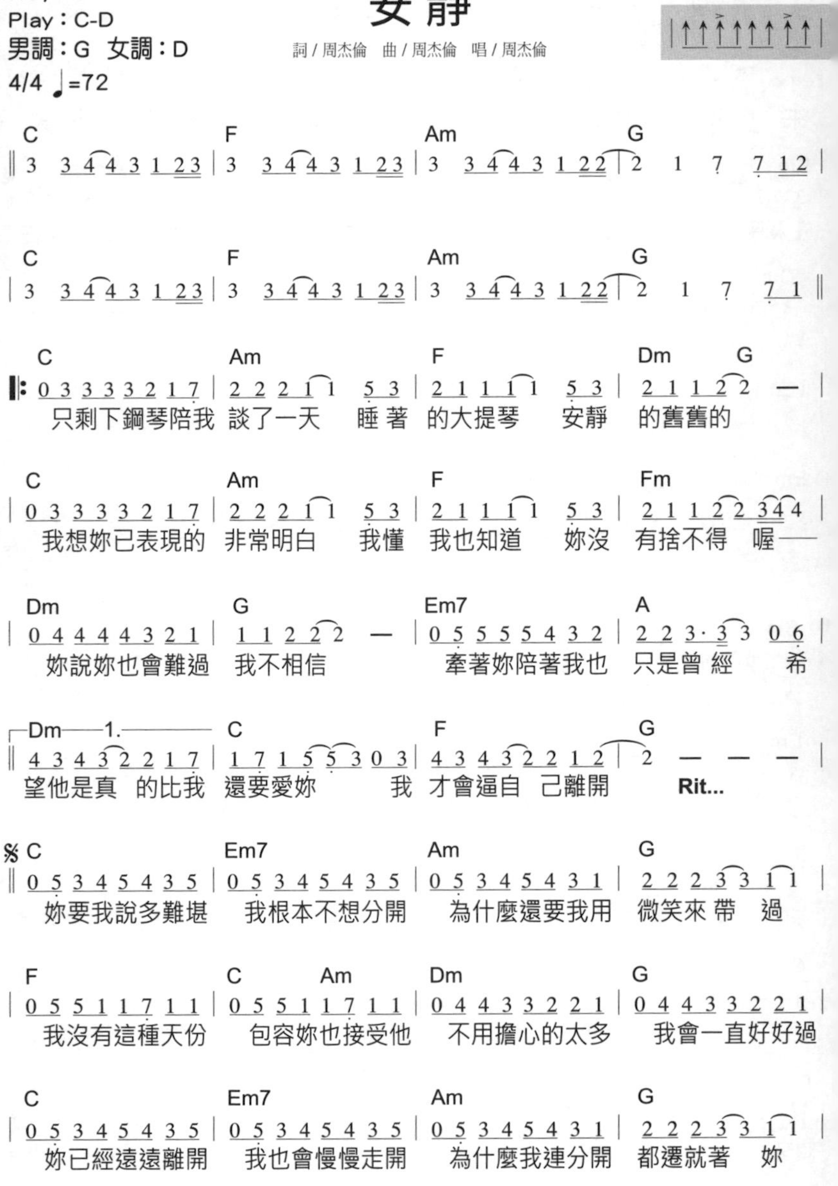

| ↑ ↑ ↑ ↑ ↑ ↑ ↑ ↑ |

C F Am G
‖ 3 3 4 4 3 1 2 3 | 3 3 4 4 3 1 2 3 | 3 3 4 4 3 1 2 2 | 2 1 7 7 1 2 |

C F Am G
| 3 3 4 4 3 1 2 3 | 3 3 4 4 3 1 2 3 | 3 3 4 4 3 1 2 2 | 2 1 7 7 1 ‖

C Am F Dm G
‖: 0 3 3 3 3 2 1 7 | 2 2 2 1 1 5 3 | 2 1 1 1 1 5 3 | 2 1 1 2 2 — |
只剩下鋼琴陪我 談了一天 睡著 的大提琴 安靜 的舊舊的

C Am F Fm
| 0 3 3 3 3 2 1 7 | 2 2 2 1 1 5 3 | 2 1 1 1 1 5 3 | 2 1 1 2 2 3 4 4 |
我想妳已表現的 非常明白 我懂 我也知道 妳沒 有捨不得 喔——

Dm G Em7 A
| 0 4 4 4 4 3 2 1 | 1 1 2 2 2 — | 0 5 5 5 5 4 3 2 | 2 2 3· 3 3 0 6 |
妳說妳也會難過 我不相信 牽著妳陪著我也 只是曾經 希

Dm 1. C F G
‖ 4 3 4 3 2 2 1 7 | 1 7 1 5 5 3 0 3 | 4 3 4 3 2 2 1 2 | 2 — — — |
望他是真 的比我 還要愛妳 我 才會逼自 己離開 **Rit...**

𝄋 C Em7 Am G
‖ 0 5 3 4 5 4 3 5 | 0 5 3 4 5 4 3 5 | 0 5 3 4 5 4 3 1 | 2 2 2 3 3 1 1 |
妳要我說多難堪 我根本不想分開 為什麼還要我用 微笑來帶 過

F C Am Dm G
| 0 5 5 1 1 7 1 1 | 0 5 5 1 1 7 1 1 | 0 4 4 3 3 2 2 1 | 0 4 4 3 3 2 2 1 |
我沒有這種天份 包容妳也接受他 不用擔心的太多 我會一直好好過

C Em7 Am G
| 0 5 3 4 5 4 3 5 | 0 5 3 4 5 4 3 5 | 0 5 3 4 5 4 3 1 | 2 2 2 3 3 1 1 |
妳已經遠遠離開 我也會慢慢走開 為什麼我連分開 都遷就著 妳

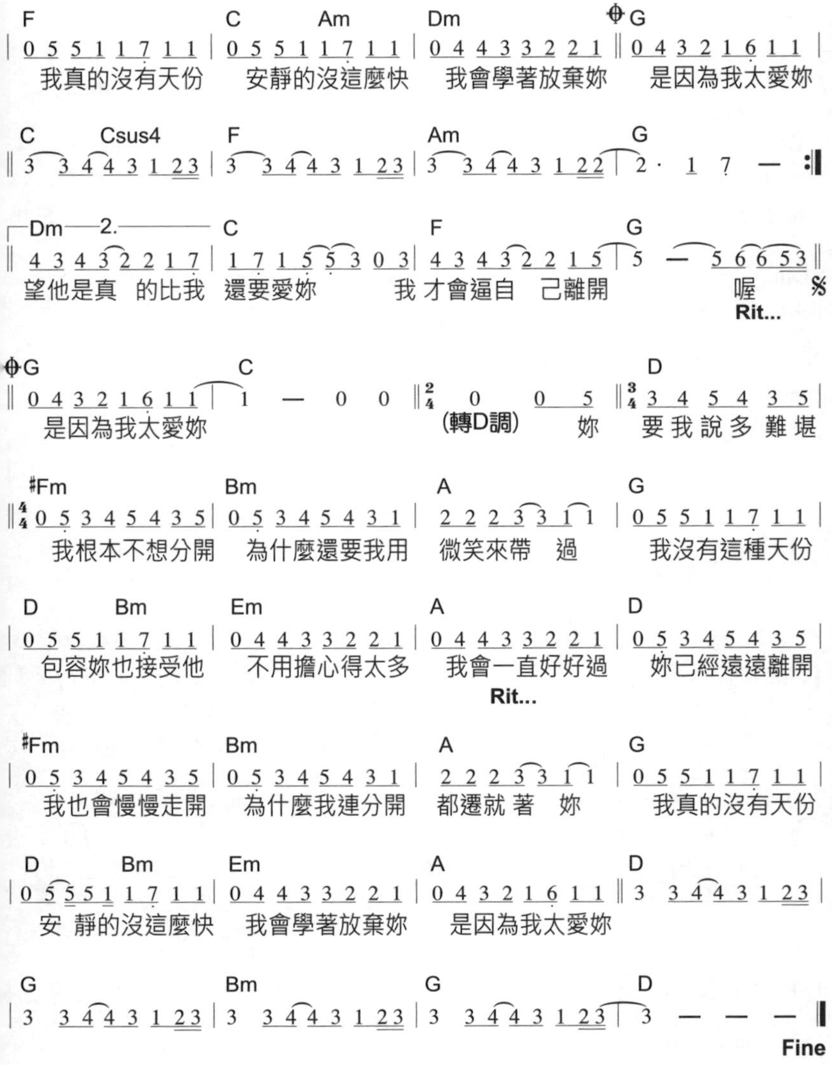

F C Am Dm 𝄌G

| 0 5 5 1 1 7 1 1 | 0 5 5 1 1 7 1 1 | 0 4 4 3 3 2 2 1 ‖ 0 4 3 2 1 6 1 1 |

我真的沒有天份 安靜的沒這麼快 我會學著放棄妳 是因為我太愛妳

C Csus4 F Am G

‖ 3 3 4 4 3 1 2 3 | 3 3 4 4 3 1 2 3 | 3 3 4 4 3 1 2 2 | 2 · 1 7 — :‖

Dm 2. C F G

‖ 4 3 4 3 2 2 1 7 | 1 7 1 5 5 3 0 3 | 4 3 4 3 2 2 1 5 | 5 — 5 6 6 5 3 ‖

望他是真 的比我 還要愛妳 我 才會逼自 己離開 喔 𝄋

Rit...

𝄌G C D

‖ 0 4 3 2 1 6 1 1 | 1 — 0 0 ‖ 2/4 0 0 5 ‖ 3/4 3 4 5 4 3 5 |

是因為我太愛妳 (轉D調) 妳 要我說多難堪

#Fm Bm A G

‖ 4/4 0 5 3 4 5 4 3 5 | 0 5 3 4 5 4 3 1 | 2 2 2 3 3 1 1 | 0 5 5 1 1 7 1 1 |

我根本不想分開 為什麼還要我用 微笑來帶 過 我沒有這種天份

D Bm Em A D

| 0 5 5 1 1 7 1 1 | 0 4 4 3 3 2 2 1 | 0 4 4 3 3 2 2 1 | 0 5 3 4 5 4 3 5 |

包容妳也接受他 不用擔心得太多 我會一直好好過 妳已經遠遠離開

Rit...

#Fm Bm A G

| 0 5 3 4 5 4 3 5 | 0 5 3 4 5 4 3 1 | 2 2 2 3 3 1 1 | 0 5 5 1 1 7 1 1 |

我也會慢慢走開 為什麼我連分開 都遷就著 妳 我真的沒有天份

D Bm Em A D

| 0 5 5 5 1 1 7 1 1 | 0 4 4 3 3 2 2 1 | 0 4 3 2 1 6 1 1 ‖ 3 3 4 4 3 1 2 3 |

安 靜的沒這麼快 我會學著放棄妳 是因為我太愛妳

G Bm G D

| 3 3 4 4 3 1 2 3 | 3 3 4 4 3 1 2 3 | 3 3 4 4 3 1 2 3 | 3 — — — ‖

Fine

Key：B
Play：C
男調：E　女調：B♭
4/4 ♩=60

記得

詞 / 易家揚　曲 / 林俊傑　唱 / 張惠妹

彈奏參考

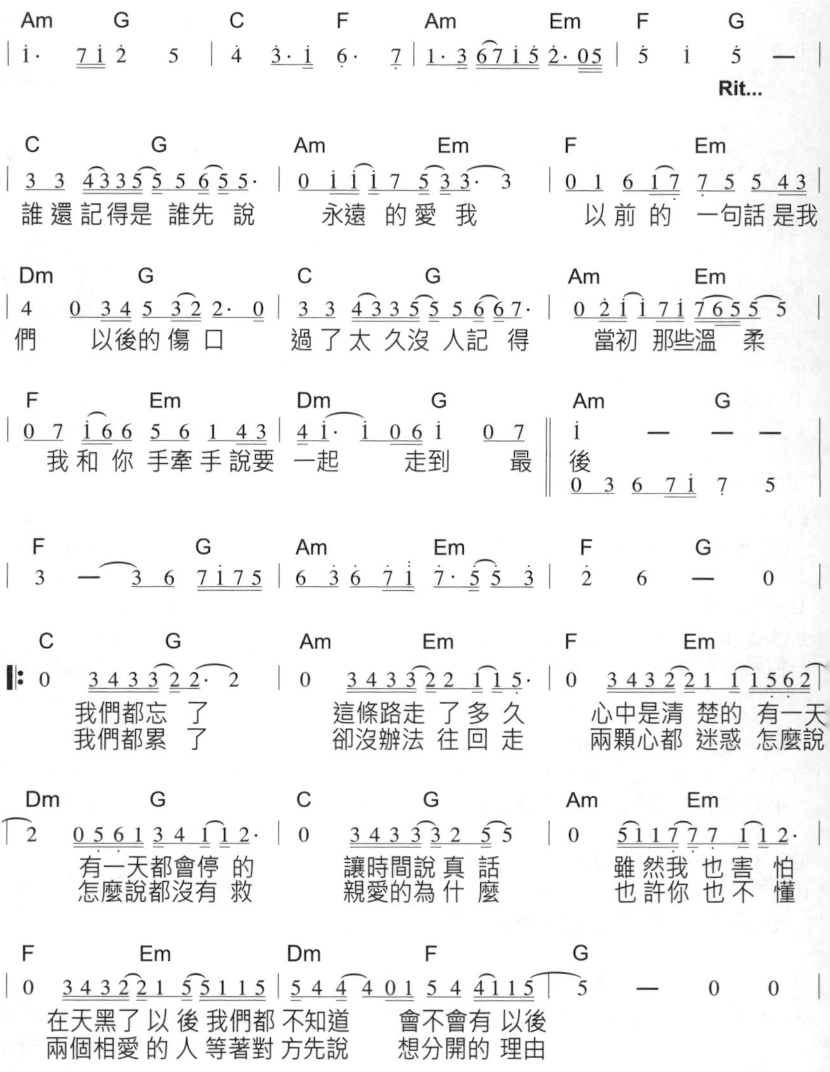

Am　G　C　F　Am　Em　F　G
| 1· 71 2 5 | 4 3· 1 6· 7 | 1· 3 67 15 2· 05 | 5 1 5 — |
Rit...

C　G　Am　Em　F　Em
| 3 3 4335 5 5 6 5 5· | 0 1 1 1 7 5 3 3· 3 | 0 1 6 1 7 7 5 5 43 |
誰還記得是 誰先 說　永遠 的愛 我　以前 的 一句話 是我

Dm　G　C　G　Am　Em
| 4 0 3 4 5 3 2 2· 0 | 3 3 4335 5 5 6 6 7· | 0 2 1 1 7 1 7655 5 |
們 以後的 傷 口　過了太 久沒 人記 得　當初 那些溫 柔

F　Em　Dm　G　Am　G
| 0 7 1 6 6 5 6 1 43 | 4 1· 1 0 6 1 0 7 || 1 — — — |
我 和 你 手牽 手 說要 一起 走到 最　後
0 3 6 71 7 5

F　G　Am　Em　F　G
| 3 — 3 6 7175 | 6 36 71 7· 5 5 3 | 2 6 — 0 |

C　G　Am　Em　F　Em
|: 0 3433 2 2· 2 | 0 3433 2 2 1 1 5· | 0 3432 21 1 1562 |
我們都忘 了　這條路走 了 多 久　心中是清 楚的 有一天
我們都累 了　卻沒辦法 往 回 走　兩顆心都 迷惑 怎麼說

Dm　G　C　G　Am　Em
| 2 0561 3 4 1 1 2· | 0 3433 3 2 5 5 | 0 5117 7 7 1 1 2· |
有一天都會停 的　讓時間說 真 話　雖 然我 也 害 怕
怎麼說都沒有 救　親愛的為 什 麼　也 許你 也 不 懂

F　Em　Dm　F　G
| 0 3432 21 5 5115 | 5 4 4 4 01 5 4 4115 | 5 — 0 0 |
在天黑了 以 後 我們都 不知道　會不會有 以後
兩個相愛 的 人 等著對 方先說　想分開的 理由

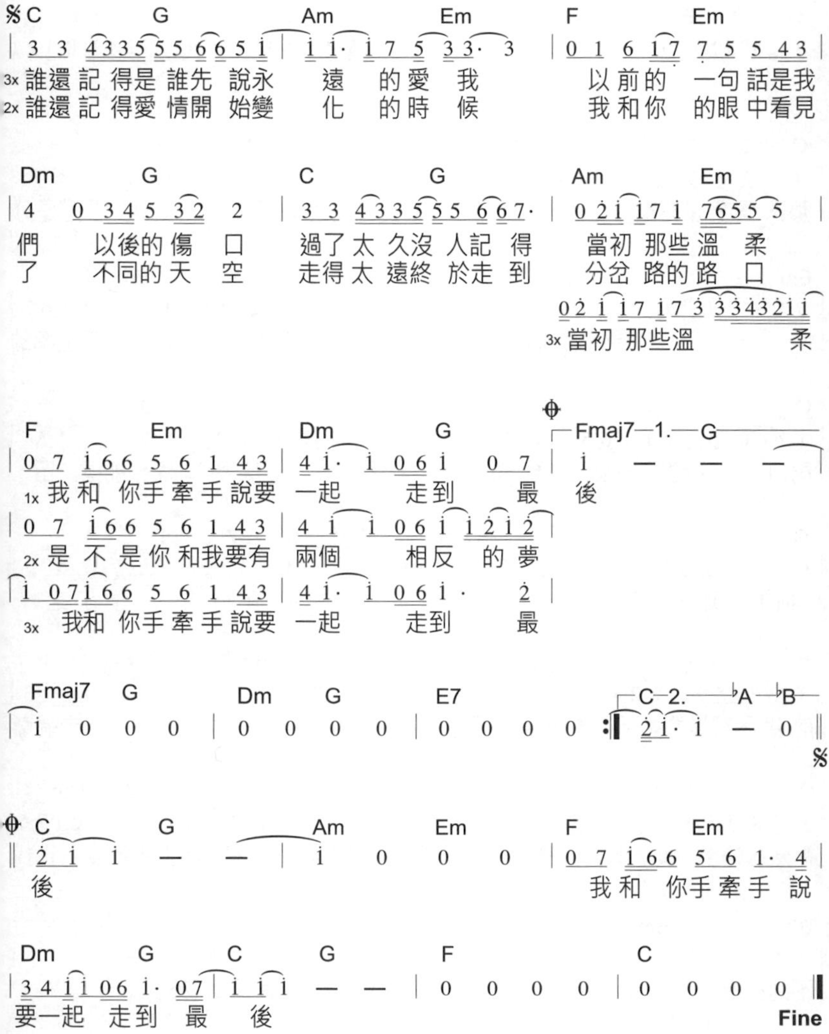

𝄋 C G Am Em F Em

| 3 3 4335 55 6 65 1 | 1 1· 1 7 5 3 3· 3 | 0 1 6 17 7 5 5 43 |

3x 誰還記得是誰先說永 遠 的愛 我 以前的 一句話是我

2x 誰還記得愛情開始變 化 的時 候 我和你 的眼中看見

Dm G C G Am Em

| 4 0 34 5 32 2 | 3 3 4335 55 6 67· | 0 21 17 1 7655 5 |

們 以後的傷 口 過了太久沒人記 得 當初 那些溫 柔

了 不同的天 空 走得太遠終於走 到 分岔路的路 口

0 2 1 17 1 7 3 3343211

3x 當初 那些溫 柔

F Em Dm G 𝄌 Fmaj7 1. G

| 0 7 166 5 6 1 43 | 4 1· 1 0 6 1 0 7 | 1 — — — |

1x 我和 你手牽手說要 一起 走到 最 後

| 0 7 166 5 6 1 43 | 4 1 1 0 6 1 1212 |

2x 是不是你和我要有 兩個 相反 的夢

| 1 0 7 166 5 6 1 43 | 4 1· 1 0 6 1 · 2 |

3x 我和 你手牽手說要 一起 走到 最

Fmaj7 G Dm G E7 C 2. ♭A ♭B

| 1 0 0 0 | 0 0 0 0 | 0 0 0 0 :‖ 2 1· 1 — 0 ‖

𝄋

𝄌 C G Am Em F Em

‖ 2 1 1 — — | 1 0 0 0 | 0 7 166 5 6 1· 4 |

後 我和 你手牽手 說

Dm G C G F C

| 3 4 1 1 0 6 1· 0 7 | 1 1 1 — — | 0 0 0 0 | 0 0 0 0 ‖

要一起 走到 最 後

Fine

Key：A♭
Play：G-E-G
男調：G 女調：C
4/4 ♩=63

十年

詞 / 林夕 曲 / 陳小霞 唱 / 陳奕迅

彈奏參考

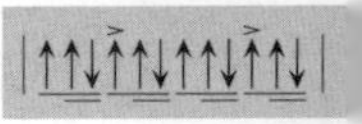

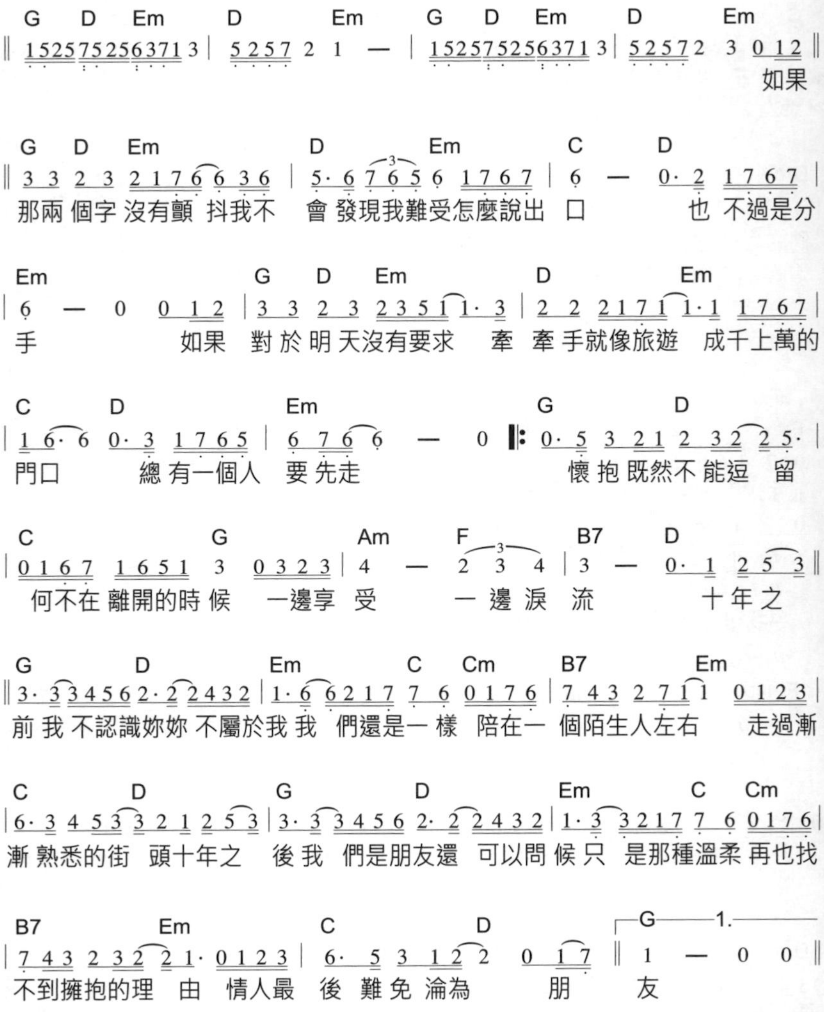

G D Em | D Em | G D Em | D Em
‖ 1525 7525 6371 3 | 5257 2 1 — | 1525 7525 6371 3 | 5257 2 3 0 12 ‖
如果

G D Em | D Em | C D
‖ 3 3 2 3 2176 6 3 6 | 5· 6 765 6 1767 | 6 — 0· 2 1767 |
那兩 個字 沒有顫 抖我不 會 發現我難受怎麼說出 口 也 不過是分

Em | G D Em | D Em
| 6 — 0 0 1 2 | 3 3 2 3 2351 1· 3 | 2 2 2171 1·1 1767 |
手 如果 對 於 明 天沒有要求 牽 牽 手就像旅遊 成千上萬的

C D | Em | G D
| 1 6· 6 0· 3 1765 | 6 7 6 6 — 0 ‖: 0· 5 3 21 2 32 2 5· |
門口 總 有一個人 要 先走 懷 抱 既然不 能逗 留

C G | Am F | B7 D
| 0167 1651 3 0323 | 4 — 2 3 4 | 3 — 0· 1 2 5 3 ‖
何不在 離開的時 候 一邊享 受 一 邊 淚 流 十 年 之

G D | Em C Cm | B7 Em
‖ 3· 3 3456 2· 2 2432 | 1· 6 6217 7 6 0176 | 7 43 2 71 1 0123 |
前 我 不認識妳妳 不屬於我 我 們還是一 樣 陪在一 個陌生人左右 走過漸

C D | G D | Em C Cm
| 6· 3 4 53 3 2 1 2 5 3 | 3· 3 3456 2· 2 2432 | 1· 3 3217 7 6 0176 |
漸 熟悉的街 頭十年之 後 我 們是朋友還 可以問 候 只 是那種溫柔 再也找

B7 Em | C D | G 1.
| 743 2 32 2 1· 0123 | 6· 5 3 12 2 0 17 ‖ 1 — 0 0 ‖
不到擁抱的理 由 情人最 後 難 免 淪為 朋 友

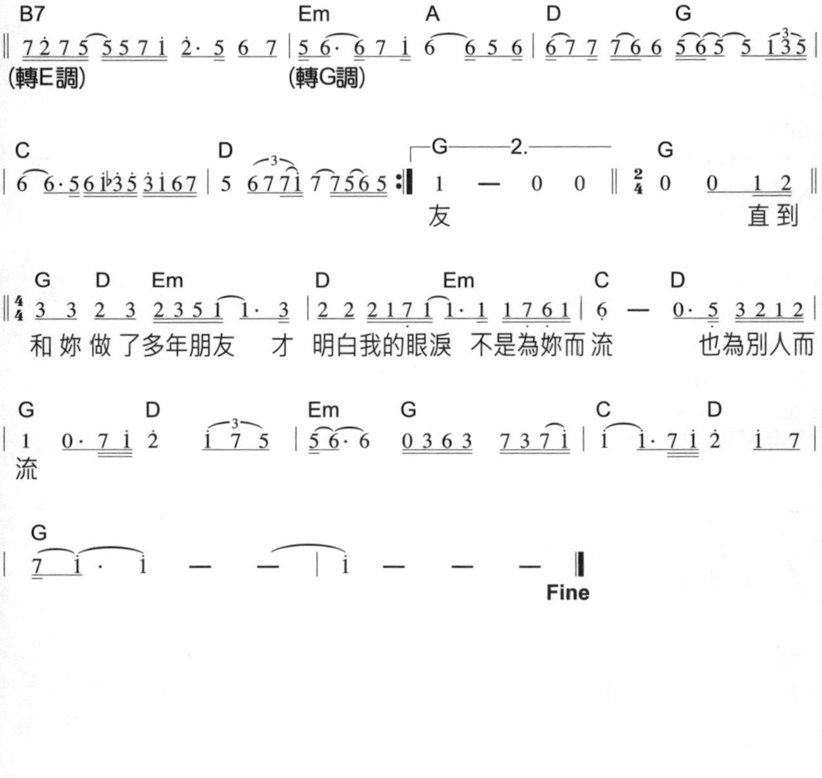

B7 Em A D G

‖ 7 2 7 5 5 5 7 1 2· 5 6 7 | 5 6· 6 7 1 6 6 5 6 | 6 7 7 7 6 6 5 6 5 5 1 3 5 |

(轉E調) (轉G調)

C D G 2. G

| 6 6· 5 6 1 ♭3 5 3 1 6 7 | 5 6 7 7 1 7 7 5 6 5 :‖ 1 — 0 0 ‖ 2/4 0 0 1 2 ‖

友 直到

G D Em D Em C D

‖ 4/4 3 3 2 3 2 3 5 1 1· 3 | 2 2 2 1 7 1 1· 1 1 7 6 1 | 6 — 0· 5 3 2 1 2 |

和 妳 做 了多年朋友 才 明白我的眼淚 不是為妳而流 也為別人而

G D Em G C D

| 1 0· 7 1 2 1 7 5 | 5 6· 6 0 3 6 3 7 3 7 1 | 1 1· 7 1 2 1 7 |

流

G

| 7 1· 1 — — | 1 — — — ‖

Fine

Key：A♭
Play：C-E♭-C
男調：C 女調：G
4/4 ♩=92

遇見

詞 / 易家揚 曲 / 林一峰 唱 / 孫燕姿

彈奏參考

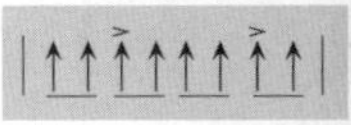

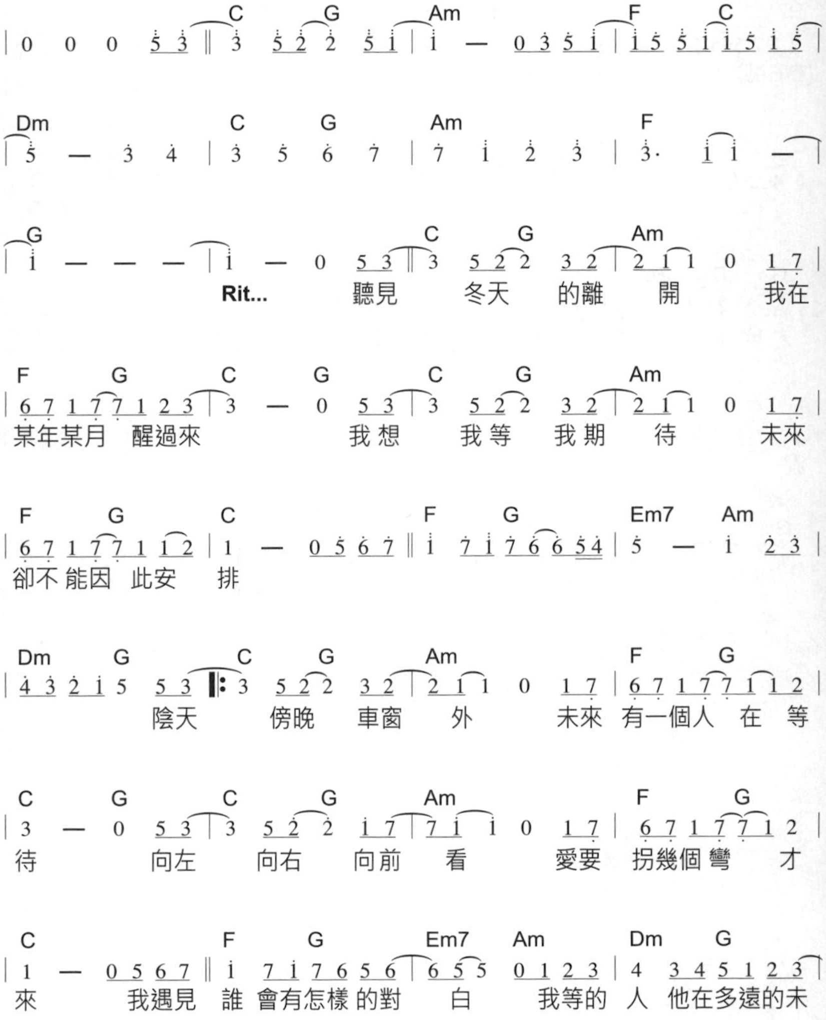

Rit...

聽見 冬天 的離 開 我在
某年某月 醒過來 我想 我等 我期 待 未來
卻不能因 此安 排

陰天 傍晚 車窗 外 未來 有一個人 在 等
待 向左 向右 向前 看 愛要 拐幾個彎 才
來 我遇見 誰 會有怎樣 的對 白 我等的 人 他在多遠的未

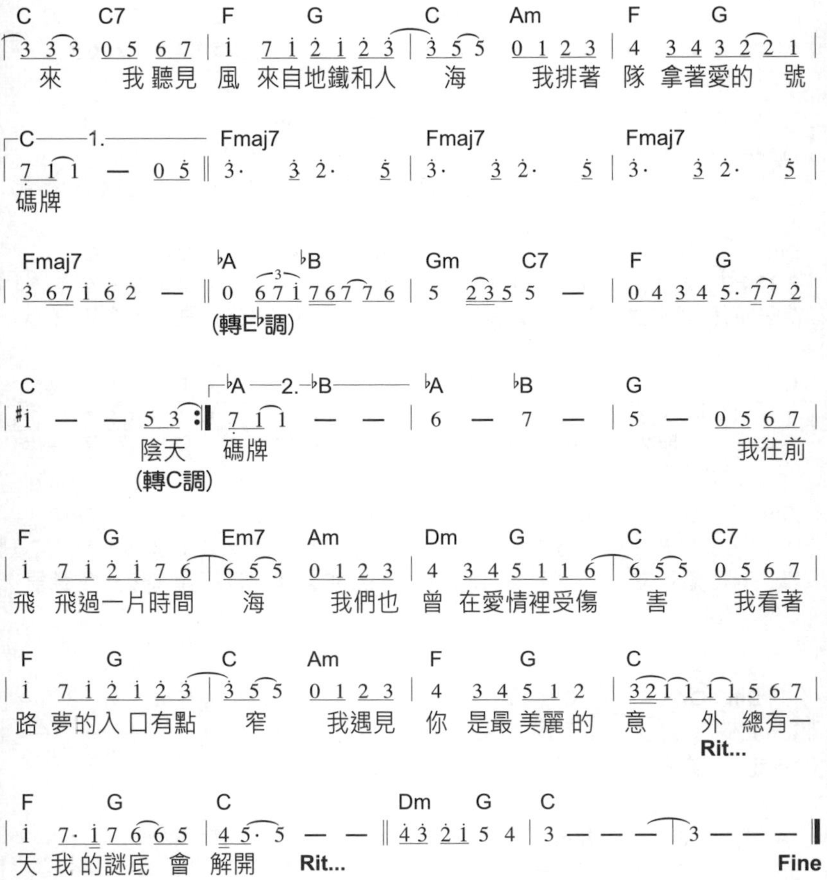

C C7 F G C Am F G

| 3 3 3 0 5 6 7 | i 7 i 2 i 2 3 | 3 5 5 0 1 2 3 | 4 3 4 3 2 2 1 |

來 我聽見 風 來自地鐵和人 海 我排著 隊 拿著愛的 號

C 1. Fmaj7 Fmaj7 Fmaj7

| 7 1 1 — 0 5 ‖ 3· 3 2· 5 | 3· 3 2· 5 | 3· 3 2· 5 |

碼牌

Fmaj7 ♭A ♭B Gm C7 F G

| 3 67 1 6 2 — ‖ 0 6 7 1 7 6 7 7 6 | 5 2 3 5 5 — | 0 4 3 4 5· 7 7 2 |

(轉E♭調)

C ♭A 2. ♭B ♭A ♭B G

| #1 — — 5 3 :‖ 7 1 1 — — | 6 — 7 — | 5 — 0 5 6 7 |

陰天 碼牌 我往前

(轉C調)

F G Em7 Am Dm G C C7

| i 7 i 2 i 7 6 | 6 5 5 0 1 2 3 | 4 3 4 5 1 1 6 | 6 5 5 0 5 6 7 |

飛 飛過一片時間 海 我們也 曾 在愛情裡受傷 害 我看著

F G C Am F G C

| i 7 i 2 i 2 3 | 3 5 5 0 1 2 3 | 4 3 4 5 1 2 | 3 2 1 1 1 1 5 6 7 |

路 夢的入口有點 窄 我遇見 你 是最美麗 的 意 外 總有一

Rit...

F G C Dm G C

| i 7· i 7 6 6 5 | 4 5· 5 — — ‖ 4 3 2 1 5 4 | 3 — — — | 3 — — — ‖

天 我 的謎底 會 解開 **Rit...** **Fine**

Key：G
Play：C-A-C
男調：G 女調：D
4/4 ♩=72

朋友

彈奏參考

詞 / 劉思銘　曲 / 劉志宏　唱 / 周華健

C G Am Em F Em Dm G C

| 0 0 0 2 3 | 1 2 3 2 3 5 | 6 5 3 3 2 3 | 1 2 3 5 2 3 | 2 6 1 1 — |

C Am Em Am Dm F

| 1 — — 2 3 1 |: 1 2 3 1 2 3 | 5 5 6 1 6 1 | 2 2 1 6 6 1 |

這些 年 一個人 風也 過 雨也走 有過 淚 有過 錯 還記

Dm G C Am Em Am Dm G

| 2 2 3 2 1 2 2 3 2 1 || 1 2 3 1 2 3 | 5 5 6 1 6 1 | 2 2 1 6 5 6 1 |

得堅持什 麼真愛 過 才會懂 會寂 寞 會回首 終有 夢 終有你 在心

C 𝄋 C G Am Em F C

| 1 1 1 — 3 3 5 || 5 5 5 6 5 5 6 7 | i 6 6 5 3 3 3 2 1 | 1 1 6 5 5 3 2 1 |

中 朋友 一生一起 走那些 日子不再 有一句 話 一輩 子 一生

Dm G C G Am Em F Em7

| 1 1 6 2 2 3 3 5 | 5 5 5 6 5 5 6 7 | i 6 6 6 5 3 3 3 2 1 | 1 1 6 5 5 3 2 1 ||

情 一杯 酒朋友 不曾孤單 過 一聲 朋 友你會懂 還有 傷 還有 痛 還要

3x 1 6 2

Dm G7 𝄌 C 1. A E #Fm

|| 2/4 1 6 6 1 || 4/4 1 1 1 — — | 3 — 2 3 | 1 — — — |

走 還 有 我 (轉A調)

A E #Fm G A

| 3 — 2 3 | 1 — — — | 2 — 2 2 | 3 — — — |

G C C C 2. G

| 2 — 2 2 | i — — — | i — — 2 3 :|| 6/4 1 1 1 — — — 3 3 5 |

(轉C調) 這些 我 朋友 𝄋

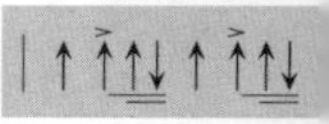

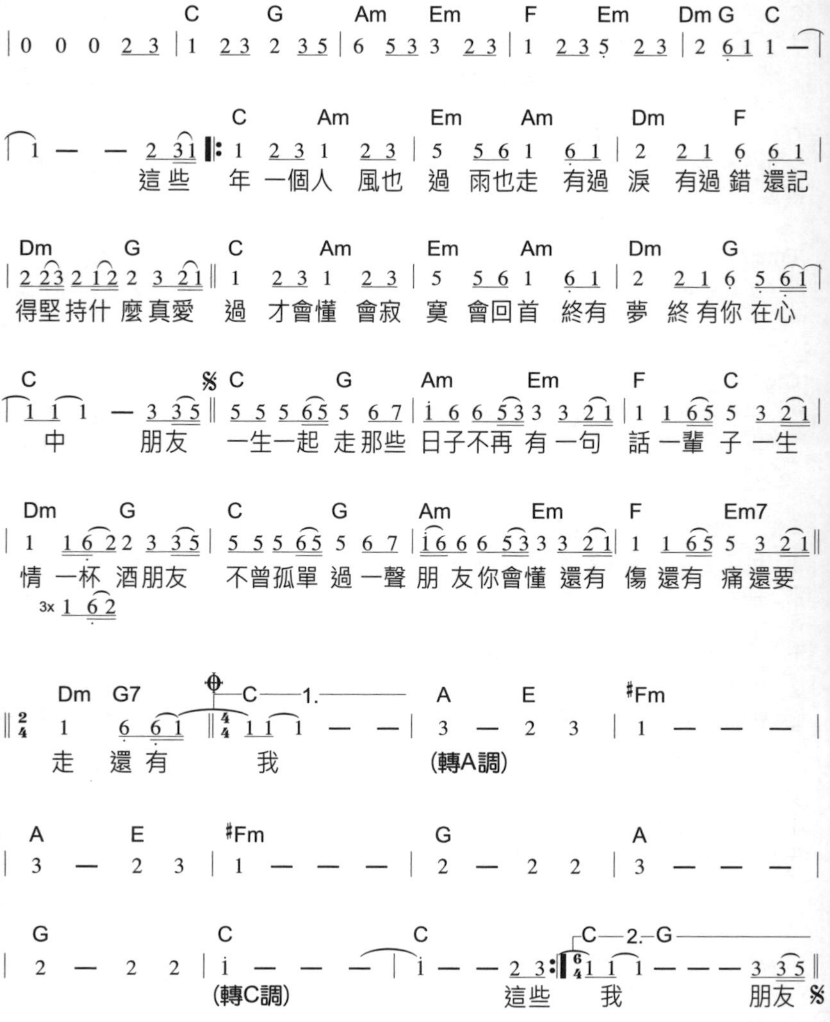

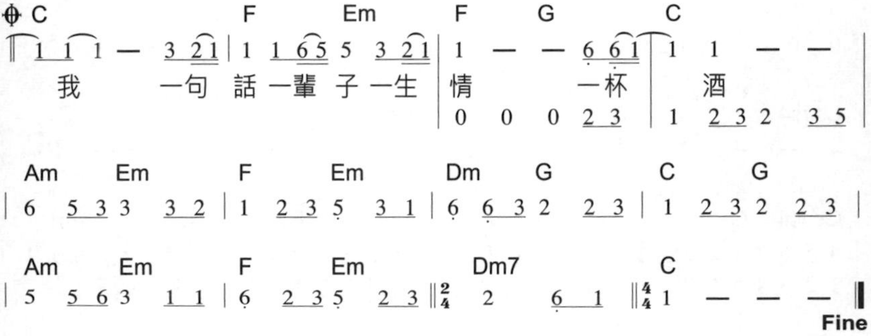

C　F　Em　F　G　C

1 1 1 — 3 21 | 1 1 65 5 3 21 | 1 — — 6 61 | 1 1 — —

我　一句　話一輩　子一生　情　一杯　酒

0 0 0 2 3 | 1 2 3 2 3 5

Am　Em　F　Em　Dm　G　C　G

6 5 3 3 3 2 | 1 2 3 5 3 1 | 6 6 3 2 2 3 | 1 2 3 2 2 3

Am　Em　F　Em　Dm7　C

5 5 6 3 1 1 | 6 2 3 5 2 3 ‖ 2/4 2 6 1 ‖ 4/4 1 — — —

Fine

Key：D♭
Play：C-E♭
男調：G　女調：C
4/4 ♩=84

寧夏

詞 / 李正帆　曲 / 李正帆　唱 / 梁靜茹

彈奏參考

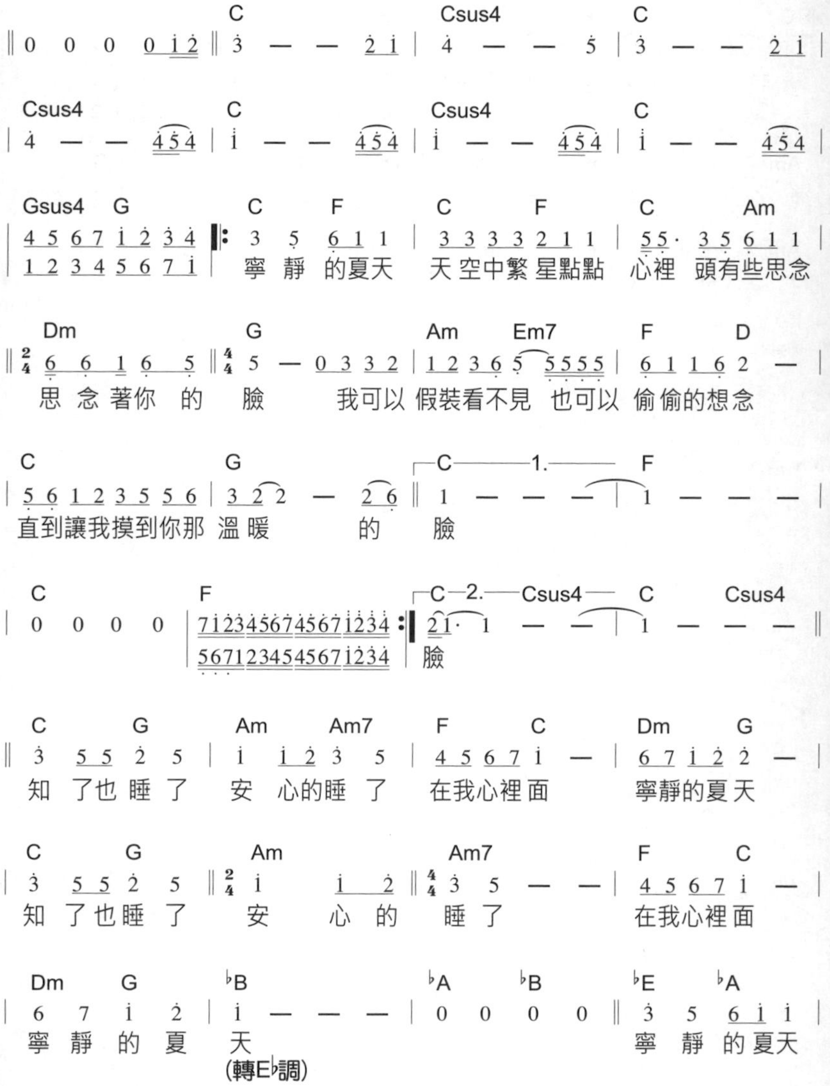

C　Csus4　C

Csus4　C　Csus4　C

Gsus4　G　C　F　C　F　C　Am

寧　靜　的夏天　天空中繁星點點　心裡　頭有些思念

Dm　G　Am　Em7　F　D

思　念　著你　的　臉　我可以　假裝看不見　也可以　偷偷的想念

C　G　C　1.　F

直到讓我摸到你那　溫　暖　的　臉

C　F　C　2.　Csus4　C　Csus4

臉

C　G　Am　Am7　F　C　Dm　G

知　了也　睡　了　安　心的睡　了　在我心裡　面　寧靜的夏　天

C　G　Am　Am7　F　C

知　了也　睡　了　安　心　的　睡　了　在我心裡　面

Dm　G　♭B　♭A　♭B　♭E　♭A

寧　靜　的　夏　天　寧　靜　的夏天

(轉E♭調)

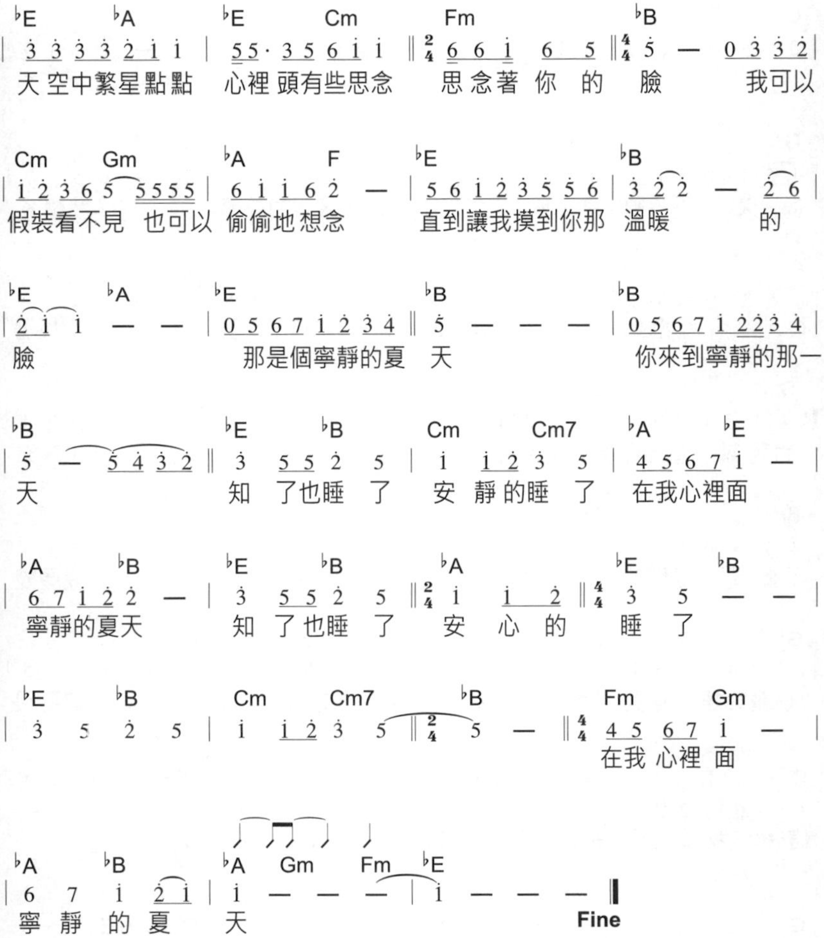

♭E ♭A | ♭E Cm | Fm | ♭B

| 3 3 3 3 2 1 1 | 5 5· 3 5 6 1 1 ‖ 2/4 6 6 1 6 5 ‖ 4/4 5 — 0 3 3 2 |

天空中繁星點點 心裡頭有些思念 思念著你的 臉 我可以

Cm Gm | ♭A F | ♭E | ♭B

| 1 2 3 6 5 5555 | 6 1 1 6 2 — | 5 6 1 2 3 5 5 6 | 3 2 2 — 2 6 |

假裝看不見 也可以 偷偷地想念 直到讓我摸到你那 溫暖 的

♭E ♭A | ♭E | ♭B | ♭B

| 2 1 1 — — | 0 5 6 7 1 2 3 4 ‖ 5 — — — | 0 5 6 7 1 2 2 3 4 |

臉 那是個寧靜的夏 天 你來到寧靜的那一

♭B | ♭E ♭B | Cm Cm7 | ♭A ♭E

| 5 — 5 4 3 2 ‖ 3 5 5 2 5 | 1 1 2 3 5 | 4 5 6 7 1 — |

天 知 了也睡 了 安 靜的睡 了 在我心裡面

♭A ♭B | ♭E ♭B | ♭A | ♭E ♭B

| 6 7 1 2 2 — | 3 5 5 2 5 ‖ 2/4 1 1 2 ‖ 4/4 3 5 — — |

寧靜的夏天 知 了也睡 了 安 心 的 睡 了

♭E ♭B | Cm Cm7 | ♭B | Fm Gm

| 3 5 2 5 | 1 1 2 3 5 ‖ 2/4 5 — ‖ 4/4 4 5 6 7 1 — |

在我 心裡 面

♭A ♭B | ♭A Gm Fm | ♭E

| 6 7 1 2 1 | 1 — — — | 1 — — — ‖

寧 靜 的 夏 天

Fine

Key：G♭
Play：G-A-B
男調：G 女調：C
4/4 ♩=68

童話

詞 / 光良 曲 / 光良 唱 / 光良

彈奏參考

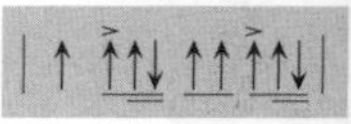

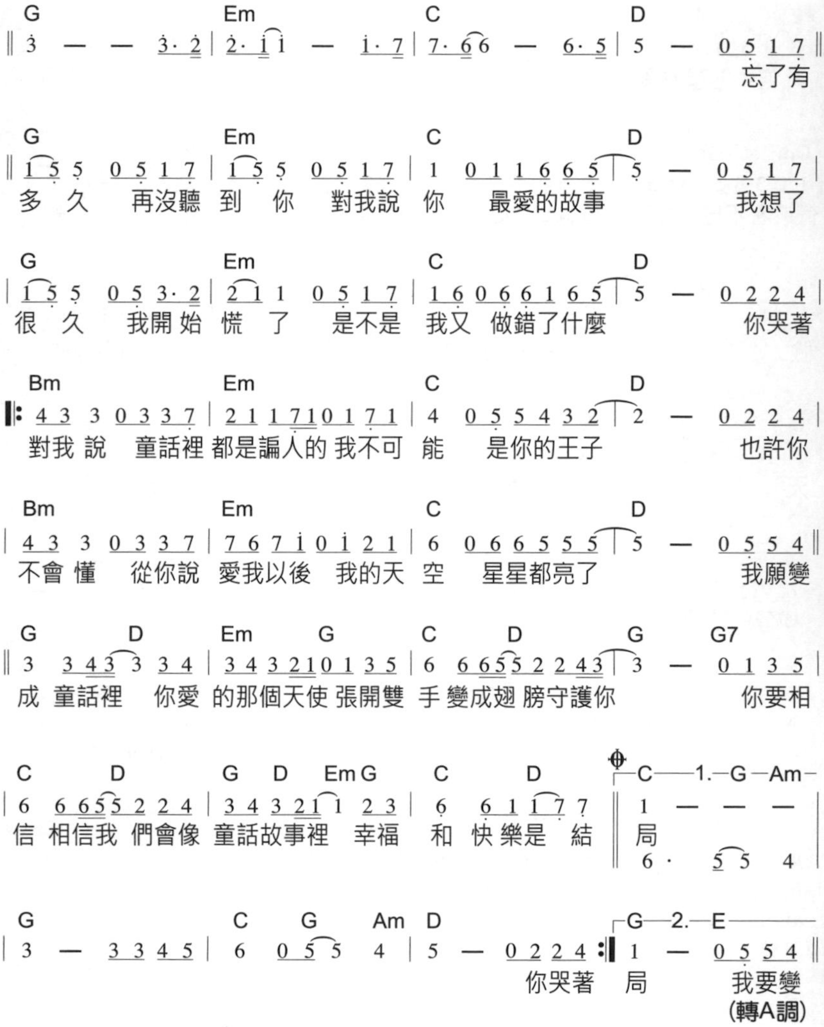

G Em C D
‖ 3 — — 3· 2 | 2· 1 1 — 1· 7 | 7· 6 6 — 6· 5 | 5 — 0 5 1 7 ‖
忘了有

G Em C D
‖ 1 5 5 0 5 1 7 | 1 5 5 0 5 1 7 | 1 0 1 1 6 6 5 | 5 — 0 5 1 7 |
多 久 再沒聽 到 你 對我說 你 最愛的故事 我想了

G Em C D
| 1 5 5 0 5 3· 2 | 2 1 1 0 5 1 7 | 1 6 0 6 6 1 6 5 | 5 — 0 2 2 4 |
很 久 我開始 慌 了 是不是 我又 做錯了什麼 你哭著

Bm Em C D
‖: 4 3 3 0 3 3 7 | 2 1 1 7 1 0 1 7 1 | 4 0 5 5 4 3 2 | 2 — 0 2 2 4 |
對我 說 童話裡 都是騙人的 我不可 能 是你的王子 也許你

Bm Em C D
| 4 3 3 0 3 3 7 | 7 6 7 1 0 1 2 1 | 6 0 6 6 5 5 5 | 5 — 0 5 5 4 ‖
不會 懂 從你說 愛我以後 我的天 空 星星都亮了 我願變

G D Em G C D G G7
‖ 3 3 4 3 3 3 4 | 3 4 3 2 1 0 1 3 5 | 6 6 6 5 5 2 2 4 3 | 3 — 0 1 3 5 |
成 童話裡 你愛 的那個天使 張開雙 手 變成翅 膀守護你 你要相

C D G D Em G C D
| 6 6 6 5 5 2 2 4 | 3 4 3 2 1 1 2 3 | 6 6 1 1 7 7 |
信 相信我 們會像 童話故事裡 幸福 和 快樂是 結

Φ C——1.—G —Am—
‖ 1 — — — |
局
6 · 5 5 4 |

G C G Am D
| 3 — 3 3 4 5 | 6 0 5 5 4 | 5 — 0 2 2 4 :‖
你哭著

G—2.—E
1 — 0 5 5 4 ‖
局 我要變
(轉A調)

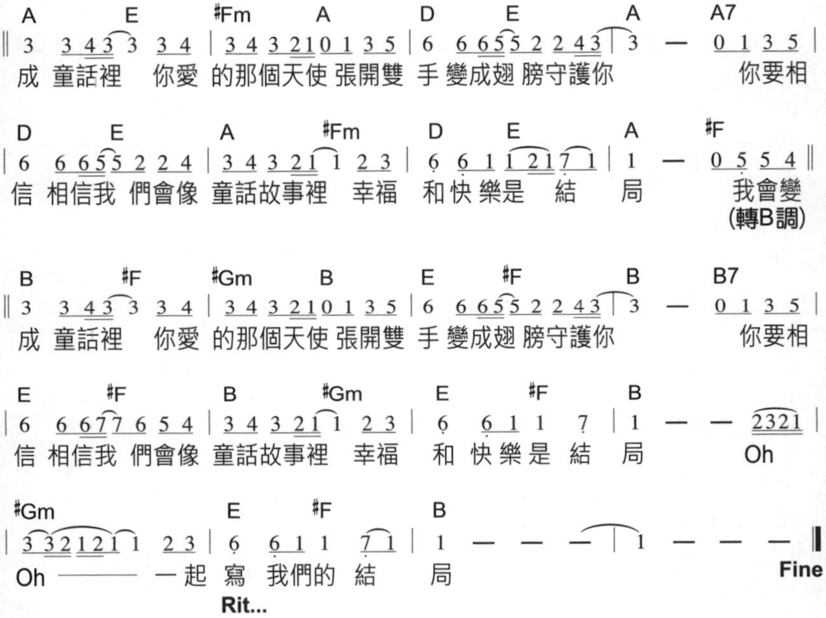

A E #Fm A D E A A7

‖ 3 3 4 3 3 3 4 | 3 4 3 2 1 0 1 3 5 | 6 6 6 5 5 2 2 4 3 | 3 — 0 1 3 5 |

成 童話裡 你愛 的那個天使 張開雙 手 變成翅 膀守護你 你要相

D E A #Fm D E A #F

| 6 6 6 5 5 2 2 4 | 3 4 3 2 1 1 2 3 | 6 6 1 1 2 1 7 1 | 1 — 0 5 5 4 ‖

信 相信我 們會像 童話故事裡 幸福 和快樂是 結 局 我會變

(轉B調)

B #F #Gm B E #F B B7

‖ 3 3 4 3 3 3 4 | 3 4 3 2 1 0 1 3 5 | 6 6 6 5 5 2 2 4 3 | 3 — 0 1 3 5 |

成 童話裡 你愛 的那個天使 張開雙 手 變成翅 膀守護你 你要相

E #F B #Gm E #F B

| 6 6 6 7 7 6 5 4 | 3 4 3 2 1 1 2 3 | 6 6 1 1 7 | 1 — — 2 3 2 1 |

信 相信我 們會像 童話故事裡 幸福 和 快 樂是 結 局 Oh

#Gm E #F B

| 3 3 2 1 2 1 1 2 3 | 6 6 1 1 7 1 | 1 — — — | 1 — — — ‖

Oh ——— 一起 寫 我們的 結 局

Rit... Fine

Key：F
Play：C
男調：F　女調：C
4/4 ♩=80

知足

彈奏參考

| ↑ ↑ ↑ ↑ ↑ ↑ ↑ ↑ |

詞 / 阿信(五月天)　曲 / 阿信(五月天)　唱 / 五月天

F　C　Dm　C　F　Em
‖ 0 0 0 0 6 7 | 1 4 5 1 5· 2 3 | 4 3 4 3 2 1 3 1 4 5 | 1 4 5 1 5 7 1 2 3 |

♭B　C　F　G　Em7　Dm　G7
| 4 — 4 3 | 6 4 7 1 2 | 5 2 7 1 — | 1 — — — ‖
| 0 0 0 1 7 |

C　G　Am　Em7　F　C　Dm　G
‖ 1 7 1 5 5 | 1 7 1 3 — | 1 7 1 5 3 | 2 6 7 1 2 — |
怎　麼去擁 有　一　道彩 虹　怎　麼去擁 抱　一夏天的風

C　G　Am　Em　F　C　Dm　G　C
| 1 7 1 5 5 5 | 6 7 6 3 — | 6 7 1 5 3 3 | 4 3 6 2 1 "6 7 |
天　上的星　星笑　地　上的人　總　是不能　懂不　能覺得足夠

F　Em　Dm　Em　F　G　C　G　Am　Em7
‖ 1 7 1 5 5 | 1 4 5 1 5 1 2 3 4 3 1 5 4 ‖: 1 7 1 5 5 | 1 7 1 3 0 |
如　果我愛　上　妳　的笑容
那　天妳和　我　那　個山丘

F　C　Dm　G　C　G　Am　Em
| 1 7 1 5 3 | 2 6 7 1 2 0 | 1 7 1 5 5 | 6 7 1 5 0 |
要　怎麼　收　藏　要怎麼擁 有　如　果妳 快　樂　不　是為我
那　樣的　唱　著　那一年的 歌　那　樣的 回　憶　那　麼足夠

F　C　Dm　G　C　1. F　G　Em7　Am
| 6 7 1 5 3 3 | 4 3 6 2 1 5 1 7 ‖ 6 4 2 5 7 6 | 5 2 1 2 3 |
會　不會　放　手其　實才是擁有當一陣　風　吹　來風 箏飛　上　天　空　為了
足　夠我　天　天都　品嚐著寂寞
2x 4 3 6 2 1 —

Dm　G7　C　Gm　C7　F　G　Em　Am
| 4 4 6 5 3 2 | 3 4 4 5 1 1 7 | 6 4 7 1 2 | 5 2 7 1 0 6 7 |
妳　而祈 禱　而祝　福　而感動終於 妳　身　影　消失 在　人　海盡頭　才發

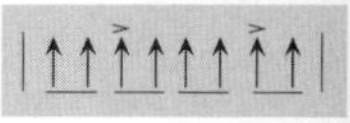

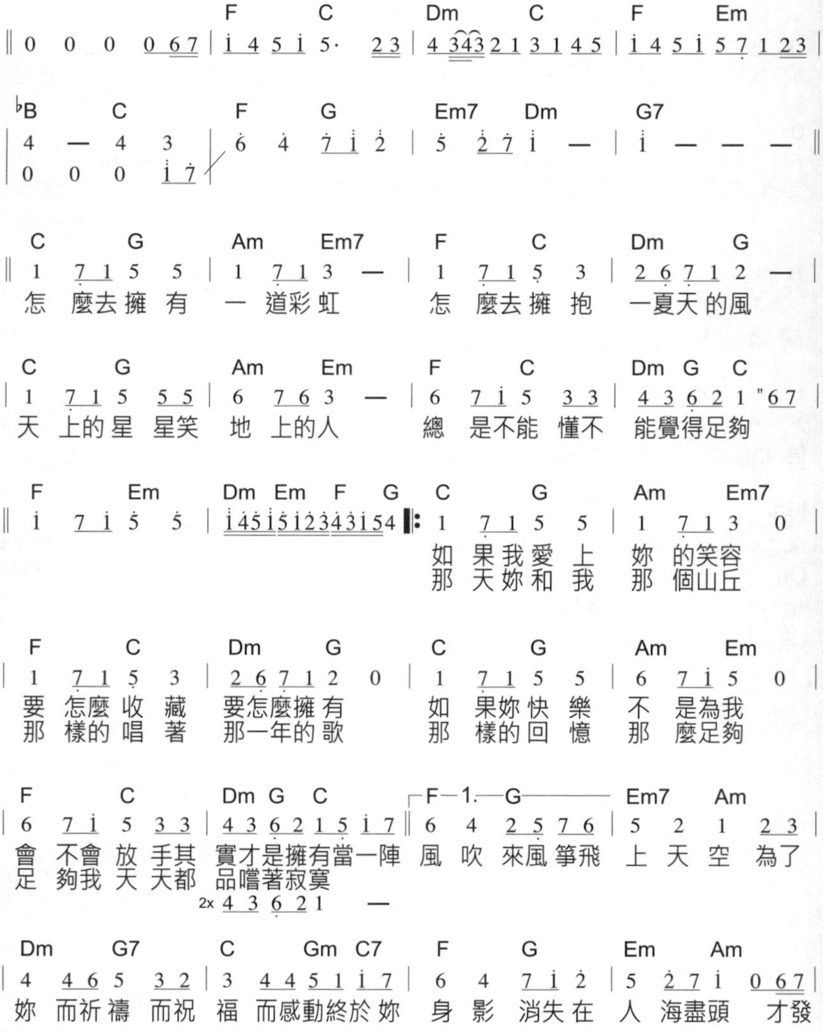

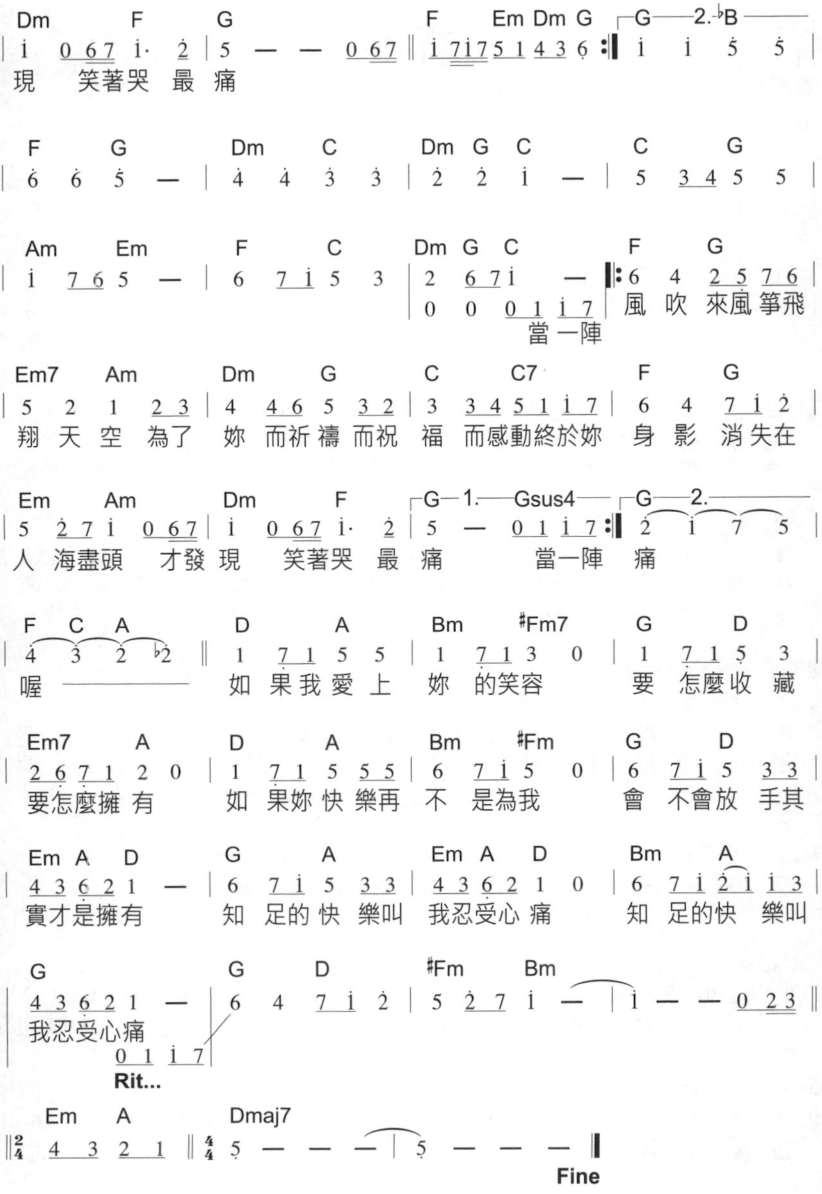

Dm F G F Em Dm G G 2. ♭B

| 1 0 6 7 1· 2 | 5 — — 0 6 7 ‖ 1 7 1 7 5 1 4 3 6 :‖ 1 1 5 5 |

現 笑著哭 最 痛

F G Dm C Dm G C C G

| 6 6 5 — | 4 4 3 3 | 2 2 1 — | 5 3 4 5 5 |

Am Em F C Dm G C F G

| 1 7 6 5 — | 6 7 1 5 3 | 2 6 7 1 — |: 6 4 2 5 7 6 |

0 0 0 1 1 7 | 風 吹 來風 箏飛

當一陣

Em7 Am Dm G C C7 F G

| 5 2 1 2 3 | 4 4 6 5 3 2 | 3 3 4 5 1 1 7 | 6 4 7 1 2 |

翔 天 空 為了 妳 而祈 禱 而祝 福 而感動終於妳 身 影 消失在

Em Am Dm F G 1. Gsus4 G 2.

| 5 2 7 1 0 6 7 | 1 0 6 7 1· 2 | 5 — 0 1 1 7 :‖ 2 1 7 5 |

人 海盡頭 才發 現 笑著哭 最 痛 當一陣 痛

F C A D A Bm #Fm7 G D

| 4 3 2 ♭2 ‖ 1 7 1 5 5 | 1 7 1 3 0 | 1 7 1 5 3 |

喔 ———— 如 果我 愛 上 妳 的笑容 要 怎麼收 藏

Em7 A D A Bm #Fm G D

| 2 6 7 1 2 0 | 1 7 1 5 5 5 | 6 7 1 5 0 | 6 7 1 5 3 3 |

要怎麼擁 有 如 果妳 快 樂再 不 是為我 會 不會放 手其

Em A D G A Em A D Bm A

| 4 3 6 2 1 — | 6 7 1 5 3 3 | 4 3 6 2 1 0 | 6 7 1 2 1 1 3 |

實才是擁有 知 足的 快 樂叫 我忍受心 痛 知 足的快 樂叫

G G D #Fm Bm

| 4 3 6 2 1 — | 6 4 7 1 2 | 5 2 7 1 — | 1 — — 0 2 3 ‖

我忍受心痛

0 1 1 7 |

Rit...

Em A Dmaj7

‖ 2/4 4 3 2 1 ‖ 4/4 5 — — — | 5 — — — ‖

Fine

Key：C
Play：C
男調：F　女調：C
4/4 ♩=120

寶貝

詞 / 張懸　曲 / 張懸　唱 / 張懸

彈奏參考

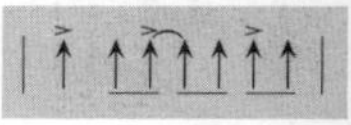

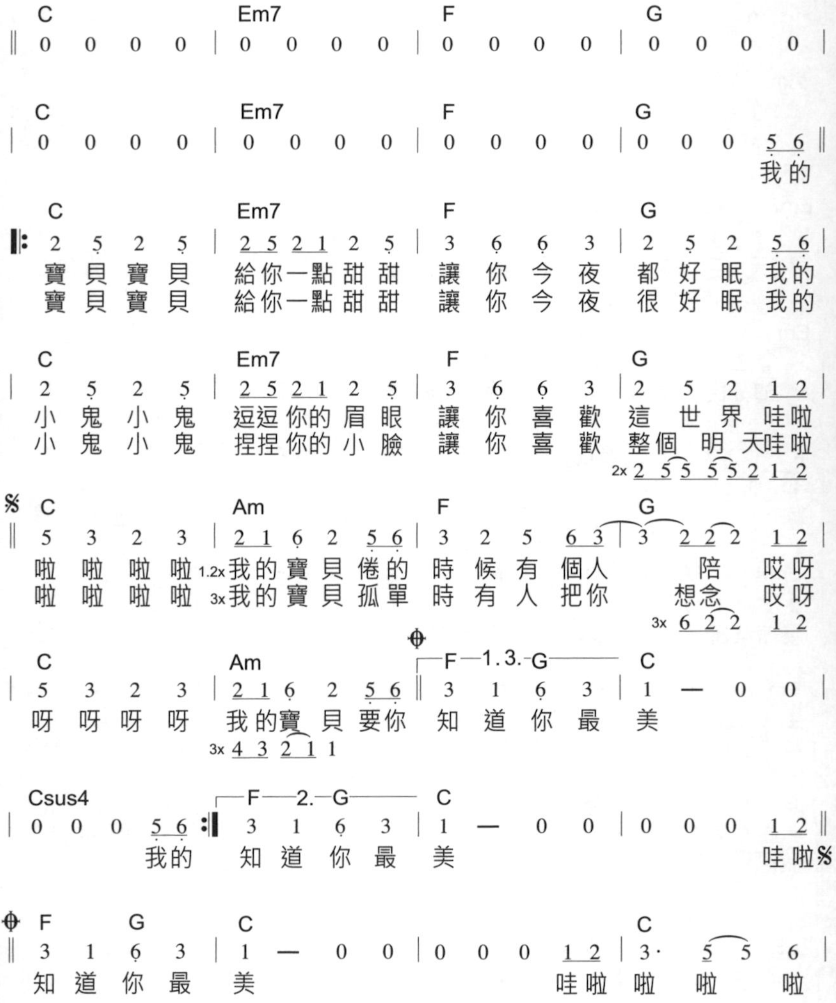

C Em7 F G
‖ 0 0 0 0 | 0 0 0 0 | 0 0 0 0 | 0 0 0 0 |

C Em7 F G
| 0 0 0 0 | 0 0 0 0 | 0 0 0 0 | 0 0 0 5 6 ‖
我的

C Em7 F G
‖: 2 5 2 5 | 2 5 2 1 2 5 | 3 6 6 3 | 2 5 2 5 6 |
寶 貝 寶 貝　給你一點甜 甜　讓 你 今 夜　都 好 眠 我的
寶 貝 寶 貝　給你一點甜 甜　讓 你 今 夜　很 好 眠 我的

C Em7 F G
| 2 5 2 5 | 2 5 2 1 2 5 | 3 6 6 3 | 2 5 2 1 2 |
小 鬼 小 鬼　逗逗你的 眉 眼　讓 你 喜 歡　這 世 界 哇啦
小 鬼 小 鬼　捏捏你的 小 臉　讓 你 喜 歡　整個 明 天哇啦
2x 2 5 5 5 5 2 1 2

𝄋 C Am F G
‖ 5 3 2 3 | 2 1 6 2 5 6 | 3 2 5 6 3 | 3 2 2 2 1 2 |
啦 啦 啦 啦　1.2x 我的 寶 貝 倦 的　時 候 有 個人　陪 哎 呀
啦 啦 啦 啦　3x 我的 寶 貝 孤 單　時 有 人 把你　想念 哎 呀
3x 6 2 2 1 2

C Am 𝄌 F 1.3. G C
| 5 3 2 3 | 2 1 6 2 5 6 ‖ 3 1 6 3 | 1 — 0 0 |
呀 呀 呀 呀　我的寶 貝 要你　知 道 你 最　美
3x 4 3 2 1 1

Csus4 F 2. G C
| 0 0 0 5 6 :‖ 3 1 6 3 | 1 — 0 0 | 0 0 0 1 2 ‖
我的　知 道 你 最　美　哇 啦 𝄋

𝄌 F G C C
‖ 3 1 6 3 | 1 — 0 0 | 0 0 0 1 2 | 3· 5 5 6 |
知 道 你 最　美　哇啦 啦 啦 啦

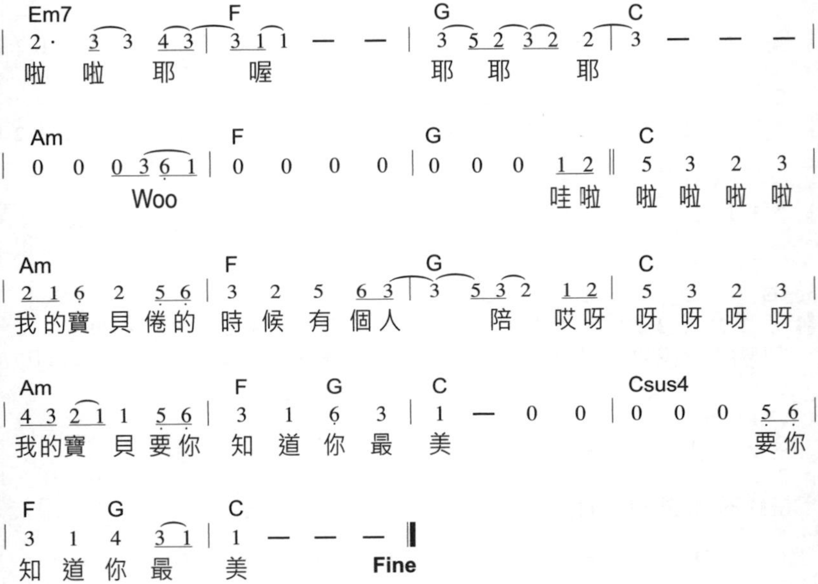

Em7 F G C
| 2· 3 3 4 3 | 3 1 1 — — | 3 5 2 3 2 2 | 3 — — — |
啦 啦 耶 喔 耶 耶 耶

Am F G C
| 0 0 0 3 6 1 | 0 0 0 0 | 0 0 0 1 2 ‖ 5 3 2 3 |
Woo 哇啦 啦 啦 啦 啦

Am F G C
| 2 1 6 2 5 6 | 3 2 5 6 3 | 3 5 3 2 1 2 | 5 3 2 3 |
我的寶 貝 倦的 時 候 有 個人 陪 哎呀 呀 呀 呀 呀

Am F G C Csus4
| 4 3 2 1 1 5 6 | 3 1 6 3 | 1 — 0 0 | 0 0 0 5 6 |
我的寶 貝 要你 知 道 你 最 美 要你

F G C
| 3 1 4 3 1 | 1 — — — ‖
知 道 你 最 美 Fine

Key：B
Play：G-A♭
男調：F　女調：C
4/4 ♩=105

暖暖

詞 / 李焯雄　曲 / 人工衛星　唱 / 梁靜茹

彈奏參考

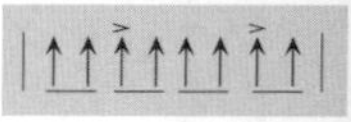

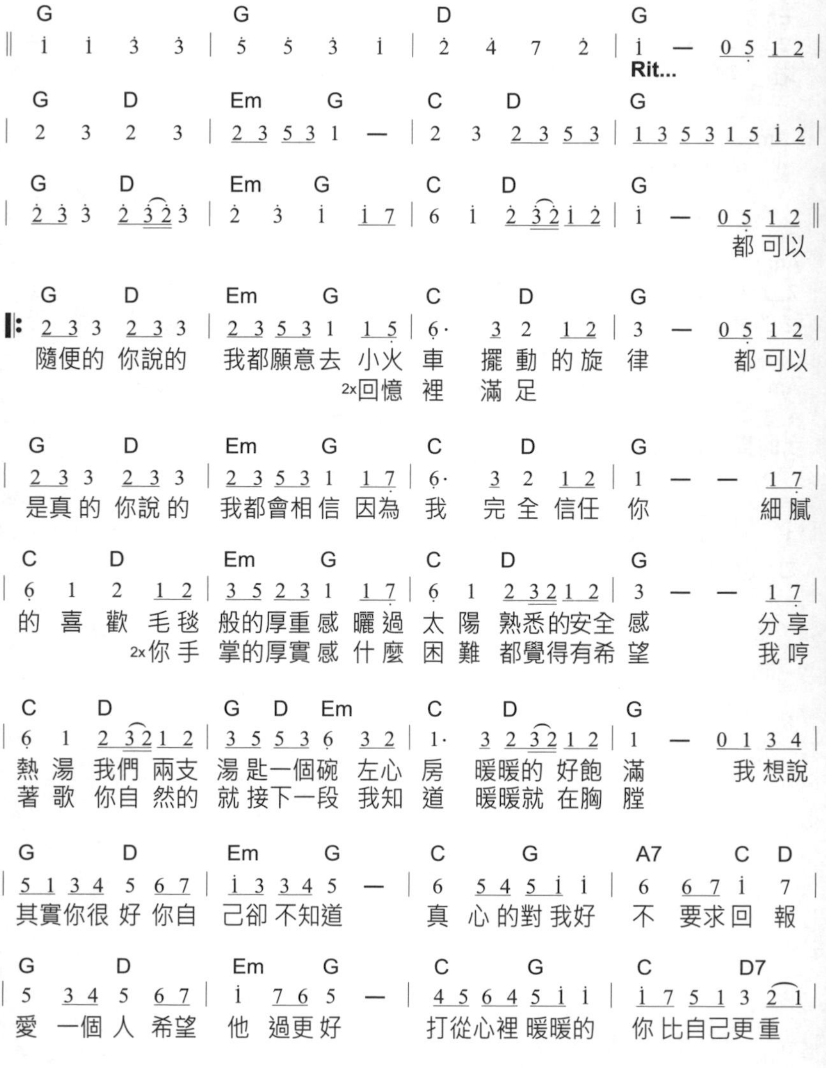

G D Em G C D G

隨便的 你說的 我都願意去 小火 車 擺 動 的旋 律 都可以
2x回憶 裡 滿足

是真的 你說的 我都會相信 因為 我 完全 信任 你 細膩

的 喜 歡 毛毯 般的厚重感 曬過 太 陽 熟悉的安全 感 分享
2x你 手 掌的厚實感 什 麼 困 難 都覺得有希 望 我哼

熱 湯 我們 兩支 湯匙一個碗 左心 房 暖暖的 好飽 滿 我想說
著 歌 你自 然的 就接下一段 我知 道 暖暖就 在胸 膛

其實你很 好 你自 己卻 不知道 真 心的對 我好 不 要求回 報

愛 一個 人 希望 他 過更好 打從心裡 暖暖的 你比自己更重

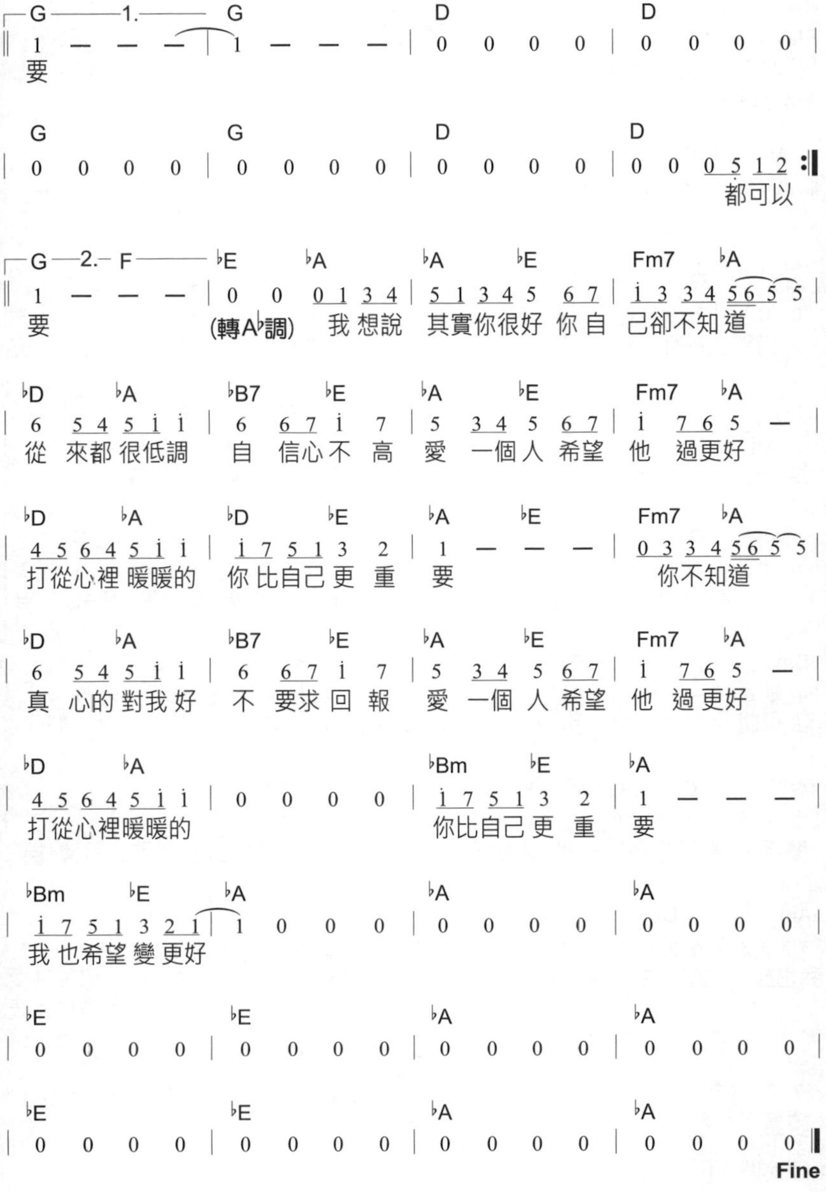

G 1. G D D

‖ 1 — — — | 1 — — — | 0 0 0 0 | 0 0 0 0 |

要

G G D D

| 0 0 0 0 | 0 0 0 0 | 0 0 0 0 | 0 0 0 5̣ 1 2 :‖

都可以

G 2. F ♭E ♭A ♭A ♭E Fm7 ♭A

‖ 1 — — — | 0 0 0 1 3 4 | 5 1 3 4 5 6 7 | 1̇ 3 3 4 5 6 5 5 |

要 (轉A♭調) 我想說 其實你很好 你自 己卻不知道

♭D ♭A ♭B7 ♭E ♭A ♭E Fm7 ♭A

| 6 5 4 5 1̇ 1̇ | 6 6 7 1̇ 7 | 5 3 4 5 6 7 | 1̇ 7 6 5 — |

從 來都很低調 自 信心不 高 愛 一個人 希望 他 過更好

♭D ♭A ♭D ♭E ♭A ♭E Fm7 ♭A

| 4 5 6 4 5 1̇ 1̇ | 1̇ 7 5 1 3 2 | 1 — — — | 0 3 3 4 5 6 5 5 |

打從心裡 暖暖的 你比自己更 重 要 你不知道

♭D ♭A ♭B7 ♭E ♭A ♭E Fm7 ♭A

| 6 5 4 5 1̇ 1̇ | 6 6 7 1̇ 7 | 5 3 4 5 6 7 | 1̇ 7 6 5 — |

真 心的對我好 不 要求回 報 愛 一個 人希望 他 過更好

♭D ♭A ♭Bm ♭E ♭A

| 4 5 6 4 5 1̇ 1̇ | 0 0 0 0 | 1̇ 7 5 1 3 2 | 1 — — — |

打從心裡暖暖的 你比自己更 重 要

♭Bm ♭E ♭A ♭A ♭A

| 1̇ 7 5 1 3 2 1 | 1 0 0 0 | 0 0 0 0 | 0 0 0 0 |

我也希望變更好

♭E ♭E ♭A ♭A

| 0 0 0 0 | 0 0 0 0 | 0 0 0 0 | 0 0 0 0 |

♭E ♭E ♭A ♭A

| 0 0 0 0 | 0 0 0 0 | 0 0 0 0 | 0 0 0 0 ‖

Fine

Key：A♭m
Play：Am-B♭m
男調：Gm　女調：Dm
4/4 ♩=68

放生

詞 / 武雄　曲 / 粱可耀　唱 / 范逸臣

彈奏參考

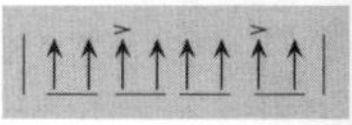

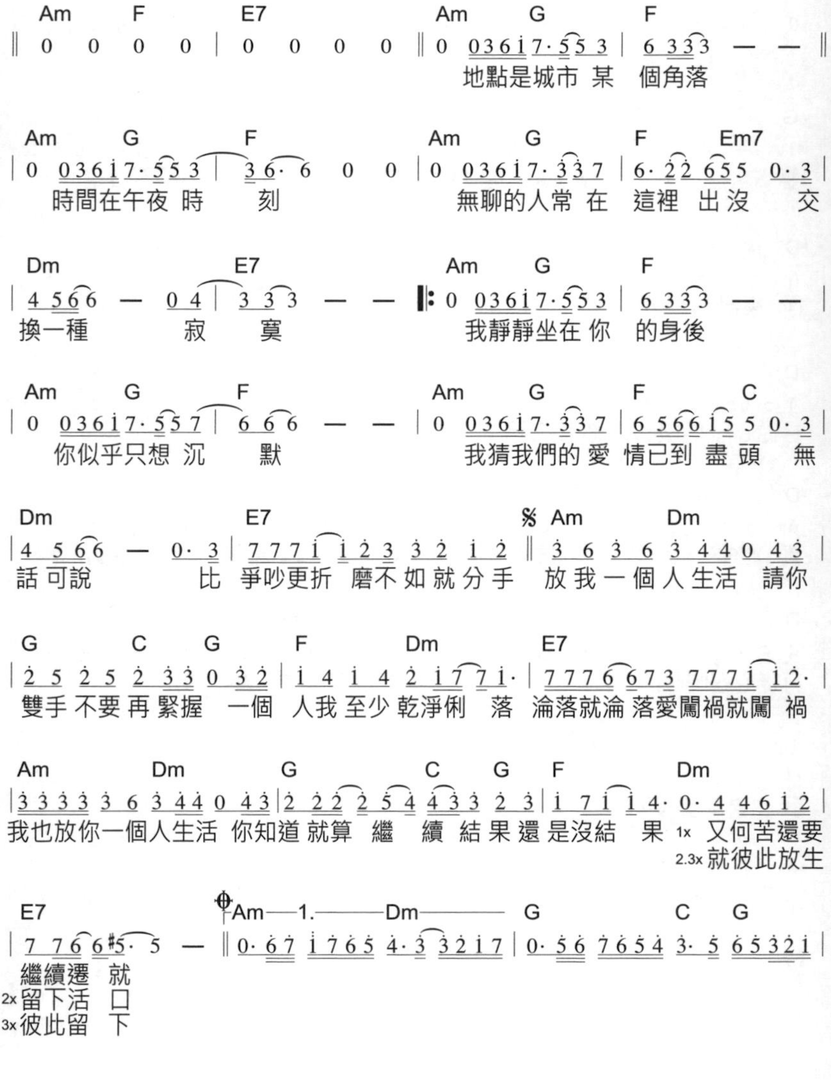

Am F | E7 | Am G | F
‖ 0 0 0 0 | 0 0 0 0 ‖ 0 0361 7·553 | 6 333 — — ‖
地點是城市 某 個角落

Am G F | Am G | F Em7
| 0 0361 7·553 | 36· 6 0 0 | 0 0361 7·337 | 6·22 655 0·3 |
時間在午夜 時 刻　無聊的人常 在 這裡 出沒 交

Dm E7 | Am G | F
| 4 566 — 04 | 3 3 3 — — 𝄆 0 0361 7·553 | 6 333 — — |
換一種 寂 寞　我靜靜坐在 你 的身後

Am G F | Am G | F C
| 0 0361 7·557 | 6 6 6 — — | 0 0361 7·337 | 6 5661 5 5 0·3 |
你似乎只想 沉 默　我猜我們的 愛 情已到 盡 頭 無

Dm E7 | 𝄋 Am Dm
| 4 566 — 0·3 | 7771 123 32 12 ‖ 36 36 3 44 0 43 |
話 可說 比 爭吵更折 磨不如就分手 放我一個人生活 請你

G C G | F Dm | E7
| 25 25 2 33 0 32 | 14 14 2 17 71· | 7776 673 7771 12· |
雙手 不要 再 緊握 一個 人我 至少 乾淨俐 落 淪落就淪 落愛闖禍就闖 禍

Am Dm | G C G | F Dm
| 3333 36 3 44 0 43 | 2 22 25 4 433 23 | 1 71 14· 0·4 4612 |
我也放你一個人生活 你知道 就算 繼 續 結果還 是沒結 果 1x 又何苦還要
2.3x 就彼此放生

E7 | 𝄌 Am 1. Dm | G | C G
| 7 76 6♯5· 5 — ‖ 0·67 1765 4·3 3217 | 0·56 7654 3·5 65321 |
繼續遷 就
2x 留下活 口
3x 彼此留 下

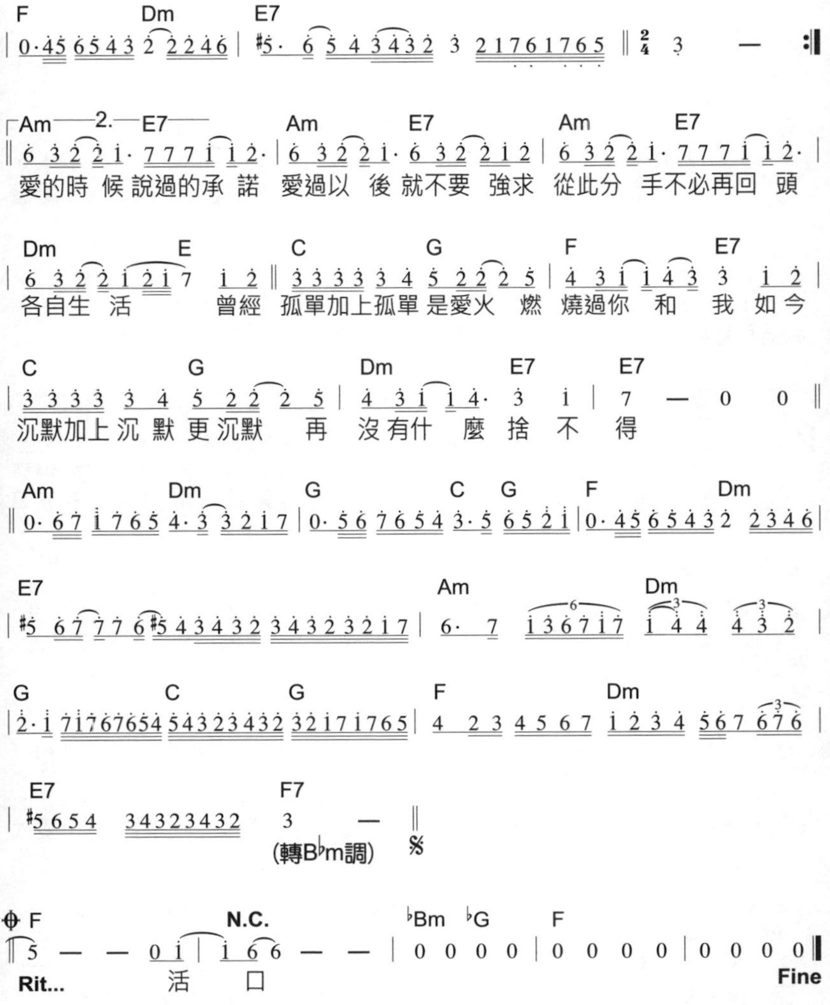

F Dm E7

| 0·45 6543 2 2246 | #5· 6 5 4 3432 3 21761765 ‖ 2/4 3 — :‖

Am 2. E7 Am E7 Am E7

‖ 6 32 2 1· 7771 1 2· | 6 32 2 1· 6 32 2 1 2 | 6 32 2 1· 7771 1 2· |

愛的時 候 說過的承 諾 愛過以 後 就不要 強求 從此分 手不必再回 頭

Dm E C G F E7

| 6 32 2 1 21 7 1 2 ‖ 3333 3 4 5 22 2 5 | 4 31 1 43 3 1 2 |

各自生 活 曾經 孤單加上孤單 是愛火 燃 燒過你 和 我 如今

C G Dm E7 E7

| 3333 3 4 5 22 2 5 | 4 31 1 4· 3 1 | 7 — 0 0 ‖

沉默加上沉 默 更沉默 再 沒有什 麼 捨 不 得

Am Dm G C G F Dm

‖ 0· 67 1765 4· 3 3217 | 0· 56 7654 3· 5 6521 | 0· 45 65432 2346 |

E7 Am Dm

| #5 67 77 6 #5434 32 34323217 | 6· 7 136717 (6) 1 4 4 (3) 4 3 2 (3) |

G C G F Dm

| 2· 1 71767654 54323432 32171765 | 4 23 4567 1234 567 676 (3) |

E7 F7

| #5654 34323432 3 — ‖

(轉B♭m調) 𝄋

𝄌 F N.C. ♭Bm ♭G F

‖ 5 — — 0 1 | 1 6 6 — — | 0 0 0 0 | 0 0 0 0 | 0 0 0 0 ‖

Rit... 活 口 Fine

Key：B
Play：C-D♭
男調：A 女調：E
4/4 ♩=68

背叛

詞 / 阿丹、鄔裕康 曲 / 曹格 唱 / 曹格

彈奏參考

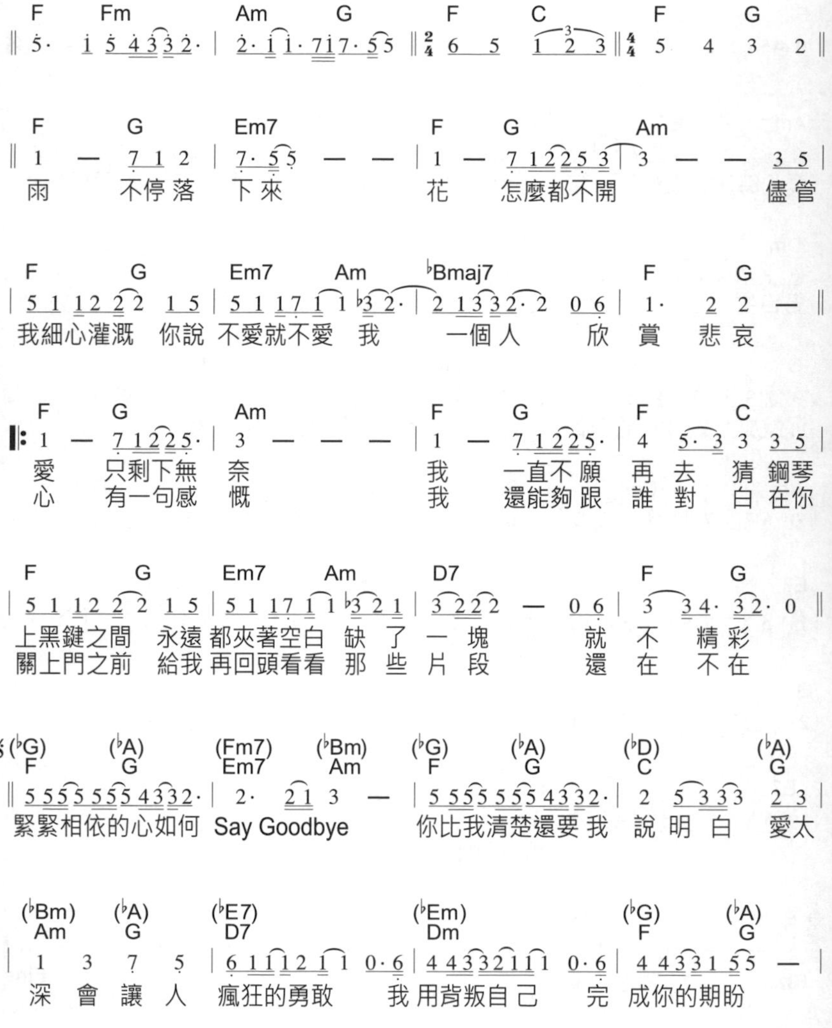

| ↑ ↑↑↓ ↑↑↑↑ |

F Fm | Am G | F C | F G
‖ 5· 1 5 4 3 3 2· | 2· 1 1· 7 1 7· 5 5 ‖ 2/4 6 5 1 2 3 ‖ 4/4 5 4 3 2 ‖

F G | Em7 | F G Am
‖ 1 — 7 1 2 | 7· 5 5 — — | 1 — 7 1 2 2 5 3 | 3 — — 3 5 |
雨 不停落 下來 花 怎麼都不開 儘管

F G | Em7 Am ♭Bmaj7 | F G
| 5 1 1 2 2 2 1 5 | 5 1 1 7 1 1 ♭3 2· | 2 1 3 3 2· 2 0 6 | 1· 2 2 — ‖
我細心灌溉 你說 不愛就不愛 我 一個人 欣 賞 悲哀

F G | Am | F G | F C
‖: 1 — 7 1 2 2 5· | 3 — — — | 1 — 7 1 2 2 5· | 4 5· 3 3 3 5 |
愛 只剩下無 奈 我 一直不願 再 去 猜 鋼琴
心 有一句感 慨 我 還能夠跟 誰 對 白 在你

F G | Em7 Am | D7 | F G
| 5 1 1 2 2 2 1 5 | 5 1 1 7 1 1 ♭3 2 1 | 3 2 2 2 — 0 6 | 3 3 4· 3 2· 0 ‖
上黑鍵之間 永遠 都夾著空白 缺 了 一 塊 就 不 精彩
關上門之前 給我 再回頭看看 那 些 片 段 還 在 不在

𝄋 (♭G) (♭A) | (Fm7) (♭Bm) | (♭G) (♭A) | (♭D) (♭A)
F G | Em7 Am | F G | C G
‖ 5 5 5 5 5 5 5 4 3 3 2· | 2· 2 1 3 — | 5 5 5 5 5 5 5 4 3 3 2· | 2 5 3 3 3 2 3 |
緊緊相依的心如何 Say Goodbye 你比我清楚還要我 說 明 白 愛太

(♭Bm) (♭A) | (♭E7) | (♭Em) | (♭G) (♭A)
Am G | D7 | Dm | F G
| 1 3 7 5 | 6 1 1 1 2 1 1 0· 6 | 4 4 3 3 2 1 1 1 0· 6 | 4 4 3 3 1 5 5 — |
深 會 讓 人 瘋狂的勇敢 我 用背叛自己 完 成你的期盼

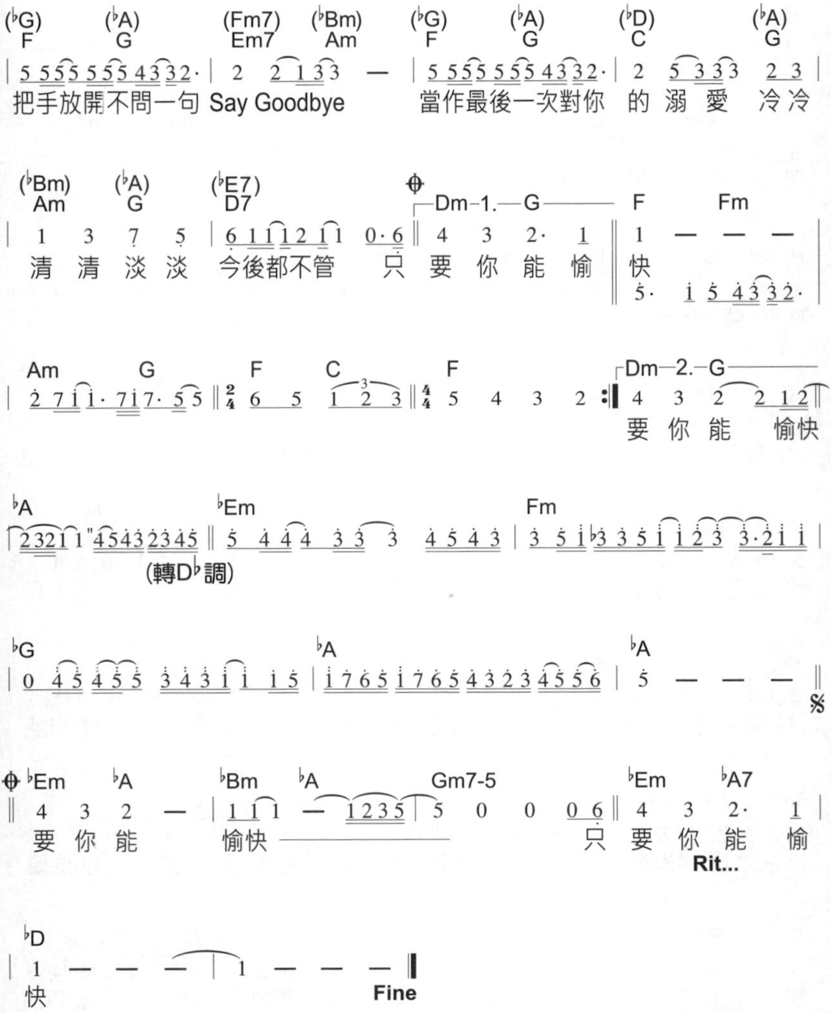

(♭G) (♭A) (Fm7) (♭Bm) (♭G) (♭A) (♭D) (♭A)
F G Em7 Am F G C G

| 5 555 555 5 4332· | 2 2 133 — | 5 555 555 5 4332· | 2 5 333 2 3 |

把手放開不問一句 Say Goodbye 當作最後一次對你 的 溺 愛 冷冷

(♭Bm) (♭A) (♭E7)
Am G D7 Dm–1.–G F Fm

| 1 3 7 5 | 6 11 12 11 0·6 ‖ 4 3 2· 1 ‖ 1 — — — |

清 清 淡 淡 今後都不管 只 要 你 能 愉 快

5· 1 5 4332·

Am G F C F Dm–2.–G

| 2 711 1· 711 7· 55 ‖ 2/4 6 5 1 2 3 ‖ 4/4 5 4 3 2 :‖ 4 3 2 2 12 |

要 你 能 愉快

♭A ♭Em Fm

| 2321 1 "4543 2345 ‖ 5 44 4 33 3 4 5 4 3 | 3 5 1 ♭3 3 5 1 1 2 3 3·2 1 1 |

(轉D♭調)

♭G ♭A ♭A

| 0 45 455 3 4 3 1 1 1 5 | 1 7 6 5 1 7 6 5 4 3 2 3 4 5 5 6 | 5 — — — ‖

𝄋

𝄌 ♭Em ♭A ♭Bm ♭A Gm7-5 ♭Em ♭A7

‖ 4 3 2 — | 1 1 1 — 1235 | 5 0 0 0 6 ‖ 4 3 2· 1 |

要 你 能 愉快 只 要 你 能 愉

Rit...

♭D

| 1 — — — | 1 — — — ‖

快

Fine

Key：C
Play：C
男調：C 女調：G
4/4 ♩=72

彩虹

詞 / 周杰倫 曲 / 周杰倫 唱 / 周杰倫

彈奏參考

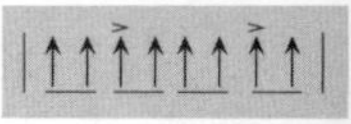

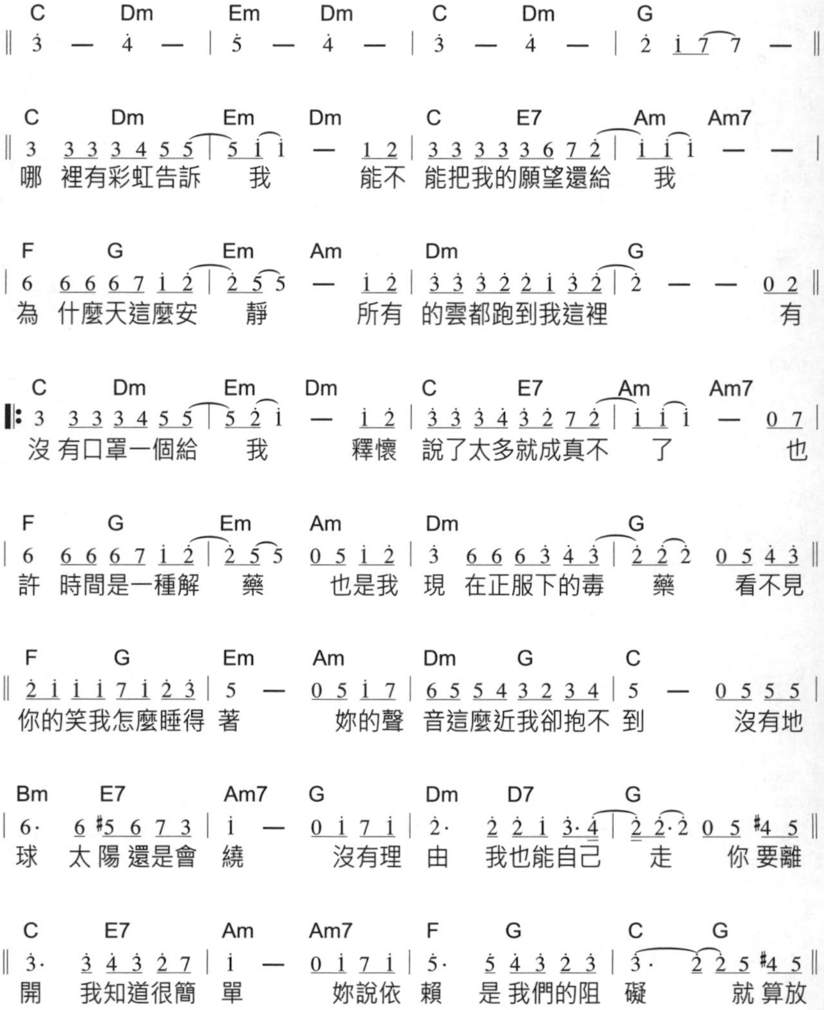

C Dm Em Dm C Dm G
‖ 3 — 4 — | 5 — 4 — | 3 — 4 — | 2 1 7 7 — ‖

C Dm Em Dm C E7 Am Am7
‖ 3 3 3 3 4 5 5 | 5 1 1 — 1 2 | 3 3 3 3 3 6 7 2 | 1 1 1 — — |
哪 裡有彩虹告訴 我 能不 能把我的願望還給 我

F G Em Am Dm G
| 6 6 6 6 7 1 2 | 2 5 5 — 1 2 | 3 3 3 2 2 1 3 2 | 2 — — 0 2 ‖
為 什麼天這麼安 靜 所有 的雲都跑到我這裡 有

C Dm Em Dm C E7 Am Am7
‖: 3 3 3 3 4 5 5 | 5 2 1 — 1 2 | 3 3 3 4 3 2 7 2 | 1 1 1 — 0 7 |
沒 有口罩一個給 我 釋懷 說了太多就成真不 了 也

F G Em Am Dm G
| 6 6 6 6 7 1 2 | 2 5 5 0 5 1 2 | 3 6 6 6 3 4 3 | 2 2 2 0 5 4 3 ‖
許 時間是一種解 藥 也是我 現 在正服下的毒 藥 看不見

F G Em Am Dm G C
‖ 2 1 1 1 7 1 2 3 | 5 — 0 5 1 7 | 6 5 5 4 3 2 3 4 | 5 — 0 5 5 5 |
你的笑我怎麼睡得 著 妳的聲 音這麼近我卻抱不 到 沒有地

Bm E7 Am7 G Dm D7 G
| 6· 6 #5 6 7 3 | 1 — 0 1 7 1 | 2· 2 2 1 3· 4 | 2 2· 2 0 5 #4 5 ‖
球 太 陽 還是會 繞 沒有理 由 我也能自己 走 你 要離

C E7 Am Am7 F G C G
‖ 3· 3 4 3 2 7 | 1 — 0 1 7 1 | 5· 5 4 3 2 3 | 3· 2 2 5 #4 5 ‖
開 我知道很簡 單 妳說依 賴 是 我們的阻 礙 就 算放

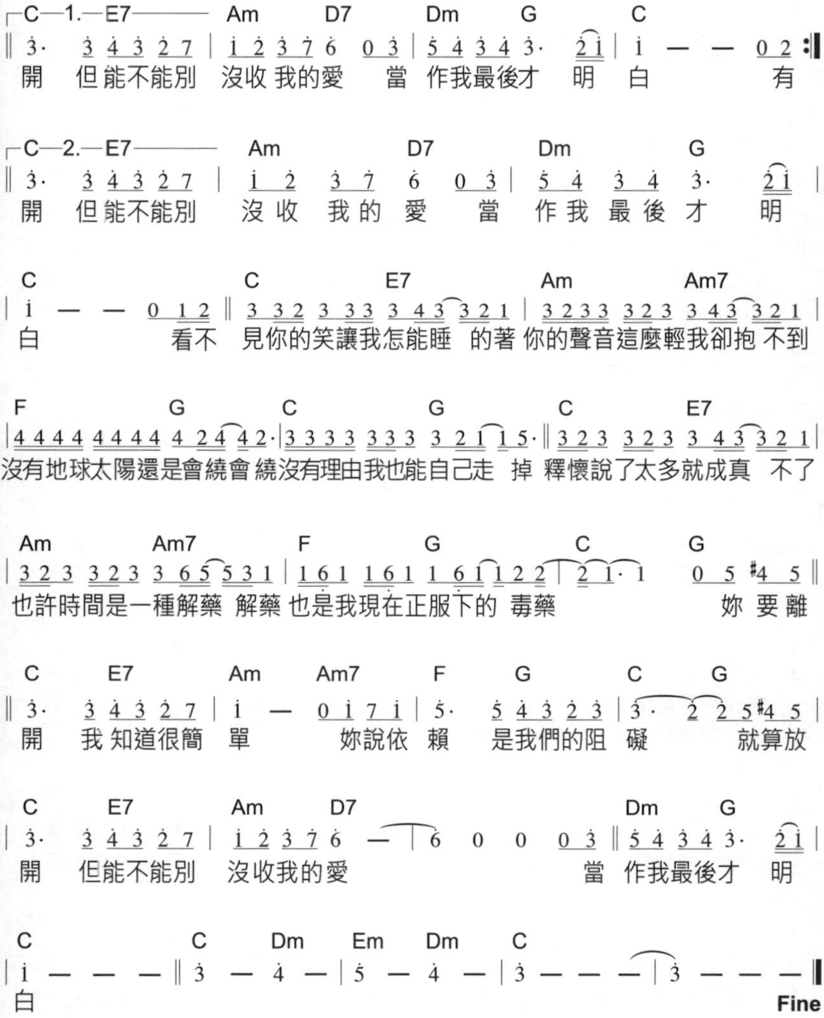

C 1. E7 Am D7 Dm G C

‖ 3· 3 4 3 2 7 | 1 2 3 7 6 0 3 | 5 4 3 4 3· 2 1 | 1 — — 0 2 :‖

開 但能不能別 沒收 我的愛 當 作我最後才 明 白 有

C 2. E7 Am D7 Dm G

‖ 3· 3 4 3 2 7 | 1 2 3 7 6 0 3 | 5 4 3 4 3· 2 1 |

開 但能不能別 沒 收 我 的 愛 當 作 我 最 後 才 明

C C E7 Am Am7

| 1 — — 0 1 2 ‖ 3 3 2 3 3 3 3 4 3 3 2 1 | 3 2 3 3 3 2 3 3 4 3 3 2 1 |

白 看不 見你的笑讓我怎能睡 的著 你的聲音這麼輕我卻抱 不到

F G C G C E7

| 4 4 4 4 4 4 4 4 4 2 4 4 2· | 3 3 3 3 3 3 3 3 2 1 1 5· ‖ 3 2 3 3 2 3 3 4 3 3 2 1 |

沒有地球太陽還是會繞會 繞沒有理由我也能自己走 掉 釋懷說了太多就成真 不了

Am Am7 F G C G

| 3 2 3 3 2 3 3 6 5 5 3 1 | 1 6 1 1 6 1 1 6 1 1 2 2 | 2 1· 1 0 5 #4 5 ‖

也許時間是一種解藥 解藥 也是我現在正服下的 毒藥 妳 要 離

C E7 Am Am7 F G C G

‖ 3· 3 4 3 2 7 | 1 — 0 1 7 1 | 5· 5 4 3 2 3 | 3· 2 2 5 #4 5 |

開 我 知道很簡 單 妳說依 賴 是我們的阻 礙 就算放

C E7 Am D7 Dm G

| 3· 3 4 3 2 7 | 1 2 3 7 6 — | 6 0 0 0 3 ‖ 5 4 3 4 3· 2 1 |

開 但能不能別 沒收我的愛 當 作我最後才 明

C C Dm Em Dm C

| 1 — — — ‖ 3 — 4 — | 5 — 4 — | 3 — — — | 3 — — — ‖

白

Fine

Key：A
Play：C-A-C
男調：G 女調：D
4/4 ♩=80

天后

詞 / 彭學斌 曲 / 彭學斌 唱 / 陳勢安

彈奏參考

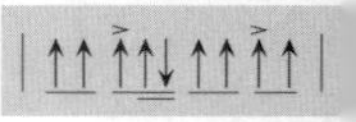

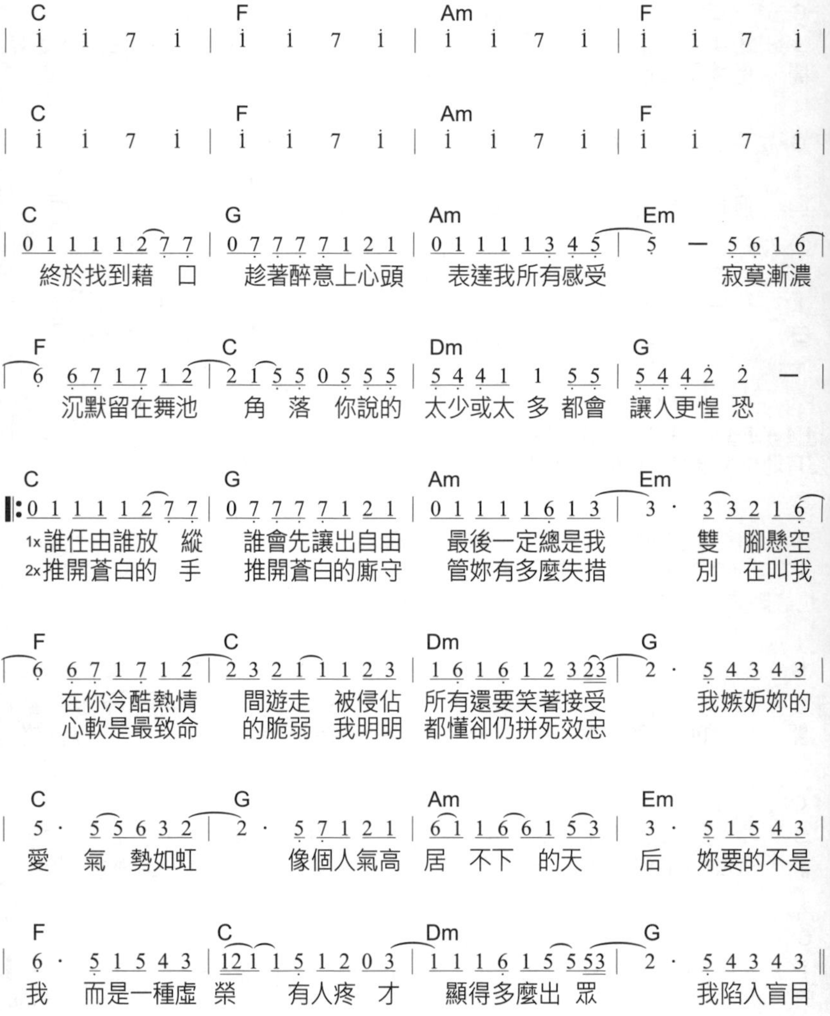

C F Am F

C F Am F

C G Am Em

終於找到藉 口 趁著醉意上心頭 表達我所有感受 寂寞漸濃

F C Dm G

沉默留在舞池 角 落 你說的 太少或太 多 都會 讓人更惶 恐

C G Am Em

1x誰任由誰放 縱 誰會先讓出自由 最後一定總是我 雙 腳懸空

2x推開蒼白的 手 推開蒼白的廝守 管妳有多麼失措 別 在叫我

F C Dm G

在你冷酷熱情 間遊走 被侵佔 所有還要笑著接受 我嫉妒妳的

心軟是最致命 的脆弱 我明明 都懂卻仍拼死效忠

C G Am Em

愛 氣 勢如虹 像個人氣高 居 不下 的天 后 妳要的不是

F C Dm G

我 而是一種虛 榮 有人疼 才 顯得多麼出 眾 我陷入盲目

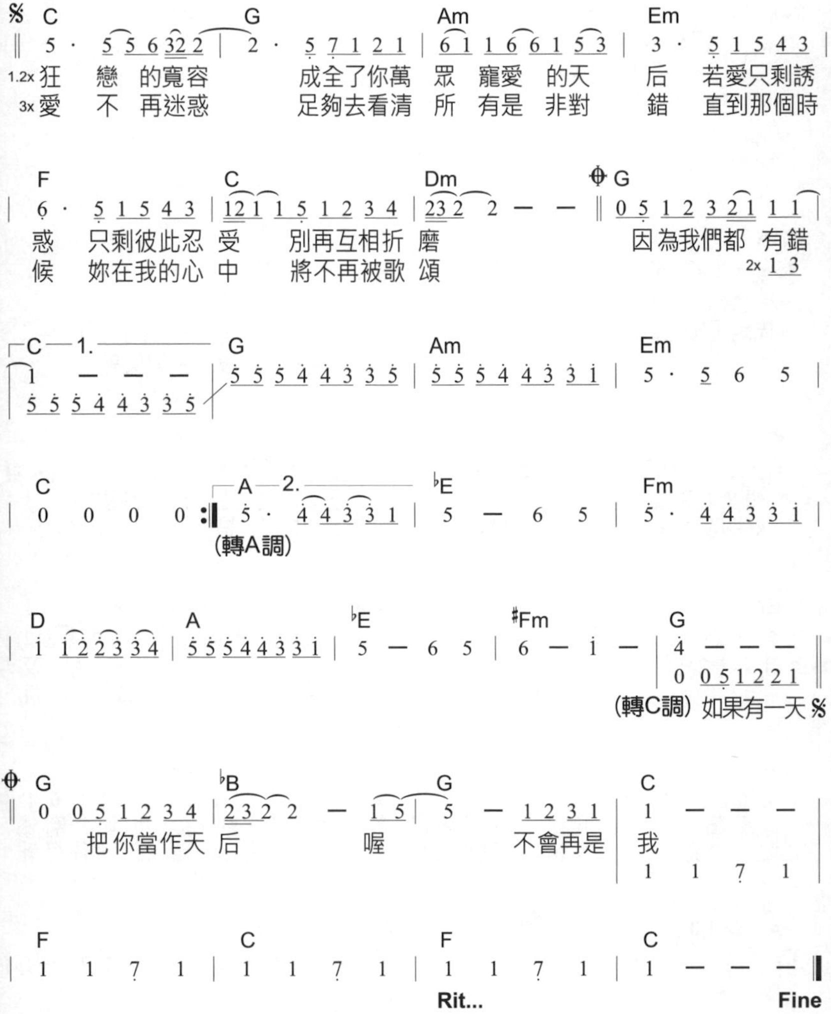

C G Am Em

1.2x 狂戀的寬容 成全了你萬眾寵愛的天后 若愛只剩誘

3x 愛不再迷惑 足夠去看清所有是非對錯 直到那個時

F C Dm G

惑 只剩彼此忍受 別再互相折磨 因為我們都有錯

候 妳在我的心中 將不再被歌頌

C 1. G Am Em

C A 2. ♭E Fm

(轉A調)

D A ♭E #Fm G

(轉C調) 如果有一天

G ♭B G C

把你當作天后 喔 不會再是我

F C F C

Rit... Fine

Key：A
Play：A
男調：A　女調：E
4/4 ♩=90

積木

詞 / 姚若龍　曲 / 陳小霞　唱 / 陳奕迅

彈奏參考

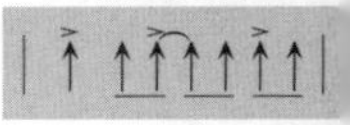

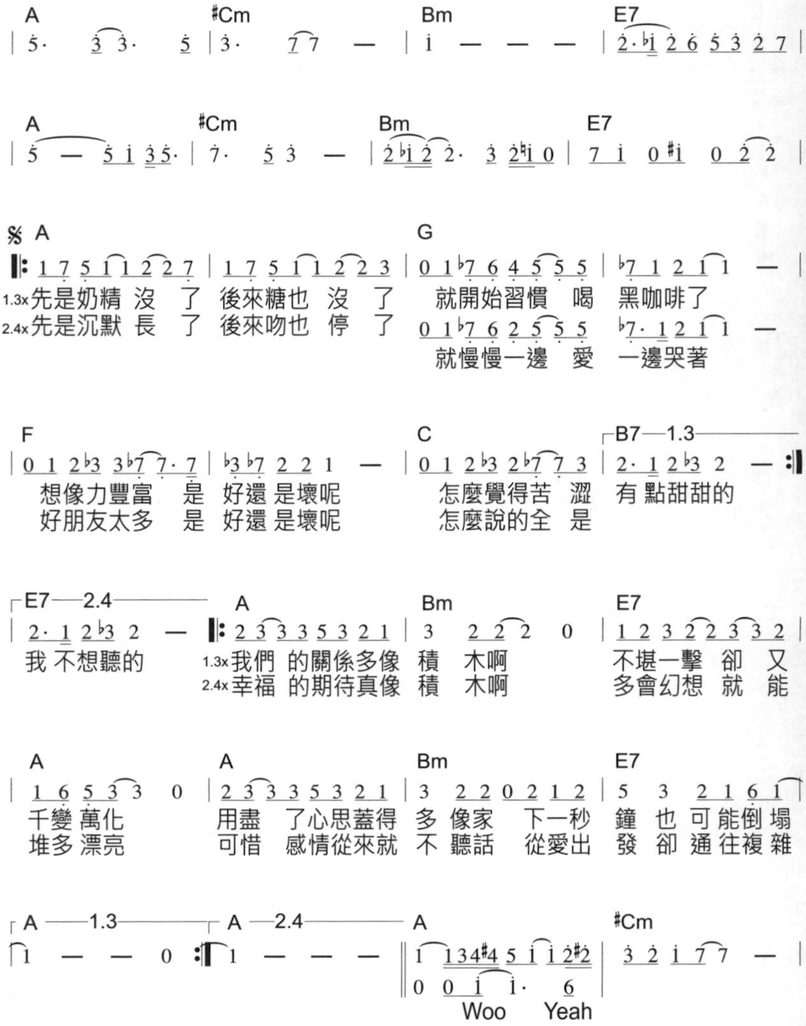

A　#Cm　Bm　E7

A　#Cm　Bm　E7

𝄋 A　G

1.3x 先是奶精 沒 了 後來糖也 沒 了 就開始習慣 喝 黑咖啡了

2.4x 先是沉默 長 了 後來吻也 停 了 就慢慢一邊 愛 一邊哭著

F　C　B7 1.3

想像力豐富 是 好還 是壞呢 怎麼覺得苦 澀 有 點甜甜的

好朋友太多 是 好還 是壞呢 怎麼說的全 是

E7 2.4　A　Bm　E7

我 不想聽的

1.3x 我們 的關係多像 積 木啊 不堪一擊 卻 又

2.4x 幸福 的期待真像 積 木啊 多會幻想 就 能

A　A　Bm　E7

千變 萬化 用盡 了心思蓋得 多 像家 下一秒 鐘 也 可能倒 塌

堆多 漂亮 可惜 感情從來就 不 聽話 從愛出 發 卻 通往複雜

A 1.3　A 2.4　A　#Cm

Woo Yeah

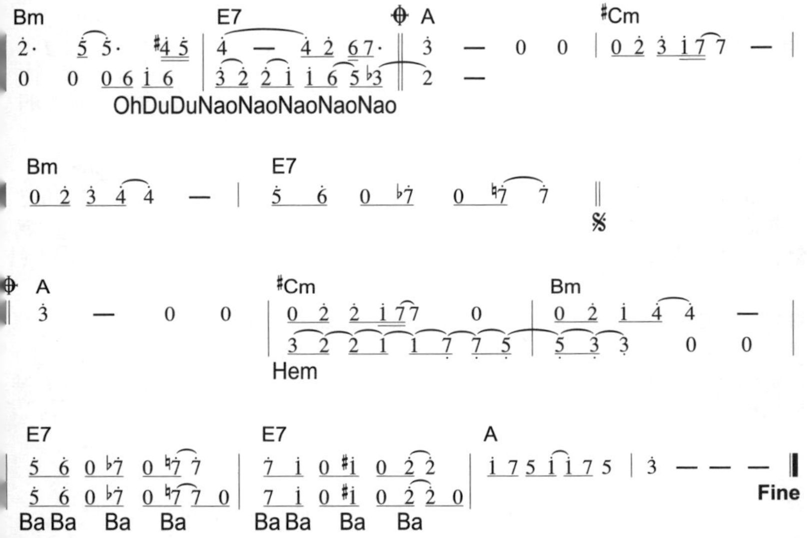

Bm E7 A ♯Cm

OhDuDuNaoNaoNaoNaoNao

Bm E7

A ♯Cm Bm

Hem

E7 E7 A

Ba Ba Ba Ba Ba Ba Ba Ba

Fine

Key：A♭
Play：G
男調：C 女調：G
4/4 ♩=72

愛你

詞 / 黃祖蔭 曲 / Skot Suyama 唱 / 陳芳語

彈奏參考

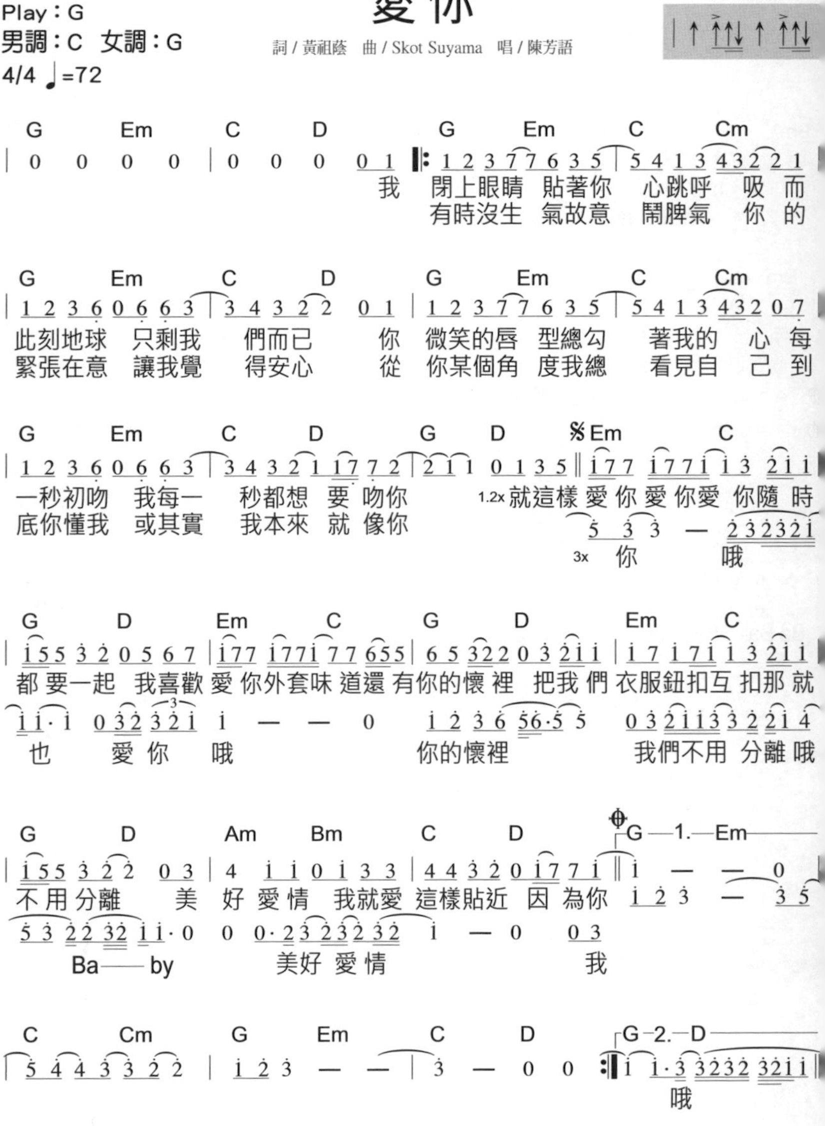

| ↑ ↑↑↓ ↑ ↑↑↓

G Em C D | G Em C Cm
| 0 0 0 0 | 0 0 0 0 1 |: 1 2 3 7 7 6 3 5 | 5 4 1 3 4 3 2 2 1
我 閉上眼睛 貼著你 心跳呼 吸 而
有時沒生 氣故意 鬧脾氣 你 的

G Em C D | G Em C Cm
| 1 2 3 6 0 6 6 3 | 3 4 3 2 2 0 1 | 1 2 3 7 7 6 3 5 | 5 4 1 3 4 3 2 0 7
此刻地球 只剩我 們而已 你 微笑的唇 型總勾 著我的 心 每
緊張在意 讓我覺 得安心 從 你某個角 度我總 看見自 己 到

G Em C D | G D 𝄋 Em C
| 1 2 3 6 0 6 6 3 | 3 4 3 2 1 1 7 7 2 | 2 1 1 0 1 3 5 ‖ 1 7 7 1 7 7 1 1 3 2 1 1
一秒初吻 我每一 秒都想 要 吻你 1.2x 就這樣 愛 你 愛 你愛 你隨 時
底你懂我 或其實 我本來 就 像你
5 3 3 — 2 3 2 3 2 1
3x 你 哦

G D Em C | G D Em C
| 1 5 5 3 2 0 5 6 7 | 1 7 7 1 7 7 1 7 7 6 5 5 | 6 5 3 2 2 0 3 2 1 1 | 1 7 1 7 1 1 3 2 1 1
都 要一起 我喜歡 愛 你外套味 道還 有你的懷 裡 把我 們 衣服鈕扣互 扣那 就
1 1· 1 0 3 2 3 2 1 1 — — 0 1 2 3 6 5 6·5 5 0 3 2 1 1 3 3 2 2 1 4
也 愛 你 哦 你的懷裡 我們不用 分離 哦

G D Am Bm C D 𝄌 G 1. Em
| 1 5 5 3 2 2 0 3 | 4 1 1 0 1 3 3 | 4 4 3 2 0 1 7 7 1 ‖ 1 — — 0
不用 分離 美 好 愛 情 我就愛 這樣貼近 因 為你 1 2 3 — 3 5
5 3 2 2 3 2 1 1· 0 0 0· 2 3 2 3 2 3 2 1 — 0 0 3
Ba—by 美好 愛 情 我

C Cm G Em C D G 2. D
| 5 4 4 3 3 2 2 | 1 2 3 — — | 3 — 0 0 :| 1 1·3 3 2 3 2 3 2 1 1 |
哦

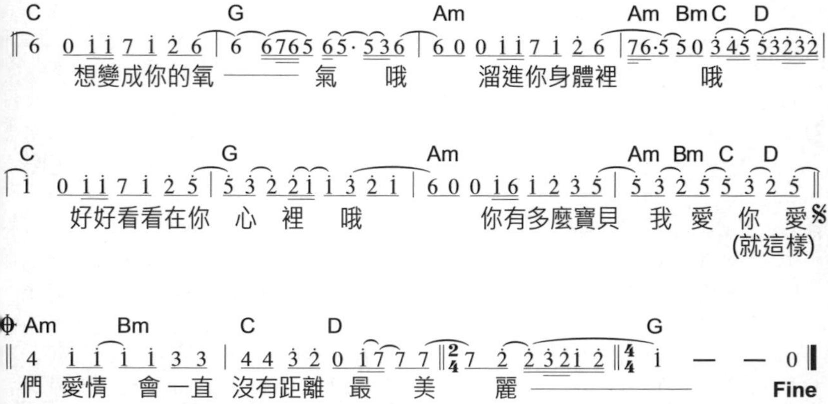

C G Am Am Bm C D

‖ 6 0 1 1 7 1 2 6 | 6 6765 65· 536 | 6 0 0 1 1 7 1 2 6 | 76·5 5 0 3 45 53232 |

想變成你的氧 —— 氣 哦 溜進你身體裡 哦

C G Am Am Bm C D

| 1 0 1 1 7 1 2 5 | 5 3 2 21 1 3 2 1 | 6 0 0 16 1 2 3 5 | 5 3 2 5 5 3 2 5 ‖

好好看看在你 心 裡 哦 你有多麼寶貝 我 愛 你 愛 𝄋

(就這樣)

Φ Am Bm C D G

‖ 4 1 1 1 1 3 3 | 4 4 3 2 0 17 7 7 ‖ 2/4 7 2 2 3 2 1 2 ‖ 4/4 1 — — 0 ‖

們 愛情 會一直 沒有距離 最 美 麗 ——

Fine

Key：C
Play：C
男調：F　女調：C
4/4 ♩=94

萍聚

詞 / 嚕啦啦　曲 / 嚕啦啦　唱 / 李翊君、李德明

彈奏參考

C　Am　F　G7
3· 3 2 5 5 | 1· 1 7 3 3 | 6· 6 7 1 | 2 — 5 — |

C　Am　F　G　C
3· 3 2 5 | 1· 1 7 3 3 | 6· 6 7 2 | 1 — — — | 1 — — 5 6 |
2x 2 5 5
別管

𝄋 C　Am　F　G7
1· 2 3 5 5 | 6· 5 3 3 2 | 1· 1 1 6 6 1 | 2 — — 5 6 |
以後將如何結束至少我們曾經相聚過不必

C　Am　F　G7　C
1· 2 3 5 5 | 6· 5 3 3 2 | 1· 1 1 6 6 5· | 1 — — 1 1 |
費心的彼此約束更不需要言語的承諾只要

Dm　Em　Am　Dm　G
2· 1 2 3 4 | 5· 6 5 3 5 | 6· 6 6 5 3 | 2· 1 2 5 6 |
我們曾經擁有過對你我來講已經足夠人的

C　Am　F　G7　𝄌 C 1.
1· 2 3 5 5 | 6· 5 3 3 2 | 1· 1 1 6 6 5 | 1 — — — :|
一生有許多回憶只願你的追憶有個我

C 2. G
1 0 0 5 6 ||
我　別管 𝄋

𝄌 C　Am　D7　G7
3· 3 2 5 | 1· 1 7 3 3 | 6· 6 7 1 | 2 — 5 — |
1 — — —
1x 我

C　Am　F　G　C
3· 3 2 5 | 1· 1 7 3 3 | 6· 6 7 1 | 2 — 5 — :|

Fade Out

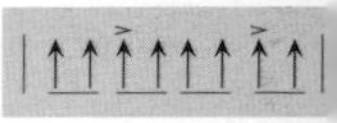

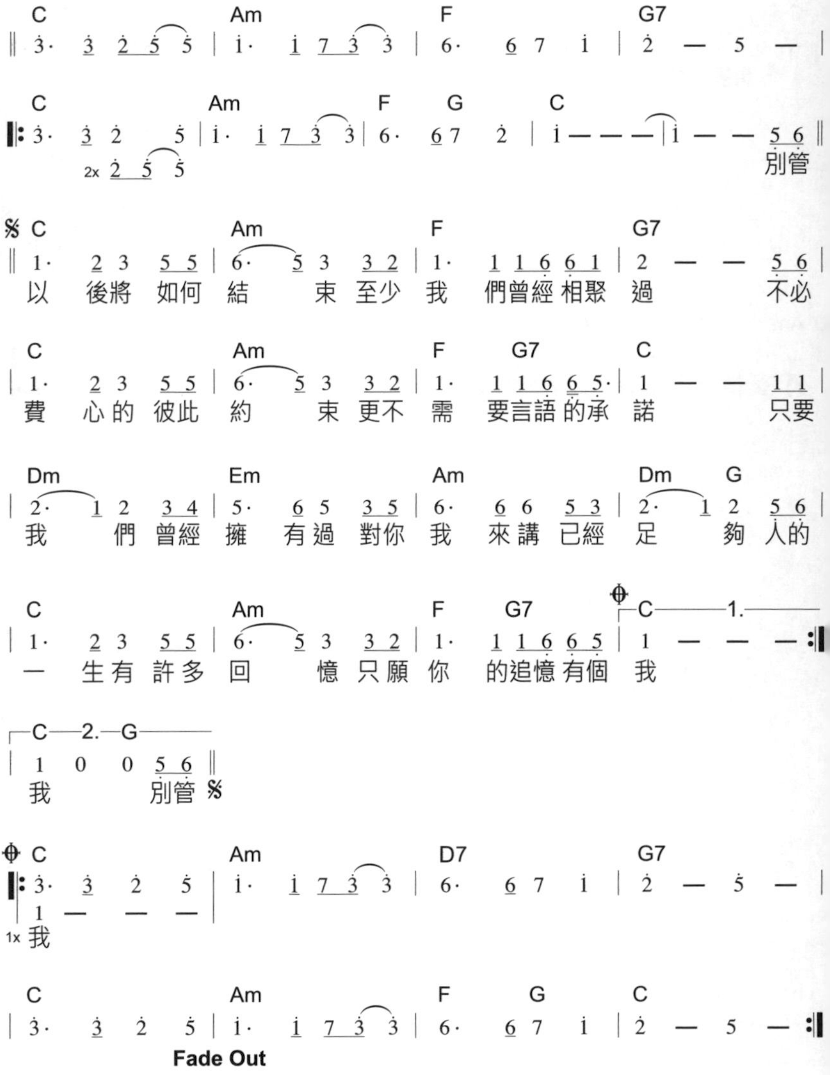

Key：B
Play：C
男調：A 女調：E
4/4 ♩=64

擁抱

詞 / 阿信(五月天) 曲 / 阿信(五月天) 唱 / 五月天

彈奏參考

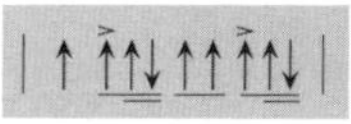

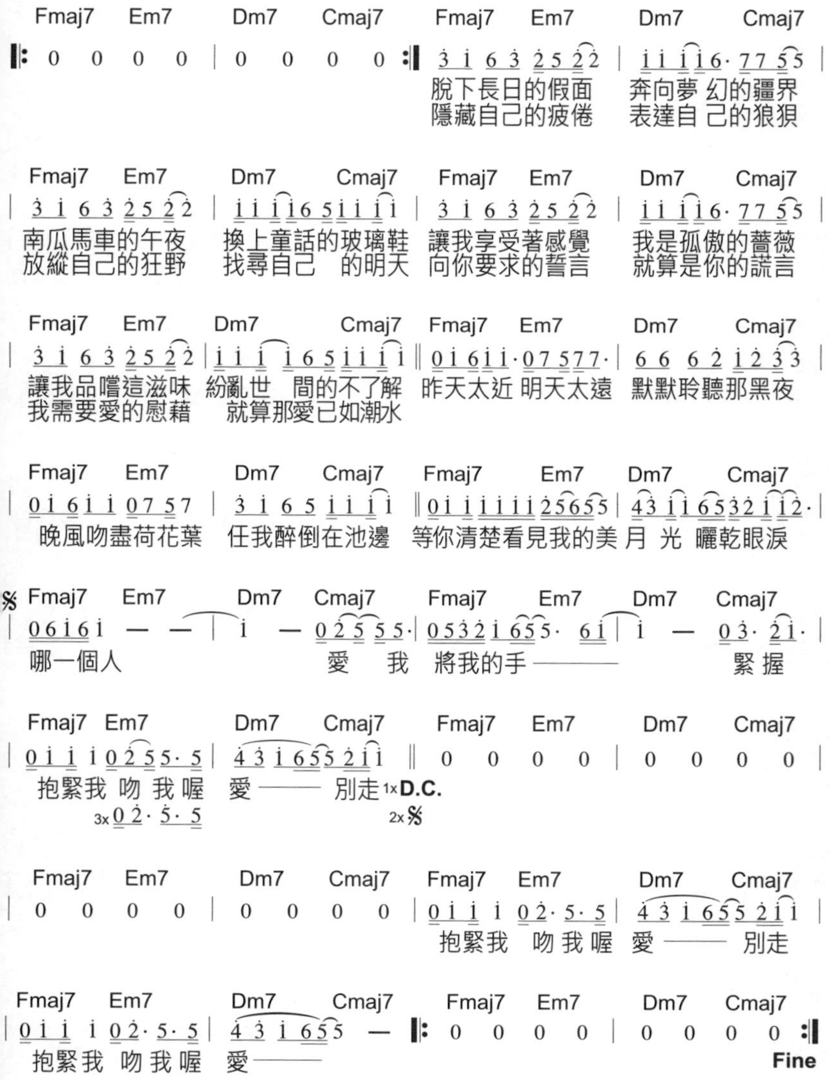

| ↑ ↑↑↓ ↑↑ ↑↑↓ |

Fmaj7 Em7 | Dm7 Cmaj7 | Fmaj7 Em7 | Dm7 Cmaj7

|: 0 0 0 0 | 0 0 0 0 :| 3 1 6 3 2 5 2 2 | 1 1 1 1 6· 7 7 5 5 |

脫下長日的假面 奔向夢 幻的疆界
隱藏自己的疲倦 表達自 己的狼狽

Fmaj7 Em7 | Dm7 Cmaj7 | Fmaj7 Em7 | Dm7 Cmaj7

| 3 1 6 3 2 5 2 2 | 1 1 1 1 6 5 1 1 1 1 | 3 1 6 3 2 5 2 2 | 1 1 1 1 6· 7 7 5 5 |

南瓜馬車的午夜 換上童話的玻璃鞋 讓我享受著感覺 我是孤傲的薔薇
放縱自己的狂野 找尋自己 的明天 向你要求的誓言 就算是你的謊言

Fmaj7 Em7 | Dm7 Cmaj7 | Fmaj7 Em7 | Dm7 Cmaj7

| 3 1 6 3 2 5 2 2 | 1 1 1 1 6 5 1 1 1 1 ‖ 0 1 6 1 1· 0 7 5 7 7· | 6 6 6 2 1 2 3 3 |

讓我品嚐這滋味 紛亂世 間的不了解 昨天太近 明天太遠 默默聆聽那黑夜
我需要愛的慰藉 就算那愛已如潮水

Fmaj7 Em7 | Dm7 Cmaj7 | Fmaj7 Em7 | Dm7 Cmaj7

| 0 1 6 1 1 0 7 5 7 | 3 1 6 5 1 1 1 1 ‖ 0 1 1 1 1 1 2 5 6 5 5 | 4 3 1 1 6 5 3 2 1 1 2· |

晚風吻盡荷花葉 任我醉倒在池邊 等你清楚看見我的美 月 光 曬乾眼淚

𝄋 Fmaj7 Em7 | Dm7 Cmaj7 | Fmaj7 Em7 | Dm7 Cmaj7

| 0 6 1 6 1 — — | 1 — 0 2 5 5 5· | 0 5 3 2 1 6 5 5· 6 1 | 1 — 0 3· 2 1· |

哪一個人 愛 我 將我的手——— 緊 握

Fmaj7 Em7 | Dm7 Cmaj7 | Fmaj7 Em7 | Dm7 Cmaj7

| 0 1 1 1 0 2 5 5· 5 | 4 3 1 6 5 5 2 1 1 ‖ 0 0 0 0 | 0 0 0 0 |

抱緊我 吻 我 喔 愛——— 別走 1x D.C.

Fmaj7 Em7 | Dm7 Cmaj7 | Fmaj7 Em7 | Dm7 Cmaj7

| 0 0 0 0 | 0 0 0 0 | 0 1 1 1 0 2· 5· 5 | 4 3 1 6 5 5 2 1 1 |

抱緊我 吻 我 喔 愛——— 別走

Fmaj7 Em7 | Dm7 Cmaj7 | Fmaj7 Em7 | Dm7 Cmaj7

| 0 1 1 1 0 2· 5· 5 | 4 3 1 6 5 5 — |: 0 0 0 0 | 0 0 0 0 :|

抱緊我 吻 我 喔 愛———

Fine

Key：C
Play：C
男調：F　女調：C
4/4 ♩=78

小薇

詞 / 阿弟　曲 / 阿弟　唱 / 黃品源

彈奏參考
| ↑ ↑↑↓ ↑↑↑↑↓ |

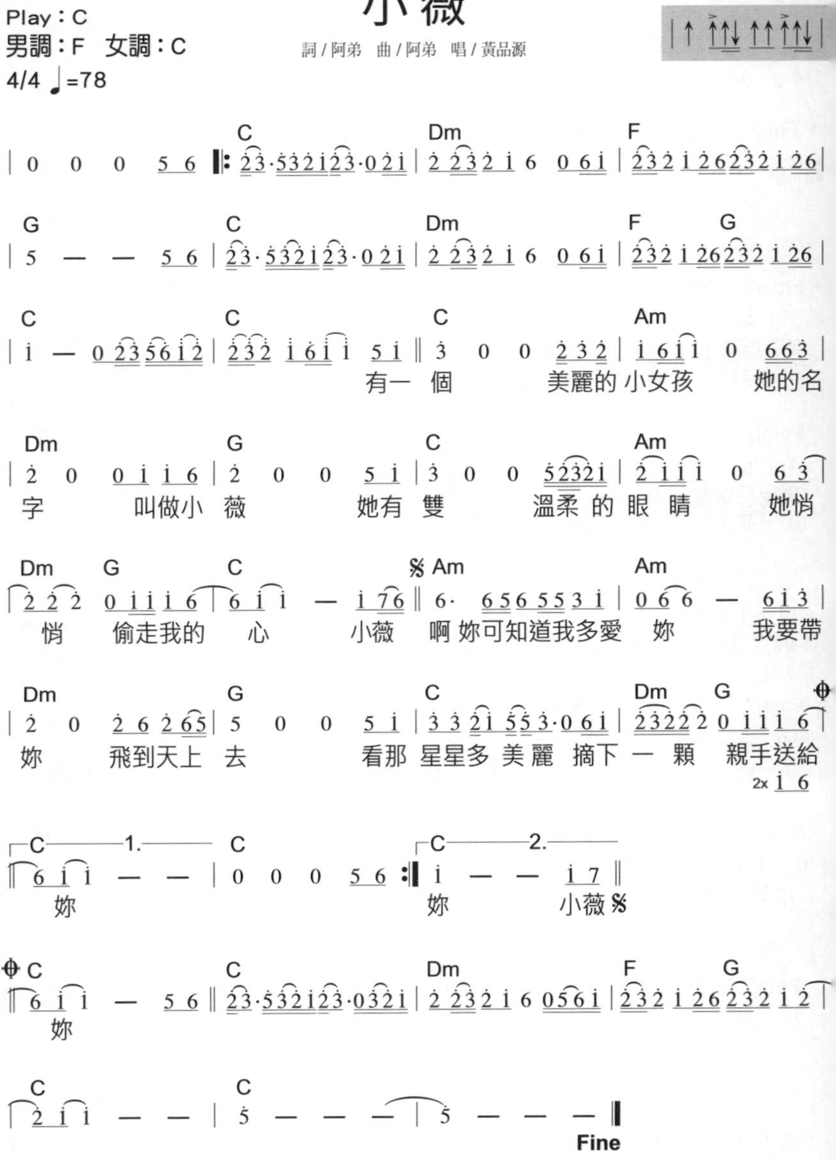

C	Dm	F

| 0 0 0 5 6 ‖: 23·53212 3·021 | 2 232 1 6 0 61 | 232 1 26232 1 26 |

G　C　Dm　F G

| 5 — — 5 6 | 23·53212 3·021 | 2 232 1 6 0 61 | 232 1 26232 1 26 |

C　C　C　Am

| 1 — 0 23 56 12 | 232 1 61 1 5 1 ‖ 3 0 0 2 3 2 | 1 61 1 0 663 |
有一 個 美麗的 小女孩 她的名

Dm　G　C　Am

| 2 0 0 1 1 6 | 2 0 0 5 1 | 3 0 0 52321 | 2 11 1 0 6 3 |
字 叫做小 薇 她有 雙 溫柔 的 眼 睛 她悄

Dm G　C　𝄋 Am　Am

| 2 2 2 0 11 1 6 | 6 1 1 — 1 76 ‖ 6· 656 55 3 1 | 0 6 6 — 6 1 3 |
悄 偷走我的 心 小薇 啊 妳可知道我多愛 妳 我要帶

Dm　G　C　Dm G 𝄌

| 2 0 2 6 2 65 | 5 0 0 5 1 | 3 3 21 55 3·0 6 1 | 2322 2 0 1 1 1 6 |
妳 飛到天上 去 看那 星星多 美 麗 摘下 一 顆 親手送給
2x 1 6

1. C　C　2. C

| 6 1 1 — — | 0 0 0 5 6 :‖ 1 — — 1 7 ‖
妳 妳 小薇 𝄋

𝄌 C　C　Dm　F G

| 6 1 1 — 5 6 ‖ 23·53212 3·0321 | 2 232 1 6 0561 | 232 1 26 232 1 2 |
妳

C　C

| 2 1 1 — — | 5 — — — | 5 — — — ‖
Fine

Key：D
Play：C
男調：D 女調：A
4/4 ♩=62

甜蜜蜜

詞 / 莊奴 曲 / 印尼民歌 唱 / 鄧麗君

彈奏參考
| ↑↑↓↑↑↑↑↑↑ |

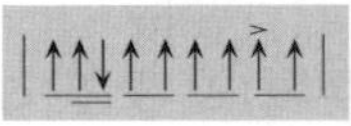

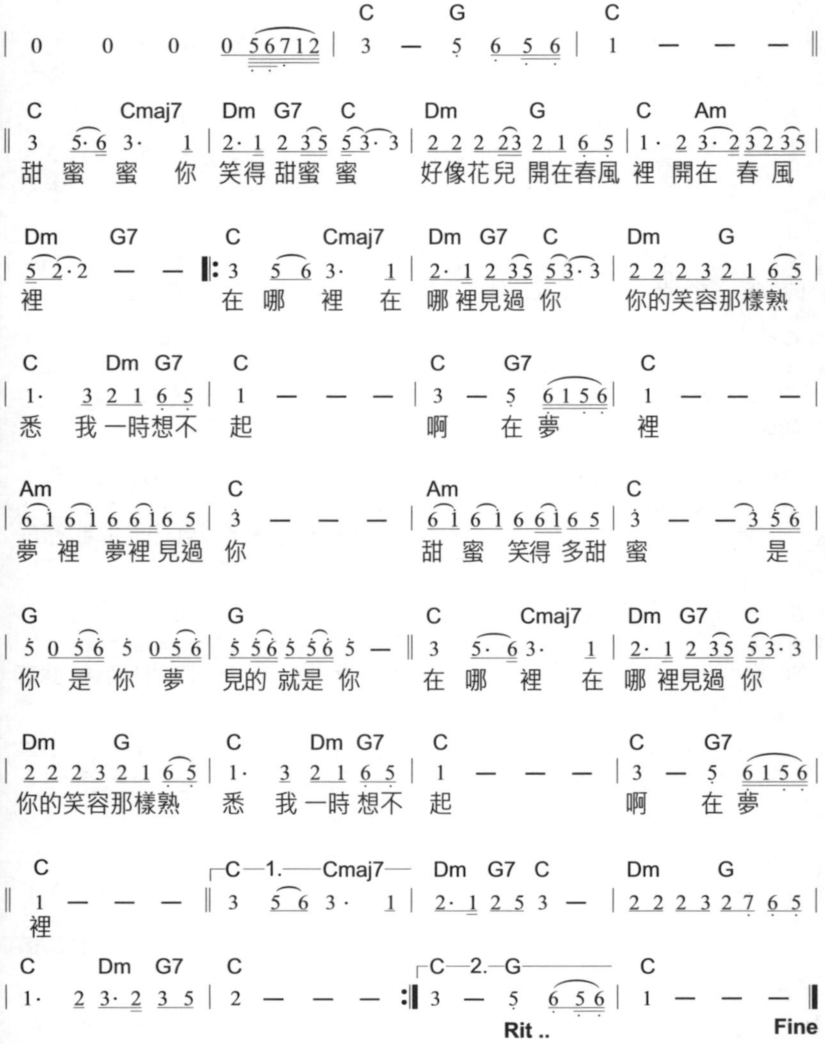

C G C
| 0 0 0 0 56712 | 3 — 5 6 5 6 | 1 — — — ‖

C Cmaj7 Dm G7 C Dm G C Am
‖ 3 5· 6 3· 1 | 2· 1 2 3 5 5 3· 3 | 2 2 2 2 3 2 1 6 5 | 1 · 2 3· 2 3 2 3 5 |
甜 蜜 蜜 你 笑得 甜蜜 蜜 好像花兒 開在春風 裡 開在 春 風

Dm G7 C Cmaj7 Dm G7 C Dm G
| 5 2· 2 — — |: 3 5 6 3· 1 | 2· 1 2 3 5 5 3· 3 | 2 2 2 3 2 1 6 5 |
裡 在 哪 裡 在 哪 裡見過 你 你的笑容那樣熟

C Dm G7 C C G7 C
| 1· 3 2 1 6 5 | 1 — — — | 3 — 5 6 1 5 6 | 1 — — — |
悉 我 一時想不 起 啊 在 夢 裡

Am C Am C
| 6 1 6 1 6 6 1 6 5 | 3 — — — | 6 1 6 1 6 6 1 6 5 | 3 — — 3 5 6 |
夢 裡 夢裡 見過 你 甜 蜜 笑得 多甜 蜜 是

G G C Cmaj7 Dm G7 C
| 5 0 5 6 5 0 5 6 | 5 5 6 5 5 6 5 — ‖ 3 5· 6 3· 1 | 2· 1 2 3 5 5 3· 3 |
你 是 你 夢 見的 就是 你 在 哪 裡 在 哪 裡見過 你

Dm G C Dm G7 C C G7
| 2 2 2 3 2 1 6 5 | 1· 3 2 1 6 5 | 1 — — — | 3 — 5 6 1 5 6 |
你的笑容那樣熟 悉 我 一時 想不 起 啊 在 夢

C C 1. Cmaj7 Dm G7 C Dm G
‖ 1 — — — ‖ 3 5 6 3 · 1 | 2· 1 2 5 3 — | 2 2 2 3 2 7 6 5 |
裡

C Dm G7 C C 2. G C
| 1· 2 3· 2 3 5 | 2 — — — :‖ 3 — 5 6 5 6 | 1 — — — ‖

Rit .. **Fine**

Key：A♭
Play：G-B♭
男調：C 女調：G
4/4 ♩=112

天黑黑

詞 / 廖瑩如、April 曲 / 李偲菘 唱 / 孫燕姿

彈奏參考
| ↑ ↑ ↑ ↑ |

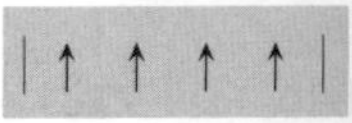

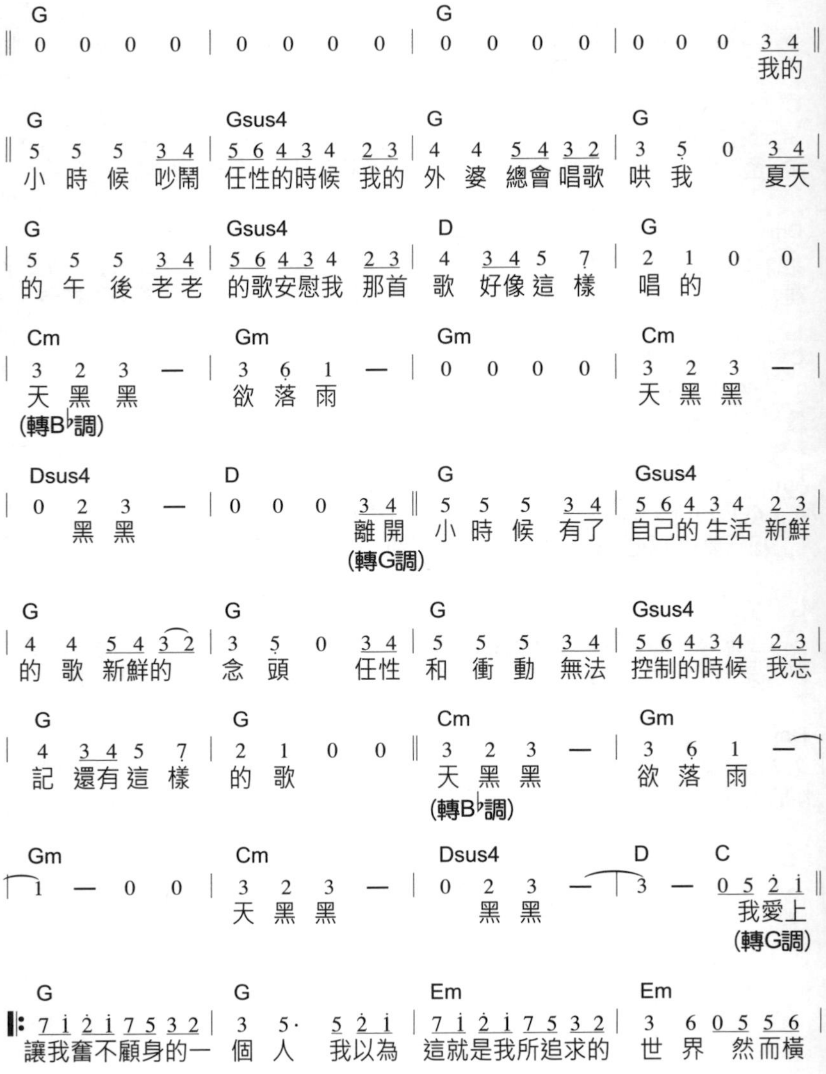

G | | G |
‖ 0 0 0 0 | 0 0 0 0 | 0 0 0 0 | 0 0 0 3 4 ‖
我的

G | Gsus4 | G | G
‖ 5 5 5 3 4 | 5 6 4 3 4 2 3 | 4 4 5 4 3 2 | 3 5 0 3 4 |
小 時 候 吵鬧 任性的時候 我的 外 婆 總會唱歌 哄 我 夏天

G | Gsus4 | D | G
| 5 5 5 3 4 | 5 6 4 3 4 2 3 | 4 3 4 5 7 | 2 1 0 0 |
的 午 後 老老 的歌安慰我 那首 歌 好像這 樣 唱 的

Cm | Gm | Gm | Cm
| 3 2 3 — | 3 6 1 — | 0 0 0 0 | 3 2 3 — |
天 黑 黑 欲 落 雨 天 黑 黑
(轉B♭調)

Dsus4 | D | G | Gsus4
| 0 2 3 — | 0 0 0 3 4 ‖ 5 5 5 3 4 | 5 6 4 3 4 2 3 |
黑 黑 離開 小 時 候 有了 自己的 生活 新鮮
(轉G調)

G | G | G | Gsus4
| 4 4 5 4 3 2 | 3 5 0 3 4 | 5 5 5 3 4 | 5 6 4 3 4 2 3 |
的 歌 新鮮的 念 頭 任性 和 衝 動 無法 控制的時候 我忘

G | G | Cm | Gm
| 4 3 4 5 7 | 2 1 0 0 ‖ 3 2 3 — | 3 6 1 — |
記 還有這 樣 的 歌 天 黑 黑 欲 落 雨
(轉B♭調)

Gm | Cm | Dsus4 | D C
| 1 — 0 0 | 3 2 3 — | 0 2 3 — | 3 — 0 5 2 1 ‖
天 黑 黑 黑 黑 我愛上
(轉G調)

G | G | Em | Em
‖: 7 1 2 1 7 5 3 2 | 3 5· 5 2 1 | 7 1 2 1 7 5 3 2 | 3 6 0 5 5 6 |
讓我奮不顧身的一 個 人 我以為 這就是我所追求的 世 界 然而橫

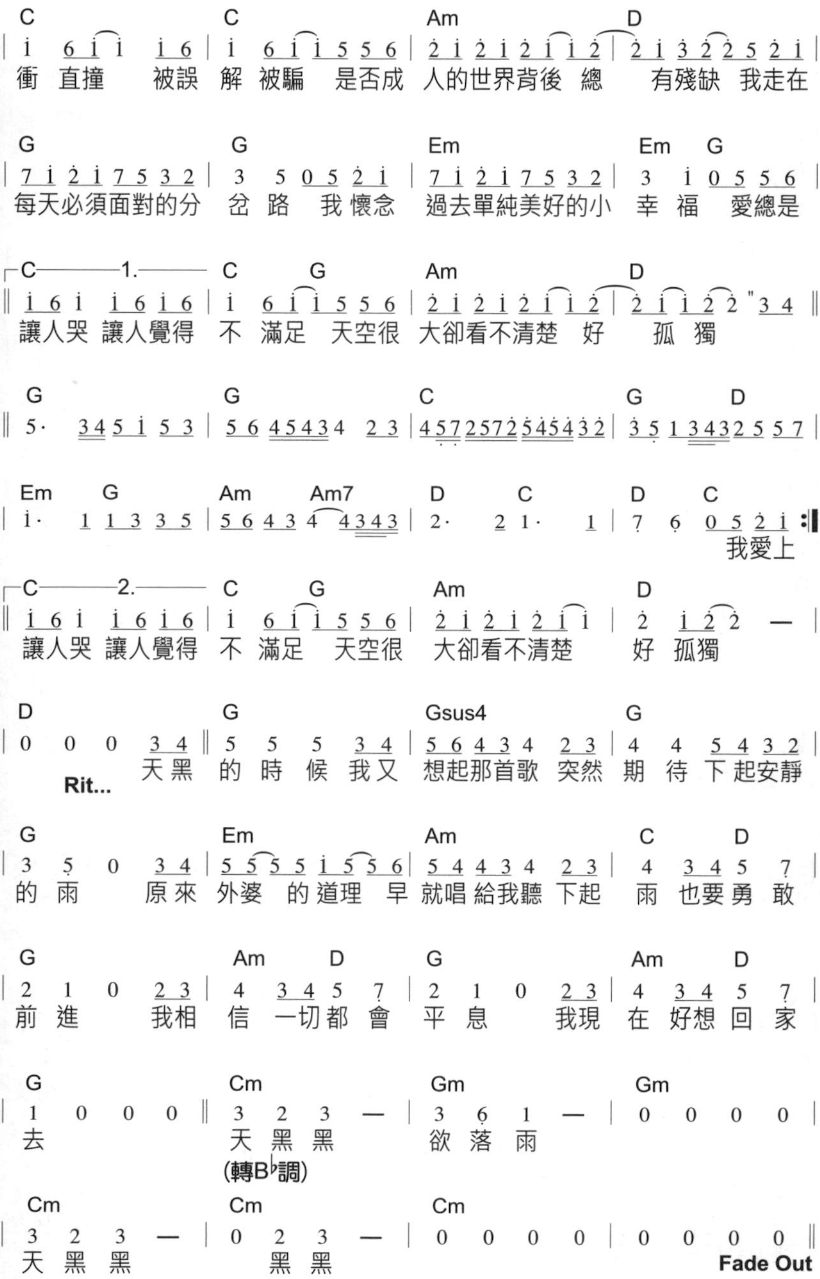

C　C　Am　D
| 1 6 1 1 1 6 | 1 6 1 1 5 5 6 | 2 1 2 1 2 1 1 2 | 2 1 3 2 2 5 2 1 |
衝　直撞　被誤 解 被騙　是否成 人的世界背後 總　有殘缺 我走在

G　G　Em　Em　G
| 7 1 2 1 7 5 3 2 | 3 5 0 5 2 1 | 7 1 2 1 7 5 3 2 | 3 1 0 5 5 6 |
每天必須面對的分 岔 路　我 懷念 過去單純美好的小 幸 福　愛總是

C 1.　C　G　Am　D
‖ 1 6 1 1 6 1 6 | 1 6 1 1 5 5 6 | 2 1 2 1 2 1 1 2 | 2 1 1 2 2 " 3 4 ‖
讓人哭 讓人覺得 不 滿足　天空很 大卻看不清楚 好　孤 獨

G　G　C　G　D
‖ 5· 3 4 5 1 5 3 | 5 6 4 5 4 3 4 2 3 | 4 5 7 2 5 7 2 5 4 5 4 3 2 | 3 5 1 3 4 3 2 5 5 7 |

Em　G　Am　Am7　D　C　D　C
| 1· 1 1 3 3 5 | 5 6 4 3 4 4 3 4 3 | 2· 2 1· 1 | 7 6 0 5 2 1 :‖
我愛上

C 2.　C　G　Am　D
‖ 1 6 1 1 6 1 6 | 1 6 1 1 5 5 6 | 2 1 2 1 2 1 1 | 2 1 2 2 — |
讓人哭 讓人覺得 不 滿足　天空很 大卻看不清楚　好 孤獨

D　G　Gsus4　G
| 0 0 0 3 4 ‖ 5 5 5 3 4 | 5 6 4 3 4 2 3 | 4 4 5 4 3 2 |
天黑 的 時 候 我又 想起那首歌 突然 期 待 下 起安靜
Rit...

G　Em　Am　C　D
| 3 5 0 3 4 | 5 5 5 5 1 5 5 6 | 5 4 4 3 4 2 3 | 4 3 4 5 7 |
的 雨　原來 外婆　的 道理　早 就唱 給我聽 下起　雨 也要勇 敢

G　Am　D　G　Am　D
| 2 1 0 2 3 | 4 3 4 5 7 | 2 1 0 2 3 | 4 3 4 5 7 |
前 進　我相 信 一切 都 會 平 息　我現 在 好想 回 家

G　Cm　Gm　Gm
| 1 0 0 0 ‖ 3 2 3 — | 3 6 1 — | 0 0 0 0 |
去　天 黑 黑　欲 落 雨
(轉B♭調)

Cm　Cm　Cm
| 3 2 3 — | 0 2 3 — | 0 0 0 0 | 0 0 0 0 ‖
天 黑 黑　黑 黑
Fade Out

找自己

Key：A♭
Play：G
男調：G 女調：D
4/4 ♩=90

彈奏參考

詞 / 陶喆 曲 / 陶喆 唱 / 陶喆

G C G C G C G C

G C G C G C

yeah La ————

G C G C G C

———————— 昨天晚上做了個夢 我走進撒哈拉沙漠

G C G C G C

空無一人 站在太陽下 oh 攝氏六十六點六度

G C G C G C

快要焚化我的眼珠 忽然一場大雨降下來

G C G C G C

汗水被那雨水沖走 結束四十天的折磨 荒漠已轉變成了綠洲

擠在公車像個沙丁魚 上班下班每天是規律 這麼多的人到哪裡去

G C G C G C

ye ———— 彩虹下有一棵大樹 大樹上有一個蘋果

每個面孔寫著無奈 爸爸媽媽彼此沒有愛

G C G C Am

咬下一口我就全明白 可不可以讓我再讓我再一次回到那

難道這就是生命的真理

2x

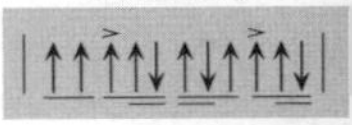

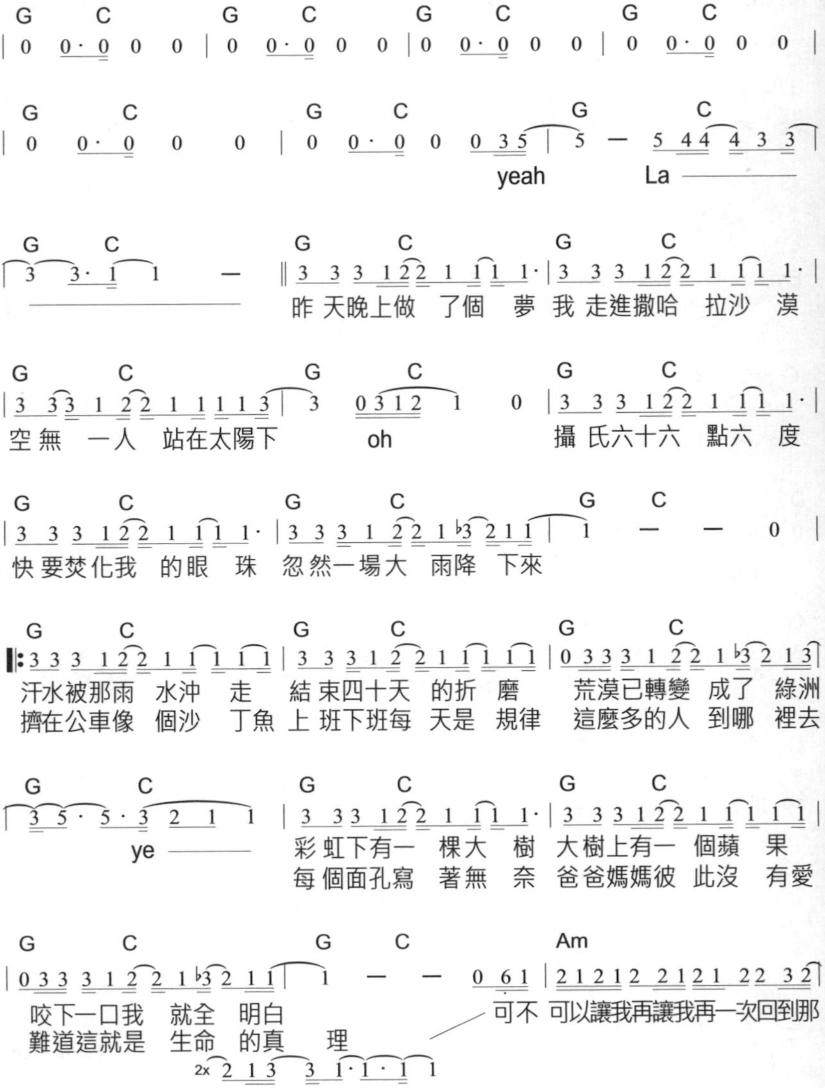

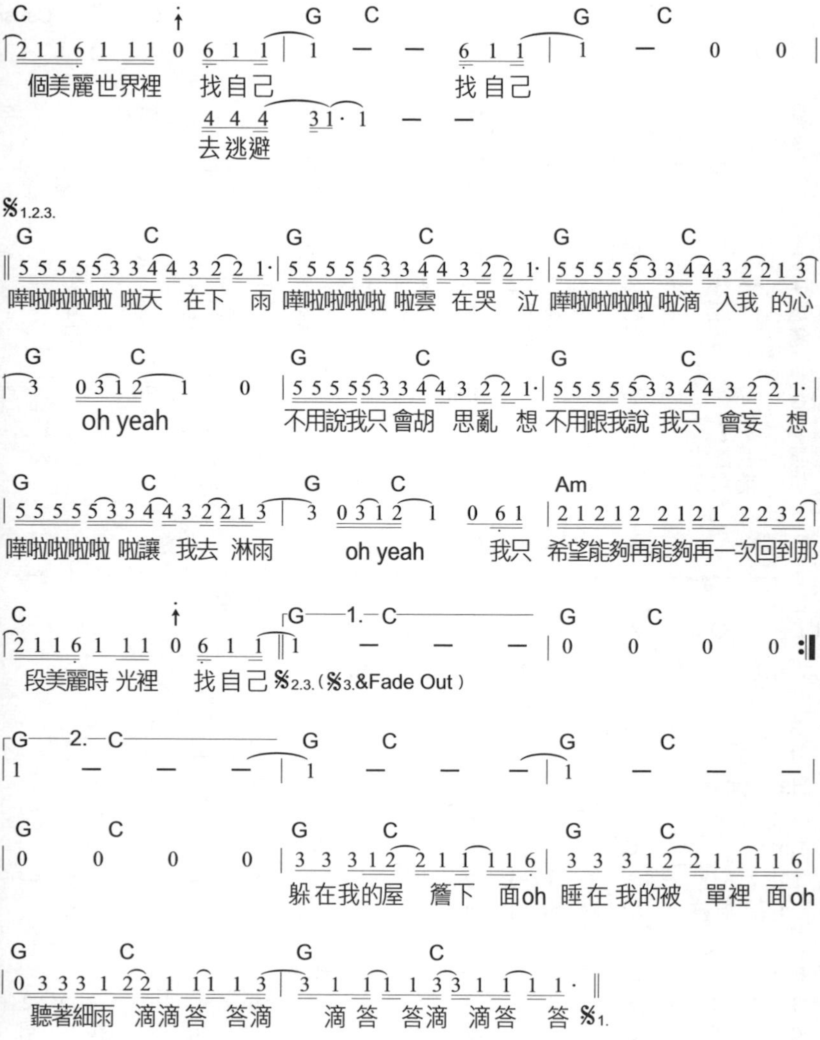

C ↑ G C G C
2116 1 11 0 611 | 1 — — 611 | 1 — 0 0 |
個美麗世界裡 找自己 找自己
444 31· 1 — —
去逃避

𝄋1.2.3.
G C G C G C
‖ 5555 5334 43 2 21· | 5555 5334 43 2 21· | 5555 5334 43 2 213 |
嘩啦啦啦啦 啦天 在下 雨 嘩啦啦啦啦 啦雲 在哭 泣 嘩啦啦啦啦 啦滴 入我 的心

G C G C G C
3 0312 1 0 | 5555 5334 43 2 21· | 5555 5334 43 2 21· |
oh yeah 不用說我只 會胡 思亂 想 不用跟我說 我只 會妄 想

G C G C Am
| 5555 5334 43 2 213 | 3 0312 1 0 61 | 21212 2121 2232 |
嘩啦啦啦啦 啦讓 我去 淋雨 oh yeah 我只 希望能夠再能夠再一次回到那

C ↑ G 1. C G C
2116 1 11 0 611 ‖ 1 — — — | 0 0 0 0 :‖
段美麗時 光裡 找自己 𝄋2.3.（𝄋3.&Fade Out）

G 2. C G C G C
| 1 — — — | 1 — — — | 1 — — — |

G C G C G C
| 0 0 0 0 | 33 312 211 116 | 33 312 211 116 |
躲在我的屋 簷下 面oh 睡在 我的被 單裡 面oh

G C G C
| 0333 12 211 113 | 31 11 13 311 11· ‖
聽著細雨 滴滴答 答滴 滴 答 答滴 滴答 答 𝄋1.

Key：C
Play：C
男調：A 女調：E
4/4 ♩=200

戀愛ing

詞 / 阿信(五月天) 曲 / 阿信(五月天) 唱 / 五月天

彈奏參考

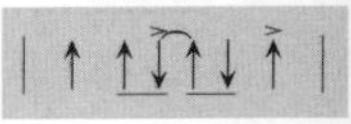

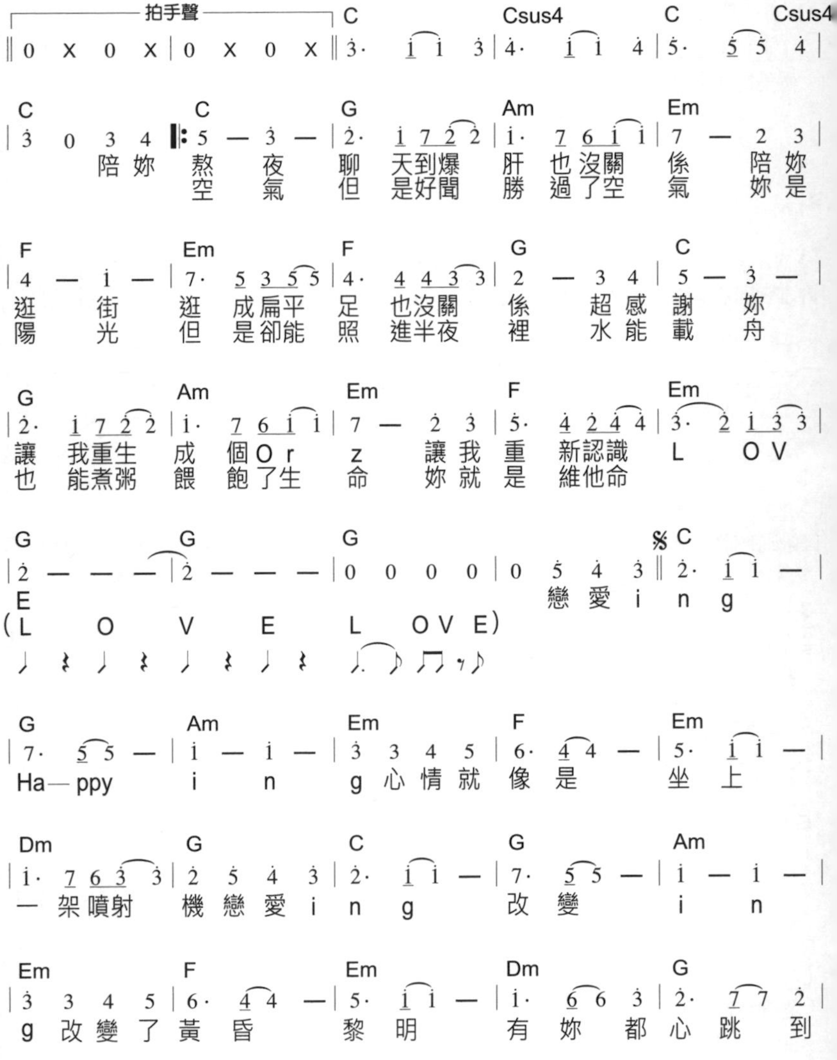

拍手聲

C Csus4 C Csus4
‖ 0 X 0 X | 0 X 0 X ‖ 3· 1 1 3 | 4· 1 1 4 | 5· 5 5 4 |

C C G Am Em
| 3 0 3 4 ‖: 5 — 3 — | 2· 1 7 2 2 | 1· 7 6 1 1 | 7 — 2 3 |
陪 妳 熬 夜 聊 天到爆 肝 也沒關 係 陪 妳
空 氣 但 是好聞 勝 過了空 氣 妳 是

F Em F G C
| 4 — 1 — | 7· 5 3 5 5 | 4· 4 4 3 3 | 2 — 3 4 | 5 — 3 — |
逛 街 逛 成扁平 足 也沒關 係 超 感 謝 妳
陽 光 但 是卻能 照 進半夜 裡 水 能 載 舟

G Am Em F Em
| 2· 1 7 2 2 | 1· 7 6 1 1 | 7 — 2 3 | 5· 4 2 4 4 | 3· 2 1 3 3 |
讓 我重生 成 個O r z 讓 我 重 新認識 L O V
也 能煮粥 餵 飽了生 命 妳 就 是 維他命

G G G 𝄋 C
| 2 — — — | 2 — — — | 0 0 0 0 | 0 5 4 3 ‖ 2· 1 1 — |
E 戀 愛 i n g
(L O V E L O V E)

G Am Em F Em
| 7· 5 5 — | 1 — 1 — | 3 3 4 5 | 6· 4 4 — | 5· 1 1 — |
Ha— ppy i n g 心 情 就 像 是 坐 上

Dm G C G Am
| 1· 7 6 3 3 | 2 5 4 3 | 2· 1 1 — | 7· 5 5 — | 1 — 1 — |
一 架噴射 機 戀 愛 i n g 改 變 i n

Em F Em Dm G
| 3 3 4 5 | 6· 4 4 — | 5· 1 1 — | 1· 6 6 3 | 2· 7 7 2 |
g 改 變 了 黃 昏 黎 明 有 妳 都 心 跳 到

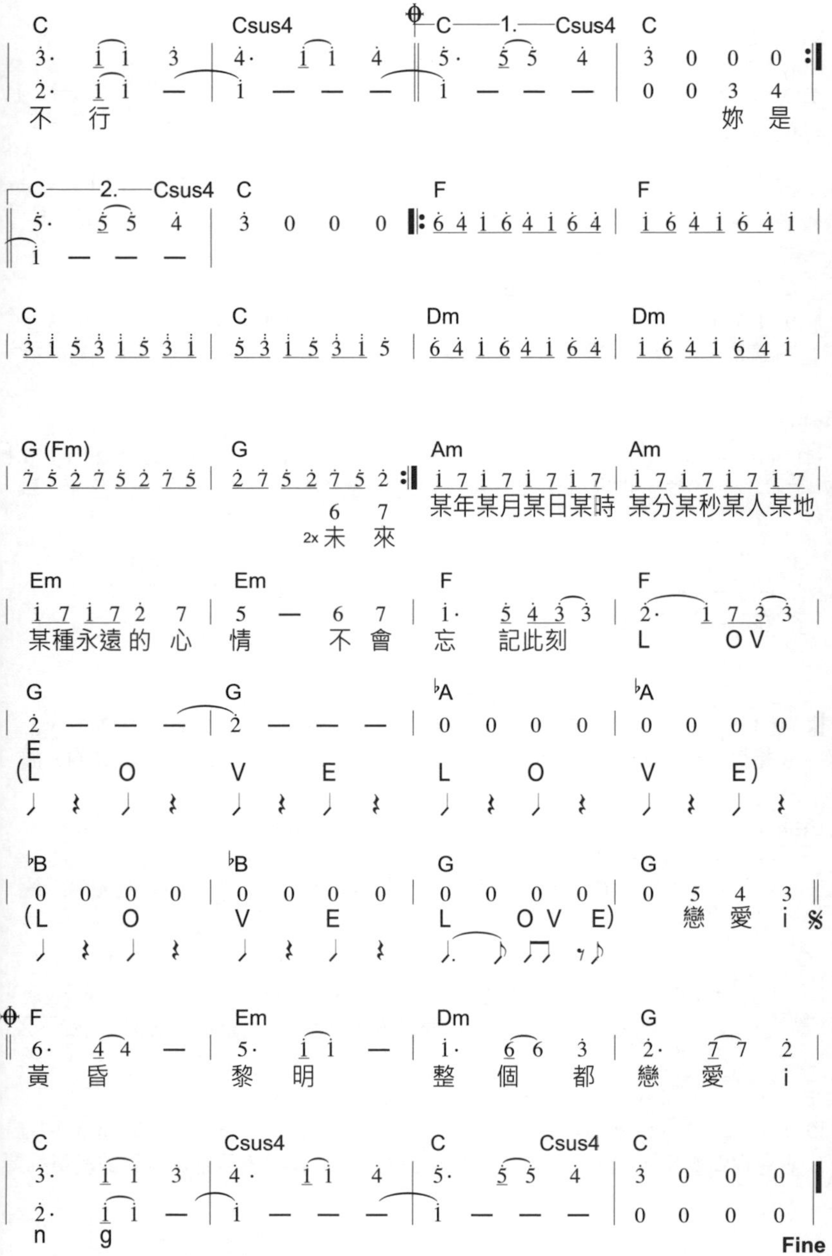

C Csus4 ⊕ C 1. Csus4 C

| 3̇· 1̇ 1̇ 3̇ | 4̇· 1̇ 1̇ 4̇ ‖ 5̇· 5̇ 5̇ 4̇ | 3̇ 0 0 0 :‖

| 2̇· 1̇ 1̇ — | 1̇ — — — ‖ 1̇ — — — | 0 0 3 4 |

不 行 妳 是

C 2. Csus4 C F F

‖ 5̇· 5̇ 5̇ 4̇ | 3̇ 0 0 0 ‖: 6 4 1̇ 6 4 1̇ 6 4 | 1̇ 6 4 1̇ 6 4 1̇ |

‖ 1̇ — — — |

C C Dm Dm

| 3̇ 1̇ 5 3̇ 1̇ 5 3̇ 1̇ | 5 3̇ 1̇ 5 3̇ 1̇ 5 | 6 4 1̇ 6 4 1̇ 6 4 | 1̇ 6 4 1̇ 6 4 1̇ |

G (Fm) G Am Am

| 7 5 2̇ 7 5 2̇ 7 5 | 2̇ 7 5 2̇ 7 5 2̇ :‖ 1̇ 7 1̇ 7 1̇ 7 1̇ 7 | 1̇ 7 1̇ 7 1̇ 7 1̇ 7 |

6 7 某年某月某日某時 某分某秒某人某地

2x 未 來

Em Em F F

| 1̇ 7 1̇ 7 2̇ 7 | 5 — 6 7 | 1̇· 5 4 3 3 | 2̇· 1̇ 7 3 3 |

某種永遠的 心 情 不 會 忘 記此刻 L OV

G G ♭A ♭A

| 2̇ — — — | 2̇ — — — | 0 0 0 0 | 0 0 0 0 |

E

(L O V E L O V E)

♭B ♭B G G

| 0 0 0 0 | 0 0 0 0 | 0 0 0 0 | 0 5 4 3 ‖

(L O V E L O V E) 戀 愛 i 𝄋

⊕ F Em Dm G

‖ 6· 4 4 — | 5· 1̇ 1̇ — | 1̇· 6 6 3 | 2̇· 7 7 2̇ |

黃 昏 黎 明 整 個 都 戀 愛 i

C Csus4 C Csus4 C

| 3̇· 1̇ 1̇ 3̇ | 4̇· 1̇ 1̇ 4̇ | 5̇· 5̇ 5̇ 4̇ | 3̇ 0 0 0 ‖

| 2̇· 1̇ 1̇ — | 1̇ — — — | 1̇ — — — | 0 0 0 0 ‖

n g

Fine

Key：D
Play：C
男調：F　女調：C
4/4 ♩=66

小情歌

詞／吳青峰　曲／吳青峰　唱／蘇打綠

彈奏參考
| ↑ ↑ ↑ ↑

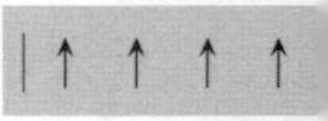

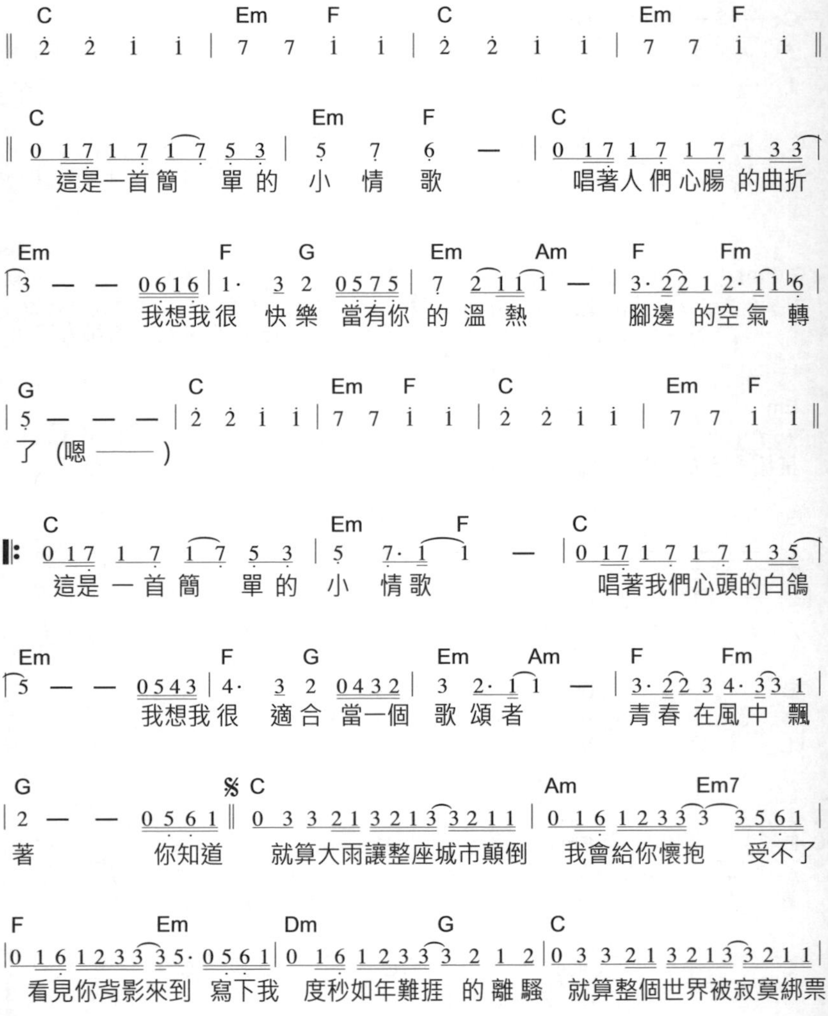

C　Em F　C　Em F
‖ 2 2 1 1 | 7 7 1 1 | 2 2 1 1 | 7 7 1 1 ‖

C　Em F　C
‖ 0 1 7 1 7 1 7 5 3 | 5 7 6 — | 0 1 7 1 7 1 7 1 3 3 |
這是一首簡　單的　小　情　歌　唱著人們心腸的曲折

Em　F G　Em Am　F Fm
| 3 — — 0 6 1 6 | 1· 3 2 0 5 7 5 | 7 2 1 1 1 — | 3· 2 2 1 2· 1 1 ♭6 |
我想我很　快樂　當有你　的溫　熱　腳邊　的空氣　轉

G　C　Em F　C　Em F
| 5 — — — | 2 2 1 1 | 7 7 1 1 | 2 2 1 1 | 7 7 1 1 ‖
了 (嗯 ——)

C　Em F　C
‖: 0 1 7 1 7 1 7 5 3 | 5 7· 1 1 — | 0 1 7 1 7 1 7 1 3 5 |
這是一首簡　單的　小　情歌　唱著我們心頭的白鴿

Em　F G　Em Am　F Fm
| 5 — — 0 5 4 3 | 4· 3 2 0 4 3 2 | 3 2· 1 1 — | 3· 2 2 3 4· 3 3 1 |
我想我很　適合　當一個　歌頌者　青春　在風中　飄

G　𝄋 C　Am Em7
| 2 — — 0 5 6 1 ‖ 0 3 3 2 1 3 2 1 3 3 2 1 1 | 0 1 6 1 2 3 3 3 3 5 6 1 |
著　你知道　就算大雨讓整座城市顛倒　我會給你懷抱　受不了

F Em　Dm G　C
| 0 1 6 1 2 3 3 3 5· 0 5 6 1 | 0 1 6 1 2 3 3 3 2 1 2 | 0 3 3 2 1 3 2 1 3 3 2 1 1 |
看見你背影來到　寫下我　度秒如年難捱　的離騷　就算整個世界被寂寞綁票

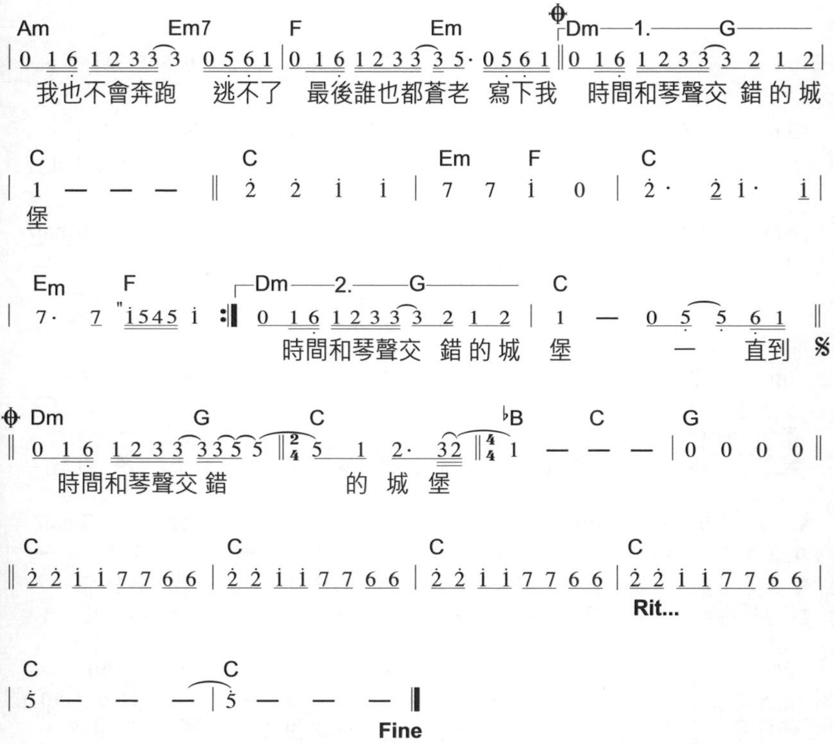

Am Em7 F Em Dm 1. G

0 16 12333 3 0561 | 0 16 12333 35· 0561 ‖ 0 16 12333 3 2 1 2 |

我也不會奔跑 逃不了 最後誰也都蒼老 寫下我 時間和琴聲交 錯的城

C C Em F C

1 — — — ‖ 2 2 1 1 | 7 7 1 0 | 2· 2 1· 1 |

堡

Em F Dm 2. G C

7· 7 1545 1 :‖ 0 16 12333 3 2 1 2 | 1 — 0 5 5 61 ‖

時間和琴聲交 錯的城 堡 一 直到 𝄋

Dm G C ♭B C G

‖ 0 16 12333 3355 ‖ 2/4 5 1 2· 32 ‖ 4/4 1 — — — | 0 0 0 0 ‖

時間和琴聲交錯 的城堡

C C C C

‖ 22 11 77 66 | 22 11 77 66 | 22 11 77 66 | 22 11 77 66 |

Rit...

C C

5 — — — | 5 — — — ‖

Fine

Key：F
Play：G-A
男調：F　女調：C
4/4 ♩=70

菊花台

詞 / 方文山　曲 / 周杰倫　唱 / 周杰倫

彈奏參考

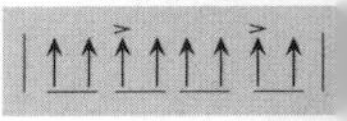

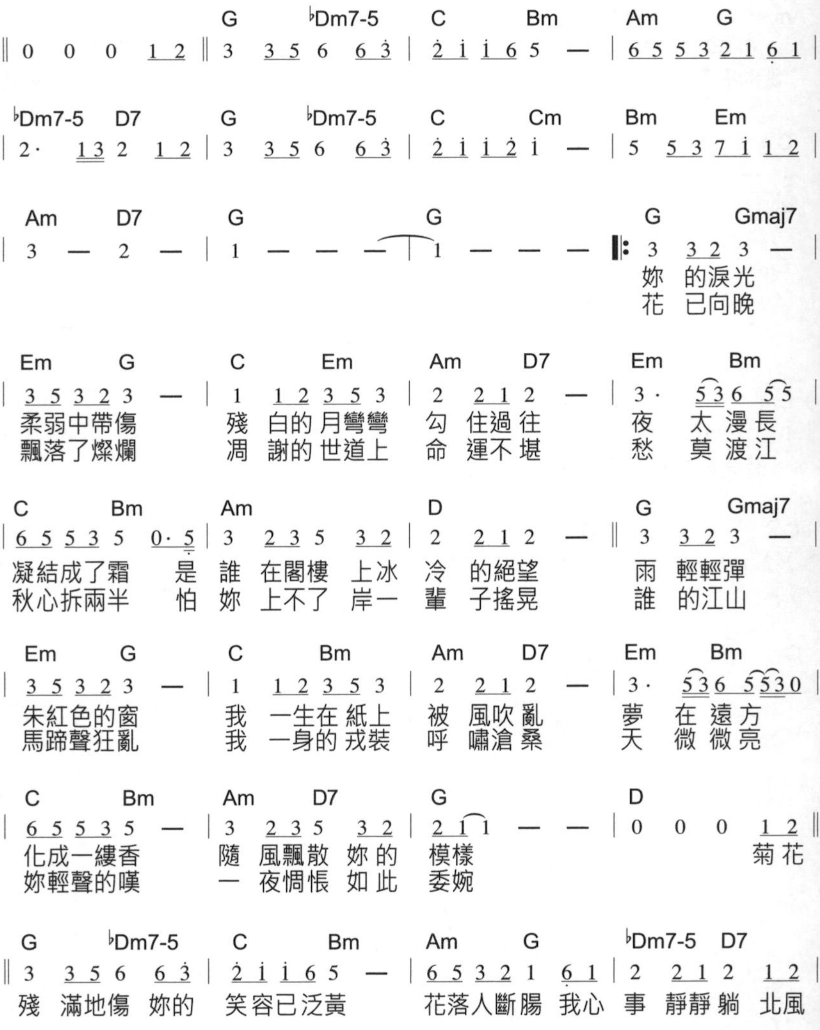

G　♭Dm7-5 | C　Bm | Am　G
‖ 0 0 0 1 2 ‖ 3 3 5 6 6 3 | 2 1 1 6 5 — | 6 5 5 3 2 1 6 1 |

♭Dm7-5　D7 | G　♭Dm7-5 | C　Cm | Bm　Em
| 2· 1 3 2 1 2 | 3 3 5 6 6 3 | 2 1 1 2 1 — | 5 5 3 7 1 1 2 |

Am　D7 | G | G | G　Gmaj7
| 3 — 2 — | 1 — — — | 1 — — — ‖: 3 3 2 3 — |
妳　的淚光
花　已向晚

Em　G | C　Em | Am　D7 | Em　Bm
| 3 5 3 2 3 — | 1 1 2 3 5 3 | 2 2 1 2 — | 3· 5 3 6 5 5 |
柔弱中帶傷　殘　白的月彎彎　勾　住過往　夜　太漫長
飄落了燦爛　凋　謝的世道上　命　運不堪　愁　莫渡江

C　Bm | Am | D | G　Gmaj7
| 6 5 5 3 5 0· 5 | 3 2 3 5 3 2 | 2 2 1 2 — ‖ 3 3 2 3 — |
凝結成了霜　是　誰　在閣樓　上冰　冷　的絕望　雨　輕輕彈
秋心拆兩半　怕　妳　上不了　岸一　輩　子搖晃　誰　的江山

Em　G | C　Bm | Am　D7 | Em　Bm
| 3 5 3 2 3 — | 1 1 2 3 5 3 | 2 2 1 2 — | 3· 5 3 6 5 5 3 0 |
朱紅色的窗　我　一生在紙上　被　風吹亂　夢　在遠方
馬蹄聲狂亂　我　一身的戎裝　呼　嘯滄桑　天　微微亮

C　Bm | Am　D7 | G | D
| 6 5 5 3 5 — | 3 2 3 5 3 2 | 2 1 1 — — | 0 0 0 1 2 :‖
化成一縷香　隨　風飄散　妳的　模樣　菊花
妳輕聲的嘆　一　夜惆悵　如此　委婉

G　♭Dm7-5 | C　Bm | Am　G | ♭Dm7-5　D7
‖ 3 3 5 6 6 3 | 2 1 1 6 5 — | 6 5 3 2 1 6 1 | 2 2 1 2 1 2 |
殘　滿地傷　妳的　笑容已泛黃　花落人斷腸　我心　事　靜靜躺　北風

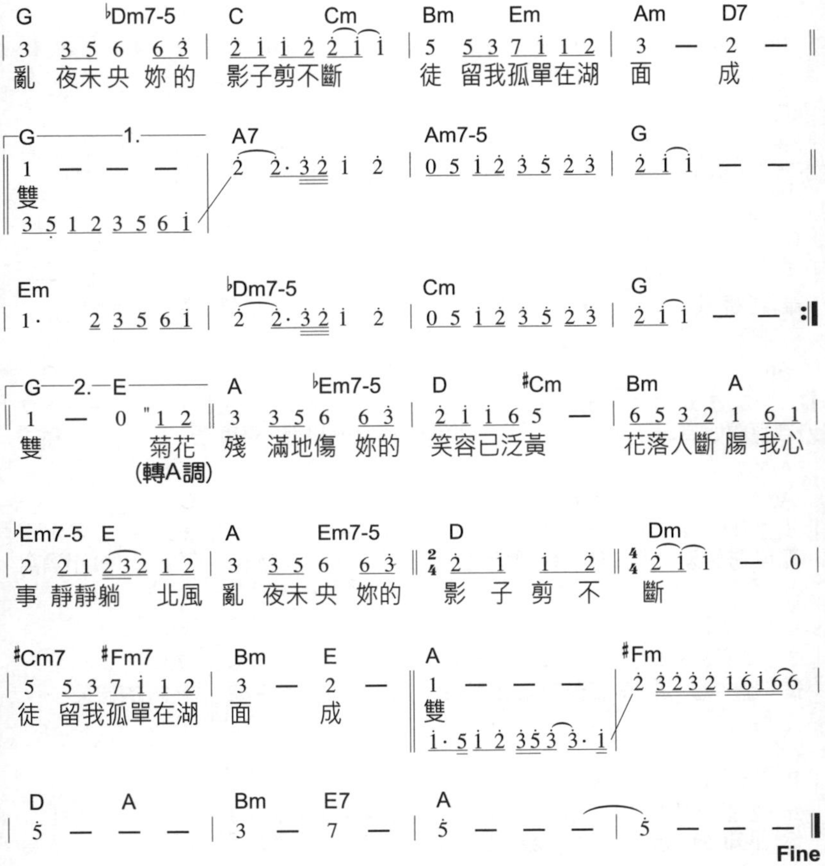

G ♭Dm7-5 | C Cm | Bm Em | Am D7
| 3 3 5 6 6 3 | 2 1 1 2 2 1 1 | 5 5 3 7 1 1 2 | 3 — 2 — ||
亂 夜未央 妳的 影子剪不斷 徒 留我孤單在湖 面 成

G 1. | A7 | Am7-5 | G
|| 1 — — — | 2 2· 3 2 1 2 | 0 5 1 2 3 5 2 3 | 2 1 1 — — ||
雙
|| 3 5 1 2 3 5 6 1 |

Em | ♭Dm7-5 | Cm | G
| 1· 2 3 5 6 1 | 2 2· 3 2 1 2 | 0 5 1 2 3 5 2 3 | 2 1 1 — — :||

G 2. E | A ♭Em7-5 | D ♯Cm | Bm A
|| 1 — 0 " 1 2 || 3 3 5 6 6 3 | 2 1 1 6 5 — | 6 5 3 2 1 6 1 |
雙 菊花 殘 滿地傷 妳的 笑容已泛黃 花落人斷 腸 我心
(轉A調)

♭Em7-5 E | A Em7-5 | D | Dm
| 2 2 1 2 3 2 1 2 | 3 3 5 6 6 3 || 2/4 2 1 1 2 || 4/4 2 1 1 — 0 |
事 靜靜躺 北風 亂 夜未央 妳的 影 子 剪 不 斷

♯Cm7 ♯Fm7 | Bm E | A | ♯Fm
| 5 5 3 7 1 1 2 | 3 — 2 — || 1 — — — | 2 3 2 3 2 1 6 1 6 6 |
徒 留我孤單在湖 面 成 雙
|| 1· 5 1 2 3 5 3 3· 1 |

D A | Bm E7 | A |
| 5 — — — | 3 — 7 — | 5 — — — | 5 — — — ||
Fine

Key：E♭
Play：C
男調：D　女調：D
4/4 ♩=94

小酒窩

詞 / 王雅君　曲 / 林俊傑　唱 / 林俊傑、蔡卓妍

彈奏參考

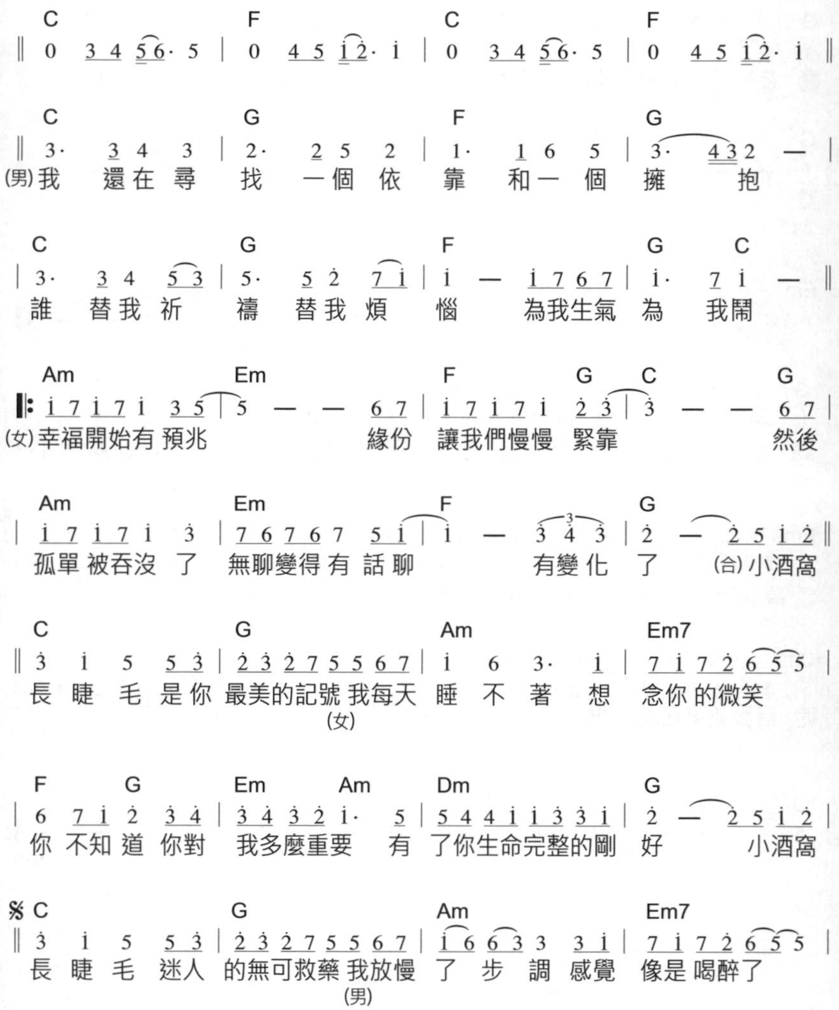

| ↑ ↑↑↓ ↑↑↑↑ |

C　F　C　F
‖ 0 3 4 5 6· 5 | 0 4 5 1 2· 1 | 0 3 4 5 6· 5 | 0 4 5 1 2· 1 ‖

C　G　F　G
‖ 3· 3 4 3 | 2· 2 5 2 | 1· 1 6 5 | 3· 4 3 2 — |
(男)我 還在 尋 找 一個 依 靠 和一 個 擁 抱

C　G　F　G　C
| 3· 3 4 5 3 | 5· 5 2 7 1 | 1 — 1 7 6 7 | 1· 7 1 — ‖
誰 替我 祈 禱 替我 煩 惱 為我生氣 為 我鬧

Am　Em　F　G　C　G
‖: 1 7 1 7 1 3 5 | 5 — — 6 7 | 1 7 1 7 1 2 3 | 3 — — 6 7 |
(女)幸福開始有 預兆 緣份 讓我們慢慢 緊靠 然後

Am　Em　F　G
| 1 7 1 7 1 3 | 7 6 7 6 7 5 1 | 1 — 3 4 3 | 2 — 2 5 1 2 ‖
孤單 被吞沒 了 無聊變得有 話 聊 有變 化 了 (合)小酒窩

C　G　Am　Em7
‖ 3 1 5 5 3 | 2 3 2 7 5 5 6 7 | 1 6 3· 1 | 7 1 7 2 6 5 5 |
長 睫 毛 是 你 最美的記號 我每天 睡 不 著 想 念你 的微笑
(女)

F　G　Em　Am　Dm　G
| 6 7 1 2 3 4 | 3 4 3 2 1· 5 | 5 4 4 1 1 3 3 1 | 2 — 2 5 1 2 |
你 不知 道 你對 我多麼重要 有 了你生命完整的剛 好 小酒窩

𝄋 C　G　Am　Em7
‖ 3 1 5 5 3 | 2 3 2 7 5 5 6 7 | 1 6 6 3 3 3 1 | 7 1 7 2 6 5 5 |
長 睫 毛 迷人 的無可救藥 我放慢 了 步 調 感覺 像是 喝醉了
(男)

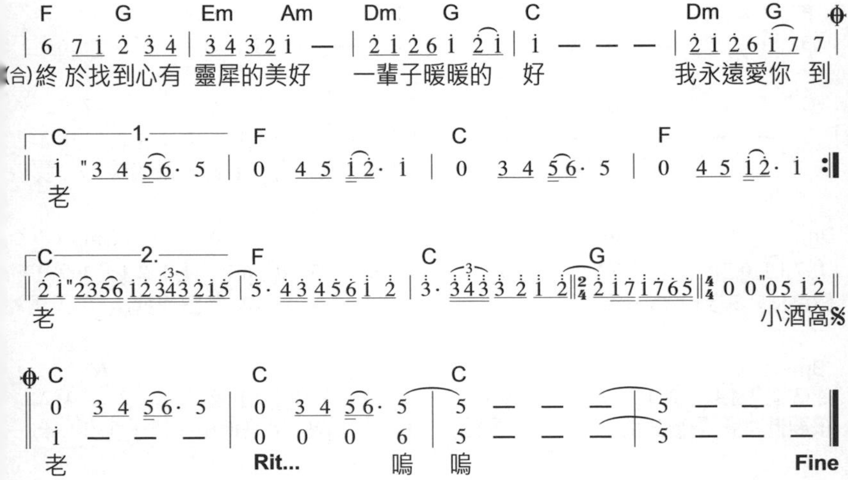

F G Em Am Dm G C Dm G

| 6 7 1 2 3 4 | 3 4 3 2 1 — | 2 1 2 6 1 2 1 | 1 — — — | 2 1 2 6 1 7 7 |

(合)終 於找到心有 靈犀的美好 一輩子暖暖的 好 我永遠愛你 到

C 1. F C F

‖ 1 "3 4 5 6· 5 | 0 4 5 1 2· 1 | 0 3 4 5 6· 5 | 0 4 5 1 2· 1 :‖

老

C 2. F C G

‖ 2 1 "2356 12 343 215 | 5· 4 3 4 5 6 1 2 | 3· 343 3 2 1 2 ‖ 2/4 2 1 7 1 7 6 5 ‖ 4/4 0 0 "0 5 1 2 ‖

老 小酒窩 𝄋

Φ C C C

‖ 0 3 4 5 6· 5 | 0 3 4 5 6· 5 | 5 — — — | 5 — — — ‖

1 — — — | 0 0 0 6 | 5 — — — | 5 — — — ‖

老 Rit... 嗚 嗚 Fine

那些年

Key：F
Play：F-G-F
男調：E　女調：B
4/4 ♩=78

詞／九把刀　曲／木村充利　唱／胡夏

彈奏參考

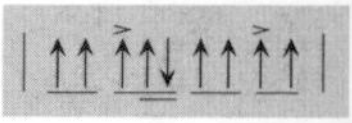

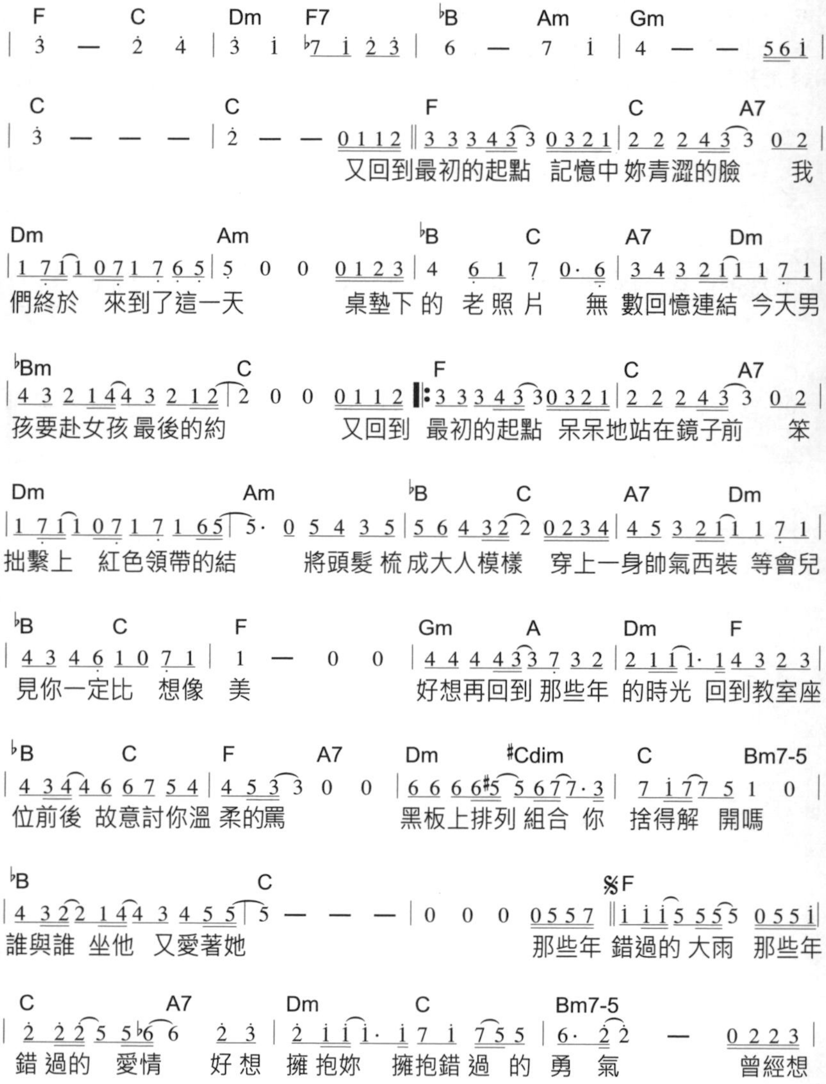

F　C　Dm　F7　♭B　Am　Gm
| 3 — 2 4 | 3 1 ♭7 1 2 3 | 6 — 7 1 | 4 — — 561 |

C　C　F　C　A7
| 3 — — — | 2 — — 0112 ‖ 3 3 3 4 3 3 0 3 2 1 | 2 2 2 4 3 3 0 2 |
又回到最初的起點　記憶中妳青澀的臉　我

Dm　Am　♭B　C　A7　Dm
| 1 7 1 1 0 7 1 7 6 5 | 5 0 0 0123 | 4 6 1 7 0· 6 | 3 4 3 2 1 1 1 7 1 |
們終於　來到了這一天　桌墊下的　老照片　無　數回憶連結　今天男

♭Bm　C　F　C　A7
| 4 3 2 1 4 4 3 2 1 2 | 2 0 0 0 1 1 2 |: 3 3 3 4 3 3 0 3 2 1 | 2 2 2 4 3 3 0 2 |
孩要赴女孩最後的約　又回到　最初的起點　呆呆地站在鏡子前　笨

Dm　Am　♭B　C　A7　Dm
| 1 7 1 1 0 7 1 7 1 6 5 | 5· 0 5 4 3 5 | 5 6 4 3 2 2 0 2 3 4 | 4 5 3 2 1 1 1 7 1 |
拙繫上　紅色領帶的結　將頭髮梳成大人模樣　穿上一身帥氣西裝　等會兒

♭B　C　F　Gm　A　Dm　F
| 4 3 4 6 1 0 7 1 | 1 — 0 0 | 4 4 4 4 3 3 7 3 2 | 2 1 1 1· 1 4 3 2 3 |
見你一定比　想像　美　好想再回到　那些年　的時光　回到教室座

♭B　C　F　A7　Dm　♯Cdim　C　Bm7-5
| 4 3 4 4 6 6 7 5 4 | 4 5 3 3 0 0 | 6 6 6 6 ♯5 5 6 7 7· 3 | 7 1 7 7 5 1 0 |
位前後　故意討你溫柔的罵　黑板上排列組合　你　捨得解　開嗎

♭B　C　𝄋F
| 4 3 2 2 1 4 4 3 4 5 5 | 5 — — — | 0 0 0 0557 ‖ 1 1 1 5 5 5 5 0 5 5 1 |
誰與誰　坐他　又愛著她　那些年　錯過的大雨　那些年

C　A7　Dm　C　Bm7-5
| 2 2 2 5 5 ♭6 6 2 3 | 2 1 1 1· 1 7 1 7 5 5 | 6· 2 2 — 0223 |
錯過的　愛情　好想　擁抱妳　擁抱錯過　的勇　氣　曾經想

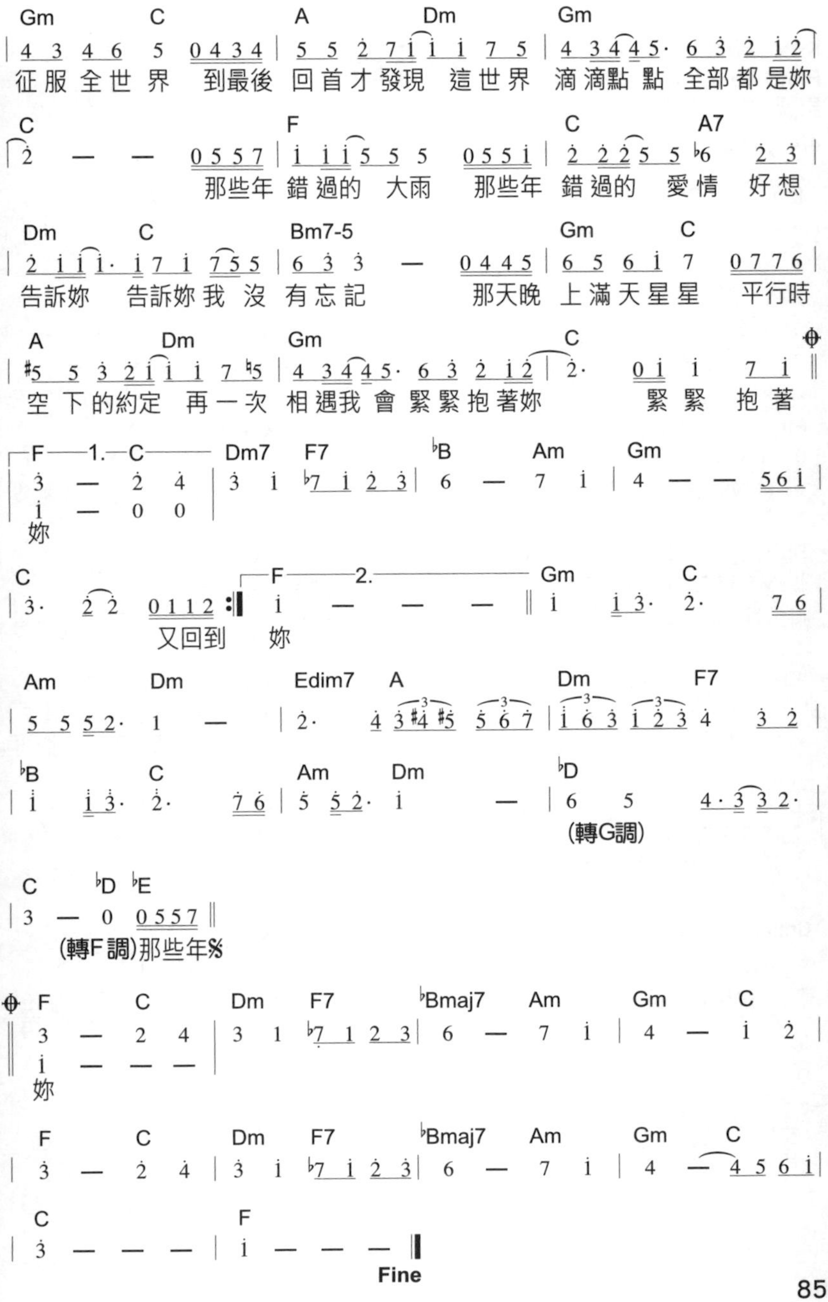

Gm C A Dm Gm

| 4 3 4 6 5 0 4 3 4 | 5 5 2 7 1 1 1 7 5 | 4 3 4 4 5· 6 3 2 1 2 |

征服全世界 到最後 回首才發現 這世界 滴滴點 點 全部都是妳

C F C A7

| 2 — — 0 5 5 7 | 1 1 1 5 5 5 0 5 5 1 | 2 2 2 5 5 ♭6 2 3 |

那些年 錯過的 大雨 那些年 錯過的 愛情 好想

Dm C Bm7-5 Gm C

| 2 1 1 1· 1 7 1 7 5 5 | 6 3 3 — 0 4 4 5 | 6 5 6 1 7 0 7 7 6 |

告訴妳 告訴妳我 沒 有忘記 那天晚 上滿天星星 平行時

A Dm Gm C ⊕

| ♯5 5 3 2 1 1 1 7 ♮5 | 4 3 4 4 5· 6 3 2 1 2 | 2· 0 1 1 7 1 ‖

空 下的約定 再一次 相遇我 會 緊緊抱著妳 緊 緊 抱 著

F 1. C Dm7 F7 ♭B Am Gm

| 3 — 2 4 | 3 1 ♭7 1 2 3 | 6 — 7 1 | 4 — — 5 6 1 |

| 1 — 0 0 |

妳

C F 2. Gm C

| 3· 2 2 0 1 1 2 :‖ 1 — — — ‖ 1 1 3· 2· 7 6 |

又回到 妳

Am Dm Edim7 A Dm F7

| 5 5 5 2· 1 — | 2· 4 3 ♯4 ♯5 5 6 7 | 1 6 3 1 2 3 4 3 2 |

♭B C Am Dm ♭D

| 1 1 3· 2· 7 6 | 5 5 2· 1 — | 6 5 4· 3 3 2· |

(轉G調)

C ♭D ♭E

| 3 — 0 0 5 5 7 ‖

(轉F調)那些年𝄋

⊕ F C Dm F7 ♭Bmaj7 Am Gm C

‖ 3 — 2 4 | 3 1 ♭7 1 2 3 | 6 — 7 1 | 4 — 1 2 |

‖ 1 — — — |

妳

F C Dm F7 ♭Bmaj7 Am Gm C

| 3 — 2 4 | 3 1 ♭7 1 2 3 | 6 — 7 1 | 4 — 4 5 6 1 |

C F

| 3 — — — | 1 — — — ‖

Fine

Key：F#m
Play：Em-F#m
男調：Em　女調：Bm
4/4 ♩=55

末班車

詞 / 馬嵩惟　曲 / 李偉菘　唱 / 蕭煌奇

彈奏參考

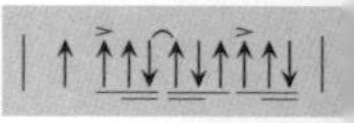

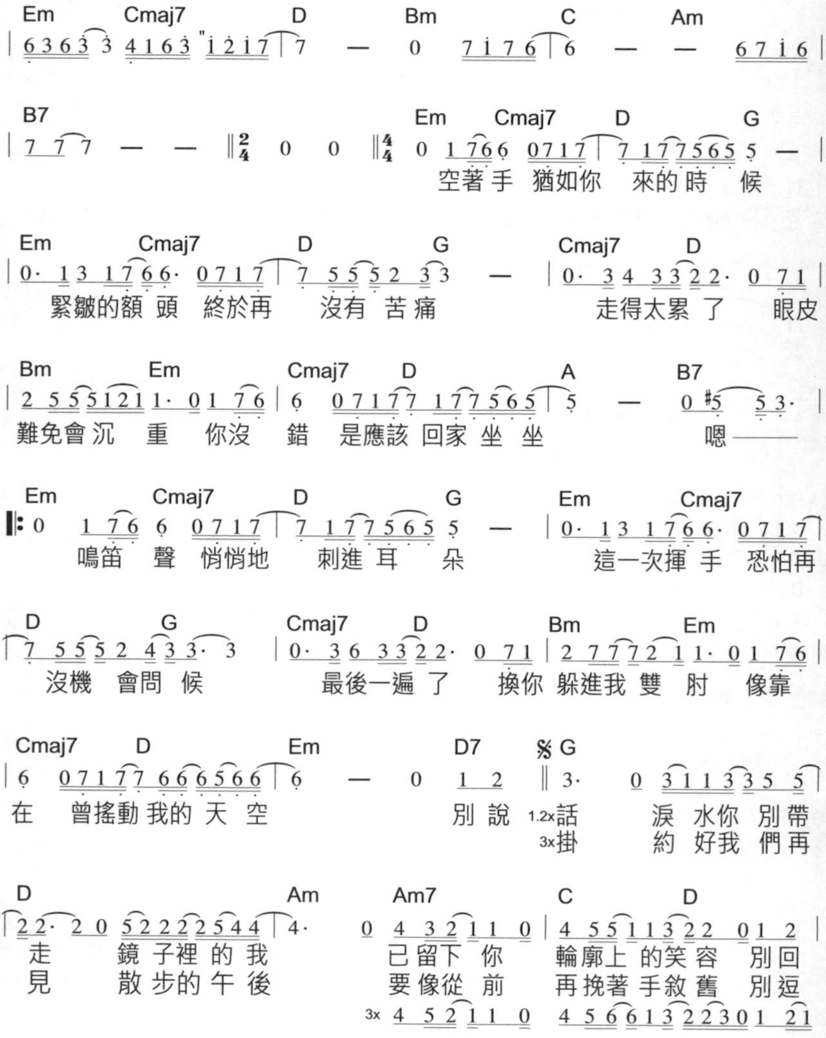

| ↑ ↑↑↓ ↑↓↑↑↑↓ |

Em Cmaj7 D Bm C Am
| 6363̂3 3 4163̂ 1̇21̇7 | 7 — 0 71̇76 | 6 — — 671̇6 |

B7 Em Cmaj7 D G
| 7 7̂7 — — ‖ 2/4 0 0 ‖ 4/4 0 17̂66 0717 | 717̂7565̂5 5 — |
空著手 猶如你 來的時 候

Em Cmaj7 D G Cmaj7 D
| 0· 13 17̂66· 0717 | 7 55̂52 3̂3 — | 0· 34 33̂22· 0 71 |
緊皺的額 頭 終於再 沒有 苦痛 走得太累 了 眼皮

Bm Em Cmaj7 D A B7
| 2 55̂51̂21 1· 01 7̂6 | 6 07177̂7 17̂7565̂5 | 5 — 0 #5 53· |
難免會沉 重 你沒 錯 是應該 回家 坐 坐 嗯———

Em Cmaj7 D G Em Cmaj7
‖: 0 17̂6 6 0717 | 7 17̂7565̂5 5 — | 0· 13 17̂66· 0717 |
鳴笛 聲 悄悄地 刺進 耳 朵 這一次揮 手 恐怕再

D G Cmaj7 D Bm Em
| 7 55̂52 43̂3· 3 | 0· 36 33̂22· 0 71 | 2 77̂72̂1 1· 01 7̂6 |
沒機 會問 候 最後一遍 了 換你 躲進我 雙 肘 像靠

Cmaj7 D Em D7 𝄋 G
| 6 07177̂7 66̂6566 | 6 — 0 12 ‖ 3· 0 3̂113̂35 5 |
在 曾搖動 我的 天 空 別 說 1.2x話 淚 水你 別帶
3x掛 約 好我 們再

D Am Am7 C D
| 22· 20 5̂222̂2544 | 4· 0 43̂2110 | 455̂113̂22 01 2 |
走 鏡 子裡 的 我 已留下 你 輪廓上 的笑 容 別回
見 散 步的 午 後 要像從 前 再挽著 手敘 舊 別逗
3x 452110 4566̂13̂22301 21

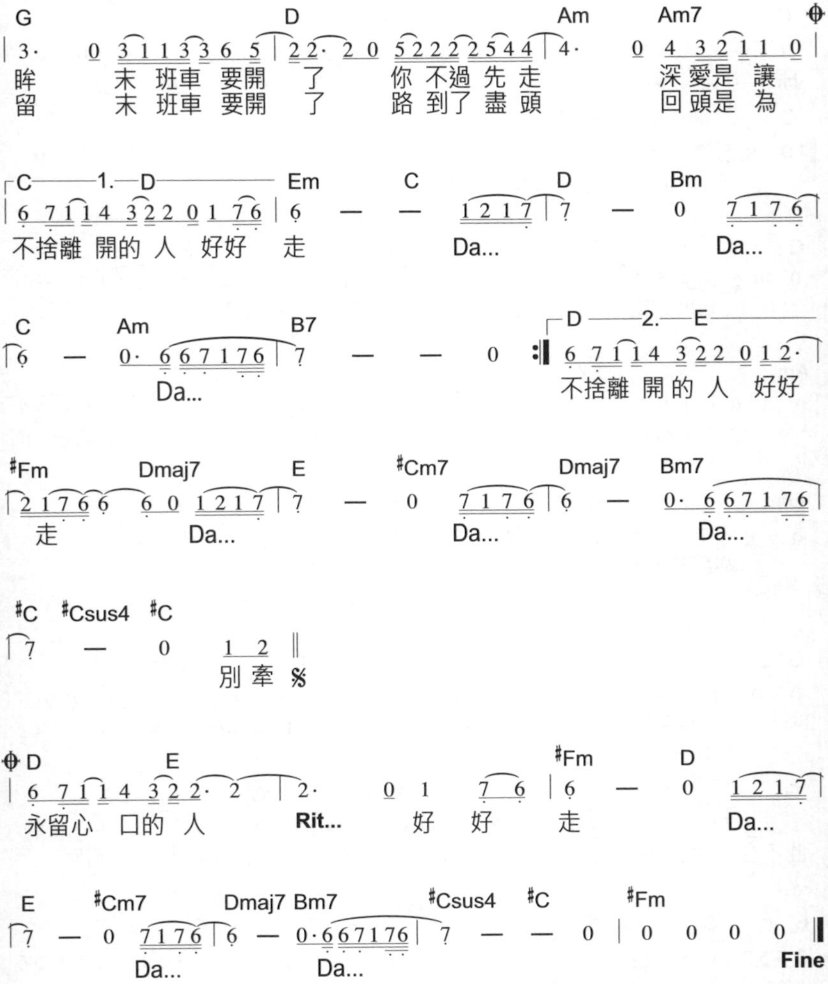

G D Am Am7

| 3· 0 3 1 1 3 3 6 5 | 2 2· 2 0 5 2 2 2 2 5 4 4 | 4· 0 4 3 2 1 1 0 |

眸 末 班車 要開 了 你 不過 先 走 深愛是 讓

留 末 班車 要開 了 路 到了 盡 頭 回頭是 為

C 1. D Em C D Bm

| 6 7 1 1 4 3 2 2 0 1 7 6 | 6 — — 1 2 1 7 | 7 — 0 7 1 7 6 |

不捨離 開的 人 好好 走 Da... Da...

C Am B7 D 2. E

| 6 — 0· 6 6 7 1 7 6 | 7 — — 0 :‖ 6 7 1 1 4 3 2 2 0 1 2· |

Da... 不捨離 開 的 人 好好

#Fm Dmaj7 E #Cm7 Dmaj7 Bm7

| 2 1 7 6 6 6 0 1 2 1 7 | 7 — 0 7 1 7 6 | 6 — 0· 6 6 7 1 7 6 |

走 Da... Da... Da...

#C #Csus4 #C

| 7 — 0 1 2 ‖

別 牽 𝄋

D E #Fm D

| 6 7 1 1 4 3 2 2· 2 | 2· 0 1 7 6 | 6 — 0 1 2 1 7 |

永留心 口的 人 **Rit...** 好 好 走 Da...

E #Cm7 Dmaj7 Bm7 #Csus4 #C #Fm

| 7 — 0 7 1 7 6 | 6 — 0·6 6 7 1 7 6 | 7 — — 0 | 0 0 0 0 ‖

Da... Da... **Fine**

Key：E
Play：C
男調：D　女調：A
4/4 ♩=82

還是會

詞 / 韋禮安　曲 / 韋禮安　唱 / 韋禮安

彈奏參考

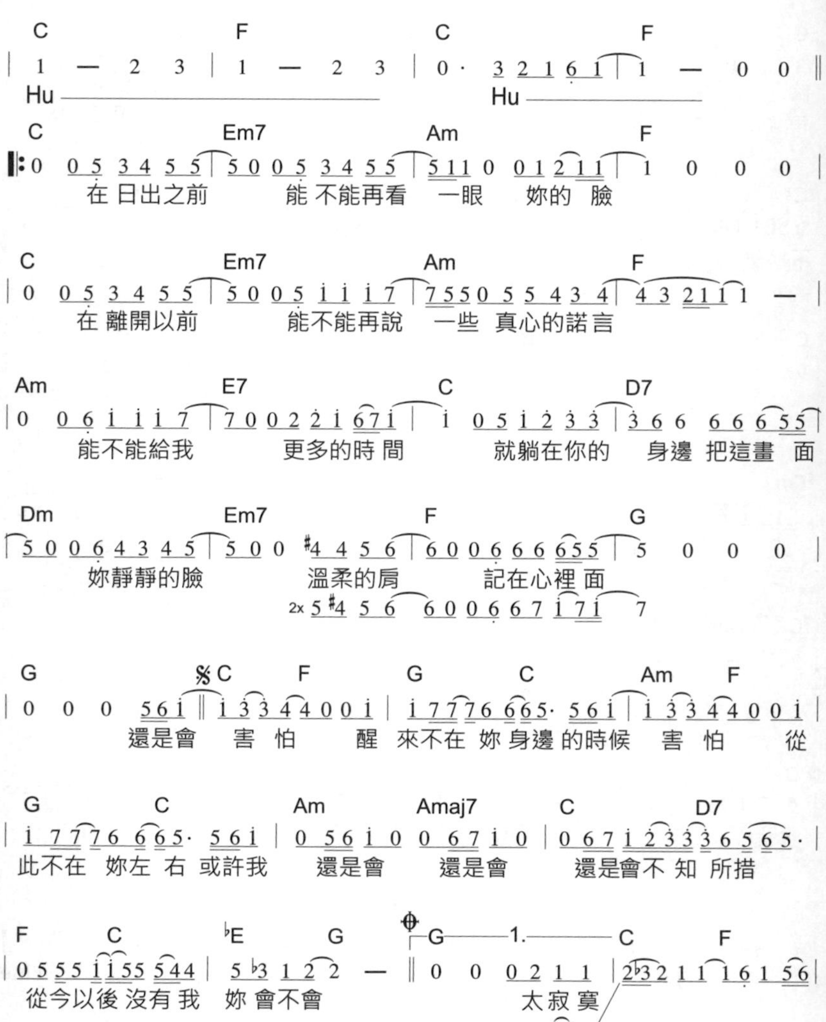

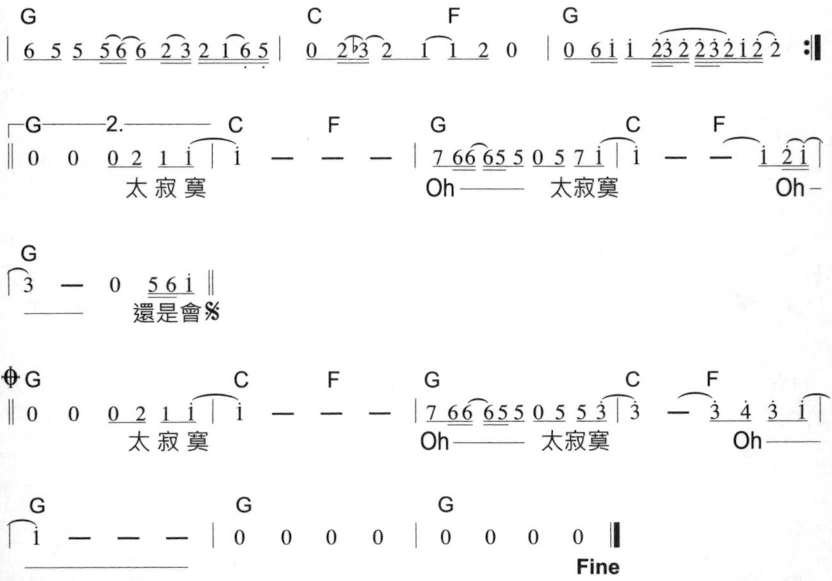

G C F G
| 6 5 5 56 6 23 2 165 | 0 2♭3 2 1 1 2 0 | 0 61 1 232 2321 22 :|

G 2. C F G C F
‖ 0 0 02 1 1 | 1 — — — | 7 66 65 5 0 5 7 1 | 1 — — 1 2 1 |
太寂寞 Oh—— 太寂寞 Oh–

G
| 3 — 0 5 6 1 ‖
—— 還是會𝄋

⊕ G C F G C F
‖ 0 0 0 2 1 1 | 1 — — — | 7 66 65 5 0 5 5 3 | 3 — 3 4 3 1 |
太寂寞 Oh—— 太寂寞 Oh——

G G G
| 1 — — — | 0 0 0 0 | 0 0 0 0 ‖
Fine

Key：E♭
Play：C
男調：F　女調：C
4/4 ♩=124

微風往事

詞 / 馬兆駿　曲 / 洪光達　唱 / 鄭怡

彈奏參考
| ↑ ↑↓↑↓↑↓ |

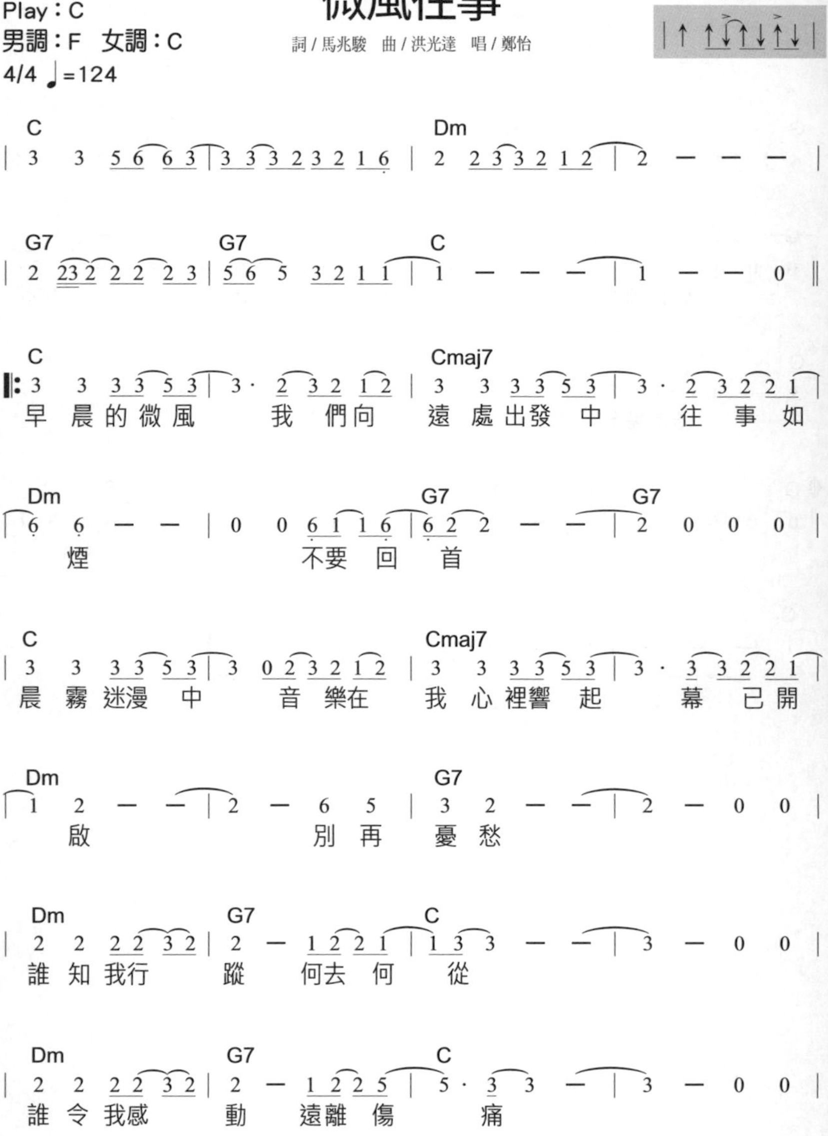

C　　　　　　　　　　　　　　　　Dm
| 3 3 5 6 6 3 | 3 3 3 2 3 2 1 6 | 2 2 3 3 2 1 2 | 2 － － － |

G7　　　　　　G7　　　　　　C
| 2 23 2 2 2 2 3 | 5 6 5 3 2 1 1 | 1 － － － | 1 － － 0 ‖

C　　　　　　　　　　　　　　　　Cmaj7
‖: 3 3 3 3 5 3 | 3 · 2 3 2 1 2 | 3 3 3 3 5 3 | 3 · 2 3 2 2 1 |
早 晨 的 微 風　我 們 向　遠 處 出 發 中　往 事 如

Dm　　　　　　　　　　G7　　　　　　G7
| 6 6 － － | 0 0 6 1 1 6 | 6 2 2 － － | 2 0 0 0 |
煙　不要 回 首

C　　　　　　　　　　　　　　　　Cmaj7
| 3 3 3 3 5 3 | 3 0 2 3 2 1 2 | 3 3 3 3 5 3 | 3 · 3 3 2 2 1 |
晨 霧 迷漫 中　音 樂在　我 心 裡響 起　幕 已開

Dm　　　　　　　　　　G7
| 1 2 － － | 2 － 6 5 | 3 2 － － | 2 － 0 0 |
啟　別 再　憂 愁

Dm　　　　　　G7　　　　　　C
| 2 2 2 2 3 2 | 2 － 1 2 2 1 | 1 3 3 － － | 3 － 0 0 |
誰 知 我行　蹤　何去 何　從

Dm　　　　　　G7　　　　　　C
| 2 2 2 2 3 2 | 2 － 1 2 2 5 | 5 · 3 3 － | 3 － 0 0 |
誰 令 我感　動　遠離 傷　痛

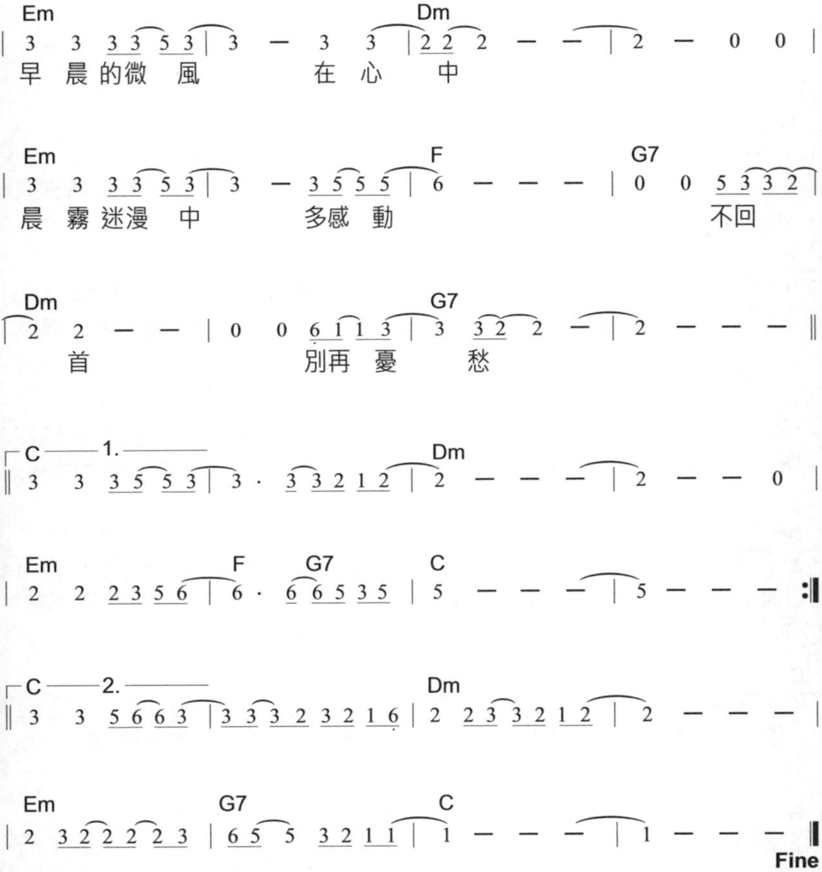

Em Dm

| 3 3 3 3 5 3 | 3 — 3 3 | 2 2 2 — — | 2 — 0 0 |

早 晨的微 風 在 心 中

Em F G7

| 3 3 3 3 5 3 | 3 — 3 5 5 5 | 6 — — — | 0 0 5 3 3 2 |

晨 霧迷漫 中 多感 動 不回

Dm G7

| 2 2 — — | 0 0 6 1 1 3 | 3 3 2 2 — | 2 — — — ‖

首 別再 憂 愁

C 1. Dm

‖ 3 3 3 5 5 3 | 3 · 3 3 2 1 2 | 2 — — — | 2 — — 0 |

Em F G7 C

| 2 2 2 3 5 6 | 6 · 6 6 5 3 5 | 5 — — — | 5 — — — :‖

C 2. Dm

‖ 3 3 5 6 6 3 | 3 3 3 2 3 2 1 6 | 2 2 3 3 2 1 2 | 2 — — — |

Em G7 C

| 2 3 2 2 2 2 3 | 6 5 5 3 2 1 1 | 1 — — — | 1 — — — ‖

Fine

Key：F
Play：C
男調：F　女調：C
4/4 ♩=76

張三的歌

詞 / 張子石　曲 / 張子石　唱 / 李壽全

彈奏參考
| ↑ ↑↑↓ ↑↓↑↑↑ |

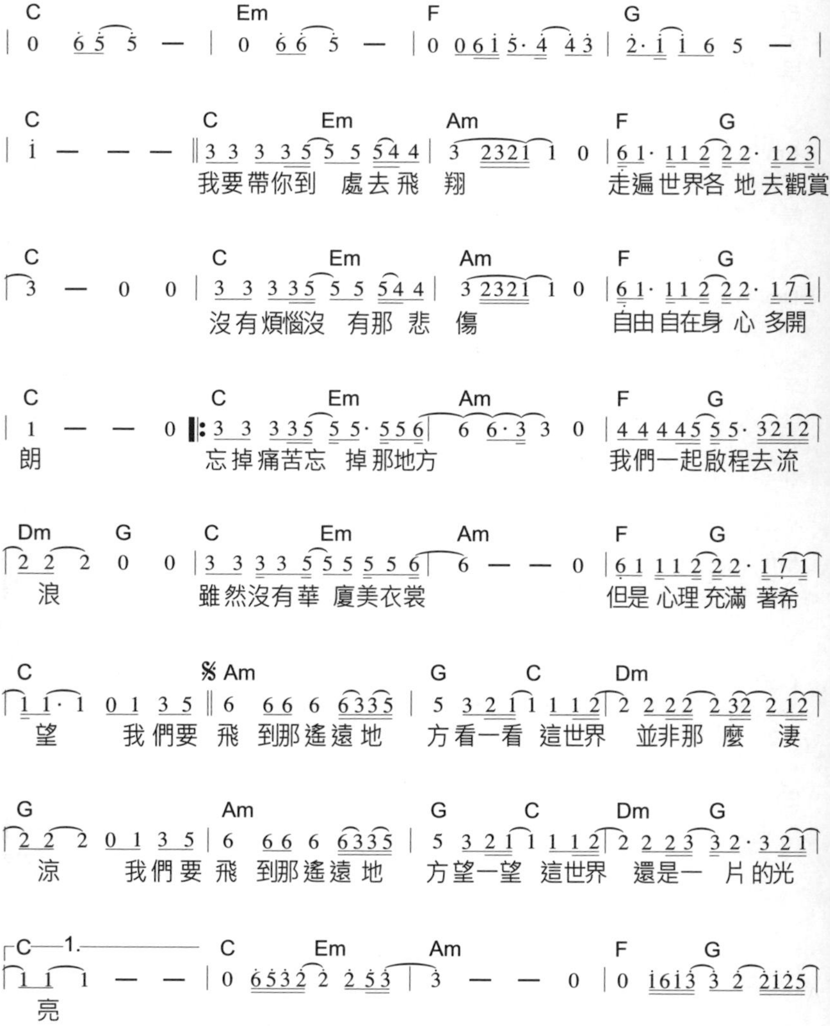

C　Em　F　G
| 0 6 5 5 — | 0 6 6 5 — | 0 0 6 1 5· 4 4 3 | 2· 1 1 6 5 — |

C　C　Em　Am　F　G
| 1 — — — ‖ 3 3 3 3 5 5 5 5 4 4 | 3 2321 1 0 | 6 1· 1 1 2 2 2· 1 2 3 |
我要帶你到 處去飛 翔　走遍世界各 地去觀賞

C　C　Em　Am　F　G
| 3 — 0 0 | 3 3 3 3 5 5 5 5 4 4 | 3 2321 1 0 | 6 1· 1 1 2 2 2· 1 7 1 |
沒有煩惱沒 有那 悲 傷　自由自在身 心 多開

C　C　Em　Am　F　G
| 1 — — 0 ‖: 3 3 3 3 5 5 5· 5 5 6 | 6 6· 3 3 0 | 4 4 4 4 5 5 5· 3212 |
朗　忘掉痛苦忘 掉那地方　我們一起啟程去流

Dm　G　C　Em　Am　F　G
| 2 2 2 0 0 | 3 3 3 3 5 5 5 5 5 6 | 6 — — 0 | 6 1 1 1 2 2 2· 1 7 1 |
浪　雖然沒有華 廈美衣裳　但是 心理充滿 著希

C　𝄋 Am　G　C　Dm
| 1 1· 1 0 1 3 5 ‖ 6 6 6 6 6335 | 5 3 2 1 1 1 1 2 | 2 2 2 2 2 32 2 12 |
望　我們要 飛 到那遙遠地　方看一看 這世界　並非那 麼 淒

G　Am　G　C　Dm　G
| 2 2 2 0 1 3 5 | 6 6 6 6 6335 | 5 3 2 1 1 1 1 2 | 2 2 2 3 3 2· 3 2 1 |
涼　我們要 飛 到那遙遠地　方望一望 這世界　還是一 片的光

C (1.)　C　Em　Am　F　G
| 1 1 1 — — | 0 6532 2 2 5 3 | 3 — — 0 | 0 1613 3 2 2125 |
亮

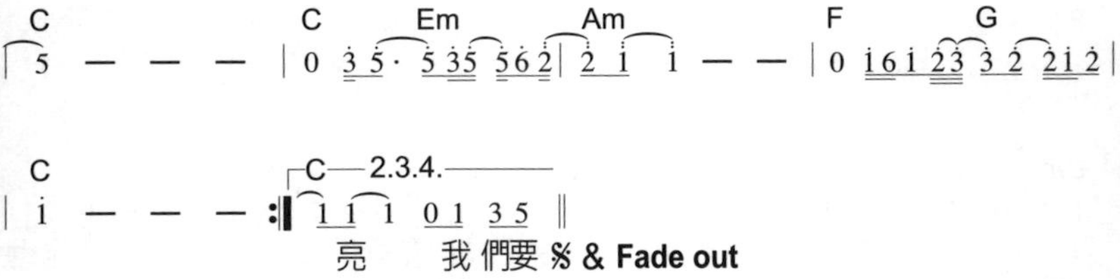

C　　　　　　　　C　　Em　　　Am　　　　　F　　　G
5 — — — | 0 3 5· 5 35 562 | 2 1 1 — — | 0 161 23 3 2 212 |

C　　　　　　　C 2.3.4.
| 1 — — — :‖ 1 1 1 0 1 3 5 ‖
亮　我們要 𝄋 & Fade out

Key：D
Play：C
男調：F 女調：C
4/4 ♩=47

快樂天堂

詞 / 呂學海 曲 / 陳復明 唱 / 滾石眾歌手

彈奏參考
|↑↑ ↑↑↓ ↑↑ ↑↑↓|

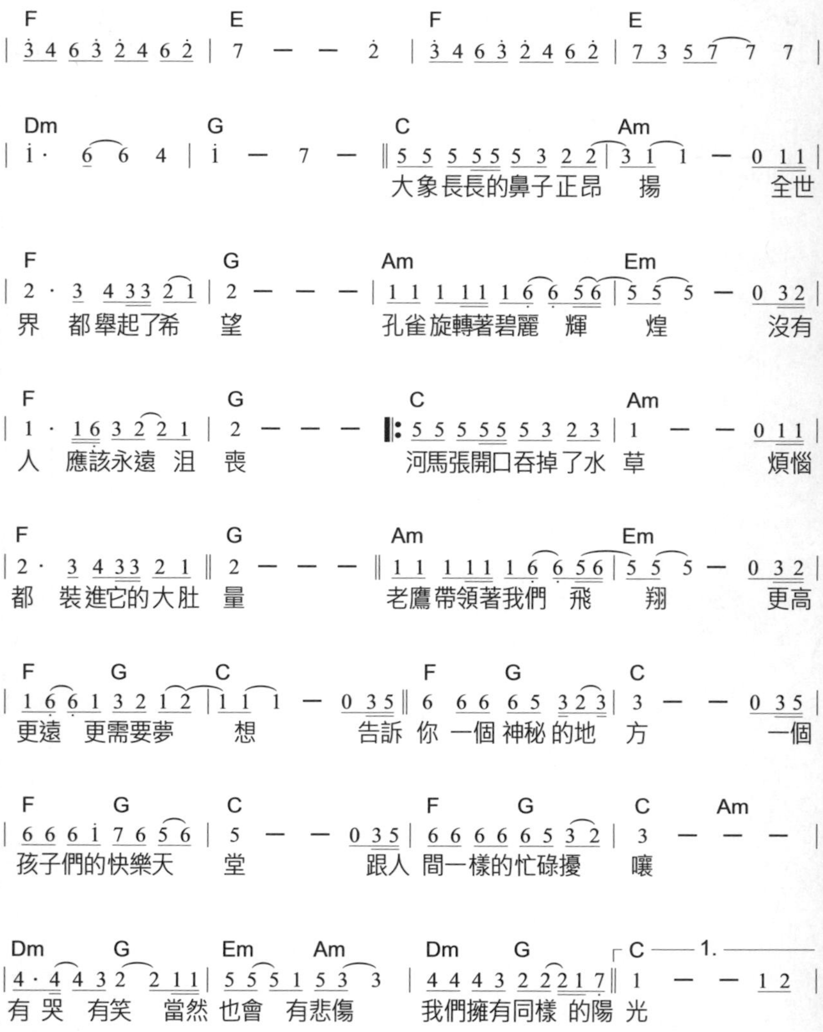

F E F E
| 3 4 6 3 2 4 6 2 | 7 — — 2 | 3 4 6 3 2 4 6 2 | 7 3 5 7 7 7 |

Dm G C Am
| 1· 6 6 4 | 1 — 7 — ‖ 5 5 5 5 5 5 3 2 2 | 3 1 1 — 0 1 1 |
大象長長的鼻子正昂 揚 全世

F G Am Em
| 2 · 3 4 3 3 2 1 | 2 — — — | 1 1 1 1 1 1 6 6 5 6 | 5 5 5 — 0 3 2 |
界 都舉起了希 望 孔雀旋轉著碧麗 輝 煌 沒有

F G C Am
| 1 · 1 6 3 2 2 1 | 2 — — — |: 5 5 5 5 5 5 3 2 3 | 1 — — 0 1 1 |
人 應該永遠 沮 喪 河馬張開口吞掉了水 草 煩惱

F G Am Em
| 2 · 3 4 3 3 2 1 ‖ 2 — — — ‖ 1 1 1 1 1 1 6 6 5 6 | 5 5 5 — 0 3 2 |
都 裝進它的大肚 量 老鷹帶領著我們 飛 翔 更高

F G C F G C
| 1 6 6 1 3 2 1 2 | 1 1 1 — 0 3 5 ‖ 6 6 6 6 5 3 2 3 | 3 — — 0 3 5 |
更遠 更需要夢 想 告訴 你 一個 神秘 的地 方 一個

F G C F G C Am
| 6 6 6 1 7 6 5 6 | 5 — — 0 3 5 | 6 6 6 6 6 5 3 2 | 3 — — — |
孩子們的快樂天 堂 跟人 間一樣的忙碌擾 嚷

Dm G Em Am Dm G C 1.
| 4 · 4 4 3 2 2 1 1 | 5 5 5 1 5 3 3 | 4 4 4 3 2 2 2 1 7 ‖ 1 — — 1 2 |
有 哭 有笑 當然 也會 有悲傷 我們擁有同樣 的陽 光

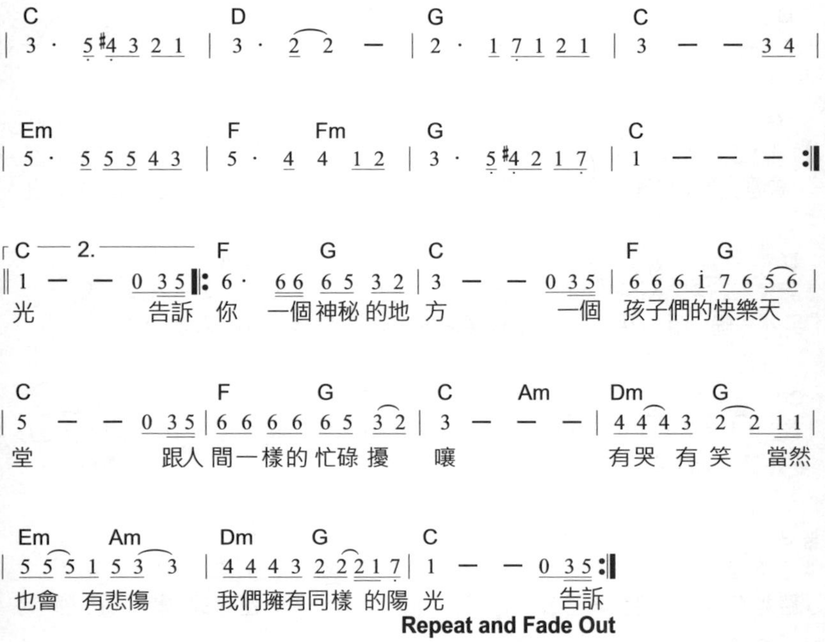

C D G C
| 3 · 5 #4 3 2 1 | 3 · 2 2 — | 2 · 1 7 1 2 1 | 3 — — 3 4 |

Em F Fm G C
| 5 · 5 5 5 4 3 | 5 · 4 4 1 2 | 3 · 5 #4 2 1 7 | 1 — — — :‖

C 2. F G C F G
‖ 1 — — 0 3 5 ‖: 6 · 6 6 6 5 3 2 | 3 — — 0 3 5 | 6 6 6 i 7 6 5 6 |
光 告訴 你 一個神秘的地 方 一個 孩子們的快樂天

C F G C Am Dm G
| 5 — — 0 3 5 | 6 6 6 6 6 5 3 2 | 3 — — — | 4 4 4 3 2 2 1 1 |
堂 跟人間一樣的忙碌擾 嚷 有哭 有笑 當然

Em Am Dm G C
| 5 5 5 1 5 3 3 | 4 4 4 3 2 2 2 1 7 | 1 — — 0 3 5 :‖
也會 有悲傷 我們擁有同樣 的陽 光 告訴

Repeat and Fade Out

Key：G
Play：G
男調：G 女調：D
4/4 ♩=67

驛動的心

詞 / 梁弘志 曲 / 梁弘志 唱 / 姜育恆

彈奏參考

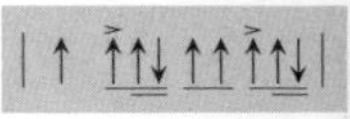

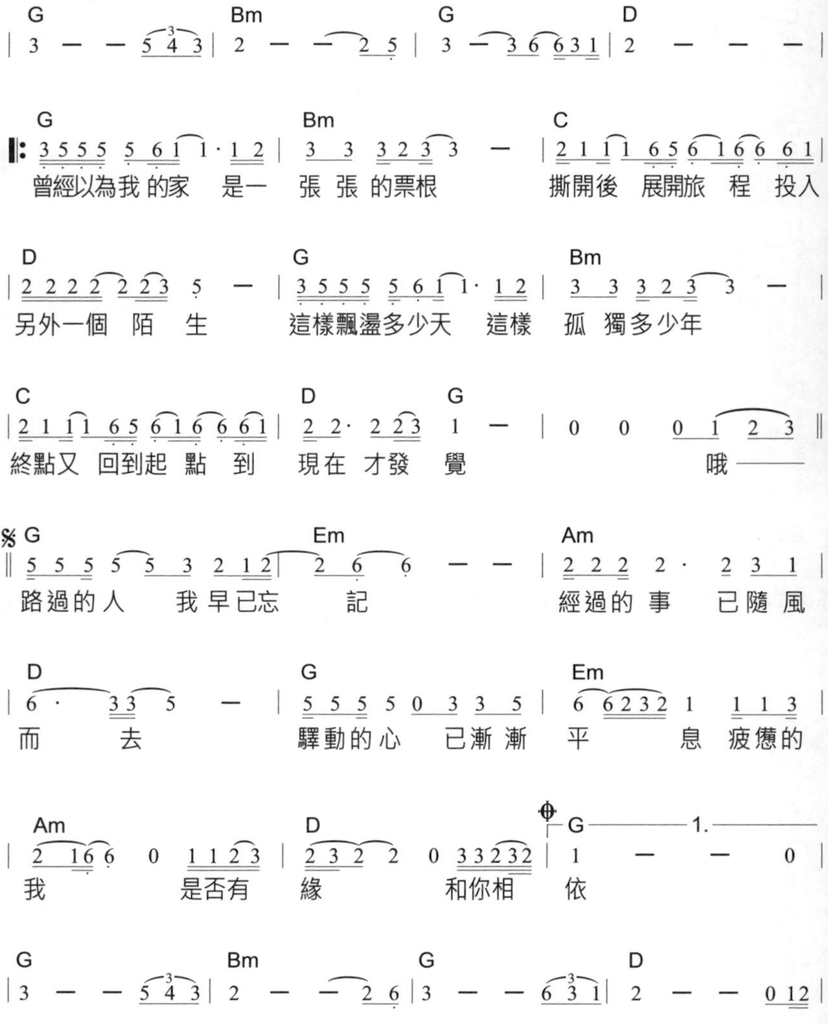

| ↑ ↑↑↓ ↑↑ ↑↑↓ |

G Bm G D
| 3 — — 5 4 3 | 2 — — 2 5 | 3 — 3 6 6 3 1 | 2 — — — |

G Bm C
‖: 3 5 5 5 5 6 1 1 · 1 2 | 3 3 3 2 3 3 — | 2 1 1 1 6 5 6 1 6 6 6 1 |
曾經以為我 的家 是一 張 張 的票根 撕開後 展開旅 程 投入

D G Bm
| 2 2 2 2 2 2 3 5 — | 3 5 5 5 5 6 1 1 · 1 2 | 3 3 3 2 3 3 — |
另外一個 陌 生 這樣飄盪多少天 這樣 孤 獨多少年

C D G
| 2 1 1 1 6 5 6 1 6 6 6 1 | 2 2 · 2 2 3 1 — | 0 0 0 1 2 3 ‖
終點又 回到起 點 到 現在 才發 覺 哦———

𝄋 G Em Am
‖ 5 5 5 5 5 3 2 1 2 | 2 6 6 — — | 2 2 2 2 · 2 3 1 |
路過的人 我早已忘 記 經過的 事 已隨 風

D G Em
| 6 · 3 3 5 — | 5 5 5 5 0 3 3 5 | 6 6 2 3 2 1 1 1 3 |
而 去 驛動的心 已漸 漸 平 息 疲憊的

Am D 𝄌 G 1.
| 2 1 6 6 0 1 1 2 3 | 2 3 2 2 0 3 3 2 3 2 | 1 — — 0 |
我 是否有 緣 和你相 依

G Bm G D
| 3 — — 5 4 3 | 2 — — 2 6 | 3 — — 6 3 1 | 2 — — 0 1 2 |

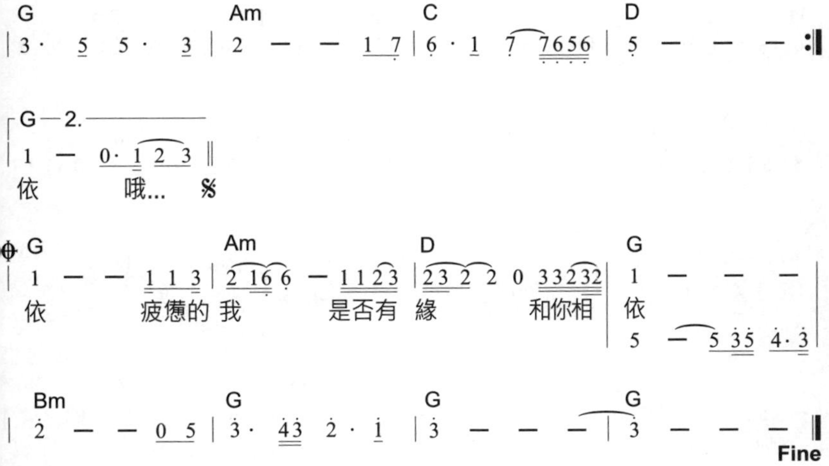

G Am C D

| 3· 5 5· 3 | 2 — — 1 7 | 6·1 7 7656 | 5 — — — :‖

G —2.

| 1 — 0·1 2 3 ‖

依 哦... 𝄋

𝄌 G Am D G

| 1 — — 1 1 3 | 2 16 6 — 1123 | 23 2 2 0 33232 | 1 — — — |

依 疲憊的 我 是否有 緣 和你相 依

5 — 5 35 4·3

Bm G G G

| 2 — — 0 5 | 3· 43 2·1 | 3 — — — | 3 — — — ‖

Fine

Key：A♭
Play：G
男調：C 女調：G
4/4 ♩=68

夢醒時分

詞 / 李宗盛 曲 / 李宗盛 唱 / 陳淑樺

彈奏參考

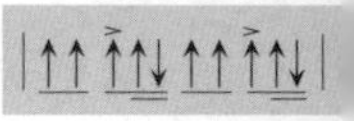

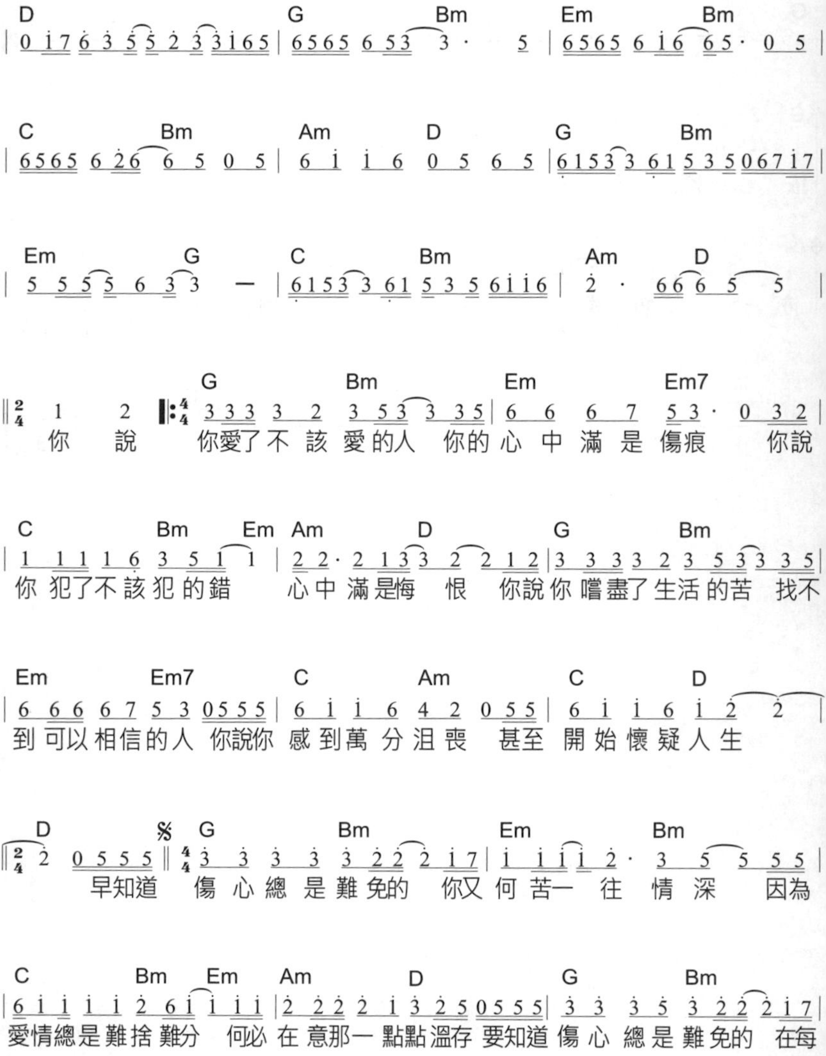

| ↑↑ ↑↑↓ ↑↑ ↑↑↓ |

D | G Bm | Em Bm
| 0 1 7 6 3 5 5 2 3 3 1 6 5 | 6565 6 53 3 · 5 | 6565 6 16 65 · 0 5 |

C Bm | Am D | G Bm
| 6565 6 26 6 5 0 5 | 6 1 1 6 0 5 6 5 | 6153 3 61 5 3 5 06717 |

Em G | C Bm | Am D
| 5 55 5 6 33 — | 6153 3 61 5 3 5 6116 | 2 · 66 6 5 5 |

G Bm | Em Em7
‖ 2/4 1 2 ‖: 4/4 3 3 3 3 2 3 5 3 3 3 5 | 6 6 6 7 5 3 · 0 3 2 |
你 說 你愛了不 該 愛的人 你的心 中 滿 是 傷痕 你說

C Bm Em | Am D | G Bm
| 1 1 1 1 6 3 5 1 1 | 2 2 · 2 1 3 3 2 2 1 2 | 3 3 3 3 2 3 5 3 3 3 5 |
你 犯了不該犯 的錯 心中 滿 是悔 恨 你說你 嚐盡了生活 的苦 找不

Em Em7 | C Am | C D
| 6 6 6 6 7 5 3 0 5 5 5 | 6 1 1 6 4 2 0 5 5 | 6 1 1 6 1 2 2 |
到 可以 相信的人 你說你 感 到萬 分 沮 喪 甚至 開 始 懷 疑 人 生

D 𝄋 G Bm | Em Bm
‖ 2/4 2 0 5 5 5 ‖ 4/4 3 3 3 3 3 2 2 2 1 7 | 1 1 1 1 2 · 3 5 5 5 5 |
早知道 傷 心 總 是 難 免的 你又 何 苦一 往 情 深 因為

C Bm Em | Am D | G Bm
| 6 1 1 1 1 2 6 1 1 1 1 | 2 2 2 2 1 3 2 5 0 5 5 5 | 3 3 3 5 3 2 2 2 1 7 |
愛情總是難捨 難分 何必 在 意那一 點點 溫存 要知道 傷 心 總是 難免的 在每

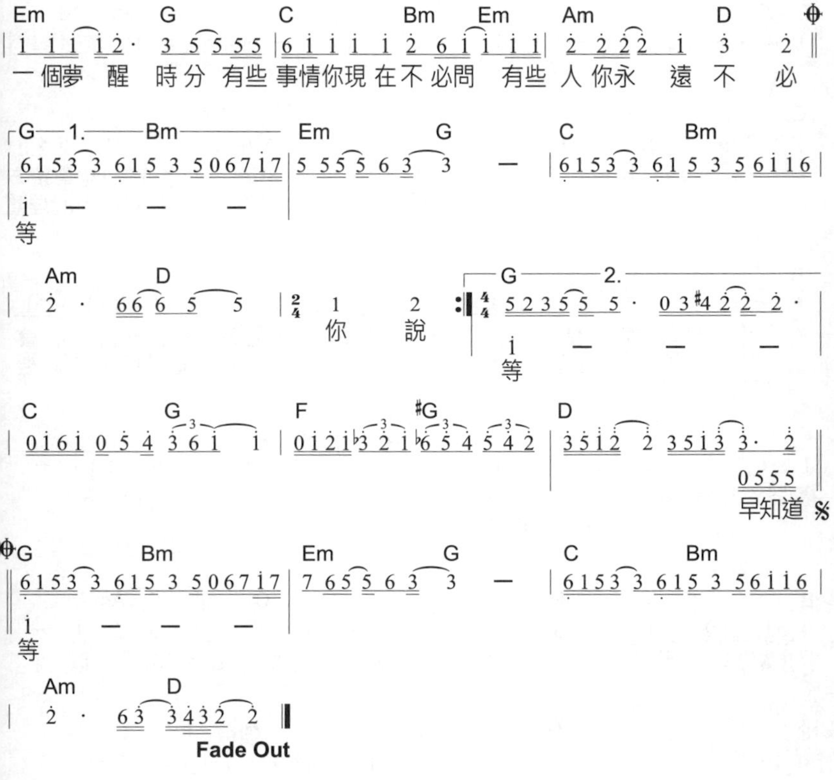

Em G C Bm Em Am D Φ

| 1 1 1 1 2· 3 5 5 5 5 | 6 1 1 1 1 2 6 1 1 1 1 | 2 2 2 2 1 3 2 ‖

一個夢 醒 時分 有些 事情你現在不必問 有些 人你永 遠 不 必

G 1. Bm Em G C Bm

| 6 1 5 3 3 6 1 5 3 5 0 6 7 1 7 | 5 5 5 5 6 3 3 — | 6 1 5 3 3 6 1 5 3 5 6 1 1 6 |

| 1 — — — |

等

Am D

| 2 · 6 6 6 5 5 | 2/4 1 2 :‖

你 說

G 2.

| 4/4 5 2 3 5 5 5 · 0 3 #4 2 2 2 · |

| 1 — — — |

等

C G F #G D

| 0 1 6 1 0 5 4 3 6 1 1 | 0 1 2 1 ♭3 2 1 ♭6 5 4 5 4 2 | 3 5 1 2 2 3 5 1 3 3· 2 ‖

0 5 5 5

早知道 𝄋

Φ G Bm Em G C Bm

‖ 6 1 5 3 3 6 1 5 3 5 0 6 7 1 7 | 7 6 5 5 6 3 3 — | 6 1 5 3 3 6 1 5 3 5 6 1 1 6 |

‖ 1 — — — |

等

Am D

| 2 · 6 3 3 4 3 2 2 ‖

Fade Out

Key：F
Play：F
男調：F 女調：C
4/4 ♩=76

海闊天空

詞 / 黃家駒 曲 / 黃家駒 唱 / Beyond

彈奏參考

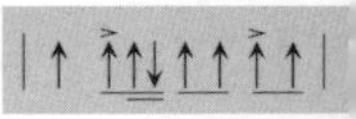

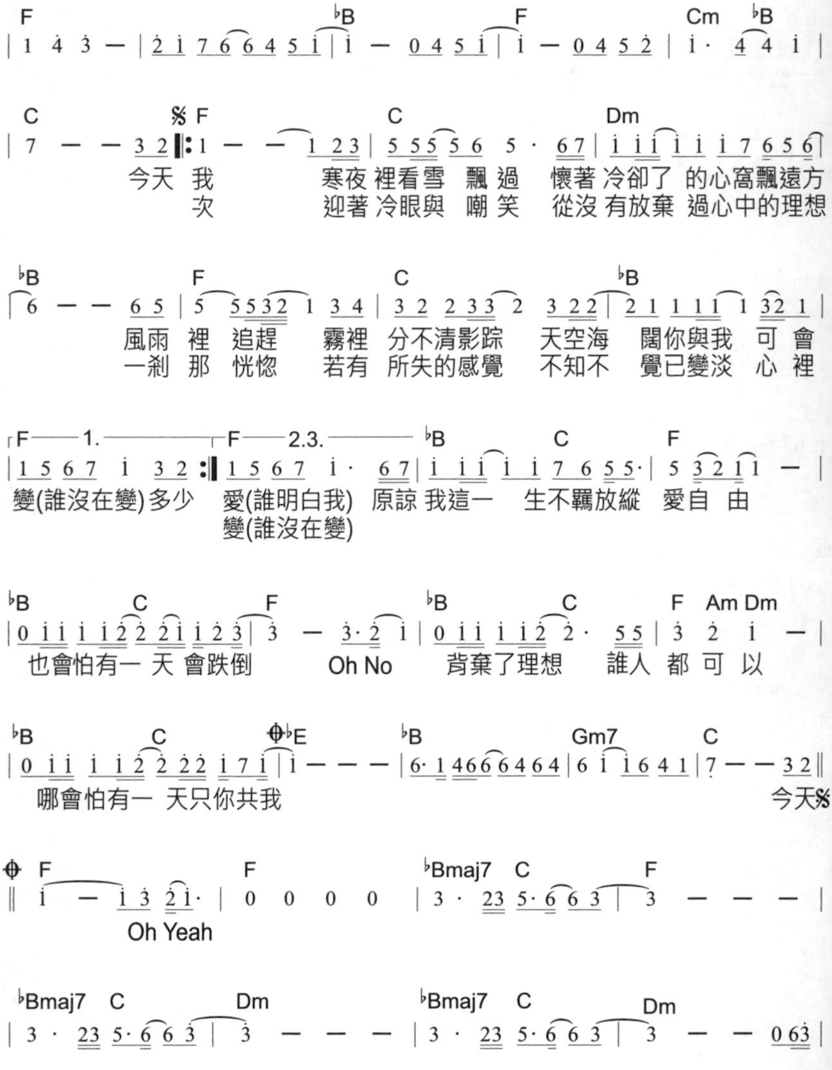

F ♭B F Cm ♭B

C 𝄋 F C Dm

今天 我 寒夜裡看雪 飄過 懷著冷卻了 的心窩飄遠方
次 迎著冷眼與 嘲笑 從沒有放棄 過心中的理想

♭B F C ♭B

風雨 裡 追趕 霧裡 分不清影踪 天空海 闊你與我 可會
一剎 那 恍惚 若有 所失的感覺 不知不 覺已變淡 心 裡

F 1. F 2.3. ♭B C F

變(誰沒在變)多少 愛(誰明白我) 原諒我這一 生不羈放縱 愛自 由
變(誰沒在變)

♭B C F ♭B C F Am Dm

也會怕有一 天 會跌倒 Oh No 背棄了理想 誰人 都 可 以

♭B C 𝄌 ♭E ♭B Gm7 C

哪會怕有一 天只你共我 今天 𝄋

𝄌 F F ♭Bmaj7 C F

Oh Yeah

♭Bmaj7 C Dm ♭Bmaj7 C Dm

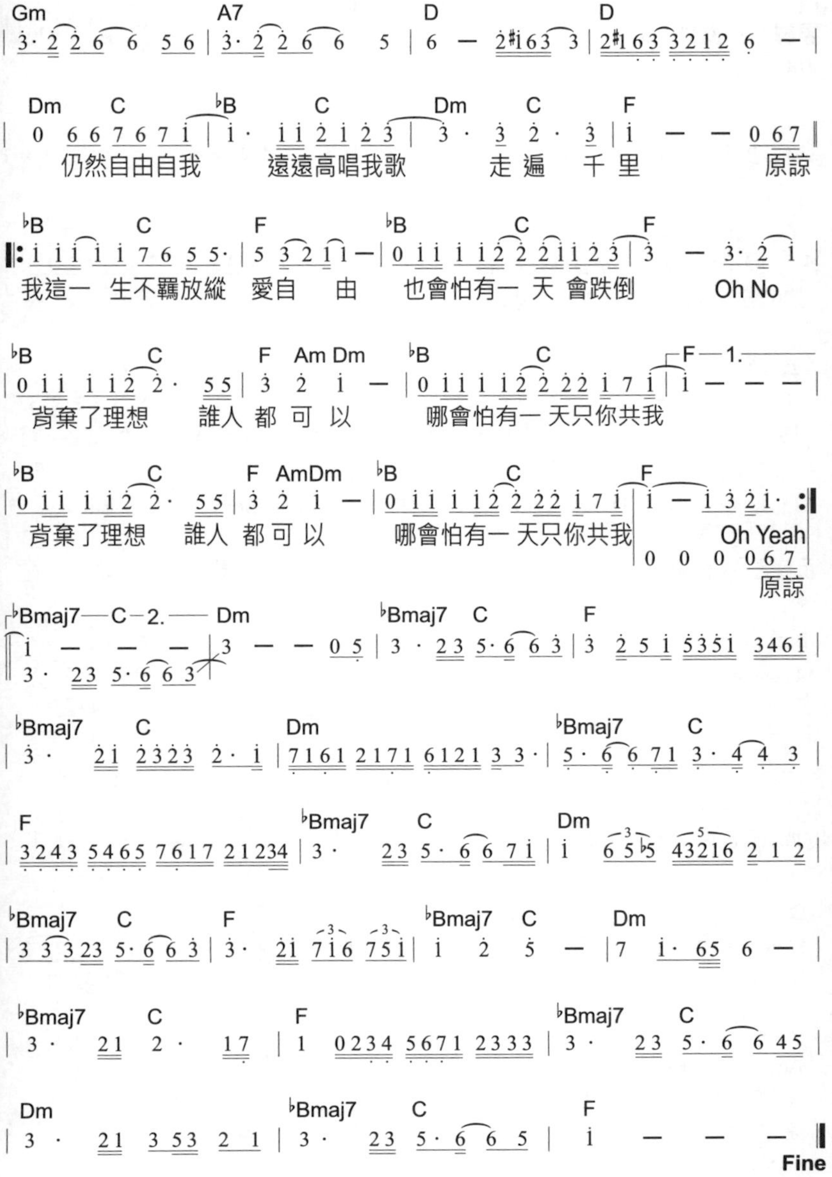

Gm A7 D D

| 3· 2 2 6 6 5 6 | 3· 2 2 6 6 5 | 6 — 2#163 3 | 2#163 3212 6 — |

Dm C ♭B C Dm C F

| 0 66 76 71 1 | 1· 11 21 23 | 3 · 3 2 · 3 | 1 — — 067 ‖

仍然自由自我 遠遠高唱我歌 走遍 千里 原諒

♭B C F ♭B C F

‖: 1 11 1 1 76 55· | 5 32 11 — | 0 11 1 12 2 21 123 | 3 — 3· 2 1 |

我這一 生不羈放縱 愛自 由 也會怕有一 天 會跌倒 Oh No

♭B C F Am Dm ♭B C F 1.

| 0 11 1 12 2· 55 | 3 2 1 — | 0 11 1 12 2 22 171 | 1 — — — |

背棄了理想 誰人 都 可 以 哪會怕有一 天只你共我

♭B C F AmDm ♭B C F

| 0 11 1 12 2· 55 | 3 2 1 — | 0 11 1 12 2 22 171 | 1 — 1 3 2 1· :‖

背棄了理想 誰人 都可以 哪會怕有一 天只你共我 Oh Yeah

0 0 0 067

原諒

♭Bmaj7 C 2. Dm ♭Bmaj7 C F

‖ 1 — — — | 3 — — 05 | 3 · 23 5· 6 63 | 3 25 1 5351 3461 |

3· 23 5· 6 63

♭Bmaj7 C Dm ♭Bmaj7 C

| 3 · 21 2323 2 · 1 | 7161 2171 6121 3 3· | 5· 6 6 71 3· 4 4 3 |

F ♭Bmaj7 C Dm

| 3243 5465 7617 21234 | 3· 23 5· 6 6 71 | 1 65♭5 43216 2 1 2 |

♭Bmaj7 C F ♭Bmaj7 C Dm

| 3 3 323 5· 6 63 | 3· 21 716 751 | 1 2 5 — | 7 1· 65 6 — |

♭Bmaj7 C F ♭Bmaj7 C

| 3 · 21 2 · 17 | 1 0234 5671 2333 | 3 · 23 5· 6 6 45 |

Dm ♭Bmaj7 C F

| 3 · 21 3 53 2 1 | 3 · 23 5· 6 6 5 | 1 — — — ‖

Fine

用心良苦

Key：G
Play：G
男調：G　女調：D
4/4 ♩=64

詞 / 十一郎　曲 / 張宇　唱 / 張宇

彈奏參考
| ↑ ↑↑↓ ↑↑ ↑↑↓ |

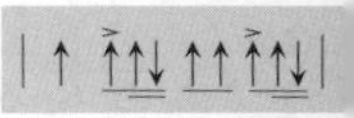

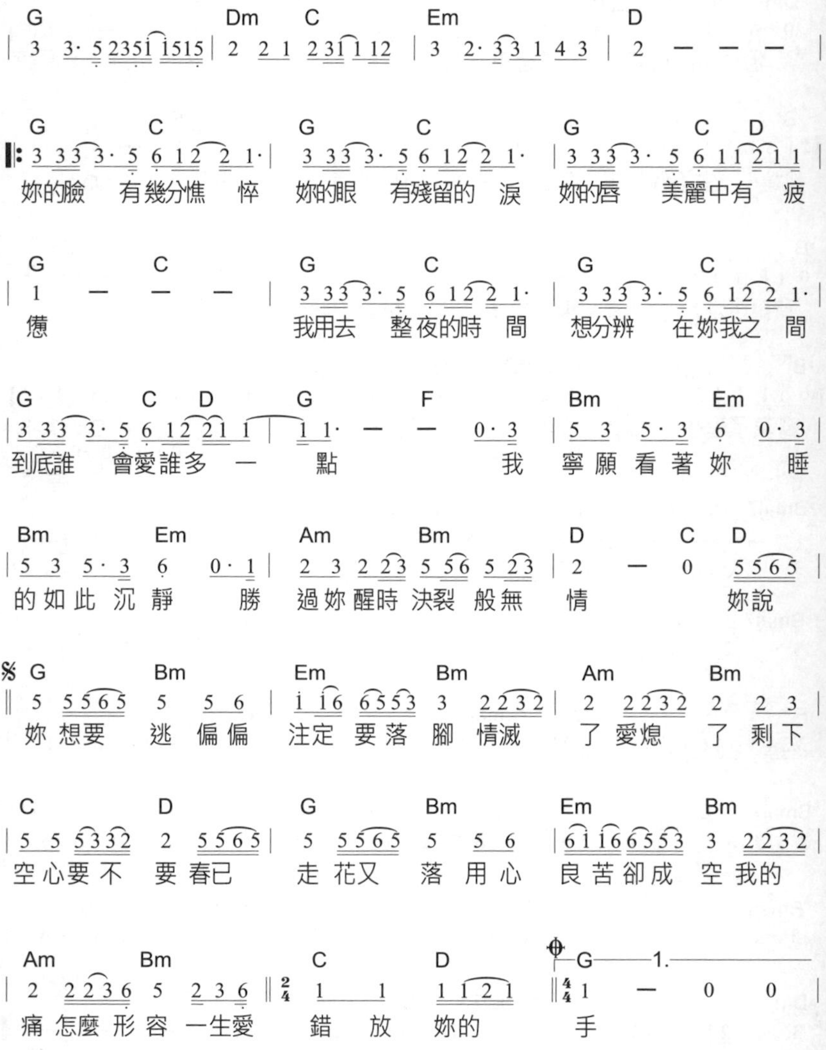

G　Dm　C　Em　D
| 3 3· 5 2351 1515 | 2 2 1 2 31 1 12 | 3 2· 3 3 1 4 3 | 2 — — — |

G　C　G　C　G　C　D
|: 3 33 3· 5 6 12 2 1· | 3 33 3· 5 6 12 2 1· | 3 33 3· 5 6 11 211 |
妳的臉　有幾分憔　悴　妳的眼　有殘留的　淚　妳的唇　美麗中有　疲

G　C　G　C　G　C
| 1 — — — | 3 33 3· 5 6 12 2 1· | 3 33 3· 5 6 12 2 1· |
憊　我用去　整夜的時　間　想分辨　在妳我之　間

G　C　D　G　F　Bm　Em
| 3 33 3· 5 6 12 21 1 | 1 1· — — 0· 3 | 5 3 5· 3 6 0· 3 |
到底誰　會愛誰多　一　點　我　寧願看著妳　睡

Bm　Em　Am　Bm　D　C　D
| 5 3 5· 3 6 0· 1 | 2 3 2 23 5 56 5 23 | 2 — 0 5565 |
的如此沉靜　勝　過妳醒時決裂般無　情　妳說

𝄋 G　Bm　Em　Bm　Am　Bm
‖ 5 5565 5 5 6 | 1 16 6553 3 2232 | 2 2232 2 2 3 |
妳想要　逃偏偏　注定要落　腳情滅　了愛熄　了剩下

C　D　G　Bm　Em　Bm
| 5 5 5332 2 5565 | 5 5565 5 5 6 | 61 16 6553 3 2232 |
空心要不　要春已　走花又　落用心　良苦卻成　空我的

Am　Bm　C　D　𝄌 G　1.
| 2 2236 5 236 ‖ 2/4 1 1 | 1121 ‖ 4/4 1 — 0 0 |
痛怎麼形容　一生愛　錯放　妳的　手

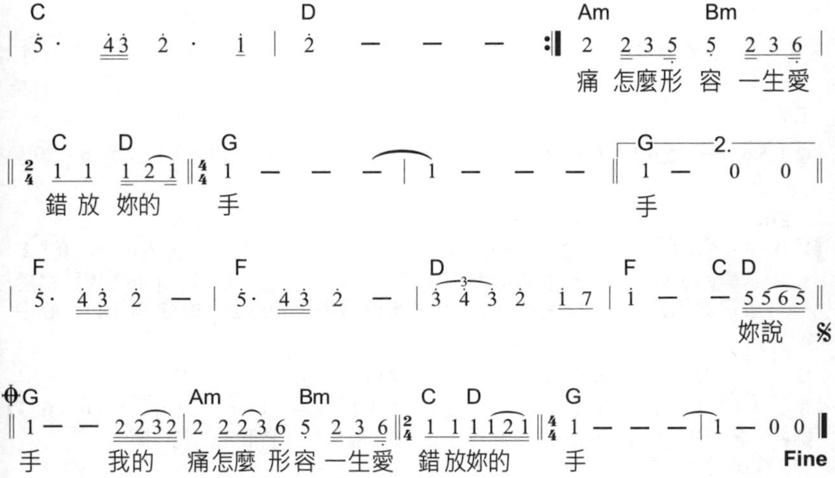

C D Am Bm

| 5· 43 2 · 1 | 2 — — — :‖ 2 235 5 236 |

痛 怎麼形 容 一生愛

C D G G 2.

‖ 2/4 11 121 ‖ 4/4 1 — — — | 1 — — — ‖ 1 — 0 0 ‖

錯 放 妳的 手 手

F F D F C D

| 5· 43 2 — | 5· 43 2 — | 3 4 3 2 17 | 1 — — 5565 ‖

妳說 𝄋

𝄌G Am Bm C D G

‖ 1 — — 2232 | 2 2236 5 236 ‖ 2/4 11 1121 ‖ 4/4 1 — — — | 1 — 0 0 ‖

手 我的 痛怎麼 形容 一生愛 錯放妳的 手

Fine

浪人情歌

Key：Gm
Play：Em
男調：Em　女調：Bm
4/4 ♩=70

詞 / 伍佰　曲 / 伍佰　唱 / 伍佰

彈奏參考

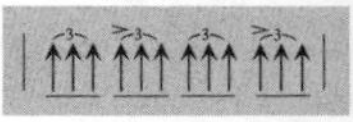

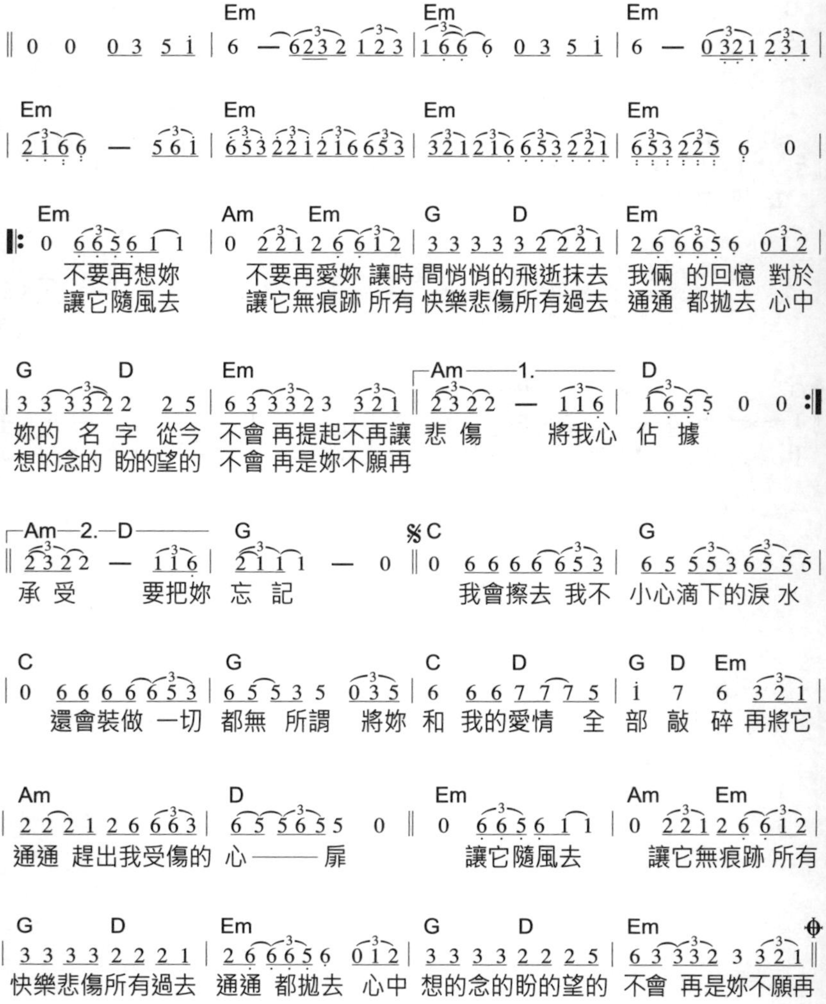

Em | Em | Em

‖ 0 0 0 3 5 i | 6 — 6 2 3 2 1 2 3 | 1 6 6 6 0 3 5 i | 6 — 0 3 2 1 2 3 1 |

Em | Em | Em | Em

| 2 1 6 6 — 5 6 i | 6 5 3 2 2 i 2 1 6 6 5 3 | 3 2 1 2 1 6 6 5 3 2 2 1 | 6 5 3 2 2 5 6 0 |

Em | Am Em | G D | Em

‖: 0 6 6 5 6 1 1 | 0 2 2 1 2 6 6 1 2 | 3 3 3 3 3 2 2 2 1 | 2 6 6 6 5 6 0 1 2 |

不要再想妳　不要再愛妳 讓時 間悄悄的飛逝抹去 我倆 的回憶 對於
讓它隨風去　讓它無痕跡 所有 快樂悲傷所有過去 通通 都拋去 心中

G D | Em | Am 1. | D

| 3 3 3 3 2 2 2 5 | 6 3 3 3 2 3 3 2 1 ‖ 2 3 2 2 — 1 1 6 | 1 6 5 5 0 0 :‖

妳的 名 字 從今 不會 再提起不再讓 悲 傷　將我心 佔 據
想的念的 盼的望的 不會 再是妳不願再

Am 2. D | G | 𝄋 C | G

‖ 2 3 2 2 — 1 1 6 | 2 1 1 1 — 0 ‖ 0 6 6 6 6 6 5 3 | 6 5 5 5 3 6 5 5 5 |

承 受　要把妳 忘 記　我會擦去 我不 小心滴下的淚 水

C | G | C D | G D Em

| 0 6 6 6 6 6 5 3 | 6 5 5 3 5 0 3 5 | 6 6 6 7 7 7 5 | i 7 6 3 2 1 |

還會裝做 一切 都無 所謂 將妳 和 我的愛情 全 部 敲 碎 再將它

Am | D | Em | Am Em

| 2 2 2 1 2 6 6 6 3 | 6 5 5 6 5 5 0 ‖ 0 6 6 5 6 1 1 | 0 2 2 1 2 6 6 1 2 |

通通 趕出我受傷的 心 ——— 扉　讓它隨風去　讓它無痕跡 所有

G D | Em | G D | Em 𝄌

| 3 3 3 3 2 2 2 1 | 2 6 6 6 5 6 0 1 2 | 3 3 3 3 2 2 2 5 | 6 3 3 3 2 3 3 2 1 ‖

快樂悲傷所有過去 通通 都拋去 心中 想的念的盼的望的 不會 再是妳不願再

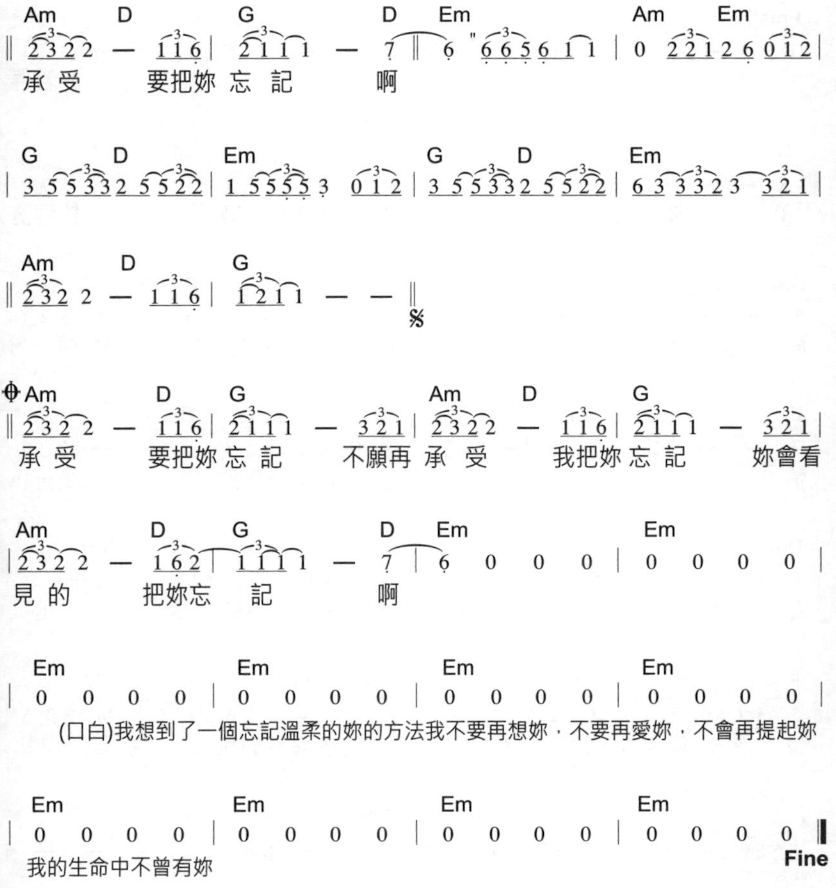

Am D G D Em Am Em

‖ 2 3 2 2 — 1 1 6 | 2 1 1 1 — 7 ‖ 6 " 6 6 5 6 1 1 | 0 2 2 1 2 6 0 1 2 |

承 受 要把妳 忘 記 啊

G D Em G D Em

| 3 5 5 3 3 2 5 5 2 2 | 1 5 5 5 5 3 0 1 2 | 3 5 5 3 3 2 5 5 2 2 | 6 3 3 3 2 3 3 2 1 |

Am D G

‖ 2 3 2 2 — 1 1 6 | 1 2 1 1 — — ‖

𝄋

𝄌 Am D G Am D G

‖ 2 3 2 2 — 1 1 6 | 2 1 1 1 — 3 2 1 | 2 3 2 2 — 1 1 6 | 2 1 1 1 — 3 2 1 |

承 受 要把妳 忘 記 不願再 承 受 我把妳 忘 記 妳會看

Am D G D Em Em

| 2 3 2 2 — 1 6 2 | 1 1 1 1 — 7 | 6 0 0 0 | 0 0 0 0 |

見 的 把妳忘 記 啊

Em Em Em Em

| 0 0 0 0 | 0 0 0 0 | 0 0 0 0 | 0 0 0 0 |

(口白)我想到了一個忘記溫柔的妳的方法我不要再想妳，不要再愛妳，不會再提起妳

Em Em Em Em

| 0 0 0 0 | 0 0 0 0 | 0 0 0 0 | 0 0 0 0 ‖

我的生命中不曾有妳

Fine

Key：G
Play：C
男調：C 女調：G
4/4 ♩=68

新不了情

詞 / 黃鬱 曲 / 鮑比達 唱 / 萬芳

彈奏參考

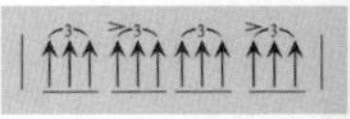

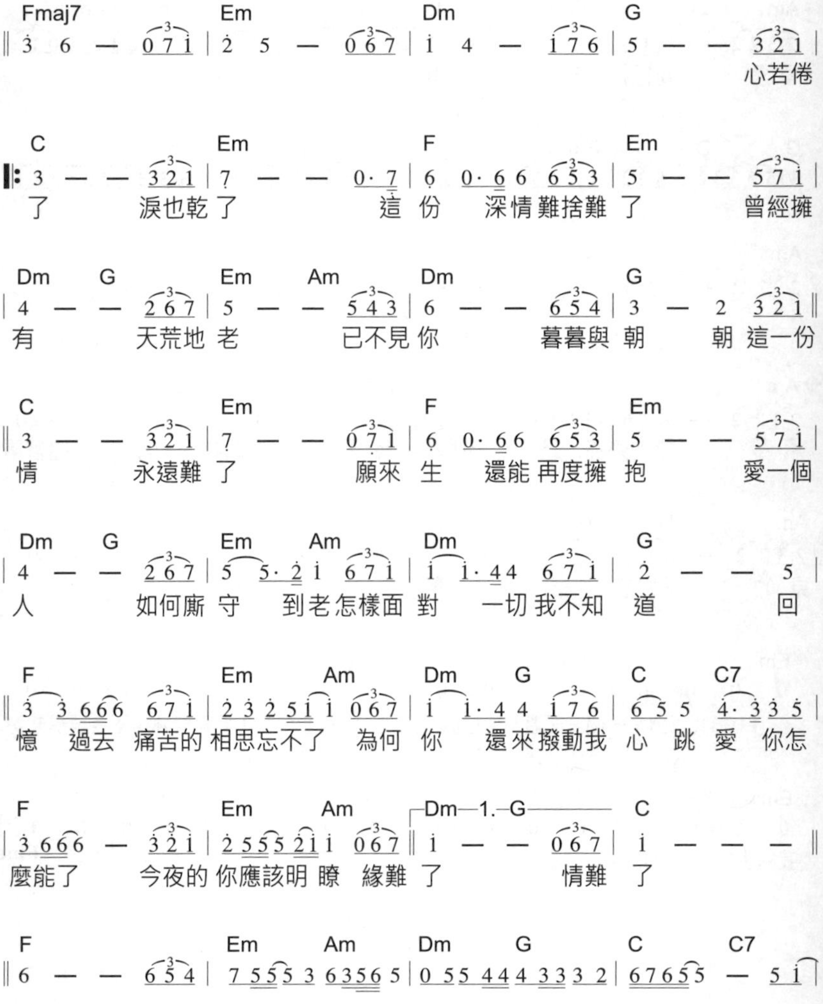

Fmaj7 | Em | Dm | G
‖ 3 6 — 0 7 1 | 2 5 — 0 6 7 | 1 4 — 1 7 6 | 5 — — 3 2 1 |
心若倦

C | Em | F | Em
‖: 3 — — 3 2 1 | 7 — — 0· 7 | 6 0· 6 6 6 5 3 | 5 — — 5 7 1 |
了 淚也乾 了 這 份 深情難捨難 了 曾經擁

Dm G | Em Am | Dm | G
| 4 — — 2 6 7 | 5 — — 5 4 3 | 6 — — 6 5 4 | 3 — 2 3 2 1 ‖
有 天荒地 老 已不見 你 暮暮與 朝 朝 這一份

C | Em | F | Em
‖ 3 — — 3 2 1 | 7 — — 0 7 1 | 6 0· 6 6 6 5 3 | 5 — — 5 7 1 |
情 永遠難 了 願來 生 還能 再度擁 抱 愛一個

Dm G | Em Am | Dm | G
| 4 — — 2 6 7 | 5 5· 2 1 6 7 1 | 1 1· 4 4 6 7 1 | 2 — — 5 |
人 如何廝 守 到老怎樣面 對 一切 我不知 道 回

F | Em Am | Dm G | C C7
‖ 3 3 6 6 6 6 7 1 | 2 3 2 5 1 1 0 6 7 | 1 1· 4 4 1 7 6 | 6 5 5 4· 3 3 5 |
憶 過去 痛苦的 相思忘不了 為何 你 還來撥動我 心 跳 愛 你怎

F | Em Am | Dm 1. G | C
| 3 6 6 6 — 3 2 1 | 2 5 5 5 2 1 1 0 6 7 ‖ 1 — — 0 6 7 | 1 — — — ‖
麼能了 今夜的 你應該明 瞭 緣難 了 情難 了

F | Em Am | Dm G | C C7
‖ 6 — — 6 5 4 | 7 5 5 5 3 6 3 5 6 5 | 0 5 5 4 4 4 3 3 3 2 | 6 7 6 5 5 — 5 1 |

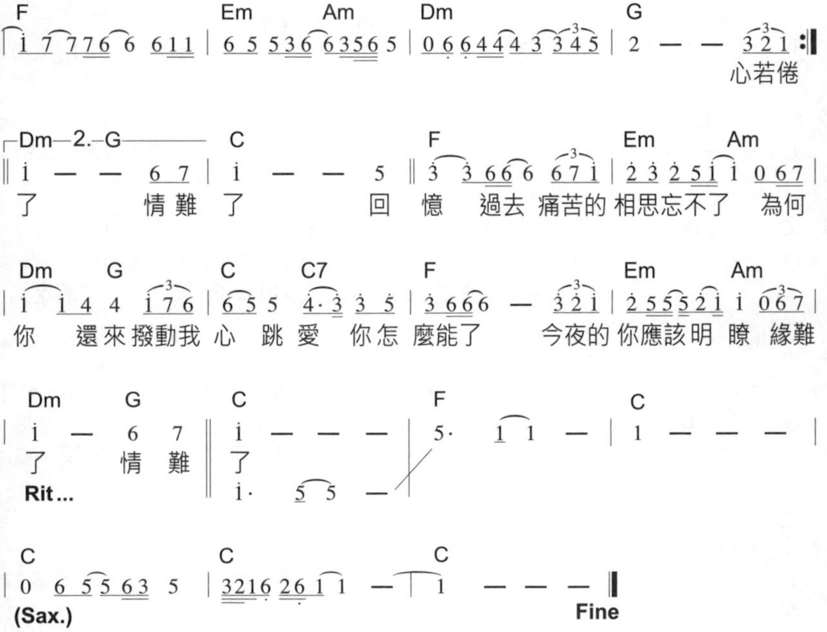

F　　　　　　　　Em　　Am　　Dm　　　　　　　G

| 1 7 7 7 6 6 6 1 1 | 6 5 5 3 6 6 3 5 6 5 | 0 6 6 4 4 4 3 3 4 5 | 2 — — 3 2 1 :||

心若倦

Dm 2. G　　　　C　　　　F　　　　　Em　　Am

|| 1 — — 6 7 | 1 — — 5 || 3 3 6 6 6 6 7 1 | 2 3 2 5 1 1 0 6 7 |

了　情難　了　　回　憶　過去 痛苦的 相思忘不了　為何

Dm　G　　C　C7　　F　　　　Em　　Am

| 1 1 4 4 1 7 6 | 6 5 5 4· 3 3 5 | 3 6 6 6 — 3 2 1 | 2 5 5 5 2 1 1 0 6 7 |

你　還來撥動我 心　跳 愛　你怎 麼能了　今夜的 你應該明 瞭 緣難

Dm　G　　C　　　F　　　　C

| 1 — 6 7 || 1 — — — | 5· 1 1 — | 1 — — — |

了　情　難 || 了

Rit...　　　1· 5 5 —

C　　　　　C　　　　　C

| 0 6 5 5 6 3 5 | 3 2 1 6 2 6 1 1 — | 1 — — — ||

(Sax.)　　　　　　　　　　　　Fine

Key：F
Play：C
男調：F　女調：C
4/4 ♩=74

光輝歲月

詞 / 黃家駒　曲 / 黃家駒　唱 / Beyond

彈奏參考

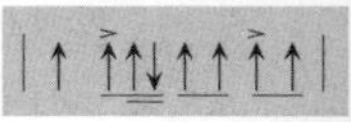

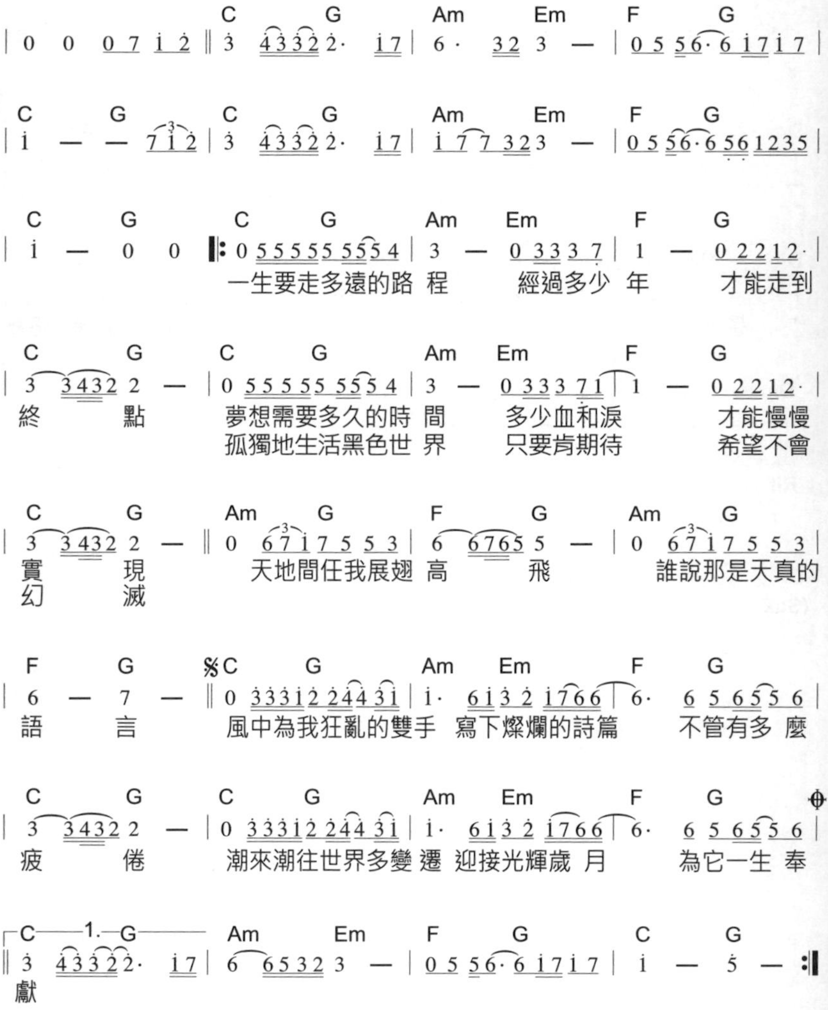

| 0 0 07 1 2 ‖ 3 43322· 17 | 6· 32 3 — | 05 56·6 1717 |
C G | Am Em | F G

| 1 — — 712 | 3 43322· 17 | 17 7 323 — | 05 56·6 561235 |
C G | C G | Am Em | F G

| 1 — 0 0 ‖: 0 555555 5554 | 3 — 0 3337 | 1 — 0 2212· |
C G | C G | Am Em | F G

一生要走多遠的路 程　經過多少 年　才能走到

| 3 3432 2 — | 0 555555 5554 | 3 — 0 33371 | 1 — 0 2212· |
C G | C G | Am Em | F G

終　點　夢想需要多久的時 間　多少血和淚　才能慢慢
孤獨地生活黑色世 界　只要肯期待　希望不會

| 3 3432 2 — ‖ 0 671 75 53 | 6 6765 5 — | 0 671 75 53 |
C G | Am G | F G | Am G

實　現　天地間任我展翅 高　飛　誰說那是天真的
幻　滅

| 6 — 7 — ‖ 0 33312 2443 31 | 1· 61 3 2 1766 | 6· 6 5 6556 |
F G | 𝄋 C G | Am Em | F G

語　言　風中為我狂亂的雙手　寫下燦爛的詩篇　不管有多 麼

| 3 3432 2 — | 0 33312 2443 31 | 1· 61 3 2 1766 | 6· 6 5 6556 |
C G | C G | Am Em | F G 𝄌

疲　倦　潮來潮往世界多變 遷　迎接光輝歲 月　為它一生 奉

1.
| 3 43322· 17 | 6 65323 — | 05 56·6 1717 | 1 — 5 — :‖
C G | Am Em | F G | C G

獻

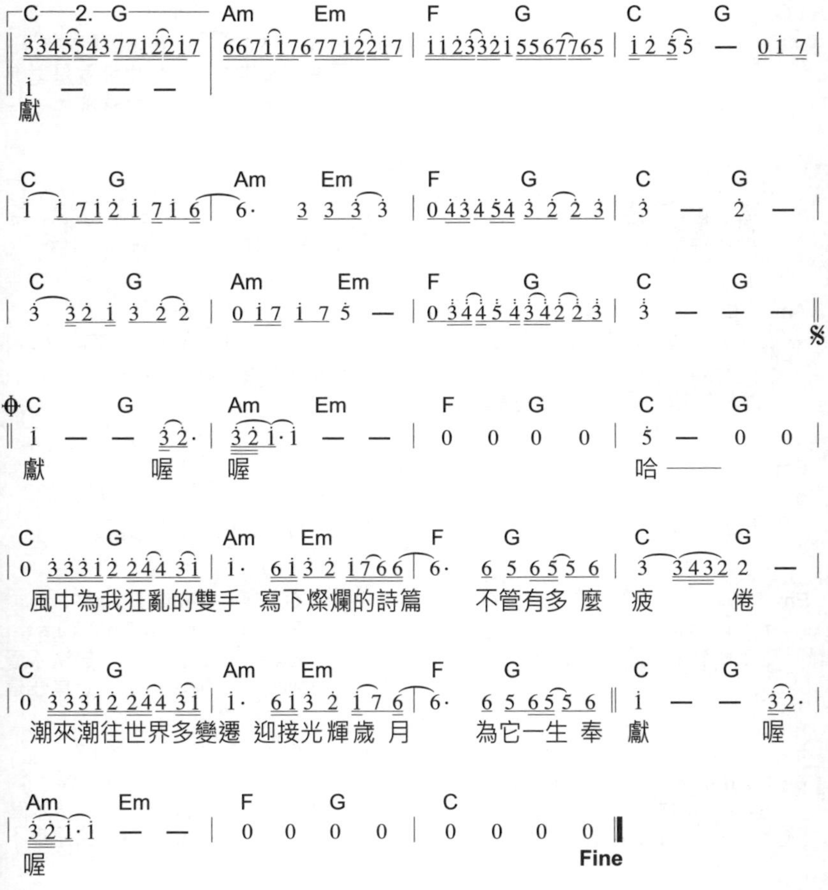

C 2. G | Am Em | F G | C G

獻

C G | Am Em | F G | C G

C G | Am Em | F G | C G

C G | Am Em | F G | C G

獻 喔 喔 哈——

C G | Am Em | F G | C G

風中為我狂亂的雙手 寫下燦爛的詩篇 不管有多 麼 疲 倦

C G | Am Em | F G | C G

潮來潮往世界多變遷 迎接光輝歲 月 為它一生 奉 獻 喔

Am Em | F G | C

喔

Fine

愛很簡單

Key：D
Play：C
男調：C　女調：G
4/4 ♩=68

彈奏參考

詞 / 娃娃　曲 / 陶喆　唱 / 陶喆

C　C　C　Em

忘了是怎麼開始　也許就是對你
不可能更快樂　只要能在一起

Am　G　F　G　C　Em

有一種感　覺　忽然間發現自己　已深深愛上你
做什麼都可以　雖　然　世界變個不停　用最真誠的心

Am　G　F　Em　Dm　Am

你真的很簡單　愛的地暗天黑都　已無所謂
讓愛變得簡單　(讓愛變得簡單)

Em　B7　Dm　Am

是是非 非無 法　抉擇　喔　沒有後悔為愛日　夜去跟隨

Em　F　G　𝄋 C　G　Am　Am7

那個瘋狂的　人　是我　嗚喔喔　I　love　you　無法不愛
I　love　you　一直在這

F　Em　Dm　G　C　G　Am　Am7

你ba-by 說你也愛 我　嗚 ——　I　love　you　永遠不願
裡ba-by 一直在愛 你　嗚 —— Ya　I　love　you　永遠都不

⊕ F　G　C　E7　Am

意ba-by 失去　你　如果你還有一些困 惑 —— Oh no
放棄　這愛你的權 利

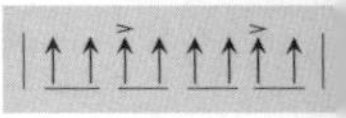

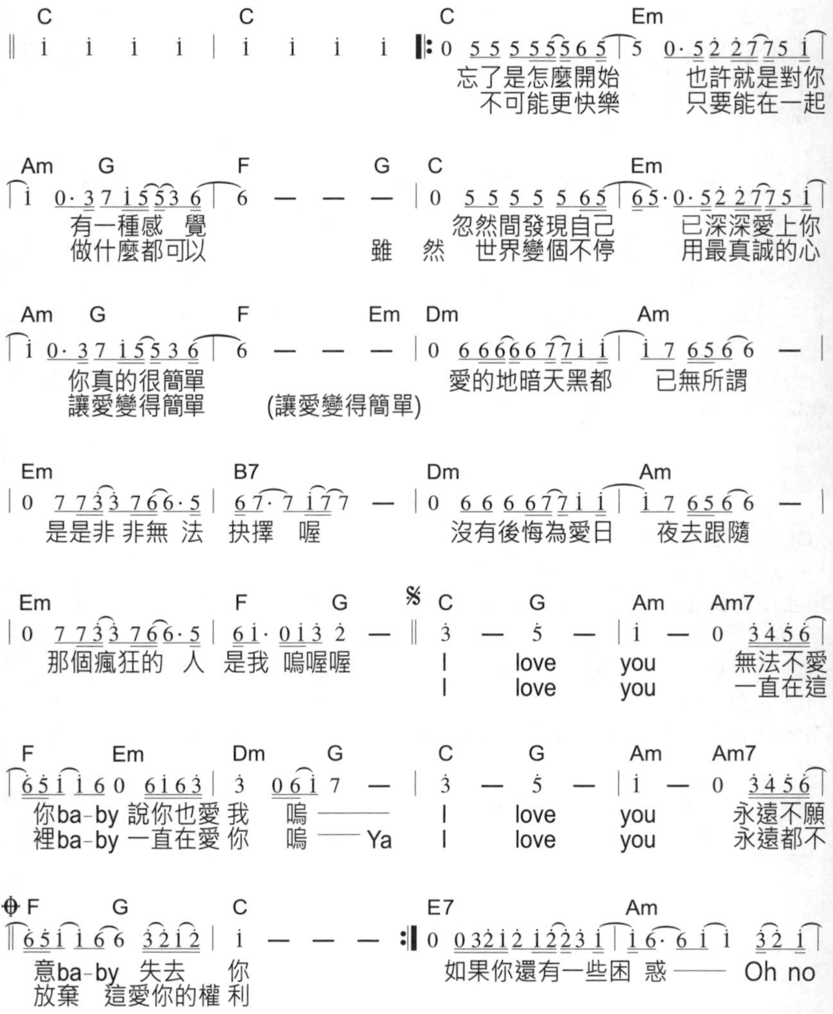

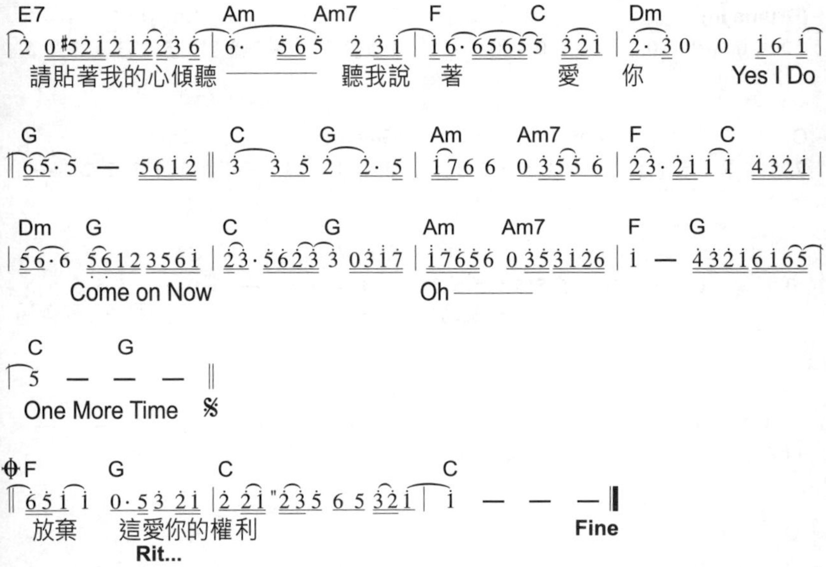

E7 Am Am7 F C Dm

2 0 #5 2 1 2 1 2 2 3 6 | 6· 5 6 5 2 3 1 | 1 6· 6 5 6 5 5 3 2 1 | 2· 3 0 0 1 6 1

請貼著我的心傾聽 ——— 聽我說 著 愛 你 Yes I Do

G C G Am Am7 F C

6 5· 5 — 5 6 1 2 ‖ 3 3 5 2 2· 5 | 1 7 6 6 0 3 5 5 6 | 2 3· 2 1 1 1 4 3 2 1 |

Dm G C G Am Am7 F G

5 6· 6 5 6 1 2 3 5 6 1 | 2 3· 5 6 2 3 3 0 3 1 7 | 1 7 6 5 6 0 3 5 3 1 2 6 | 1 — 4 3 2 1 6 1 6 5

Come on Now Oh ———

C G

5 — — — ‖

One More Time 𝄋

𝄌 F G C C

6 5 1 1 0· 5 3 2 1 | 2 2 1 " 2 3 5 6 5 3 2 1 | 1 — — — ‖

放棄 這愛你的權利 Fine

Rit...

Key：C
Play：C
男調：C　女調：G
4/4 ♩=90

愛我別走

詞／張震嶽　曲／張震嶽　唱／張震嶽

彈奏參考

(Drums In)

| 0 0 0 0 | 0 0 0 0 ‖ C 1 5 2 3 3 5 2 5 | Cmaj7 7 5 2 3 3 5 2 5 |

| C7 ♭7 5 2 3 3 5 2 5 | Am 6 6 1 5 5 5 1 5 | #Gmaj7 #5 5 1 ♭3 3 — | Gm7 5 5 ♭7 2 2 — |

| 0 0 0 0 |: C 0 5 5 5 5 5 5 5 | Cmaj7 5 4 4 3 3 — | C7 0 5 5 5 5 5 5 5 |
我到了這個時候　還是 一樣　夜裡的寂寞容易

| Am 5 4 3 1 1 — | Dm 0 4 4 4 4 3 4 1 | G 1 — 0 1 1 1 | C 2 3 3 — — |
叫人悲傷　我不敢想得太多　因為我　一個人

| G 0 0 0 0 ‖ C 0 5 5 5 5 5 5 5 | Cmaj7 5 4 4 3 3 — | C7 0 5 5 5 5 5 5 5 |
迎面而來的月光　拉長身影　漫無目的的走在

| Am 5 4 3 1 1 — | Dm 0 4 4 4 4 3 4 1 | G 1 — 0 1 1 1 | C 2 3 3 — 3 5 6 |
冷冷的街　我沒有妳的消息　因為我 在想妳　耶

| G 5· 3 1 1 6 5 ‖ 𝄋 C 0 3 2 2 G 3 1 | Am 1 1 7 Am7 7 5 6 6 | Dm 0 1 3 G 2 1 1 3 |
愛我　別走　如果　妳說　妳不　愛　我

| C 3 — — — | E7 0 3 3 3 3 3 3 | Am 4 3 2 1 1 6 6 4 | Dm 4 3 3 1 1 3 2 2 |
不要聽見妳真　的說出口　再給我　一　點　溫　柔

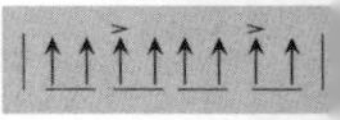

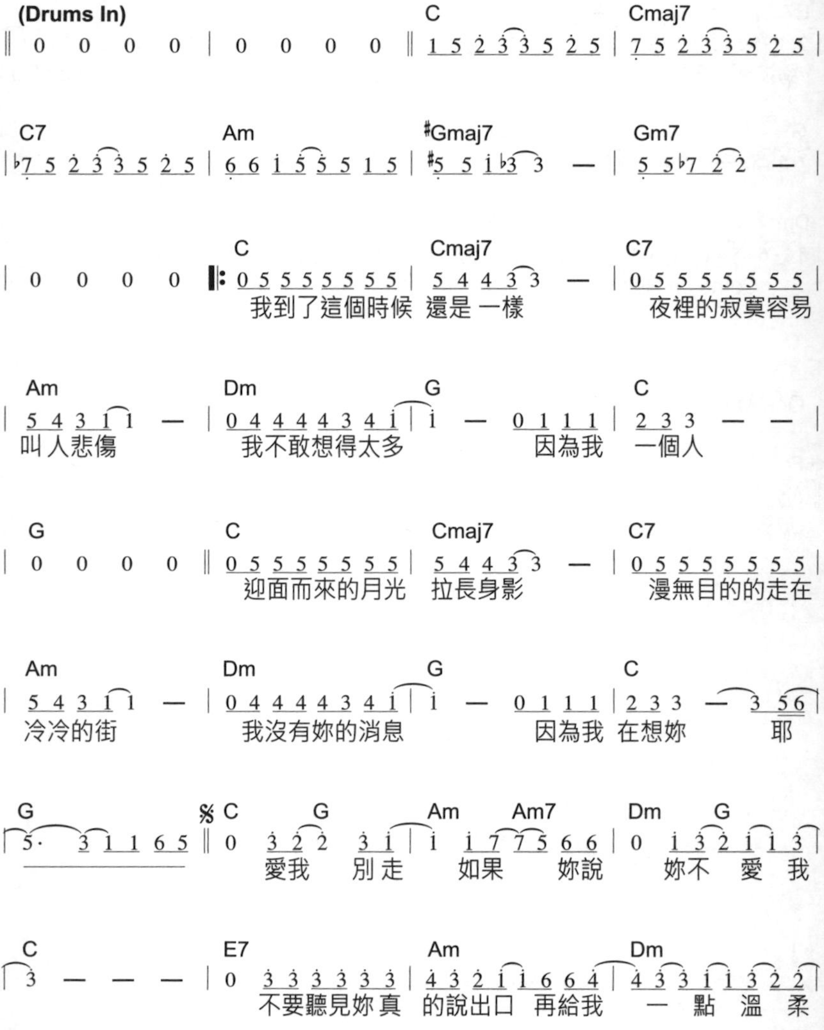

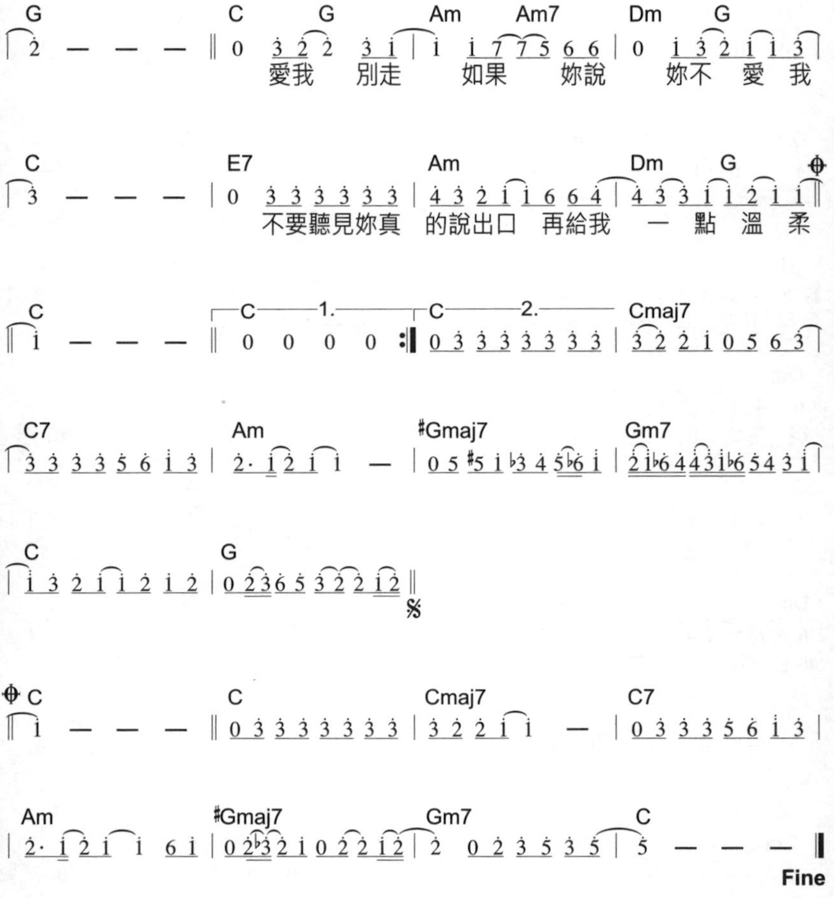

G　　　　　　　C　　G　　　　Am　　Am7　　　Dm　　G
2 — — — ‖ 0 3 2 2 3 1 | 1 1 7 7 5 6 6 | 0 1 3 2 1 1 3 |
愛我 別走 如果 妳說 妳不 愛 我

C　　　　　　　E7　　　　　　　Am　　　　　　　Dm　　G　　⊕
3 — — — | 0 3 3 3 3 3 3 | 4 3 2 1 1 6 6 4 | 4 3 3 1 1 2 1 1 ‖
不要聽見妳真 的說出口 再給我 一 點 溫 柔

C　　　　　　　C 1.　　　　　　C 2.　　　　　　Cmaj7
1 — — — ‖ 0 0 0 0 :‖ 0 3 3 3 3 3 3 3 | 3 2 2 1 0 5 6 3 |

C7　　　　　　　Am　　　　　　　#Gmaj7　　　　　Gm7
3 3 3 3 5 6 1 3 | 2· 1 2 1 1 — | 0 5 #5 1 ♭3 4 5 ♭6 1 | 2 1 ♭6 4 4 3 1 ♭6 5 4 3 1 |

C　　　　　　　G
1 3 2 1 1 2 1 2 | 0 2 3 6 5 3 2 2 1 2 ‖ 𝄋

⊕ C　　　　　　C　　　　　　　Cmaj7　　　　　C7
1 — — — ‖ 0 3 3 3 3 3 3 3 | 3 2 2 1 1 — | 0 3 3 3 5 6 1 3 |

Am　　　　　　　#Gmaj7　　　　　Gm7　　　　　　C
2· 1 2 1 1 6 1 | 0 2 ♭3 2 1 0 2 2 1 2 | 2 0 2 3 5 3 5 | 5 — — — ‖

Fine

Key：E♭
Play：C
男調：G　女調：D
4/4 ♩=126

寫一首歌

詞 / 順子、Jeff C　曲 / 順子　唱 / 順子

彈奏參考

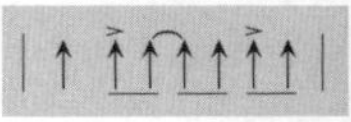

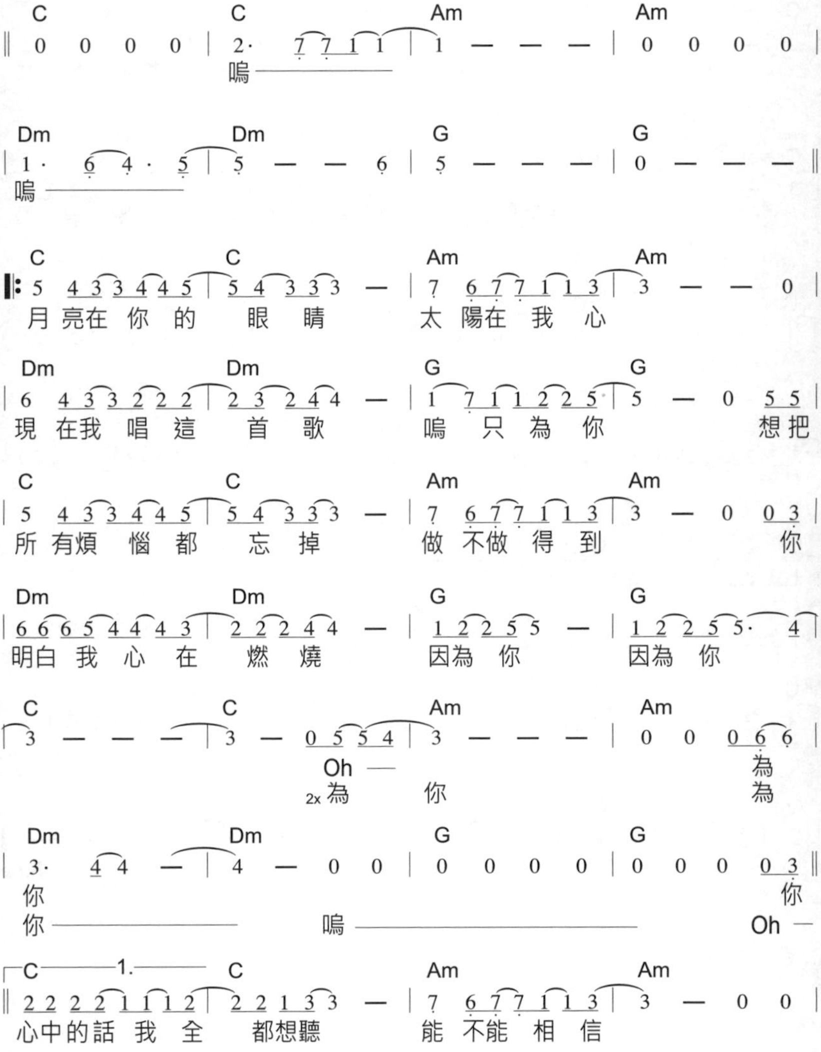

C	C	Am	Am
0 0 0 0	2· 7 7 1 1	1 — — —	0 0 0 0
	嗚 ——		

Dm	Dm	G	G
1· 6 4· 5	5 — — 6	5 — — —	0 — — —
嗚 ——			

C	C	Am	Am
5 4 3 3 4 4 5	5 4 3 3 3 —	7 6 7 7 1 1 3	3 — — 0
月 亮在 你 的	眼 睛	太 陽在 我 心	

Dm	Dm	G	G
6 4 3 3 2 2 2	2 3 2 4 4 —	1 7 1 1 2 2 5	5 — 0 5 5
現 在我 唱 這	首 歌	嗚 只 為 你	想 把

C	C	Am	Am
5 4 3 3 4 4 5	5 4 3 3 3 —	7 6 7 7 1 1 3	3 — 0 0 3
所 有煩 惱 都	忘 掉	做 不做 得 到	你

Dm	Dm	G	G
6 6 6 5 4 4 4 3	2 2 2 4 4 —	1 2 2 5 5 —	1 2 2 5 5· 4
明白 我 心 在	燃 燒	因為 你	因為 你

C	C	Am	Am
3 — — —	3 — 0 5 5 4	3 — — —	0 0 0 6 6
	Oh ——		為
	2x 為	你	為

Dm	Dm	G	G
3· 4 4 —	4 — 0 0	0 0 0 0	0 0 0 0 3
你			你
你 ——	嗚 ——		Oh —

1.

C	C	Am	Am
2 2 2 2 1 1 1 2	2 2 1 3 3 —	7 6 7 7 1 1 3	3 — 0 0
心中的話 我 全	都想聽	能 不能 相 信	

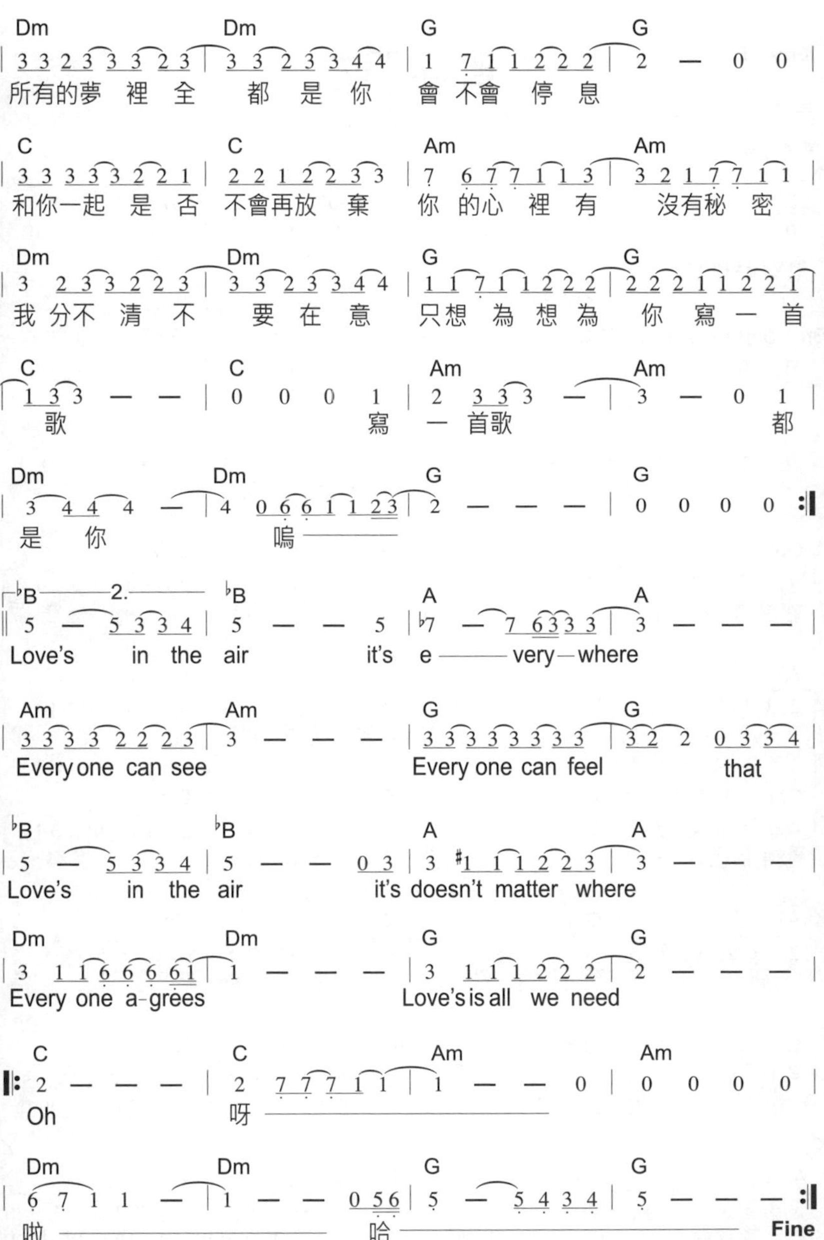
所有的夢 裡 全 都 是 你 會不會 停 息
和你一起 是 否 不會再放 棄 你 的心 裡 有 沒有秘 密
我 分不 清 不 要 在 意 只想 為 想 為 你 寫 一 首
歌 寫 一 首歌 都
是 你 嗚
2.
Love's in the air it's e very where
Every one can see Every one can feel that
Love's in the air it's doesn't matter where
Every one a-grees Love's is all we need
Oh 呀
啦 哈
Fine

Key：F
Play：D
男調：D 女調：A
4/4 ♩=90

普通朋友

詞 / 陶喆 曲 / 陶喆 唱 / 陶喆

彈奏參考

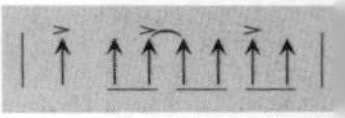

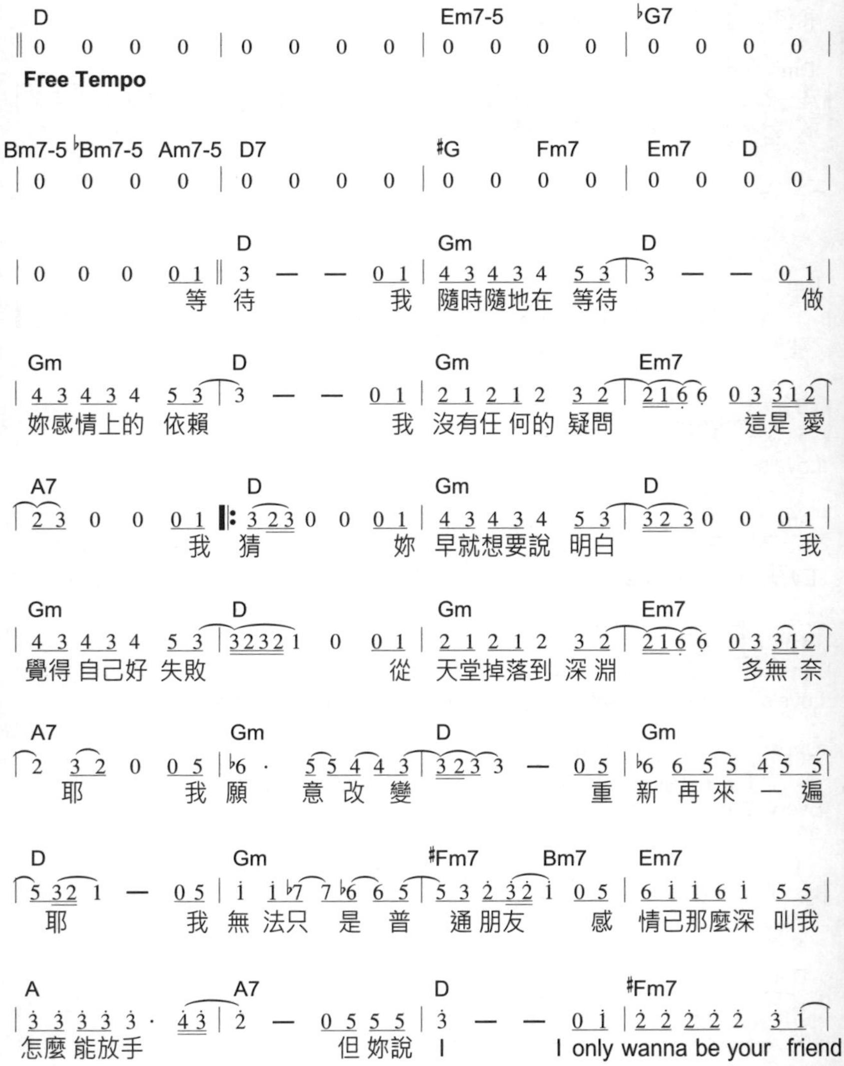

D | Em7-5 | ♭G7

‖ 0 0 0 0 | 0 0 0 0 | 0 0 0 0 | 0 0 0 0 |

Free Tempo

Bm7-5 ♭Bm7-5 Am7-5 D7 | ♯G Fm7 | Em7 D

| 0 0 0 0 | 0 0 0 0 | 0 0 0 0 | 0 0 0 0 |

D | Gm | D

| 0 0 0 0 1 ‖ 3 — — 0 1 | 4 3 4 3 4 5 3 | 3 — — 0 1 |

等 待 我 隨時隨地在 等待 做

Gm | D | Gm | Em7

| 4 3 4 3 4 5 3 | 3 — — 0 1 | 2 1 2 1 2 3 2 | 2 1 6 6 0 3 3 1 2 |

妳感情上的 依賴 我 沒有任 何的 疑問 這是 愛

A7 | D | Gm | D

| 2 3 0 0 0 1 ‖: 3 2 3 0 0 0 1 | 4 3 4 3 4 5 3 | 3 2 3 0 0 0 1 |

我 猜 妳 早就想要說 明白 我

Gm | D | Gm | Em7

| 4 3 4 3 4 5 3 | 3 2 3 2 1 0 0 1 | 2 1 2 1 2 3 2 | 2 1 6 6 0 3 3 1 2 |

覺得 自己好 失敗 從 天堂掉落到 深淵 多無 奈

A7 | Gm | D | Gm

| 2 3 2 0 0 5 | ♭6 · 5 5 4 4 3 | 3 2 3 3 — 0 5 | ♭6 6 5 5 4 5 5 |

耶 我 願 意 改 變 重 新 再 來 一 遍

D | Gm | ♯Fm7 Bm7 | Em7

| 5 3 2 1 — 0 5 | i i ♭7 7 ♭6 6 5 | 5 3 2 3 2 i 0 5 | 6 i i 6 i 5 5 |

耶 我 無 法只 是 普 通 朋友 感 情已那麼深 叫我

A | A7 | D | ♯Fm7

| 3 3 3 3 3 · 4 3 | 2 — 0 5 5 5 | 3 — — 0 i | 2 2 2 2 2 3 i |

怎麼 能放手 但 妳說 I I only wanna be your friend

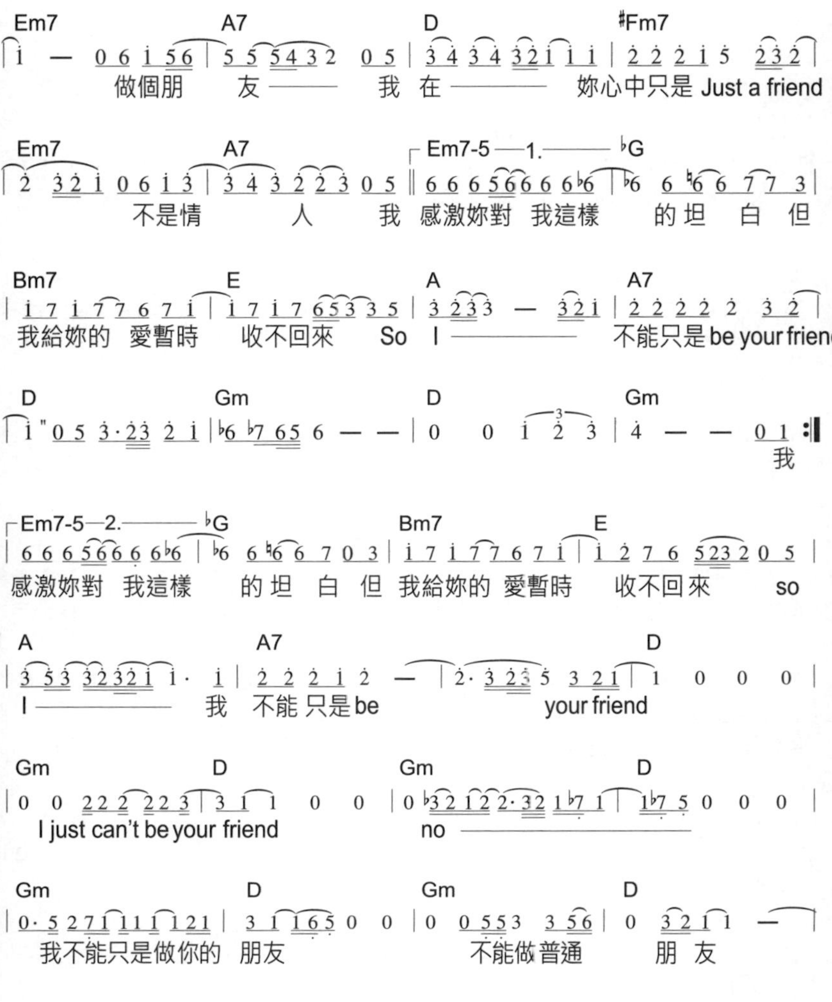
Em7 A7 D #Fm7
做個朋友—— 我在—— 妳心中只是 Just a friend
Em7 A7 Em7-5 1. bG
不是情人 我 感激妳對 我這樣 的坦白但
Bm7 E A A7
我給妳的 愛暫時 收不回來 So I—— 不能只是 be your friend
D Gm D Gm
我
Em7-5 2. bG Bm7 E
感激妳對 我這樣 的坦白但 我給妳的 愛暫時 收不回來 so
A A7 D
I—— 我 不能只是 be your friend
Gm D Gm D
I just can't be your friend no——
Gm D Gm D
我不能只是做你的 朋友 不能做普通 朋友
Fine

Key：B
Play：G
男調：D 女調：A
4/4 ♩=58

開始懂了

詞／姚若龍 曲／李偲菘 唱／孫燕姿

彈奏參考

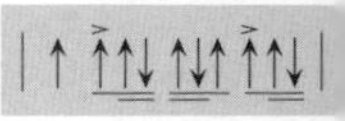

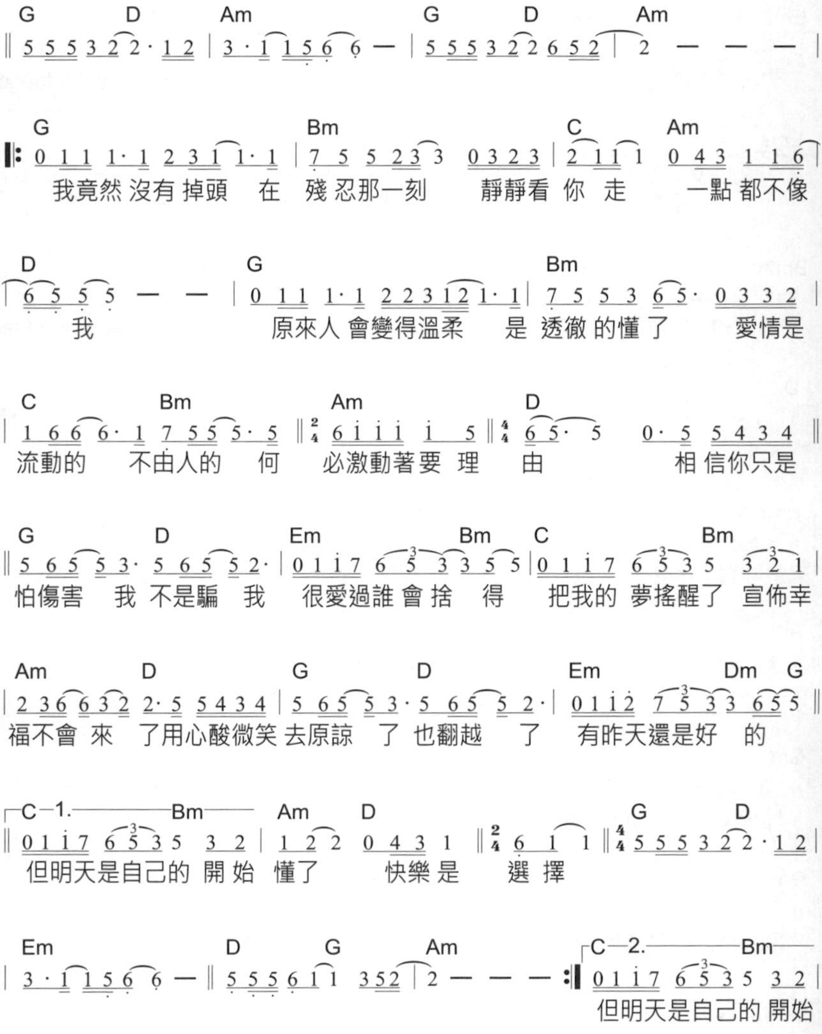

G D Am G D Am
|| 5 5 5 3 2 2 · 1 2 | 3 · 1 1 5 6 6 — | 5 5 5 3 2 2 6 5 2 | 2 — — — |

G Bm C Am
|: 0 1 1 1 · 1 2 3 1 1 · 1 | 7 5 5 2 3 3 0 3 2 3 | 2 1 1 1 0 4 3 1 1 6 |
我竟然沒有掉頭 在 殘忍那一刻 靜靜看你走 一點都不像

D G Bm
| 6 5 5 5 — — | 0 1 1 1 · 1 2 2 3 1 2 1 · 1 | 7 5 5 3 6 5 · 0 3 3 2 |
我 原來人會變得溫柔 是透徹的懂了 愛情是

C Bm Am D
| 1 6 6 6 · 1 7 5 5 5 · 5 || 2/4 6 i i i i 5 || 4/4 6 5 · 5 0 · 5 5 4 3 4 ||
流動的 不由人的 何 必激動著要理 由 相信你只是

G D Em Bm C Bm
|| 5 6 5 5 3 · 5 6 5 5 2 · | 0 1 i 7 6 5 3 3 3 5 5 | 0 1 i 7 6 5 3 5 3 2 1 |
怕傷害 我 不是騙 我 很愛過誰會捨 得 把我的夢搖醒了 宣佈幸

Am D G D Em Dm G
| 2 3 6 6 3 2 2 · 5 5 4 3 4 | 5 6 5 5 3 · 5 6 5 5 2 · | 0 1 i 2 7 5 3 3 6 5 5 ||
福不會來 了用心酸微笑去原諒 了 也翻越 了 有昨天還是好 的

C 1. Bm Am D G D
|| 0 1 i 7 6 5 3 5 3 2 | 1 2 2 0 4 3 1 || 2/4 6 1 1 || 4/4 5 5 5 3 2 2 · 1 2 |
但明天是自己的開始 懂了 快樂是 選擇

Em D G Am C 2. Bm
| 3 · 1 1 5 6 6 — || 5 5 5 6 1 1 3 5 2 | 2 — — — :|| 0 1 i 7 6 5 3 5 3 2 |
但明天是自己的開始

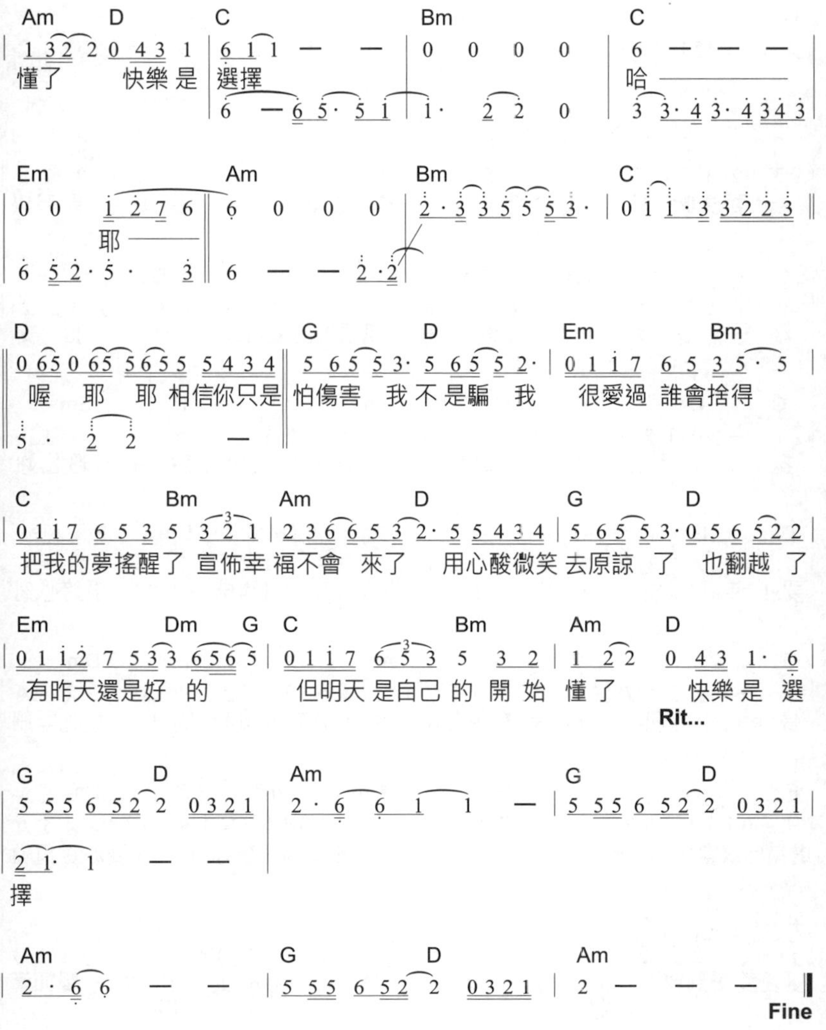

Am D C Bm C

懂了 快樂是 選擇 哈

Em Am Bm C

耶

D G D Em Bm

喔 耶 耶 相信你只是 怕傷害 我不是騙 我 很愛過 誰會捨得

C Bm Am D G D

把我的夢搖醒了 宣佈幸 福不會 來了 用心酸微笑 去原諒 了 也翻越 了

Em Dm G C Bm Am D

有昨天還是好 的 但明天 是自己 的 開 始 懂了 快樂是 選

Rit...

G D Am G D

擇

Am G D Am

Fine

Key：D
Play：C
男調：C　女調：G
4/4 ♩=76

K歌之王

詞 / 林夕　曲 / 陳輝陽　唱 / 陳奕迅

彈奏參考

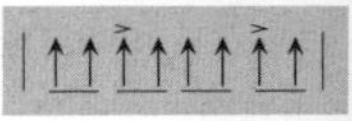

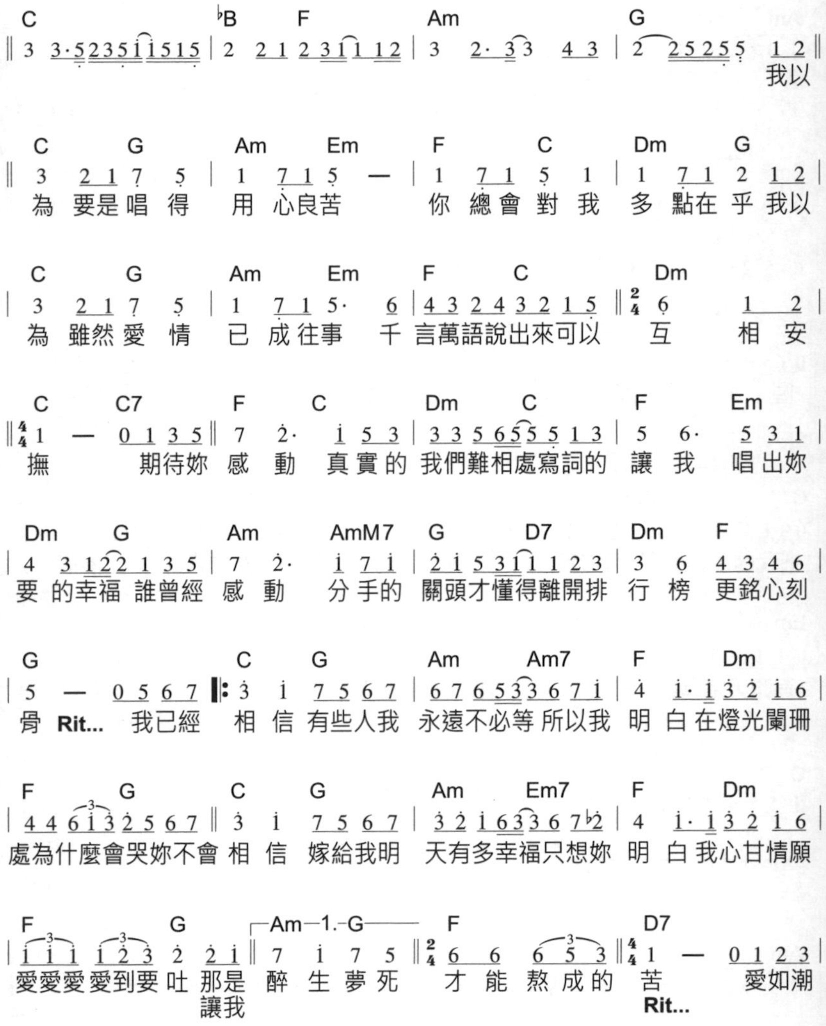

C　♭B　F　Am　G
‖ 3 3·5 2 3 5 1 1 5 1 5 | 2 2 1 2 3 1 1 1 2 | 3 2· 3 3 4 3 | 2 2 5 2 5 5 1 2 ‖
我以

C　G　Am　Em　F　C　Dm　G
‖ 3 2 1 7 5 | 1 7 1 5 — | 1 7 1 5 1 | 1 7 1 2 1 2 |
為 要是唱 得 用 心良苦 你 總會 對 我 多 點在 乎 我以

C　G　Am　Em　F　C　Dm
| 3 2 1 7 5 | 1 7 1 5· 6 | 4 3 2 4 3 2 1 5 ‖ 2/4 6 1 2 |
為 雖然愛 情 已 成往事 千 言萬語說出來可以 互 相 安

C　C7　F　C　Dm　C　F　Em
‖ 4/4 1 — 0 1 3 5 ‖ 7 2· 1 5 3 | 3 3 5 6 5 5 5 1 3 | 5 6· 5 3 1 |
撫 期待妳 感 動 真實的 我們難相處寫詞的 讓 我 唱出妳

Dm　G　Am　AmM7　G　D7　Dm　F
| 4 3 1 2 2 1 3 5 | 7 2· 1 7 1 | 2 1 5 3 1 1 1 2 3 | 3 6 4 3 4 6 |
要 的幸福 誰曾經 感 動 分手的 關頭才懂得離開排 行 榜 更銘心刻

G　C　G　Am　Am7　F　Dm
| 5 — 0 5 6 7 ‖: 3 1 7 5 6 7 | 6 7 6 5 3 3 6 7 1 | 4 1· 1 3 2 1 6 |
骨 **Rit...** 我已經 相 信 有些人我 永遠不必等 所以我 明 白 在燈光闌珊

F　G　C　G　Am　Em7　F　Dm
| 4 4 6 1 3 2 5 6 7 ‖ 3 1 7 5 6 7 | 3 2 1 6 3 3 6 7 ♭2 | 4 1· 1 3 2 1 6 |
處為什麼會哭妳不會 相 信 嫁給我明 天有多幸福只想妳 明 白 我心甘情願

F　G　Am　1.　G　F　D7
| 1 1 1 1 2 3 2 2 1 ‖ 7 1 7 5 ‖ 2/4 6 6 6 5 3 ‖ 4/4 1 — 0 1 2 3 |
愛愛愛愛到要吐 那是 醉 生 夢 死 才 能 熬 成的 苦 愛如潮
讓我 **Rit...**

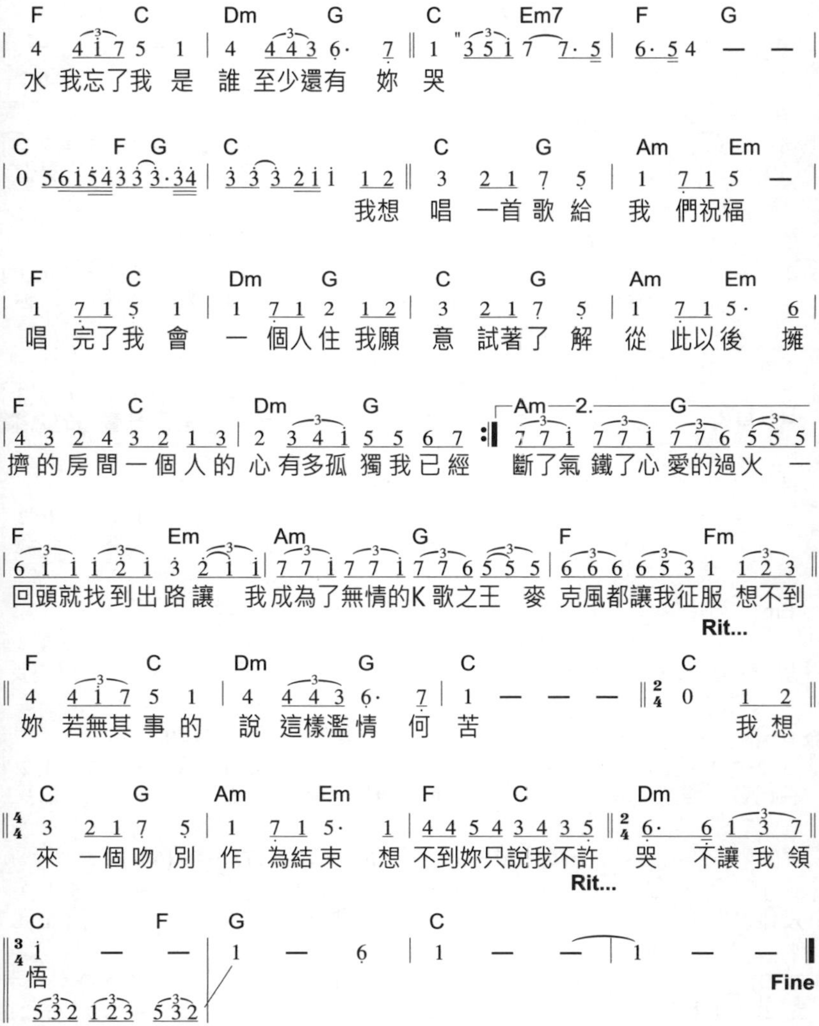

F C Dm G C Em7 F G

| 4 4 1̇ 7 5 1 | 4 4 4 3 6̣· 7̣ ‖ 1 3 5 1̇ 7 7· 5 | 6· 5 4 — — |

水 我忘了我 是 誰 至少還有 妳 哭

C F G C C G Am Em

| 0 5 6 1̇ 5 4 3 3 3·3 4 | 3 3 3 2 1̇ 1̇ 1 2 ‖ 3 2 1 7̣ 5̣ | 1 7̣ 1 5 — |

我想 唱 一首 歌 給 我 們祝福

F C Dm G C G Am Em

| 1 7̣ 1 5̣ 1 | 1 7̣ 1 2 1 2 | 3 2 1 7̣ 5̣ | 1 7̣ 1 5· 6 |

唱 完了我 會 一 個人 住 我願 意 試著了 解 從 此以後 擁

F C Dm G Am 2. G

| 4 3 2 4 3 2 1 3 | 2 3 4 1̇ 5 5 6 7 :‖ 7 7 1̇ 7 7 1̇ 7 7 6 5 5 5 |

擠 的 房 間 一 個 人 的 心 有多孤 獨 我 已 經 斷了氣 鐵了心 愛的過火 一

F Em Am G F Fm

| 6 1̇ 1̇ 1̇ 2̇ 1̇ 3 2̇ 1̇ 1̇ | 7 7 1̇ 7 7 1̇ 7 7 6 5 5 5 | 6 6 6 6 5 3 1 1 2 3 ‖

回頭就找到出路讓 我成為了無情的K歌之王 麥 克風都讓我征服 想不到

Rit...

F C Dm G C C

‖ 4 4 1̇ 7 5 1 | 4 4 4 3 6̣· 7̣ | 1 — — — ‖ 2/4 0 1 2 ‖

妳 若無其 事 的 說 這樣濫情 何 苦 我 想

C G Am Em F C Dm

‖ 4/4 3 2 1 7̣ 5̣ | 1 7̣ 1 5· 1 | 4 4 5 4 3 4 3 5 ‖ 2/4 6· 6 1 3 7 ‖

來 一個 吻 別 作 為結 束 想 不到妳只說我不許 哭 不讓 我 領

Rit...

C F G C

‖ 3/4 1̇ — — | 1 — 6̣ | 1 — — | 1 — — ‖

悟

5 3 2 1 2 3 5 3 2

Fine

Key：C
Play：C-D
男調：A 女調：E
4/4 ♩=108

情非得已

詞 / 張國祥　曲 / 湯小康　唱 / 庾澄慶

彈奏參考
| ↑↓↑↓↑↓↑↓ |

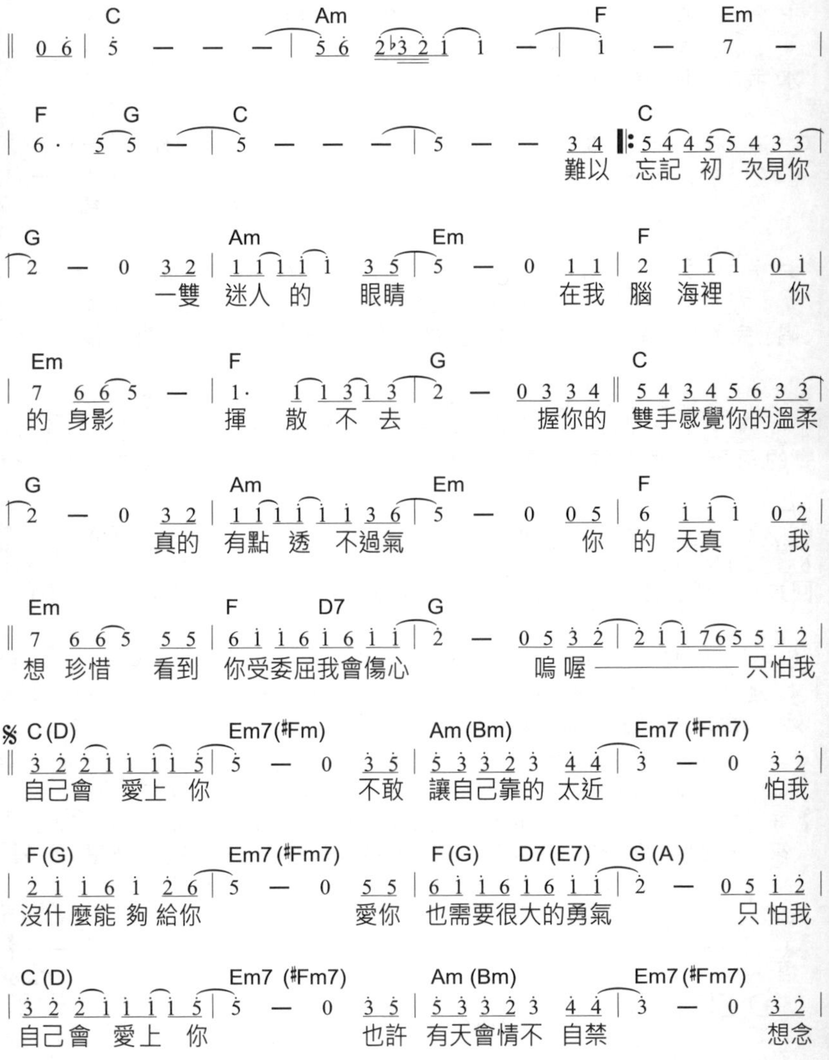

C　Am　F　Em
‖ 0 6 | 5 — — — | 5 6 2 ♭3 2 1 1 — | 1 — 7 — |

F　G　C　C
| 6· 5 5 — | 5 — — — | 5 — — 3 4 ‖: 5 4 4 5 5 4 3 3 |
難以 忘記 初 次見你

G　Am　Em　F
| 2 — 0 3 2 | 1 1 1 1 1 3 5 | 5 — 0 1 1 | 2 1 1 1 0 1 |
一雙 迷人 的 眼睛 在我 腦 海裡 你

Em　F　G　C
| 7 6 6 5 — | 1· 1 1 3 1 3 | 2 — 0 3 3 4 ‖ 5 4 3 4 5 6 3 3 |
的 身影 揮 散 不 去 握你的 雙手感覺你的溫柔

G　Am　Em　F
| 2 — 0 3 2 | 1 1 1 1 1 1 3 6 | 5 — 0 0 5 | 6 1 1 1 0 2 |
真的 有點 透 不過氣 你 的 天真 我

Em　F　D7　G
‖ 7 6 6 5 5 5 | 6 1 1 6 1 6 1 1 | 2 — 0 5 3 2 | 2 1 1 7 6 5 5 5 1 2 |
想 珍惜 看到 你受委屈我會傷心 嗚 喔 —— 只怕我

𝄋 C (D)　Em7 (#Fm)　Am (Bm)　Em7 (#Fm7)
‖ 3 2 2 1 1 1 1 5 | 5 — 0 3 5 | 5 3 3 2 3 4 4 | 3 — 0 3 2 |
自己會 愛上 你 不敢 讓自己靠的 太近 怕我

F (G)　Em7 (#Fm7)　F (G)　D7 (E7)　G (A)
| 2 1 1 6 1 2 6 | 5 — 0 5 5 | 6 1 1 6 1 6 1 1 | 2 — 0 5 1 2 |
沒什麼能 夠 給你 愛你 也需要很大的勇氣 只 怕我

C (D)　Em7 (#Fm7)　Am (Bm)　Em7 (#Fm7)
| 3 2 2 1 1 1 1 5 | 5 — 0 3 5 | 5 3 3 2 3 4 4 | 3 — 0 3 2 |
自己會 愛上 你 也許 有天會情不 自禁 想念

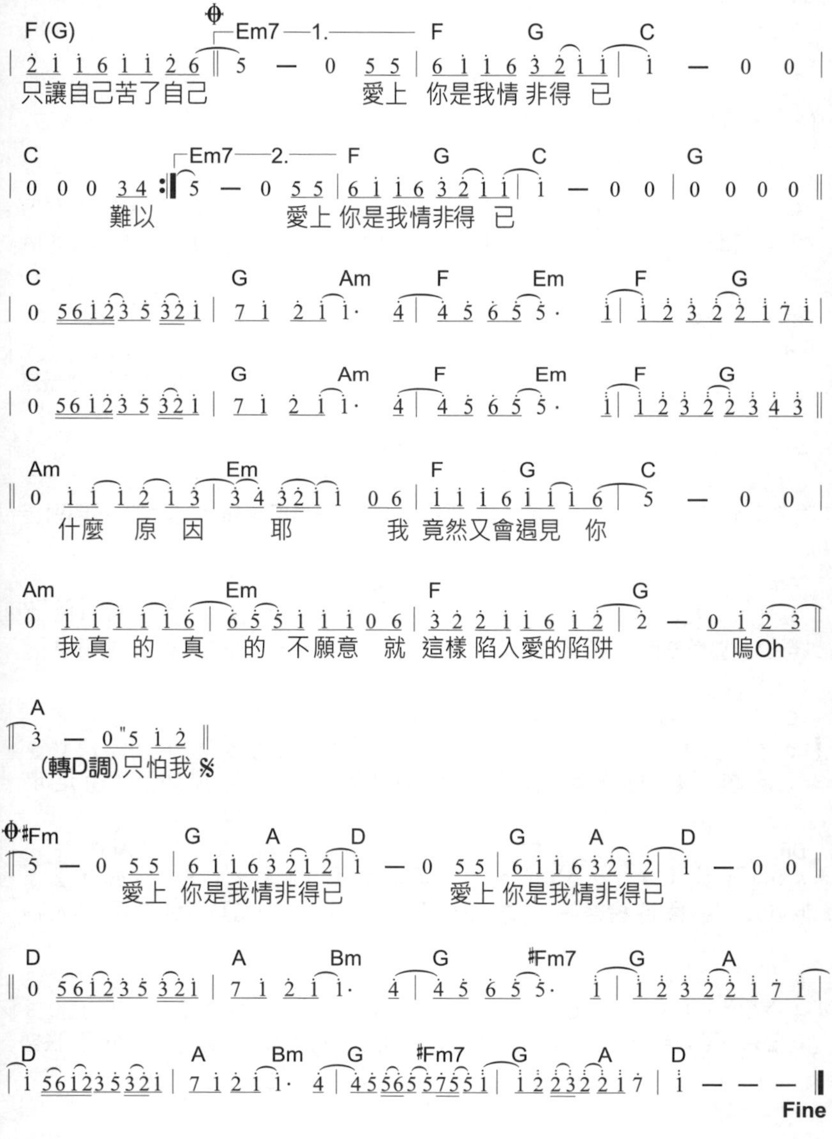

F (G) Em7 1. F G C

只讓自己苦了自己 愛上 你是我情 非得 已

C Em7 2. F G C G

難以 愛上 你是我情非得 已

C G Am F Em F G

C G Am F Em F G

Am Em F G C

什麼 原 因 耶 我 竟然又會遇見 你

Am Em F G

我 真 的 真 的 不願意 就 這樣 陷入愛的陷阱 嗚Oh

A

(轉D調)只怕我 𝄋

𝄌 #Fm G A D G A D

愛上 你是我情非得已 愛上 你是我情非得已

D A Bm G #Fm7 G A

D A Bm G #Fm7 G A D

Fine

Key：E♭
Play：C
男調：G 女調：D
4/4 ♩=70

分手快樂

詞 / 姚若龍 曲 / 郭文賢 唱 / 梁靜茹

彈奏參考

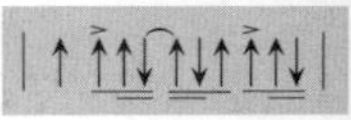

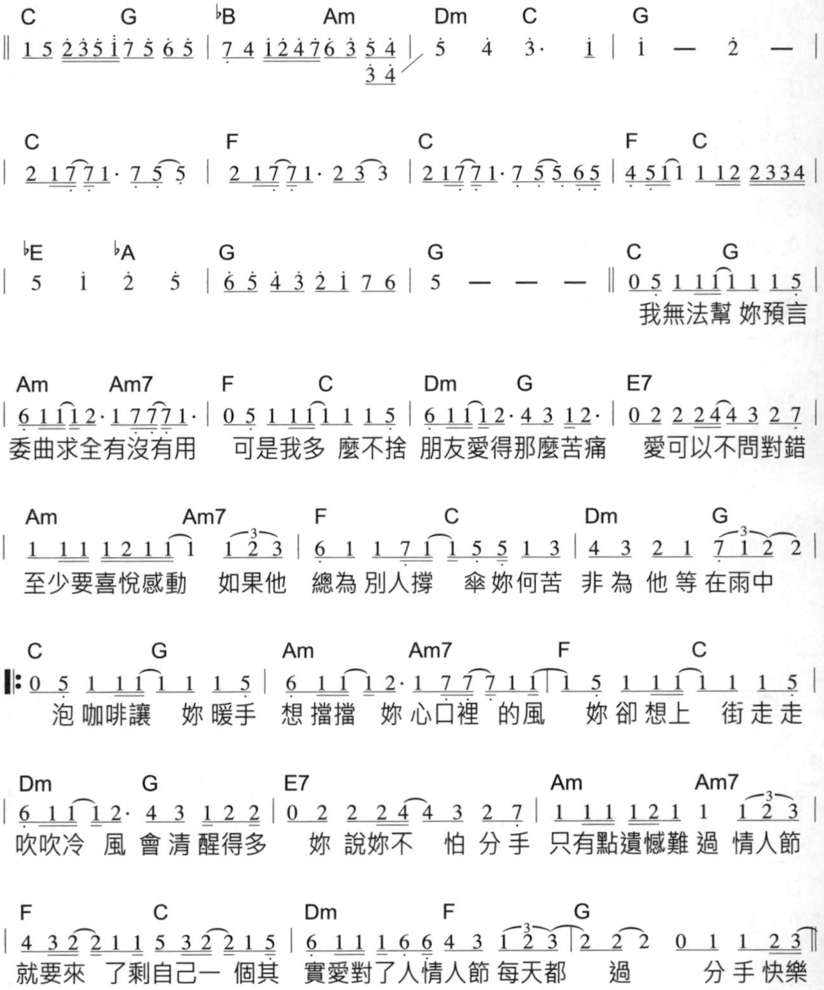

C G ♭B Am Dm C G
‖ 1 5 2 3 5 1 7 5 6 5 | 7 4 1 2 4 7 6 3 5 4 3 4 | 5 4 3· 1 | 1 — 2 — |

C F C F C
| 2 1 7 7 1· 7 5 5 | 2 1 7 7 1· 2 3 3 | 2 1 7 7 1· 7 5 5 6 5 | 4 5 1 1 1 1 2 2 3 3 4 |

♭E ♭A G G C G
| 5 1 2 5 | 6 5 4 3 2 1 7 6 | 5 — — — ‖ 0 5 1 1 1 1 1 1 5 |
我無法幫 妳預言

Am Am7 F C Dm G E7
| 6 1 1 1 2· 1 7 7 7 1· | 0 5 1 1 1 1 1 1 5 | 6 1 1 1 2· 4 3 1 2· | 0 2 2 2 4 4 3 2 7 |
委曲求全有沒有用 可是我多 麼不捨 朋友愛得那麼苦痛 愛可以不問對錯

Am Am7 F C Dm G
| 1 1 1 1 2 1 1 1 1 2 3 | 6 1 1 7 1 1 5 5 1 3 | 4 3 2 1 7 1 2 2 |
至少要喜悅感動 如果他 總為 別人撐 傘 妳何苦 非 為 他 等 在雨中

C G Am Am7 F C
‖: 0 5 1 1 1 1 1 1 5 | 6 1 1 1 2· 1 7 7 7 1 1 | 1 5 1 1 1 1 1 1 5 |
泡 咖啡讓 妳 暖手 想 擋擋 妳 心口裡 的風 妳 卻 想上 街 走 走

Dm G E7 Am Am7
| 6 1 1 1 2· 4 3 1 2 2 | 0 2 2 2 4 4 3 2 7 | 1 1 1 1 2 1 1 1 2 3 |
吹吹冷 風 會 清 醒得多 妳 說妳不 怕 分 手 只有點遺憾難 過 情人節

F C Dm F G
| 4 3 2 2 1 1 5 3 2 2 1 5 | 6 1 1 1 6 6 4 3 1 2 3 | 2 2 2 0 1 1 2 3 ‖
就要來 了剩自己一 個其 實愛對了人情人節 每天都 過 分 手 快樂

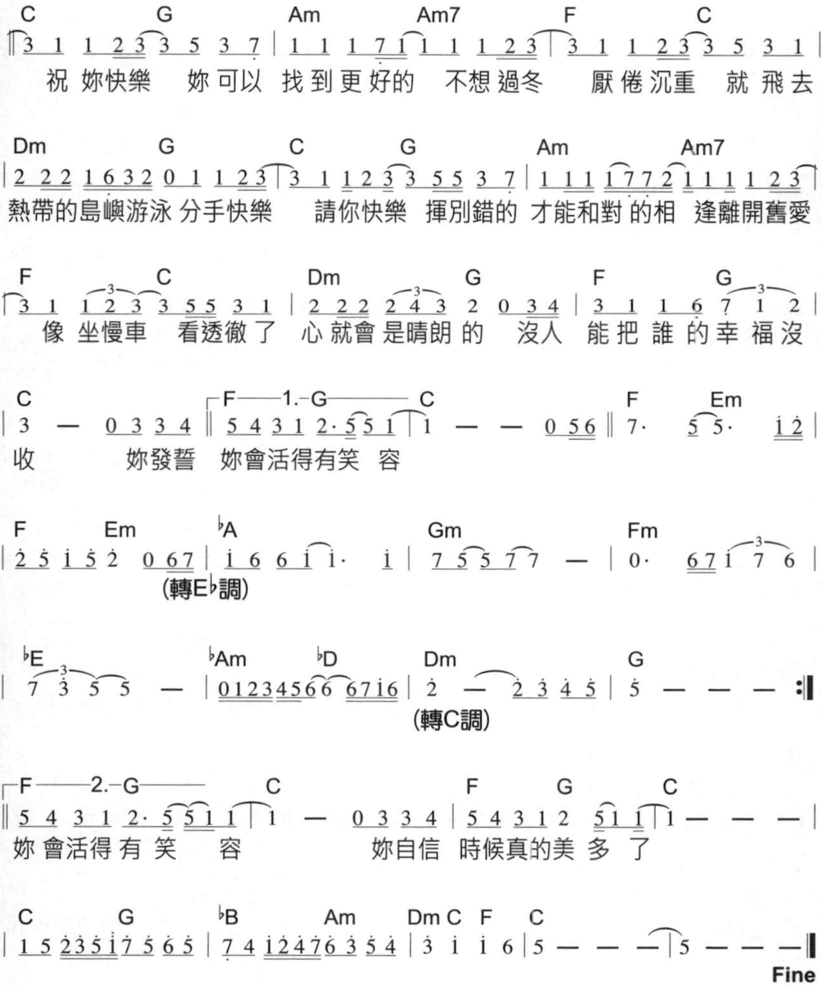

C G Am Am7 F C
3 1 1 2 3 3 5 3 7 | 1 1 1 7 1 1 1 1 2 3 | 3 1 1 2 3 3 5 3 1 |
祝 妳快樂 妳可以 找到更好的 不想過冬 厭倦沉重 就飛去

Dm G C G Am Am7
2 2 2 1 6 3 2 0 1 1 2 3 | 3 1 1 2 3 3 5 5 3 7 | 1 1 1 1 7 7 2 1 1 1 1 2 3 |
熱帶的島嶼游泳 分手快樂 請你快樂 揮別錯的 才能和對 的相 逢離開舊愛

F C Dm G F G
3 1 1 2 3 3 5 5 3 1 | 2 2 2 2 4 3 2 0 3 4 | 3 1 1 6 7 1 2 |
像 坐慢車 看透徹了 心就會是晴朗 的 沒人 能把 誰 的幸 福沒

C F 1. G C F Em
3 — 0 3 3 4 ‖ 5 4 3 1 2· 5 5 1 | 1 — — 0 5 6 ‖ 7· 5 5· 1 2 |
收 妳發誓 妳會活得有笑 容

F Em ♭A Gm Fm
2 5 1 5 2 0 6 7 | 1 6 6 1 1· 1 | 7 5 5 7 7 — | 0· 6 7 1 7 6 |
(轉E♭調)

♭E ♭Am ♭D Dm G
7 3 5 5 — | 0 1 2 3 4 5 6 6 6 6 7 1 6 | 2 — 2 3 4 5 | 5 — — — :‖
(轉C調)

F 2. G C F G C
‖ 5 4 3 1 2· 5 5 1 1 | 1 — 0 3 3 4 | 5 4 3 1 2 5 1 1 | 1 — — — |
妳 會活得有 笑 容 妳自信 時候真的美 多 了

C G ♭B Am Dm C F C
1 5 2 3 5 1 7 5 6 5 | 7 4 1 2 4 7 6 3 5 4 | 3 1 1 6 | 5 — — — | 5 — — — ‖

Fine

Key：B
Play：C
男調：C　女調：G
4/4 ♩=100

痴心絕對

詞 / 蔡伯南　曲 / 蔡伯南　唱 / 李聖傑

彈奏參考

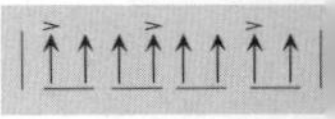

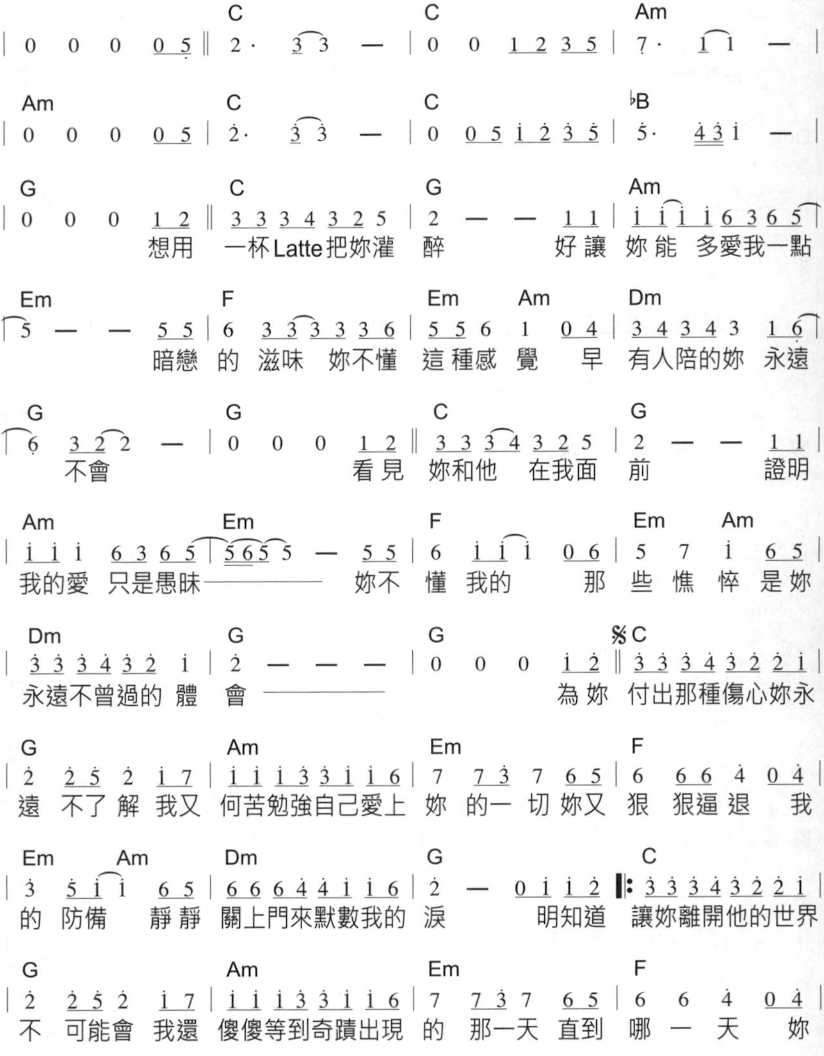

C　C　Am
| 0 0 0 0 5 ‖ 2· 3 3 — | 0 0 1 2 3 5 | 7· 1 1 — |

Am　C　C　♭B
| 0 0 0 0 5 | 2· 3 3 — | 0 0 5 1 2 3 5 | 5· 4 3 1 — |

G　C　G　Am
| 0 0 0 1 2 ‖ 3 3 3 4 3 2 5 | 2 — — 1 1 | 1 1 1 1 6 3 6 5 |
想用　一杯Latte把妳灌　醉　好讓　妳能　多愛我一點

Em　F　Em　Am　Dm
| 5 — — 5 5 | 6 3 3 3 3 3 6 | 5 5 6 1 0 4 | 3 4 3 4 3 1 6 |
暗戀　的　滋味　妳不懂　這種感　覺　早　有人陪的妳　永遠

G　G　C　G
| 6 3 2 2 — | 0 0 0 1 2 ‖ 3 3 3 4 3 2 5 | 2 — — 1 1 |
不會　看見　妳和他　在我面　前　證明

Am　Em　F　Em　Am
| 1 1 1 6 3 6 5 | 5 6 5 5 — 5 5 | 6 1 1 1 0 6 | 5 7 1 6 5 |
我的愛　只是愚昧——　妳不　懂　我的　那　些　憔　悴　是妳

Dm　G　G　𝄋C
| 3 3 3 4 3 2 1 | 2 — — — | 0 0 0 1 2 ‖ 3 3 3 4 3 2 2 1 |
永遠不曾過的　體　會——　為妳　付出那種傷心妳永

G　Am　Em　F
| 2 2 5 2 1 7 | 1 1 1 3 3 1 1 6 | 7 7 3 7 6 5 | 6 6 6 4 0 4 |
遠　不了解　我又　何苦勉強自己愛上　妳　的一　切　妳又　狠　狠逼　退　我

Em　Am　Dm　G　C
| 3 5 1 1 6 5 | 6 6 6 4 4 1 1 6 | 2 — 0 1 1 2 ‖: 3 3 3 4 3 2 2 1 |
的　防備　靜　靜　關上門來默數我的　淚　明知道　讓妳離開他的世界

G　Am　Em　F
| 2 2 5 2 1 7 | 1 1 1 3 3 1 1 6 | 7 7 3 7 6 5 | 6 6 4 0 4 |
不　可能會　我還　傻傻等到奇蹟出現　的　那一天　直到　哪　一　天　妳

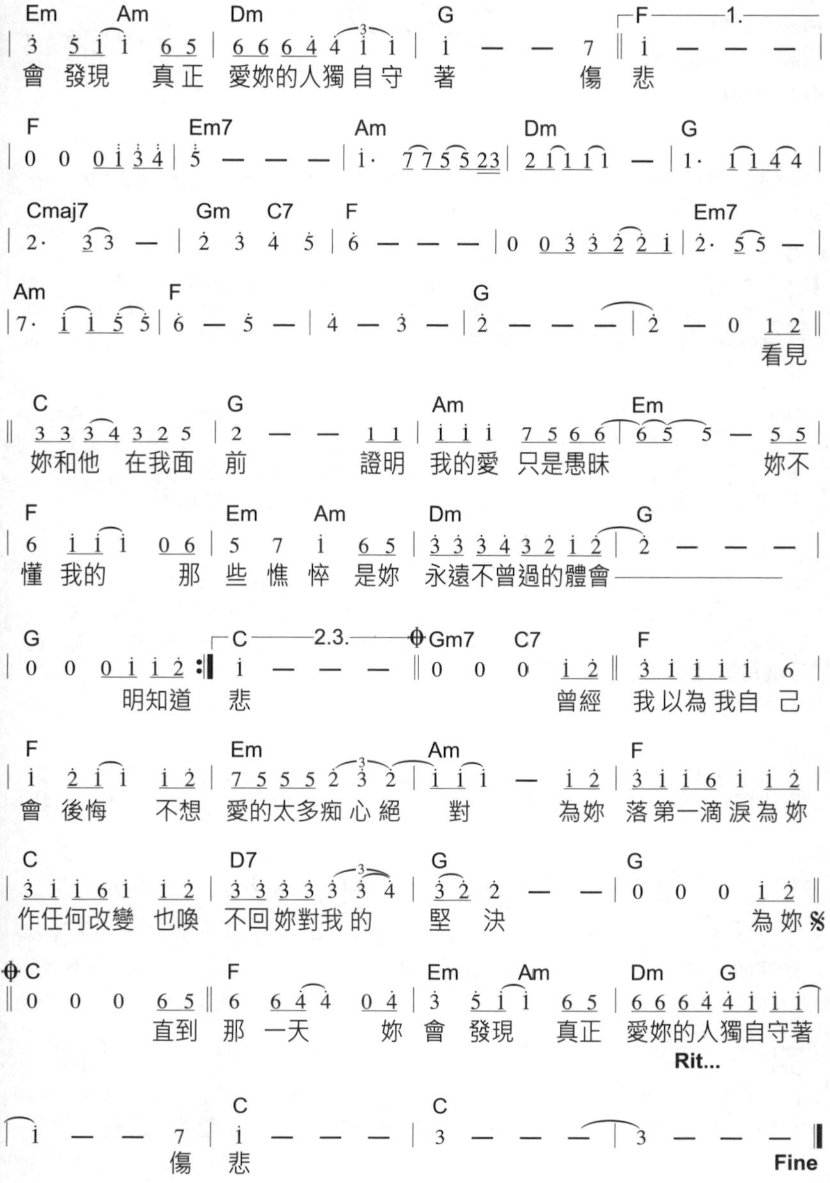

Em Am Dm G F 1.

| 3 5 1 1 6 5 | 6 6 6 4 4 1 1 | 1 — — 7 ‖ 1 — — — |

會 發現 真正 愛妳的人獨自守 著 傷 悲

F Em7 Am Dm G

| 0 0 0 1 3 4 | 5 — — — | 1· 7 7 5 5 23 | 2 1 1 1 1 — | 1· 1 1 4 4 |

Cmaj7 Gm C7 F Em7

| 2· 3 3 — | 2 3 4 5 | 6 — — — | 0 0 3 3 2 2 1 | 2· 5 5 — |

Am F G

| 7· 1 1 5 5 | 6 — 5 — | 4 — 3 — | 2 — — — | 2 — 0 1 2 ‖

看見

C G Am Em

‖ 3 3 3 4 3 2 5 | 2 — — 1 1 | 1 1 1 7 5 6 6 | 6 5 5 — 5 5 |

妳和他 在我面 前 證明 我的愛 只是愚昧 妳不

F Em Am Dm G

| 6 1 1 1 0 6 | 5 7 1 6 5 | 3 3 3 4 3 2 1 2 | 2 — — — |

懂 我的 那 些 憔 悴 是妳 永遠不曾過的體會——

G C 2.3. Gm7 C7 F

| 0 0 0 1 1 2 :‖ 1 — — — ‖ 0 0 0 1 2 ‖ 3 1 1 1 1 6 |

明知道 悲 曾經 我 以為 我自 己

F Em Am F

| 1 2 1 1 1 2 | 7 5 5 5 2 3 2 | 1 1 1 — 1 2 | 3 1 1 6 1 1 2 |

會 後悔 不想 愛的太多痴 心 絕 對 為妳 落 第一滴 淚 為 妳

C D7 G G

| 3 1 1 6 1 1 2 | 3 3 3 3 3 3 4 | 3 2 2 — — | 0 0 0 1 2 ‖

作任何改變 也喚 不回 妳對我 的 堅 決 為 妳 𝄋

𝄌 C F Em Am Dm G

‖ 0 0 0 6 5 ‖ 6 6 4 4 0 4 | 3 5 1 1 6 5 | 6 6 6 4 4 1 1 1 |

直到 那 一天 妳 會 發現 真正 愛妳的人獨自守著

Rit...

C C

| 1 — — 7 | 1 — — — | 3 — — — | 3 — — — ‖

傷 悲

Fine

Key：D
Play：C-D♭
男調：C 女調：G
4/4 ♩=60

千里之外

詞 / 方文山 曲 / 周杰倫 唱 / 周杰倫

彈奏參考

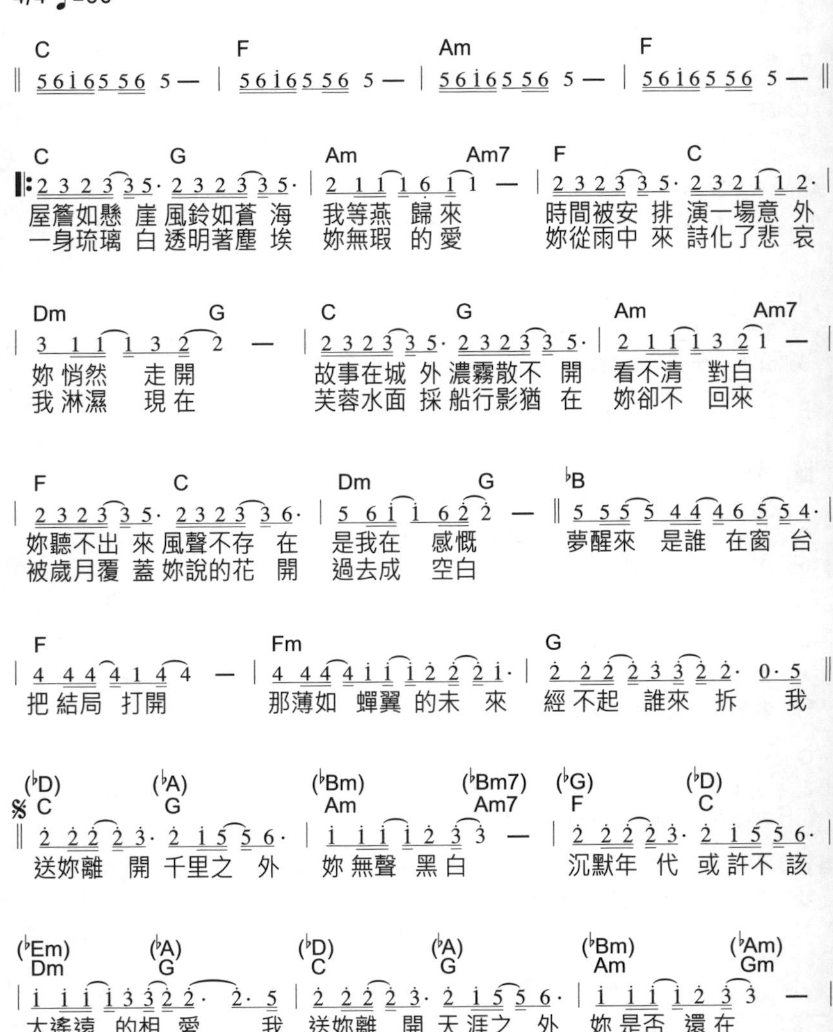

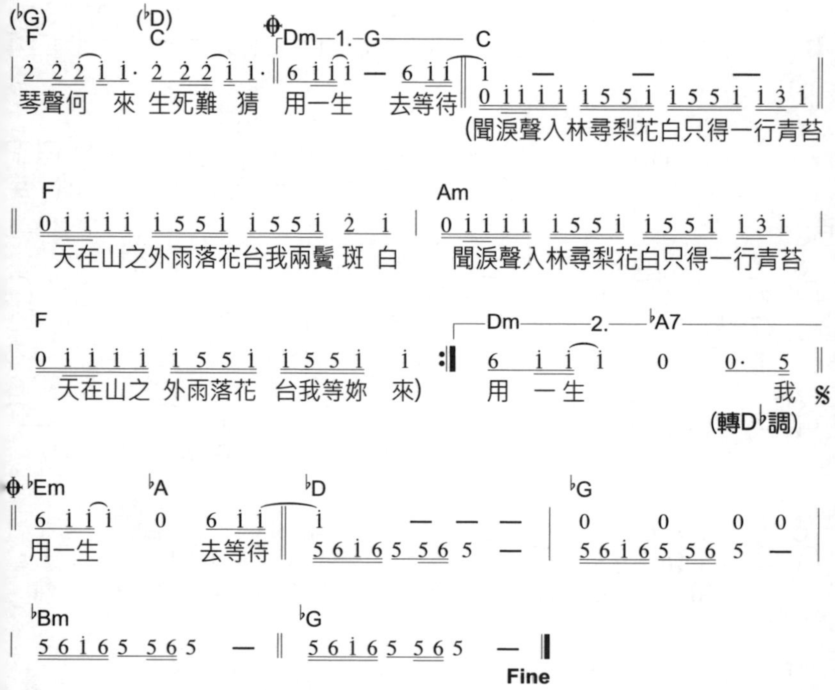

(♭G) F (♭D) C Dm 1. G C

| 2 2 2 1 1· 2 2 2 1 1· ‖ 6 1 1 1 — 6 1 1 | 1 — — — ‖
琴聲何 來 生死難 猜 用一生 去等待
0 1 1 1 1 1 5 5 1 1 5 5 1 1 3 1
(聞淚聲入林尋梨花白只得一行青苔

F Am

‖ 0 1 1 1 1 1 5 5 1 1 5 5 1 2 1 | 0 1 1 1 1 1 5 5 1 1 5 5 1 1 3 1 |
天在山之外雨落花台我兩鬢 斑 白 聞淚聲入林尋梨花白只得一行青苔

F Dm 2. ♭A7

| 0 1 1 1 1 1 5 5 1 1 5 5 1 1 :| 6 1 1 1 0 0· 5 ‖
天在山之 外雨落花 台我等妳 來) 用 一生 我
(轉D♭調)

♭Em ♭A ♭D ♭G

‖ 6 1 1 1 0 6 1 1 ‖ 1 — — — | 0 0 0 0 |
用一生 去等待 5 6 1 6 5 5 6 5 — | 5 6 1 6 5 5 6 5 — |

♭Bm ♭G

| 5 6 1 6 5 5 6 5 — ‖ 5 6 1 6 5 5 6 5 — ‖

Fine

無樂不作

Key：C
Play：C
男調：C　女調：G
4/4 ♩=175

詞 / 嚴云農　曲 / 范逸臣　唱 / 范逸臣

彈奏參考
| ↑ ↑↓↑↓ ↑↓

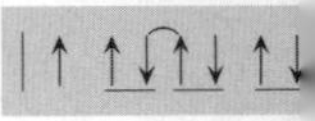

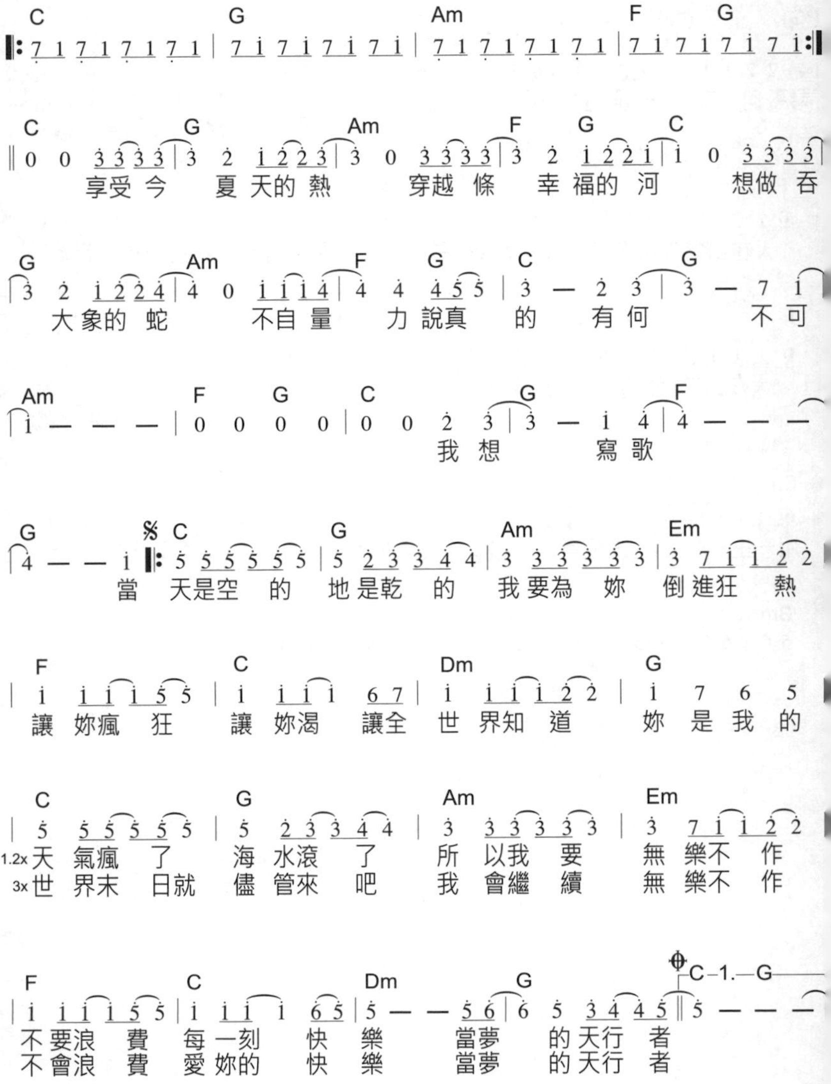

C　G　Am　F　G
|: 7 1 7 1 7 1 7 1 | 7 1 7 1 7 1 7 1 | 7 1 7 1 7 1 7 1 | 7 1 7 1 7 1 7 1 :|

C　G　Am　F　G　C
|| 0 0 3 3 3 3 | 3 2 1 2 2 3 | 3 0 3 3 3 3 | 3 2 1 2 2 1 | 1 0 3 3 3 3 |
享受今　夏天的熱　穿越條　幸福的河　想做吞

G　Am　F　G　C　G
| 3 2 1 2 2 4 | 4 0 1 1 1 4 | 4 4 4 5 5 | 3 — 2 3 | 3 — 7 1 |
大象的蛇　不自量　力說真　的　有何　不可

Am　F　G　C　G　F
| 1 — — — | 0 0 0 0 | 0 0 2 3 | 3 — 1 4 | 4 — — — |
我想　寫歌

G　𝄋 C　G　Am　Em
| 4 — — 1 |: 5 5 5 5 5 5 | 5 2 3 3 4 4 | 3 3 3 3 3 3 | 3 7 1 1 2 2 |
當　天是空　的　地是乾　的　我要為　妳　倒進狂　熱

F　C　Dm　G
| 1 1 1 1 5 5 | 1 1 1 1 6 7 | 1 1 1 1 2 2 | 1 7 6 5 |
讓　妳瘋　狂　讓　妳渴　讓全　世　界知　道　妳　是　我　的

C　G　Am　Em
| 5 5 5 5 5 5 | 5 2 3 3 4 4 | 3 3 3 3 3 3 | 3 7 1 1 2 2 |
1.2x 天　氣瘋　了　海　水滾　了　所　以我　要　無　樂不　作
3x 世　界末　日就　儘　管來　吧　我　會繼　續　無　樂不　作

F　C　Dm　G　Φ C 1.— G
| 1 1 1 1 5 5 | 1 1 1 1 6 5 | 5 — — 5 6 | 6 5 3 4 4 5 || 5 — — — |
不要浪　費　每一刻　快　樂　當夢　的天行　者
不會浪　費　愛妳的　快　樂　當夢　的天行　者

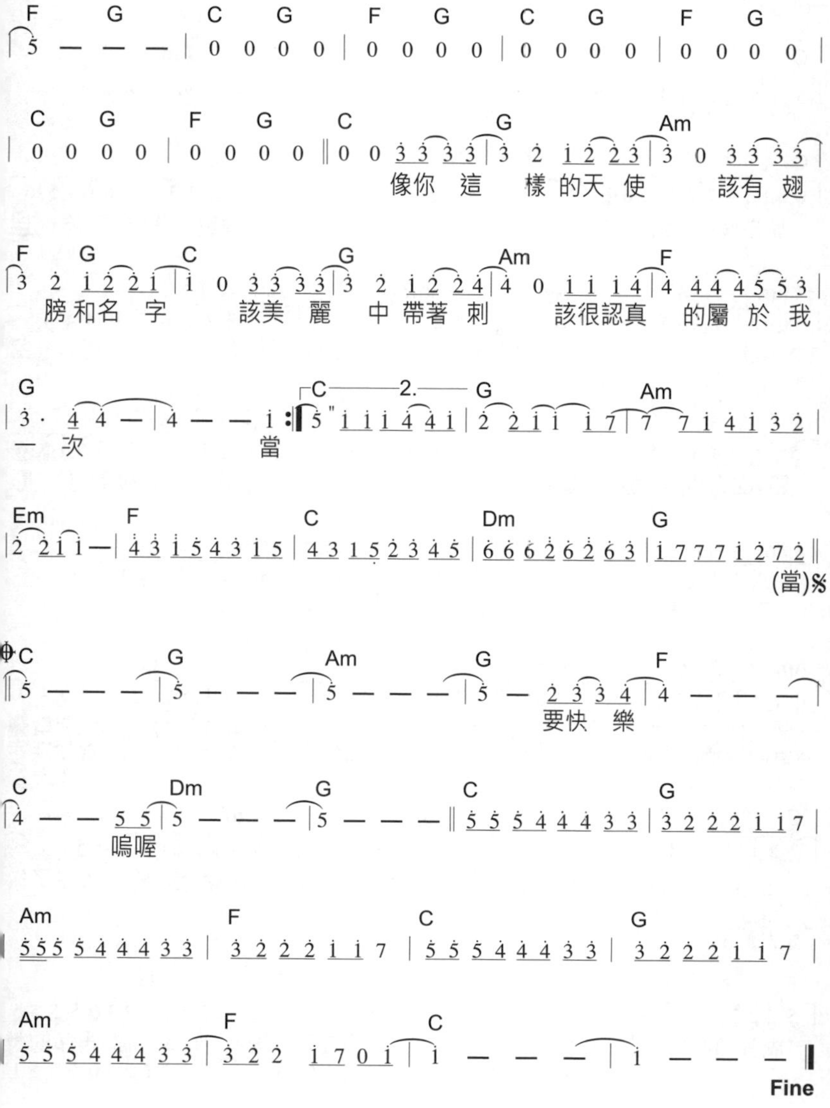

F G | C G | F G | C G | F G
| 5 — — — | 0 0 0 0 | 0 0 0 0 | 0 0 0 0 | 0 0 0 0 |

C G | F G || C G | Am
| 0 0 0 0 | 0 0 0 0 || 0 0 3 3 3 3 | 3 2 1 2 2 3 | 3 0 3 3 3 3 |
像你 這 樣 的天 使 該有 翅

F G | C G | Am | F
| 3 2 1 2 2 1 | 1 0 3 3 3 3 | 3 2 1 2 2 4 | 4 0 1 1 1 4 | 4 4 4 4 5 5 3 |
膀和名 字 該美 麗 中 帶著 刺 該很認真 的屬 於 我

G | 2. C | G | Am
| 3 · 4 4 — | 4 — — 1 :|| 5 " 1 1 1 4 4 1 | 2 2 1 1 1 7 | 7 7 1 4 1 3 2 |
一 次 當

Em | F | C | Dm | G
| 2 2 1 1 — | 4 3 1 5 4 3 1 5 | 4 3 1 5 2 3 4 5 | 6 6 6 2 6 2 6 3 | 1 7 7 7 1 2 7 2 ||
(當)𝄋

Φ C | G | Am | G | F
|| 5 — — — | 5 — — — | 5 — — — | 5 — 2 3 3 4 | 4 — — — |
要快 樂

C | Dm | G || C | G
| 4 — — 5 5 | 5 — — — | 5 — — — || 5 5 5 4 4 4 3 3 | 3 2 2 2 1 1 7 |
嗚喔

Am | F | C | G
| 5 5 5 5 4 4 4 3 3 | 3 2 2 2 1 1 7 | 5 5 5 4 4 4 3 3 | 3 2 2 2 1 1 7 |

Am | F | C
| 5 5 5 4 4 4 3 3 | 3 2 2 1 7 0 1 | 1 — — — | 1 — — — ||

Fine

微加幸福

Key：G♭
Play：C
男調：B♭ 女調：F
4/4 ♩=62

彈奏參考

詞 / 瑞業　曲 / 許約詠　唱 / 郁可唯

C　Fm　C　Fm

C　Fm　C
城市像一座迷宮 但 我不服　誰說一個人不能走

Fm　Am　Em7　Am
出　與你相愛 迷糊 讓步 到你 退出 再多分岔

F　G　C　C
路 回憶很清 楚 我慢慢重 組　𝄆 每一天我和我的影

Fm　C　Fm
子 散 步　在朋友面 前堅 持 不 哭

Am　Em7　Am　F　G
曾經他們 和我 一樣 相信 幸福 這一刻孤 獨 賴在房裡 住 我怎麼驅
2x 曾經他們 和我 一樣 相信 幸福 一次的痛 哭 換一次領 悟 我就能走

C　𝄋 F　G　Em7　Am
逐　怎麼在愛 裡微 加 幸 福 少一點自 由就 變 負 太多了你
出

F　G　C　F　G
說我 的 關 心是一種 束 縛　怎麼在愛 裡微 加 幸 福 再多的微

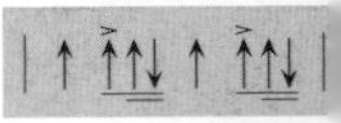

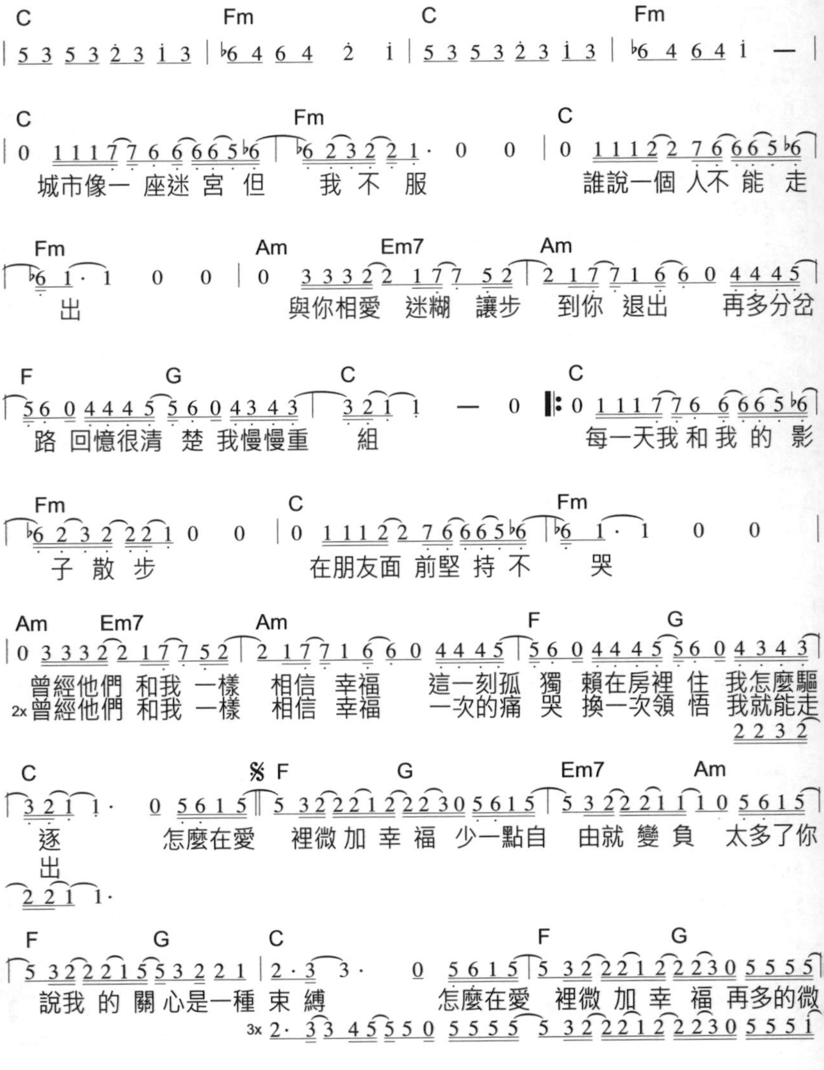

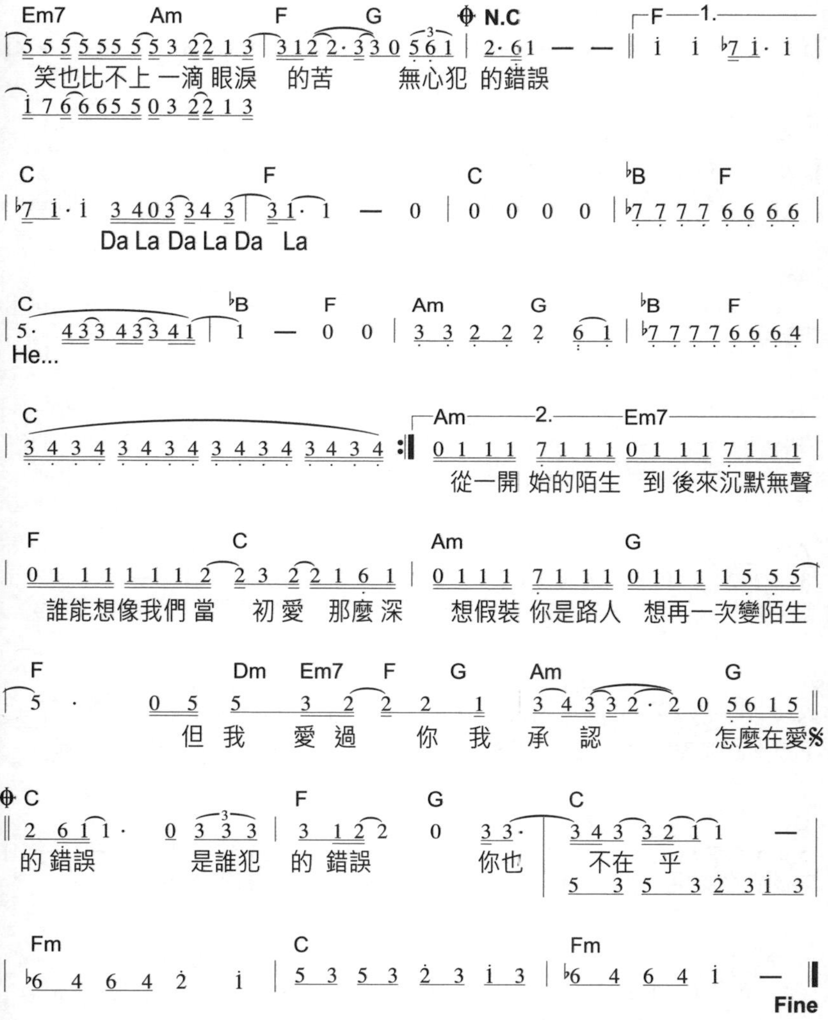

Em7 Am F G 𝄌 N.C F 1.

5 5 5 5 5 5 5 5 3 2 2 1 3 | 3 1 2 2 · 3 3 0 5 6 1 | 2 · 6 1 — — ‖ i i ♭7 i · i |

笑也比不上一滴眼淚 的苦 無心犯 的錯誤

i 7 6 6 6 5 5 0 3 2 2 1 3

C F C ♭B F

| ♭7 i · i 3 4 0 3 3 4 3 | 3 1 · 1 — 0 | 0 0 0 0 | ♭7 7 7 7 6 6 6 6 |

Da La Da La Da La

C ♭B F Am G ♭B F

| 5 · 4 3 3 4 3 3 4 1 | 1 — 0 0 | 3 3 2 2 2 6 1 | ♭7 7 7 7 6 6 6 4 |

He...

C Am 2. Em7

| 3 4 3 4 3 4 3 4 3 4 3 4 3 4 3 4 :‖ 0 1 1 1 7 1 1 1 0 1 1 1 7 1 1 1 |

從一開始的陌生 到後來沉默無聲

F C Am G

| 0 1 1 1 1 1 1 2 2 3 2 2 1 6 1 | 0 1 1 1 7 1 1 1 0 1 1 1 1 5 5 5 |

誰能想像我們當 初愛 那麼深 想假裝你是路人 想再一次變陌生

F Dm Em7 F G Am G

| 5 · 0 5 5 3 2 2 2 1 | 3 4 3 3 2 · 2 0 5 6 1 5 ‖

但我 愛過 你我 承 認 怎麼在愛𝄋

𝄌 C F G C

‖ 2 6 1 1 · 0 3 3 3 | 3 1 2 2 0 3 3 · | 3 4 3 3 2 1 1 — |

的錯誤 是誰犯 的錯誤 你也 不在 乎

5 3 5 3 2 3 i 3

Fm C Fm

| ♭6 4 6 4 2 i | 5 3 5 3 2 3 i 3 | ♭6 4 6 4 i — ‖

Fine

Key：C
Play：G
男調：G 女調：D
4/4 ♩=65

愛情釀的酒

詞 / 紅螞蟻 曲 / 紅螞蟻 唱 / 紅螞蟻

彈奏參考

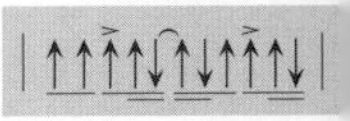

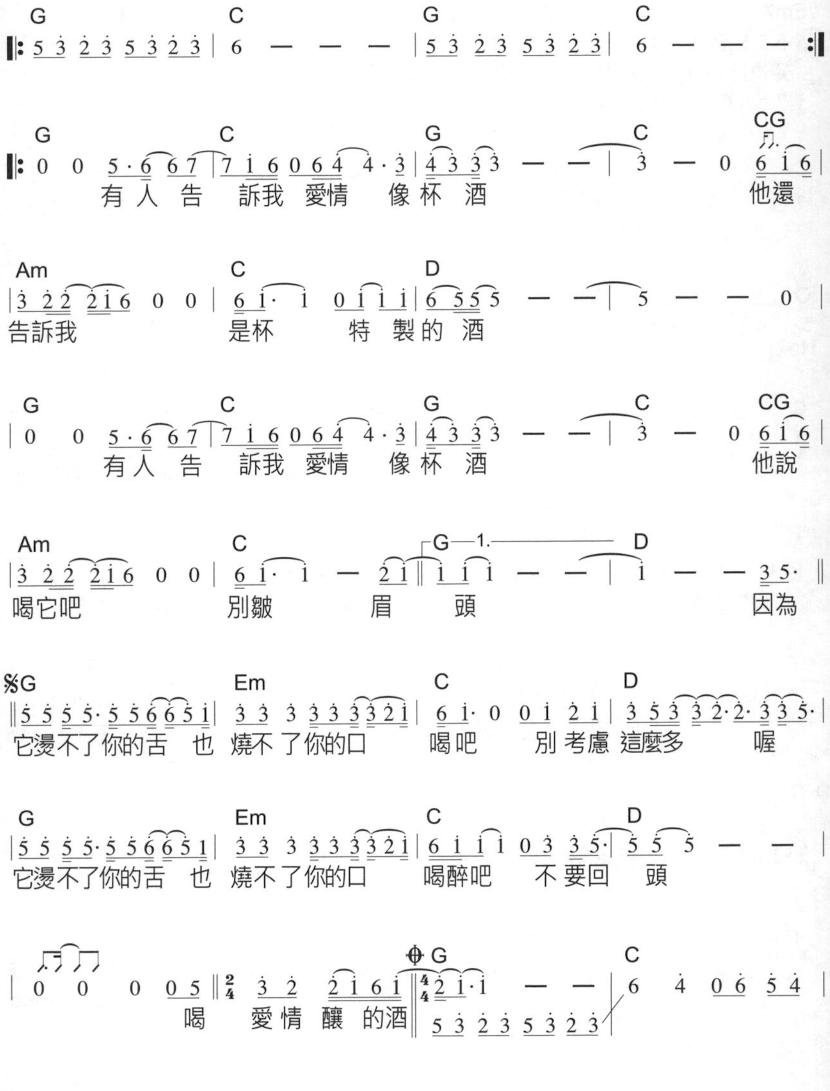

G C G C

G C G C CG
有人告 訴我 愛情 像杯 酒 他還

Am C D
告訴我 是杯 特 製的 酒

G C G C CG
有人告 訴我 愛情 像杯 酒 他說

Am C G 1. D
喝它吧 別皺 眉 頭 因為

𝄋G Em C D
它燙不了你的舌 也 燒不了你的口 喝吧 別考慮 這麼多 喔

G Em C D
它燙不了你的舌 也 燒不了你的口 喝醉吧 不要回 頭

𝄌G C
喝 愛情 釀 的酒

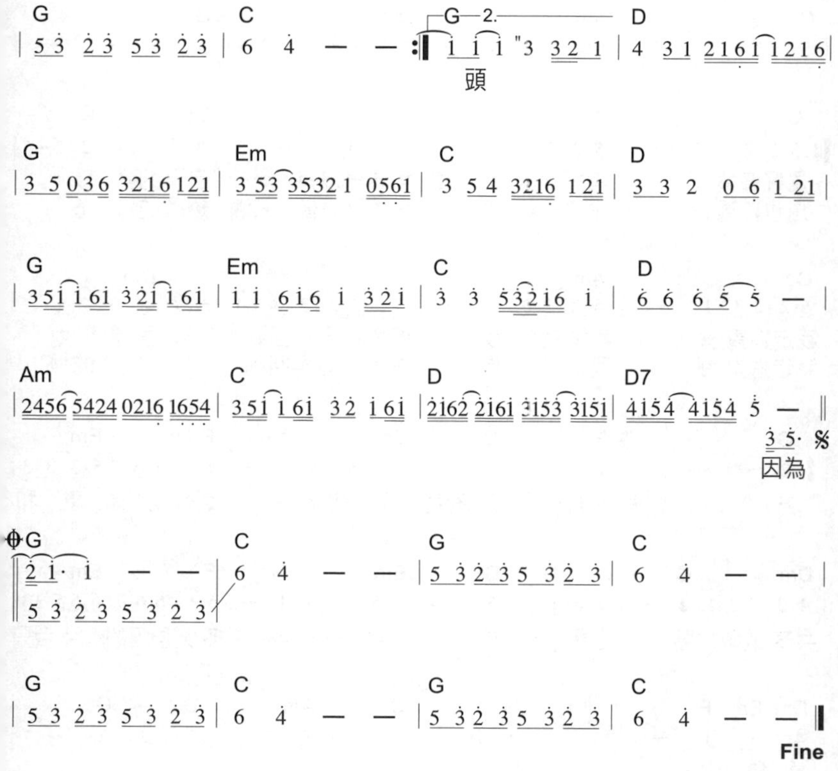

G C G 2. D

| 5 3 2 3 5 3 2 3 | 6 4 — — :‖ 1 1 1 "3 3 2 1 | 4 3 1 2 1 6 1 1 2 1 6 |

頭

G Em C D

| 3 5 0 3 6 3 2 1 6 1 2 1 | 3 5 3 3 5 3 2 1 0 5 6 1 | 3 5 4 3 2 1 6 1 2 1 | 3 3 2 0 6 1 2 1 |

G Em C D

| 3 5 1 1 6 1 3 2 1 1 6 1 | 1 1 6 1 6 1 3 2 1 | 3 3 5 3 2 1 6 1 | 6 6 6 5 5 — |

Am C D D7

| 2 4 5 6 5 4 2 4 0 2 1 6 1 6 5 4 | 3 5 1 1 6 1 3 2 1 6 1 | 2 1 6 2 2 1 6 1 3 1 5 3 3 1 5 1 | 4 1 5 4 4 1 5 4 5 — ‖

3 5· 𝄋

因為

𝄌G C G C

‖ 2 1· 1 — — | 6 4 — — | 5 3 2 3 5 3 2 3 | 6 4 — — |

‖ 5 3 2 3 5 3 2 3 |

G C G C

| 5 3 2 3 5 3 2 3 | 6 4 — — | 5 3 2 3 5 3 2 3 | 6 4 — — ‖

Fine

Key：C
Play：C-D♭
男調：F　女調：C
4/4 ♩=72

台北的天空

詞／陳克華　曲／陳復明　唱／王芷蕾

彈奏參考

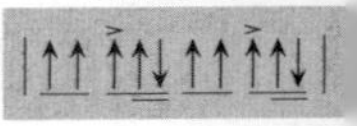

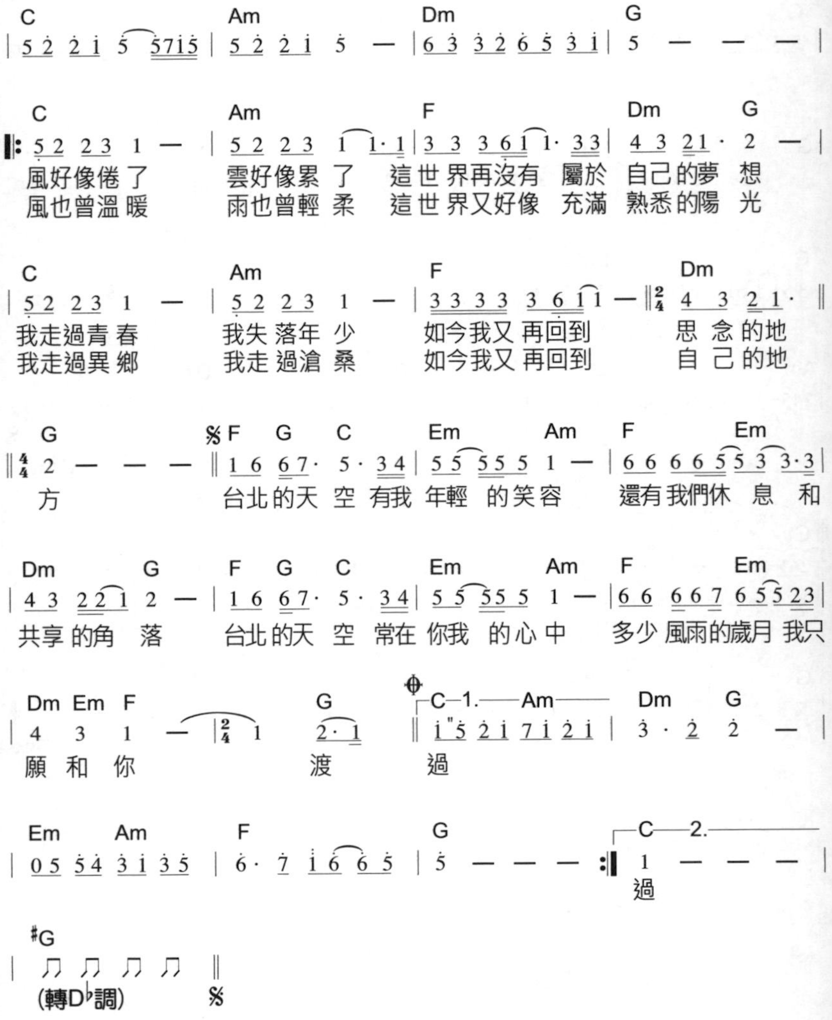

C　Am　Dm　G
| 5 2 2 1 5 5715 | 5 2 2 1 5 — | 6 3 3 2 6 5 3 1 | 5 — — — |

C　Am　F　Dm　G
|: 5 2 2 3 1 — | 5 2 2 3 1 1· 1 | 3 3 3 6 1 1· 3 3 | 4 3 2 1· 2 — |
風好像倦了　雲好像累了　這世界再沒有　屬於自己的夢想
風也曾溫暖　雨也曾輕柔　這世界又好像　充滿熟悉的陽光

C　Am　F　Dm
| 5 2 2 3 1 — | 5 2 2 3 1 — | 3 3 3 3 3 6 1 1 — || 2/4 4 3 2 1· ||
我走過青春　我失落年少　如今我又再回到　思念的地
我走過異鄉　我走過滄桑　如今我又再回到　自己的地

G　𝄋 F G C　Em　Am　F　Em
|| 4/4 2 — — — || 1 6 6 7· 5· 3 4 | 5 5 5 5 5 1 — | 6 6 6 6 5 5 3 3· 3 |
方　台北的天空　有我年輕的笑容　還有我們休息和

Dm　G　F G C　Em　Am　F　Em
| 4 3 2 2 1 2 — | 1 6 6 7· 5· 3 4 | 5 5 5 5 5 1 — | 6 6 6 6 7 6 5 5 2 3 |
共享的角落　台北的天空　常在你我的心中　多少風雨的歲月我只

Dm Em F　G　𝄌 C 1. Am　Dm　G
| 4 3 1 — | 2/4 1 2· 1 || 1 5 2 1 7 1 2 1 | 3· 2 2 — |
願和你　渡　過

Em　Am　F　G　C 2.
| 0 5 5 4 3 1 3 5 | 6· 7 1 6 6 5 | 5 — — — :|| 1 — — — |
過

♯G
| ♫ ♫ ♫ ♫ ||
(轉D♭調)　𝄋

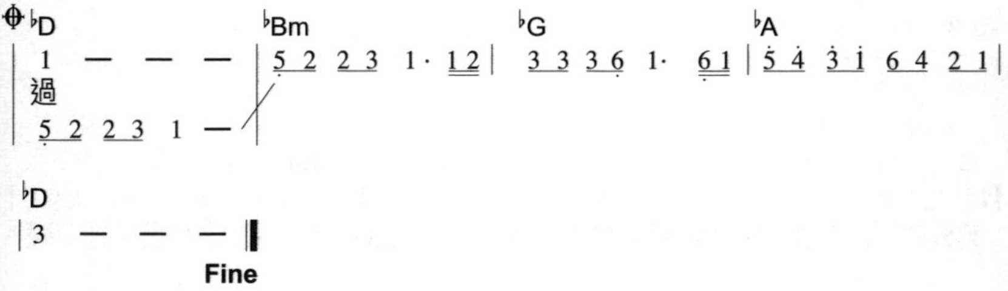

Φ ♭D | 1 — — — | ♭Bm 5 2 2 3 1· 1 2 | ♭G 3 3 3 6 1· 6 1 | ♭A 5 4 3 1 6 4 2 1 |

過

| 5 2 2 3 1 — |

♭D

| 3 — — — ||

Fine

Key：A♭
Play：G
男調：G 女調：D
4/4 ♩=74

大約在冬季

詞 / 齊秦 曲 / 齊秦 唱 / 齊秦

彈奏參考

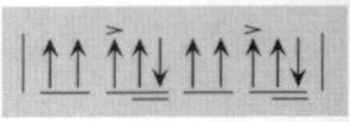

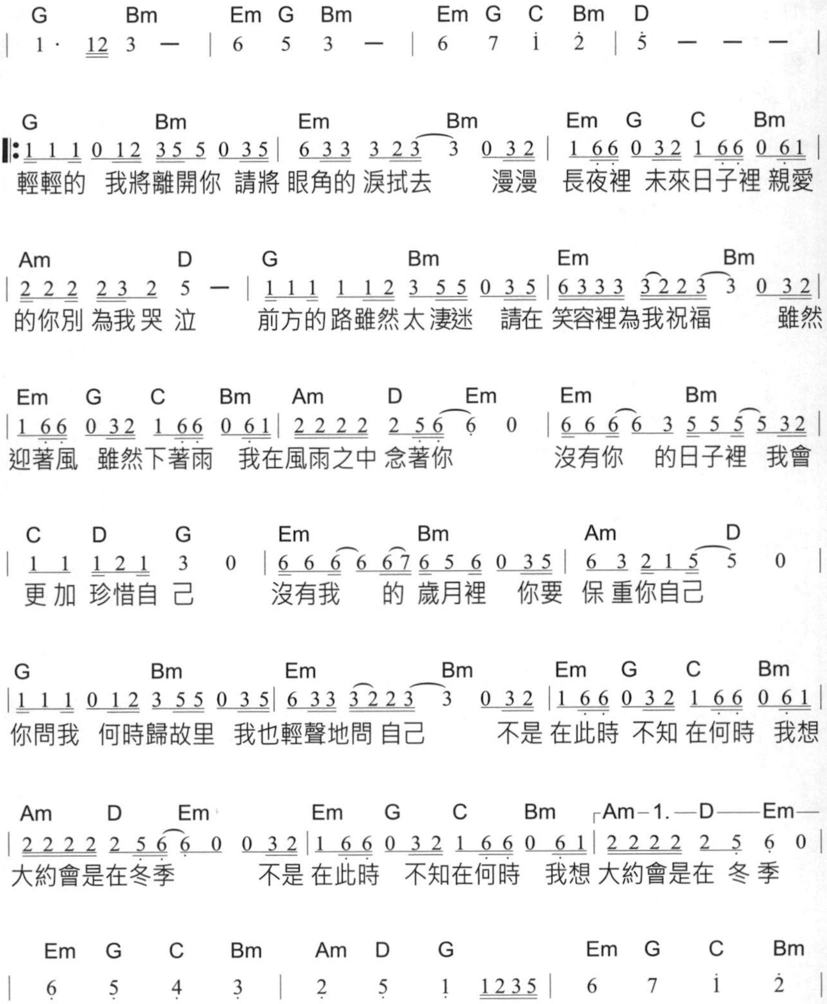

G Bm Em G Bm Em G C Bm D
| 1· 12 3 — | 6 5 3 — | 6 7 1 2 | 5 — — — |

G Bm Em Bm Em G C Bm
|: 1 1 1 0 12 35 5 0 35 | 6 33 3 23 3 0 32 | 1 66 0 32 1 66 0 61 |
輕輕的 我將離開你 請將 眼角的 淚拭去 漫漫 長夜裡 未來日子裡 親愛

Am D G Bm Em Bm
| 2 2 2 2 3 2 5 — | 1 1 1 1 1 2 3 5 5 0 3 5 | 6 3 3 3 3 2 2 3 3 0 3 2 |
的你別 為我哭 泣 前方的路雖然太淒迷 請在 笑容裡為我祝福 雖然

Em G C Bm Am D Em Em Bm
| 1 66 0 32 1 66 0 61 | 2 2 2 2 2 56 6 0 | 6 6 6 6 3 5 5 5 5 32 |
迎著風 雖然下著雨 我在風雨之中 念著你 沒有你 的日子裡 我會

C D G Em Bm Am D
| 1 1 1 2 1 3 0 | 6 6 6 6 67 6 5 6 0 35 | 6 3 2 1 5 5 0 |
更 加 珍惜自 己 沒有我 的 歲月裡 你要 保 重你自己

G Bm Em Bm Em G C Bm
| 1 1 1 0 1 2 3 5 5 0 3 5 | 6 33 3 2 2 3 3 0 3 2 | 1 6 6 0 3 2 1 6 6 0 6 1 |
你問我 何時歸故里 我也輕聲地問 自己 不是 在此時 不知 在何時 我想

Am D Em Em G C Bm Am — 1. — D —— Em —
| 2 2 2 2 2 5 6 6 0 0 3 2 | 1 6 6 0 3 2 1 6 6 0 6 1 | 2 2 2 2 2 5 6 0 |
大約會是在冬季 不是 在此時 不知在何時 我想 大約會是在 冬 季

Em G C Bm Am D G Em G C Bm
| 6 5 4 3 | 2 5 1 1235 | 6 7 1 2 |

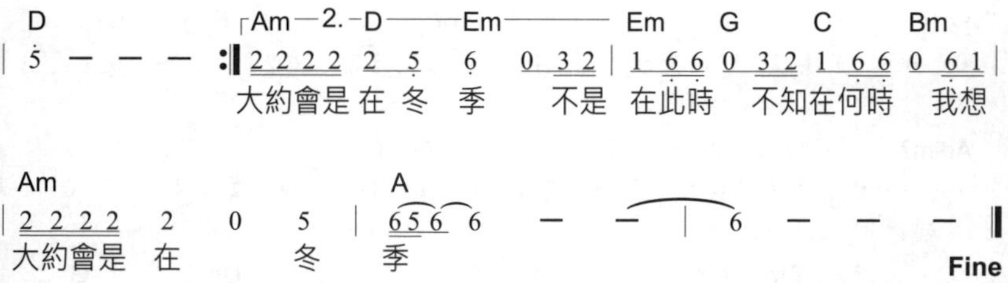

D　　　　　　Am 2. D　Em　　Em　G　C　Bm

| 5 — — — :‖ 2 2 2 2 2 5 6 0 3 2 | 1 6 6 0 3 2 1 6 6 0 6 1 |

大約會是在冬季　不是　在此時　不知在何時　我想

Am　　　　　　A

| 2 2 2 2 2 0 5 | 6 5 6 6 — — | 6 — — — ‖

大約會是　在　冬　季

Fine

Key：F
Play：C
男調：A 女調：E
4/4 ♩=70

我只在乎你

詞 / 慎芝 曲 / 三木たかし 唱 / 鄧麗君

彈奏參考

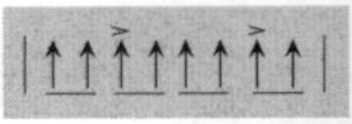

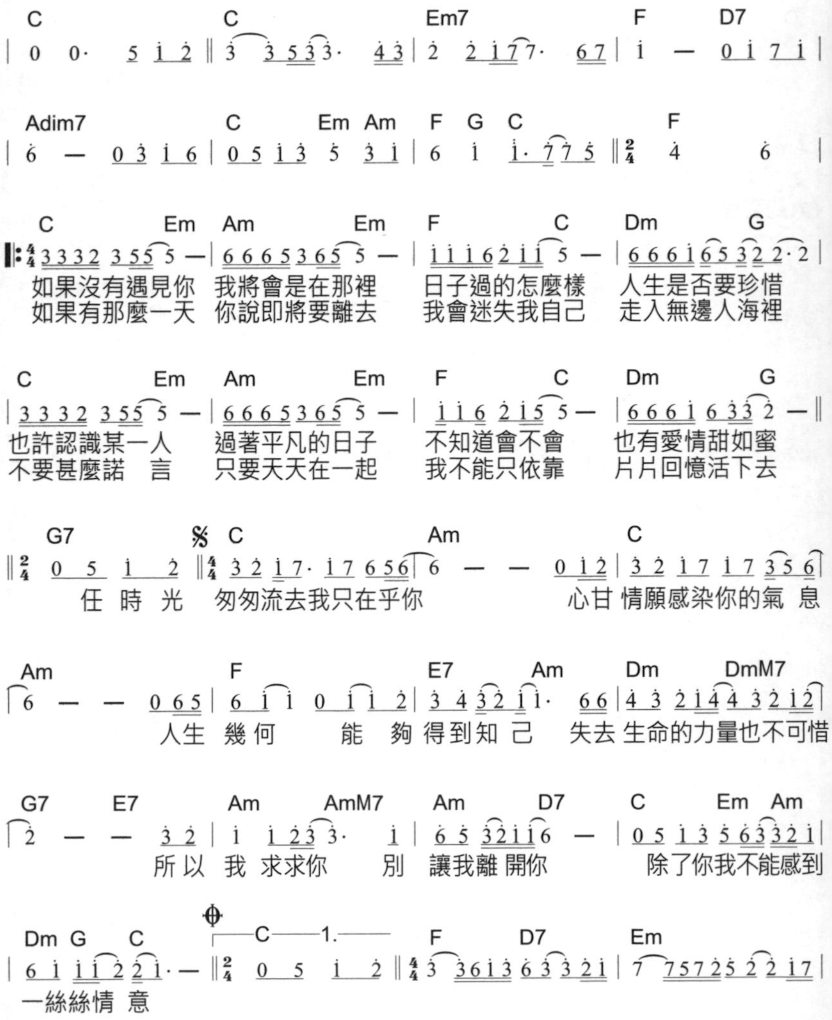

C C Em7 F D7
| 0 0· 5 1 2 ‖ 3 3 5 3 3· 4 3 | 2 2 1 7 7· 6 7 | 1 — 0 1 7 1 |

Adim7 C Em Am F G C F
| 6 — 0 3 1 6 | 0 5 1 3 5 3 1 | 6 1 1· 7 7 5 ‖ 2/4 4 6 |

C Em Am Em F C Dm G
‖: 4/4 3 3 3 2 3 5 5 5 — | 6 6 6 5 3 6 5 5 — | 1 1 1 6 2 1 1 5 — | 6 6 6 1 6 5 3 2 2· 2 |
如果沒有遇見你 我將會是在那裡 日子過的怎麼樣 人生是否要珍惜
如果有那麼一天 你說即將要離去 我會迷失我自己 走入無邊人海裡

C Em Am Em F C Dm G
| 3 3 3 2 3 5 5 5 — | 6 6 6 5 3 6 5 5 — | 1 1 6 2 1 5 5 — | 6 6 6 1 6 3 3 2 — ‖
也許認識某一人 過著平凡的日子 不知道會不會 也有愛情甜如蜜
不要甚麼諾 言 只要天天在一起 我不能只依靠 片片回憶活下去

G7 𝄋 C Am C
‖ 2/4 0 5 1 2 ‖ 4/4 3 2 1 7· 1 7 6 5 6 | 6 — — 0 1 2 | 3 2 1 7 1 7 3 5 6 |
任 時 光 匆匆流去我只在乎你 心甘 情願感染你的氣 息

Am F E7 Am Dm DmM7
| 6 — — 0 6 5 | 6 1 1 0 1 1 2 | 3 4 3 2 1 1· 6 6 | 4 3 2 1 4 4 3 2 1 2 |
人生 幾 何 能 夠 得到知 己 失去 生命的力量也不可惜

G7 E7 Am AmM7 Am D7 C Em Am
| 2 — — 3 2 | 1 1 2 3 3· 1 | 6 5 3 2 1 1 6 — | 0 5 1 3 5 6 3 3 2 1 |
所 以 我 求求你 別 讓我離 開你 除了你我不能感到

Dm G C Φ C 1. F D7 Em
| 6 1 1 1 2 2 1· — ‖ 2/4 0 5 1 2 ‖ 4/4 3 3 6 1 3 6 3 3 2 1 | 7 7 5 7 2 5 2 2 1 7 |
一絲絲情 意

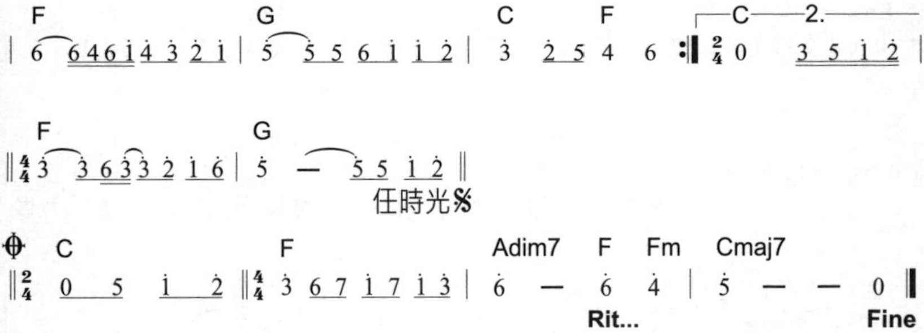

F G C F C 2.

| 6 6 4 6 1 4 3 2 1 | 5 5 5 6 1 1 2 | 3 2 5 4 6 :‖ 2/4 0 3 5 1 2 |

F G

‖ 4/4 3 3 6 3 3 2 1 6 | 5 — 5 5 1 2 ‖

任時光𝄋

𝄌 C F Adim7 F Fm Cmaj7

‖ 2/4 0 5 1 2 ‖ 4/4 3 6 7 1 7 1 3 | 6 — 6 4 | 5 — — 0 ‖

Rit... Fine

Key：Em
Play：Em
男調：Em　女調：Bm
4/4 ♩=64

愛你一萬年

詞 / 杜莉　曲 / 大野克夫　唱 / 伍佰

彈奏參考

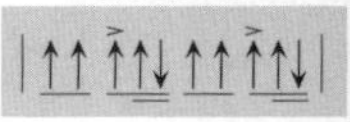

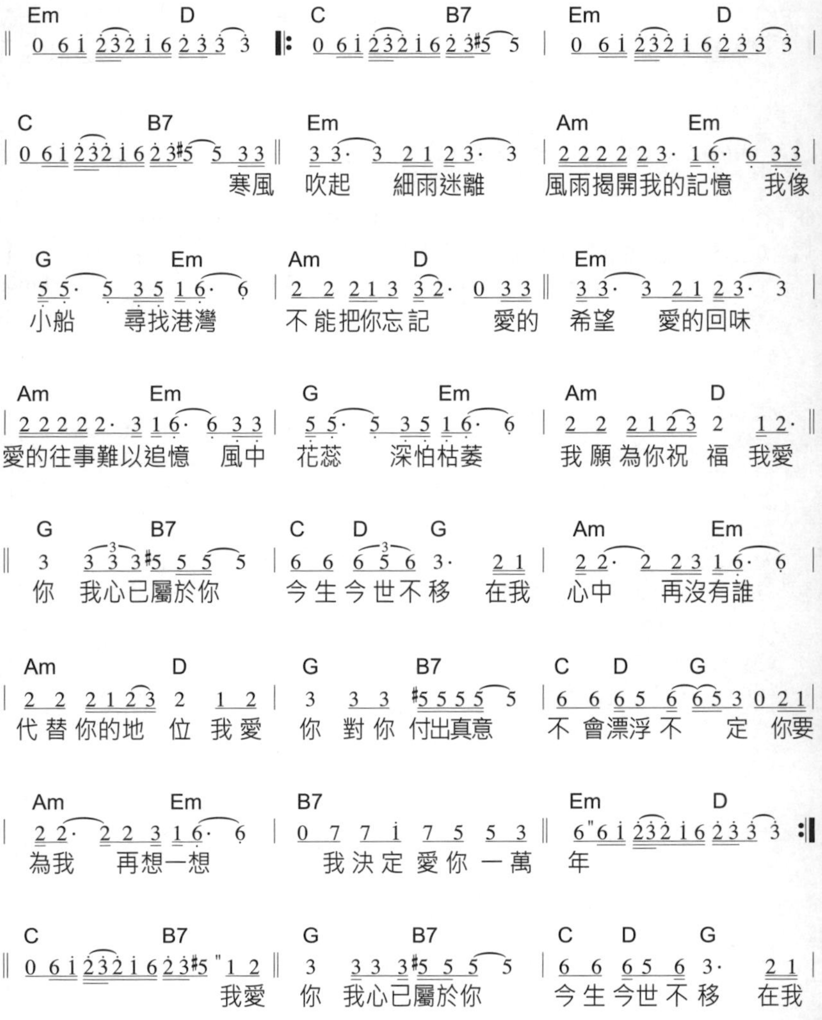

| ↑↑ ↑↑↓ ↑↑ ↑↑↓ |

Em　D　|　C　B7　|　Em　D
‖ 0 6 1 2 3 2 1 6 2 3 3 3 3 ‖: 0 6 1 2 3 2 1 6 2 3 #5 5 | 0 6 1 2 3 2 1 6 2 3 3 3 3 |

C　B7　|　Em　|　Am　Em
| 0 6 1 2 3 2 1 6 2 3 #5 5 3 3 ‖ 3 3· 3 2 1 2 3· 3 | 2 2 2 2 2 3· 1 6· 6 3 3 |
寒風　吹起　細雨迷離　風雨揭開我的記憶　我像

G　Em　|　Am　D　|　Em
| 5 5· 5 3 5 1 6· 6 | 2 2 2 1 3 3 2· 0 3 3 ‖ 3 3· 3 2 1 2 3· 3 |
小船　尋找港灣　不能把你忘記　愛的　希望　愛的回味

Am　Em　|　G　Em　|　Am　D
| 2 2 2 2 2· 3 1 6· 6 3 3 | 5 5· 5 3 5 1 6· 6 | 2 2 2 1 2 3 2 1 2· ‖
愛的往事難以追憶　風中　花蕊　深怕枯萎　我願為你祝福　我愛

G　B7　|　C　D　G　|　Am　Em
‖ 3 3 3 3 #5 5 5 5 | 6 6 6 5 6 3· 2 1 | 2 2· 2 2 3 1 6· 6 |
你　我心已屬於你　今生今世不移　在我　心中　再沒有誰

Am　D　|　G　B7　|　C　D　G
| 2 2 2 1 2 3 2 1 2 | 3 3 3 #5 5 5 5 5 | 6 6 6 5 6 6 5 3 0 2 1 |
代替你的地位　我愛　你　對你　付出真意　不會漂浮不　定　你要

Am　Em　|　B7　|　Em　D
| 2 2· 2 2 3 1 6· 6 | 0 7 7 1 7 5 5 3 ‖ 6 "6 1 2 3 2 1 6 2 3 3 3 :‖
為我　再想一想　我決定愛你一萬　年

C　B7　|　G　B7　|　C　D　G
‖ 0 6 1 2 3 2 1 6 2 3 #5 "1 2 ‖ 3 3 3 3 #5 5 5 5 | 6 6 6 5 6 3· 2 1 |
我愛　你　我心已屬於你　今生今世不移　在我

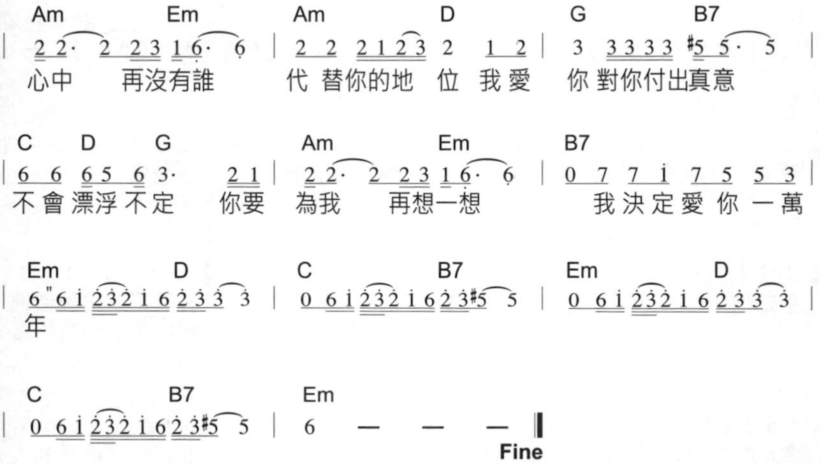

Am　Em　Am　D　G　B7

| 2 2· 2 2 3 1 6· 6 | 2 2 2 1 2 3 2 1 2 | 3 3 3 3 3 #5 5· 5 |

心中　再沒有誰　代 替你的地 位 我 愛 你 對你付出真意

C　D　G　Am　Em　B7

| 6 6 6 5 6 3· 2 1 | 2 2· 2 2 3 1 6· 6 | 0 7 7 1 7 5 5 3 |

不會漂浮不定　你要　為我　再想一想　我 決 定 愛 你 一 萬

Em　D　C　B7　Em　D

| 6 " 6 1 2 3 2 1 6 2 3 3 3 | 0 6 1 2 3 2 1 6 2 3 #5 5 | 0 6 1 2 3 2 1 6 2 3 3 3 |

年

C　B7　Em

| 0 6 1 2 3 2 1 6 2 3 #5 5 | 6 — — — ‖

Fine

Key：C
Play：C
男調：C 女調：G
4/4 ♩=96

流浪到淡水

詞 / 陳明章 曲 / 陳明章 唱 / 金門王、李炳輝

彈奏參考

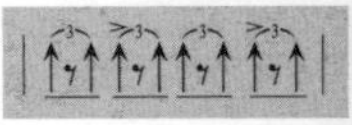

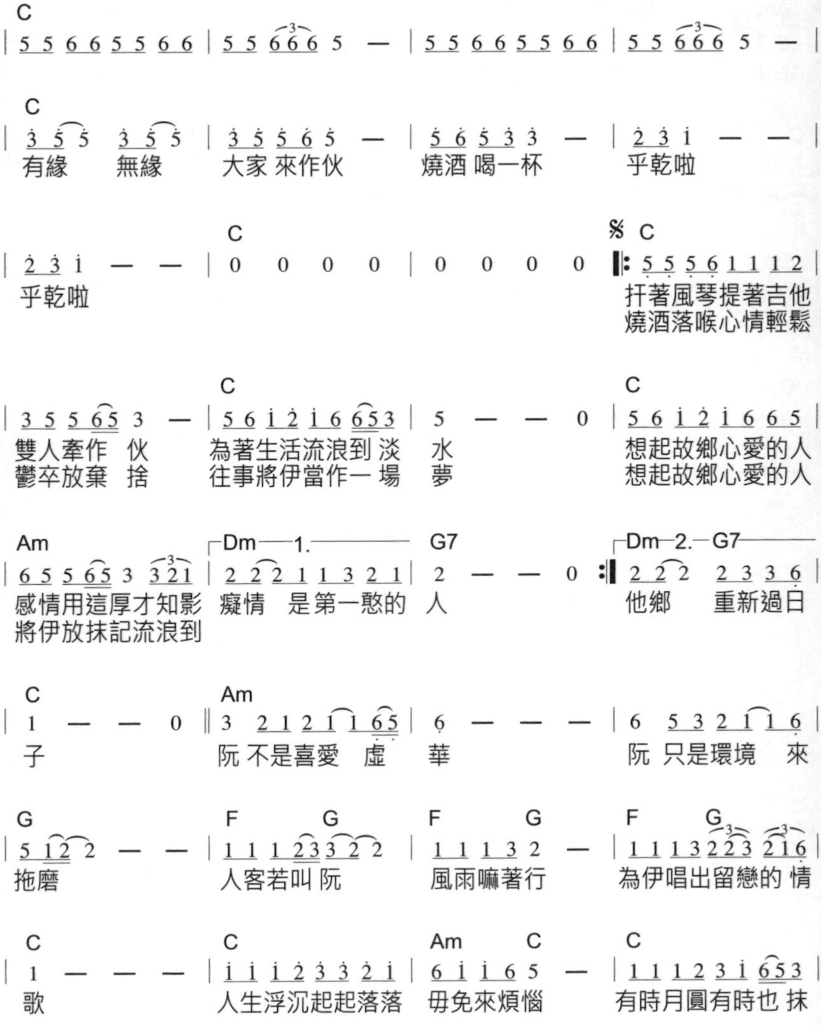

C
| 5 5 6 6 5 5 6 6 | 5 5 6 6 6 5 — | 5 5 6 6 5 5 6 6 | 5 5 6 6 6 5 — |

C
| 3 5 5 3 5 5 | 3 5 5 6 5 — | 5 6 5 3 3 — | 2 3 1 — — |
有緣 無緣 大家 來作伙 燒酒 喝一杯 乎乾啦

C
| 2 3 1 — — | 0 0 0 0 | 0 0 0 0 |: 5 5 5 6 1 1 1 2 |
乎乾啦 扞著風琴提著吉他
燒酒落喉心情輕鬆

C C
| 3 5 5 6 5 3 — | 5 6 1 2 1 6 6 5 3 | 5 — — 0 | 5 6 1 2 1 6 6 5 |
雙人牽作 伙 為著生活流浪到 淡 水 想起故鄉心愛的人
鬱卒放棄 捨 往事將伊當作一 場 夢 想起故鄉心愛的人

Am Dm 1. G7 Dm 2. G7
| 6 5 5 6 5 3 3 2 1 | 2 2 2 1 1 3 2 1 | 2 — — 0 :| 2 2 2 2 3 3 6 |
感情用這厚才知影 癡情 是第一憨的 人 他鄉 重新過日
將伊放抹記流浪到

C Am
| 1 — — 0 || 3 2 1 2 1 1 6 5 | 6 — — — | 6 5 3 2 1 1 6 |
子 阮 不是喜愛 虛 華 阮 只是環境 來

G F G F G F G
| 5 1 2 2 — — | 1 1 1 2 3 3 2 2 | 1 1 1 3 2 — | 1 1 1 3 2 2 3 2 1 6 |
拖磨 人客若叫 阮 風雨嘛著行 為伊唱出留戀的 情

C C Am C C
| 1 — — — | 1 1 1 2 3 3 2 1 | 6 1 1 6 5 — | 1 1 1 2 3 1 6 5 3 |
歌 人生浮沉起起落落 毋免來煩惱 有時月圓有時也 抹

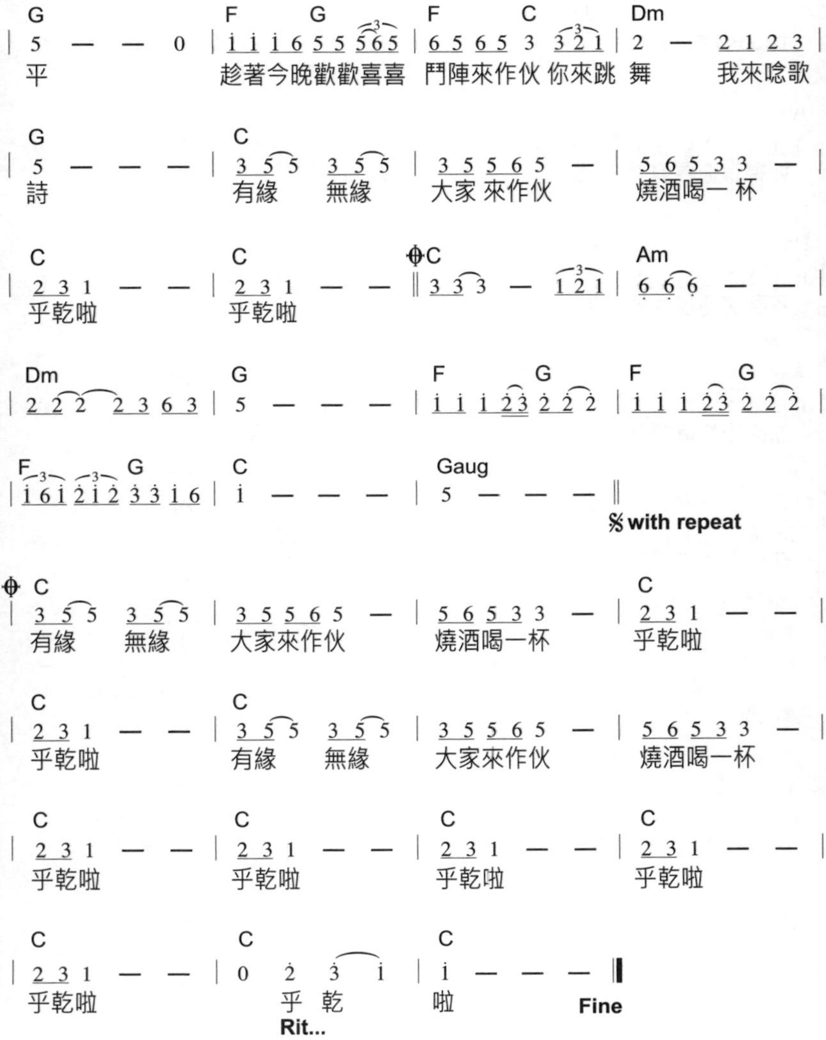

G F G F C Dm
| 5 — — 0 | i i i 6 5 5 5 6 5 | 6 5 6 5 3 3 2 1 | 2 — 2 1 2 3 |
平 趁著今晚歡歡喜喜 鬥陣來作伙 你來跳 舞 我來唸歌

G C
| 5 — — — | 3 5 5 3 5 5 | 3 5 5 6 5 — | 5 6 5 3 3 — |
詩 有緣 無緣 大家 來作伙 燒酒喝一 杯

C C ΦC Am
| 2 3 1 — — | 2 3 1 — — ‖ 3 3 3 — 1 2 1 | 6 6 6 — — |
乎乾啦 乎乾啦

Dm G F G F G
| 2 2 2 2 3 6 3 | 5 — — — | i i i 2 3 2 2 2 | i i i 2 3 2 2 2 |

F G C Gaug
| i 6 i 2 i 2 3 3 i 6 | i — — — | 5 — — — ‖

𝄋 with repeat

Φ C C
| 3 5 5 3 5 5 | 3 5 5 6 5 — | 5 6 5 3 3 — | 2 3 1 — — |
有緣 無緣 大家來作伙 燒酒喝一杯 乎乾啦

C C
| 2 3 1 — — | 3 5 5 3 5 5 | 3 5 5 6 5 — | 5 6 5 3 3 — |
乎乾啦 有緣 無緣 大家來作伙 燒酒喝一杯

C C C C
| 2 3 1 — — | 2 3 1 — — | 2 3 1 — — | 2 3 1 — — |
乎乾啦 乎乾啦 乎乾啦 乎乾啦

C C C
| 2 3 1 — — | 0 2 3 i | i — — — ‖
乎乾啦 乎 乾 啦

Rit... Fine

Key：Gm
Play：Am-G-Am
男調：Am　女調：Em
4/4 ♩=120

愛的初體驗

詞 / 張震嶽　曲 / 張震嶽　唱 / 張震嶽

彈奏參考
| ↑↓↑↓↑↓↑↓ |

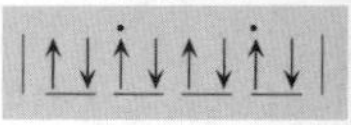

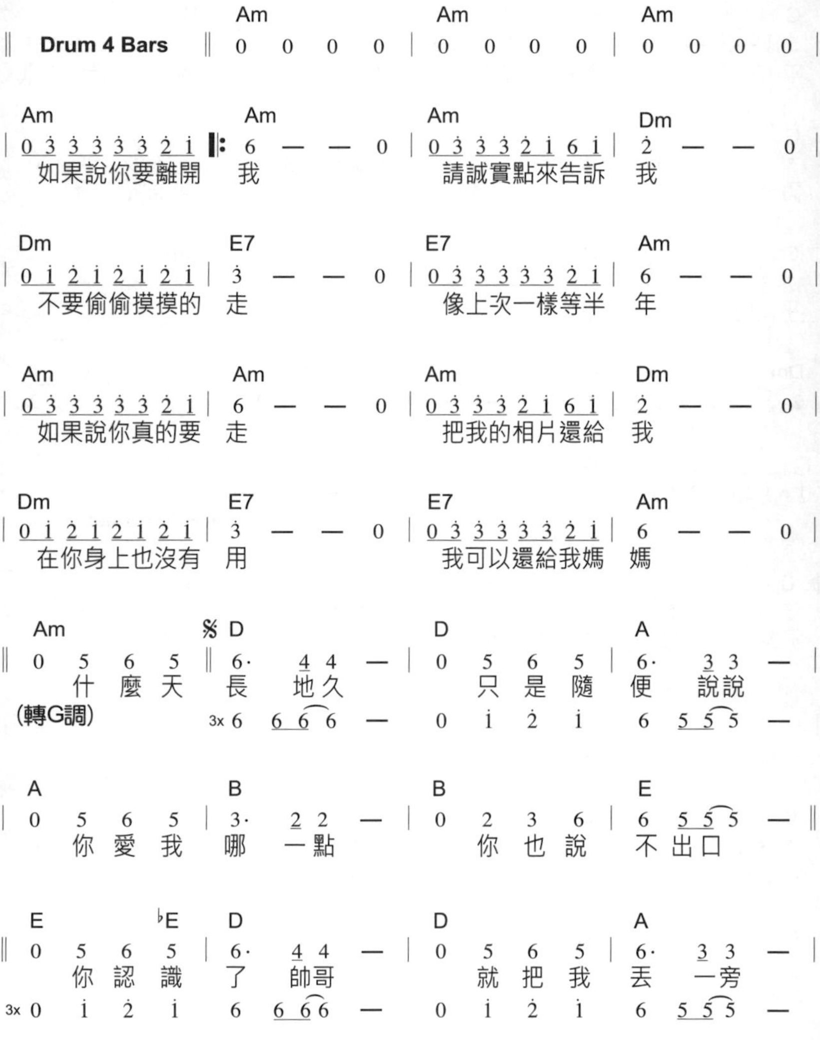

Drum 4 Bars ‖ Am 0 0 0 0 | Am 0 0 0 0 | Am 0 0 0 0 |

Am | 0 3 3 3 3 3 2 1 ‖: Am 6 — — 0 | Am 0 3 3 3 2 1 6 1 | Dm 2 — — 0 |
如果說你要離開　我　請誠實點來告訴　我

Dm | 0 1 2 1 2 1 2 1 | E7 3 — — 0 | E7 0 3 3 3 3 3 2 1 | Am 6 — — 0 |
不要偷偷摸摸的　走　像上次一樣等半　年

Am | 0 3 3 3 3 3 2 1 | Am 6 — — 0 | Am 0 3 3 3 2 1 6 1 | Dm 2 — — 0 |
如果說你真的要　走　把我的相片還給　我

Dm | 0 1 2 1 2 1 2 1 | E7 3 — — 0 | E7 0 3 3 3 3 3 2 1 | Am 6 — — 0 |
在你身上也沒有　用　我可以還給我媽　媽

Am ‖ 0 5 6 5 ‖ 𝄋 D 6· 4 4 — | D 0 5 6 5 | A 6· 3 3 — |
什麼天　長　地久　只是隨　便　說說
(轉G調)　3x 6 6 6 6 — | 0 1 2 1 | 6 5 5 5 — |

A | 0 5 6 5 | B 3· 2 2 — | B 0 2 3 6 | E 6 5 5 5 — ‖
你愛我　哪　一點　你也說　不出口

E ‖ 0 5 6 ♭E 5 | D 6· 4 4 — | D 0 5 6 5 | A 6· 3 3 — |
你認識　了　帥哥　就把我　丟　一旁
3x 0 1 2 1 | 6 6 6 6 — | 0 1 2 1 | 6 5 5 5 — |

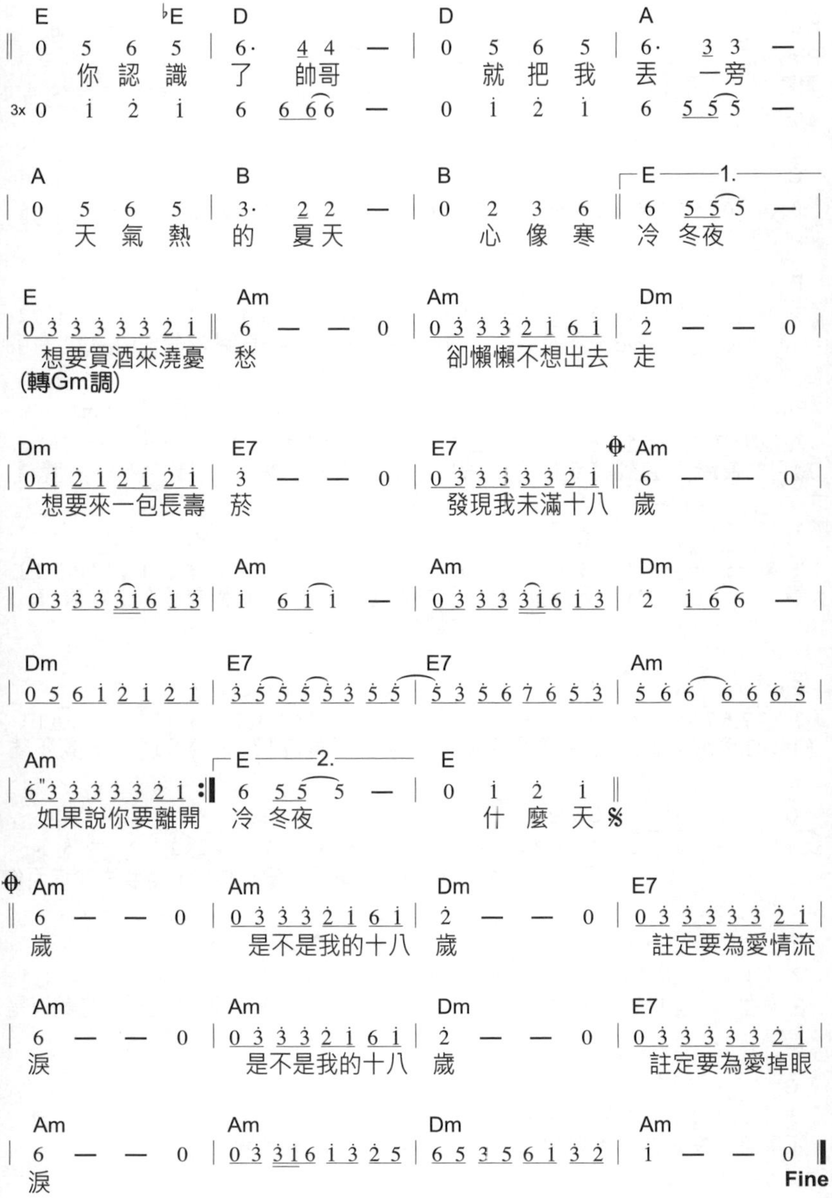

E ♭E | D | D | A

‖ 0 5 6 5 | 6· 4 4 — | 0 5 6 5 | 6· 3 3 — |

你 認 識 了 帥哥 就 把 我 丟 一旁

3x 0 1̇ 2̇ 1̇ | 6 6 6 6 — | 0 1̇ 2̇ 1̇ | 6 5 5 5 —

A | B | B | E 1.

| 0 5 6 5 | 3· 2 2 — | 0 2 3 6 ‖ 6 5 5 5 — |

天 氣 熱 的 夏天 心 像 寒 冷 冬夜

E | Am | Am | Dm

| 0 3̇ 3̇ 3̇ 3̇ 3̇ 2̇ 1̇ ‖ 6 — — 0 | 0 3̇ 3̇ 3̇ 2̇ 1̇ 6 1̇ | 2̇ — — 0 |

想要買酒來澆憂 愁 卻懶懶不想出去 走

(轉Gm調)

Dm | E7 | E7 | 𝄌 Am

| 0 1̇ 2̇ 1̇ 2̇ 1̇ 2̇ 1̇ | 3̇ — — 0 | 0 3̇ 3̇ 3̇ 3̇ 3̇ 2̇ 1̇ ‖ 6 — — 0 |

想要來一包長壽 菸 發現我未滿十八 歲

Am | Am | Am | Dm

‖ 0 3̇ 3̇ 3̇ 3̇ 1̇ 6 1̇ 3̇ | 1̇ 6 1̇ 1̇ — | 0 3̇ 3̇ 3̇ 3̇ 1̇ 6 1̇ 3̇ | 2̇ 1̇ 6 6 — |

Dm | E7 | E7 | Am

| 0 5 6 1̇ 2̇ 1̇ 2̇ 1̇ | 3̇ 5̇ 5̇ 5̇ 5̇ 3̇ 5̇ 5̇ | 5̇ 3̇ 5̇ 6̇ 7̇ 6̇ 5̇ 3̇ | 5̇ 6̇ 6̇ 6̇ 6̇ 6̇ 5̇ |

Am | E 2. | E

| 6̇" 3̇ 3̇ 3̇ 3̇ 3̇ 2̇ 1̇ :‖ 6 5 5 5 — | 0 1̇ 2̇ 1̇ ‖

如果說你要離開 冷 冬夜 什 麼 天 𝄋

𝄌 Am | Am | Dm | E7

‖ 6 — — 0 | 0 3̇ 3̇ 3̇ 2̇ 1̇ 6 1̇ | 2̇ — — 0 | 0 3̇ 3̇ 3̇ 3̇ 3̇ 2̇ 1̇ |

歲 是不是我的十八 歲 註定要為愛情流

Am | Am | Dm | E7

| 6 — — 0 | 0 3̇ 3̇ 3̇ 2̇ 1̇ 6 1̇ | 2̇ — — 0 | 0 3̇ 3̇ 3̇ 3̇ 3̇ 2̇ 1̇ |

淚 是不是我的十八 歲 註定要為愛掉眼

Am | Am | Dm | Am

| 6 — — 0 | 0 3̇ 3̇ 1̇ 6 1̇ 3̇ 2̇ 5̇ | 6̇ 5̇ 3̇ 5̇ 6̇ 1̇ 3̇ 2̇ | 1̇ — — 0 ‖

淚

Fine

Key：E
Play：C
男調：A　女調：E
4/4 ♩=62

至少還有你

詞 / 林夕　曲 / Davy Chan　唱 / 林憶蓮

彈奏參考

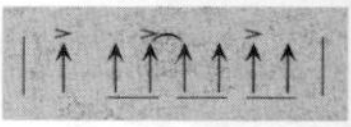

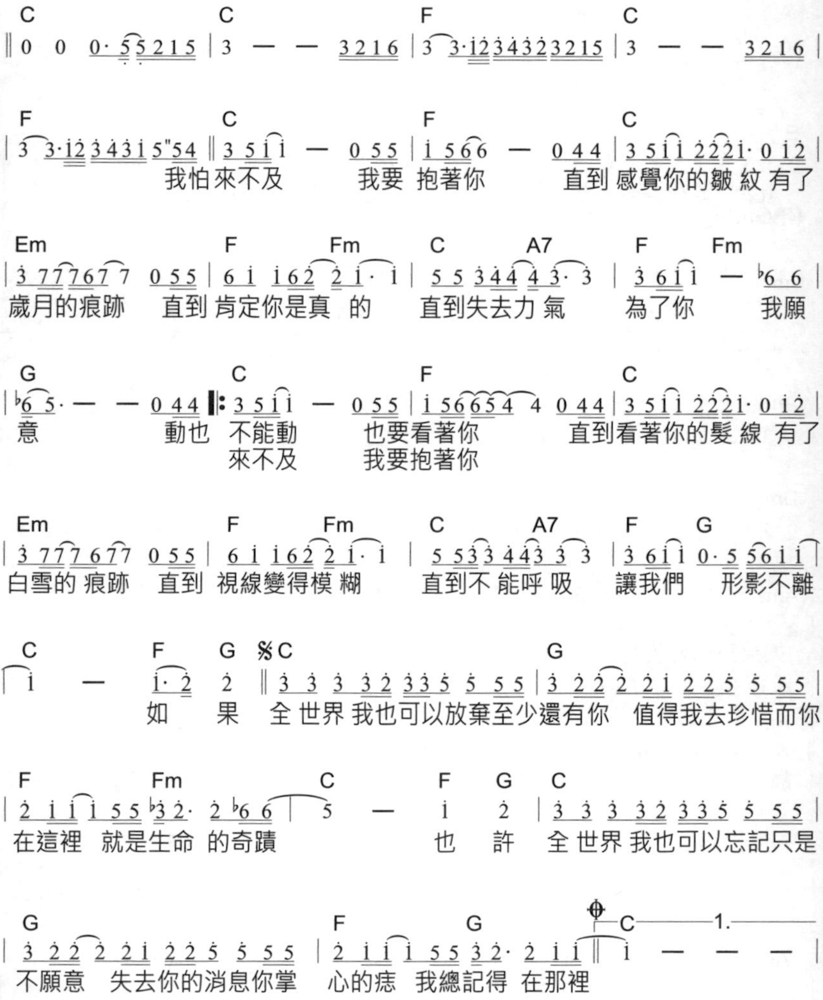

C　C　F　C

F　C　F　C
我怕來不及　我要 抱著你　直到 感覺你的皺 紋 有了

Em　F　Fm　C　A7　F　Fm
歲月的痕跡　直到 肯定你是真　的　直到失去力 氣　為了你　我願

G　C　F　C
意　動也 不能動　也要看著你　直到看著你的髮 線 有了
來不及　我要抱著你

Em　F　Fm　C　A7　F　G
白雪的 痕跡　直到 視線變得模 糊　直到不 能呼 吸　讓我們　形影不離

C　F　G　𝄋C　G
如　果　全 世界 我也可以放棄至少還有你　值得我去珍惜而你

F　Fm　C　F　G　C
在這裡　就是生命 的奇蹟　也　許　全 世界 我也可以忘記只是

G　F　G　𝄌C　1.
不願意　失去你的消息你掌　心的痣　我總記得 在那裡

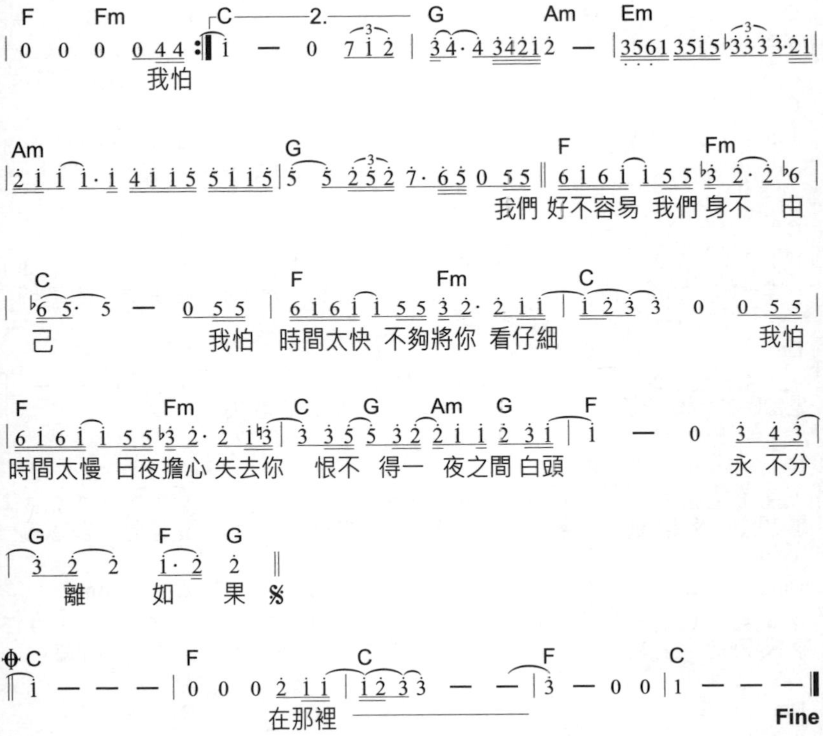

F Fm C 2. G Am Em

| 0 0 0 0 4 4 :| 1 — 0 7 1 2 | 3 4· 4 3 4 2 1 2 — | 3 5 6 1 3 5 1 5 ♭3 3 3 3· 2 1 |

我怕

Am G F Fm

| 2 1 1 1· 1 4 1 1 5 5 1 1 5 | 5 5 2 5 2 7· 6 5 0 5 5 ‖ 6 1 6 1 1 5 5 ♭3 2· 2 ♭6 |

我們 好不容易 我們 身不 由

C F Fm C

| ♭6 5· 5 — 0 5 5 | 6 1 6 1 1 5 5 3 2· 2 1 1 | 1 2 3 3 0 0 5 5 |

己 我怕 時間太快 不夠將你 看仔細 我怕

F Fm C G Am G F

| 6 1 6 1 1 5 5 ♭3 2· 2 1 ♮3 | 3 3 5 5 3 2 2 1 1 2 3 1 | 1 — 0 3 4 3 |

時間太慢 日夜擔心 失去你 恨不 得一 夜之間 白頭 永 不分

G F G

| 3 2 2 1· 2 2 ‖

離 如 果 𝄋

𝄌 C F C F C

‖ 1 — — — | 0 0 0 2 1 1 | 1 2 3 3 — — | 3 — 0 0 | 1 — — — ‖

在那裡 ————

Fine

Key：D
Play：C
男調：F　女調：C
4/4 ♩=98

如果有一天

詞 / 易齊　曲 / 郭文賢　唱 / 梁靜茹

彈奏參考

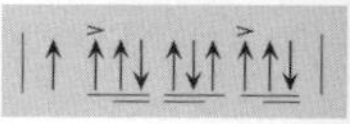

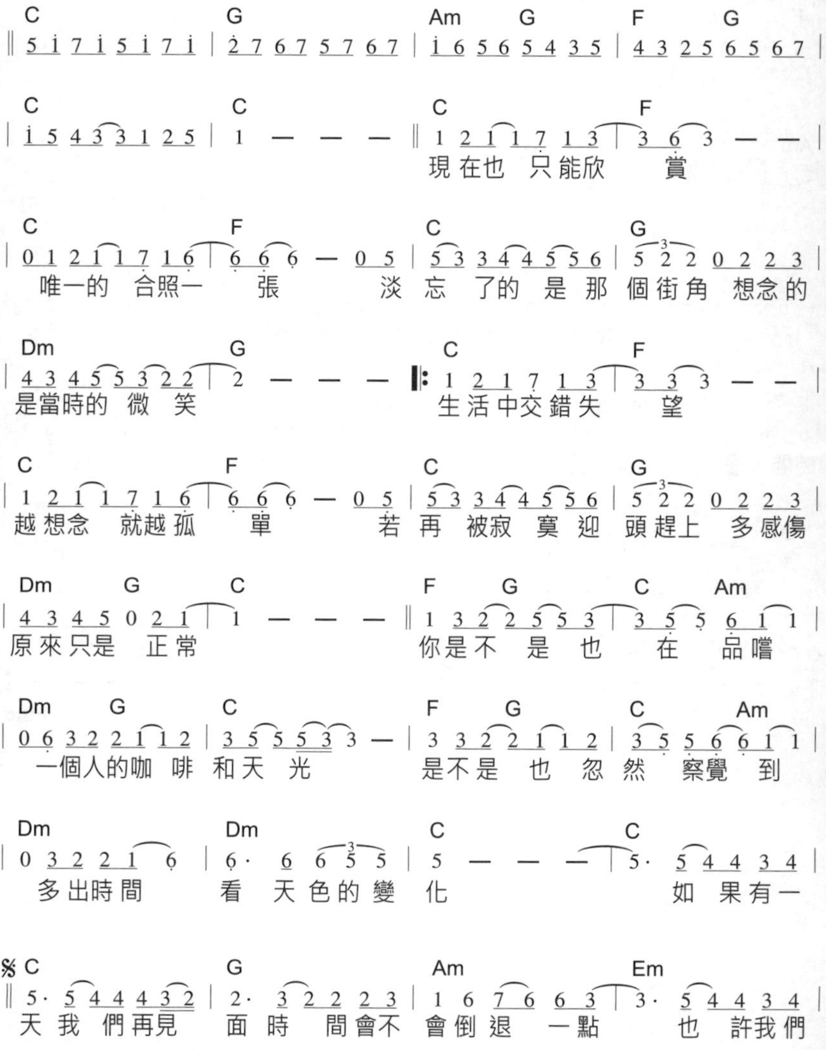

C　G　Am　G　F　G

C　C　C　F
現在也 只能欣 賞

C　F　C　G
唯一的 合照一 張　淡 忘 了的 是 那 個街角 想念的

Dm　G　C　F
是當時的 微 笑　生活中交錯失 望

C　F　C　G
越想念 就越孤 單　若再 被寂 寞 迎 頭趕上 多感傷

Dm　G　C　F　G　C　Am
原來只是 正常　你是不 是 也 在 品嚐

Dm　G　C　F　G　C　Am
一個人的咖 啡 和天 光　是不是 也 忽 然 察覺 到

Dm　Dm　C　C
多出時間 看 天色的變 化　如 果有一

𝄋 C　G　Am　Em
天我 們再見 面 時 間會不 會倒退 一點 也 許我們

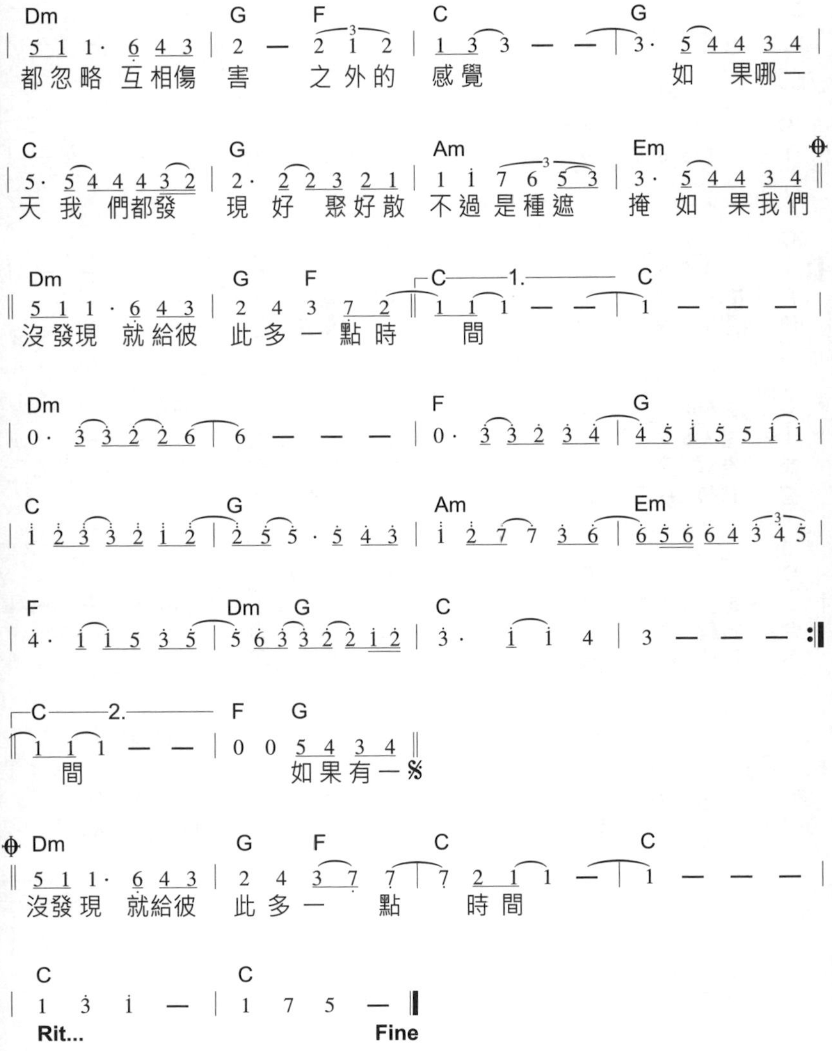

Dm G F C G
| 5 1 1· 6 4 3 | 2 — 2 1 2 | 1 3 3 — — | 3· 5 4 4 3 4 |
都忽略 互相傷 害 之外的 感覺 如 果哪一

C G Am Em
| 5· 5 4 4 4 3 2 | 2· 2 2 3 2 1 | 1 1 7 6 5 3 | 3· 5 4 4 3 4 ‖
天 我 們都發 現 好 聚好散 不過是種遮 掩 如 果我們

Dm G F C 1. C
‖ 5 1 1 · 6 4 3 | 2 4 3 7 2 ‖ 1 1 1 — — | 1 — — — |
沒發現 就給彼 此多一點時 間

Dm F G
| 0· 3 3 2 2 6 | 6 — — — | 0· 3 3 2 3 4 | 4 5 1 5 5 1 1 |

C G Am Em
| 1 2 3 3 2 1 2 | 2 5 5 · 5 4 3 | 1 2 7 7 3 6 | 6 5 6 6 4 3 4 5 |

F Dm G C
| 4· 1 1 5 3 5 | 5 6 3 3 2 2 1 2 | 3· 1 1 4 | 3 — — — :‖

C 2. F G
‖ 1 1 1 — — | 0 0 5 4 3 4 ‖
間 如果有一 𝄋

𝄌 Dm G F C C
‖ 5 1 1· 6 4 3 | 2 4 3 7 7 | 7 2 1 1 — | 1 — — — |
沒發現 就給彼 此多一 點 時間

C C
| 1 3 1 — | 1 7 5 — ‖
Rit... **Fine**

Key：G
Play：C
男調：C 女調：G
4/4 ♩=84

何日君再來

詞 / 貝林 曲 / 劉雪庵 唱 / 鄧麗君

彈奏參考
| ↑ ↑ ↑ ↑ ↑ ↑ ↑ ↑ |

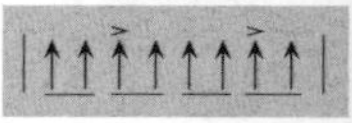

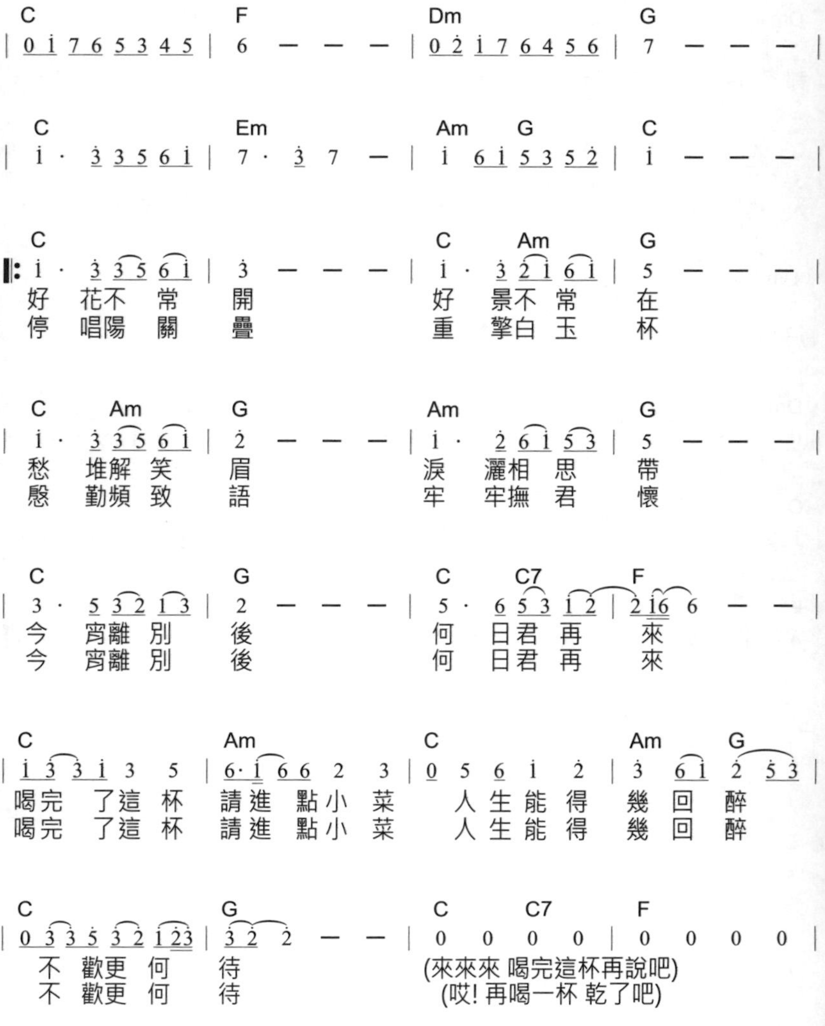

C F Dm G
| 0 1 7 6 5 3 4 5 | 6 — — — | 0 2 1 7 6 4 5 6 | 7 — — — |

C Em Am G C
| 1 · 3 3 5 6 1 | 7 · 3 7 — | 1 6 1 5 3 5 2 | 1 — — — |

C C Am G
|: 1 · 3 3 5 6 1 | 3 — — — | 1 · 3 2 1 6 1 | 5 — — — |
好 花不 常 開 好 景不 常 在
停 唱陽 關 疊 重 擎白 玉 杯

C Am G Am G
| 1 · 3 3 5 6 1 | 2 — — — | 1 · 2 6 1 5 3 | 5 — — — |
愁 堆解 笑 眉 淚 灑相 思 帶
慇 勤頻 致 語 牢 牢撫 君 懷

C G C C7 F
| 3 · 5 3 2 1 3 | 2 — — — | 5 · 6 5 3 1 2 | 2 16 6 — — |
今 宵離 別 後 何 日君 再 來
今 宵離 別 後 何 日君 再 來

C Am C Am G
| 1 3 3 1 3 5 | 6· 1 6 6 2 3 | 0 5 6 1 2 | 3 6 1 2 5 3 |
喝完 了這 杯 請進 點小 菜 人生能得 幾回 醉
喝完 了這 杯 請進 點小 菜 人生能得 幾回 醉

C G C C7 F
| 0 3 3 5 3 2 1 23 | 3 2 2 — — | 0 0 0 0 | 0 0 0 0 |
不 歡更 何 待 (來來來 喝完這杯再說吧)
不 歡更 何 待 (哎! 再喝一杯 乾了吧)

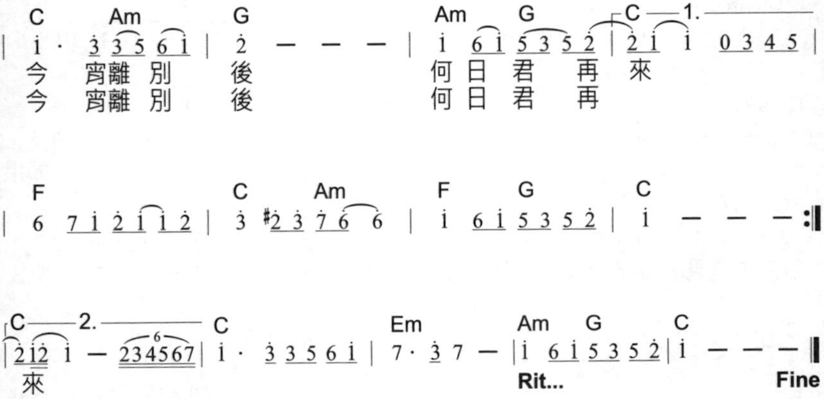

C Am G Am G C 1.

| 1 · 3 3 5 6 1 | 2 — — — | 1 6 1 5 3 5 2 | 2 1 1 0 3 4 5 |

今 宵離 別 後 何日 君 再 來

今 宵離 別 後 何日 君 再

F C Am F G C

| 6 7 1 2 1 1 2 | 3 #2 3 7 6 6 | 1 6 1 5 3 5 2 | 1 — — — :‖

C 2. C Em Am G C

| 2 1 2 1 — 2 3 4 5 6 7 | 1 · 3 3 5 6 1 | 7 · 3 7 — | 1 6 1 5 3 5 2 | 1 — — — ‖

來 Rit... Fine

Key：C
Play：C
男調：C 女調：G
4/4 ♩=62

你是我的眼

詞 / 蕭煌奇 曲 / 蕭煌奇 唱 / 蕭煌奇

彈奏參考

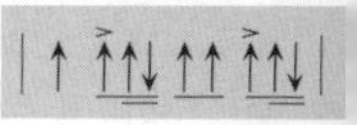

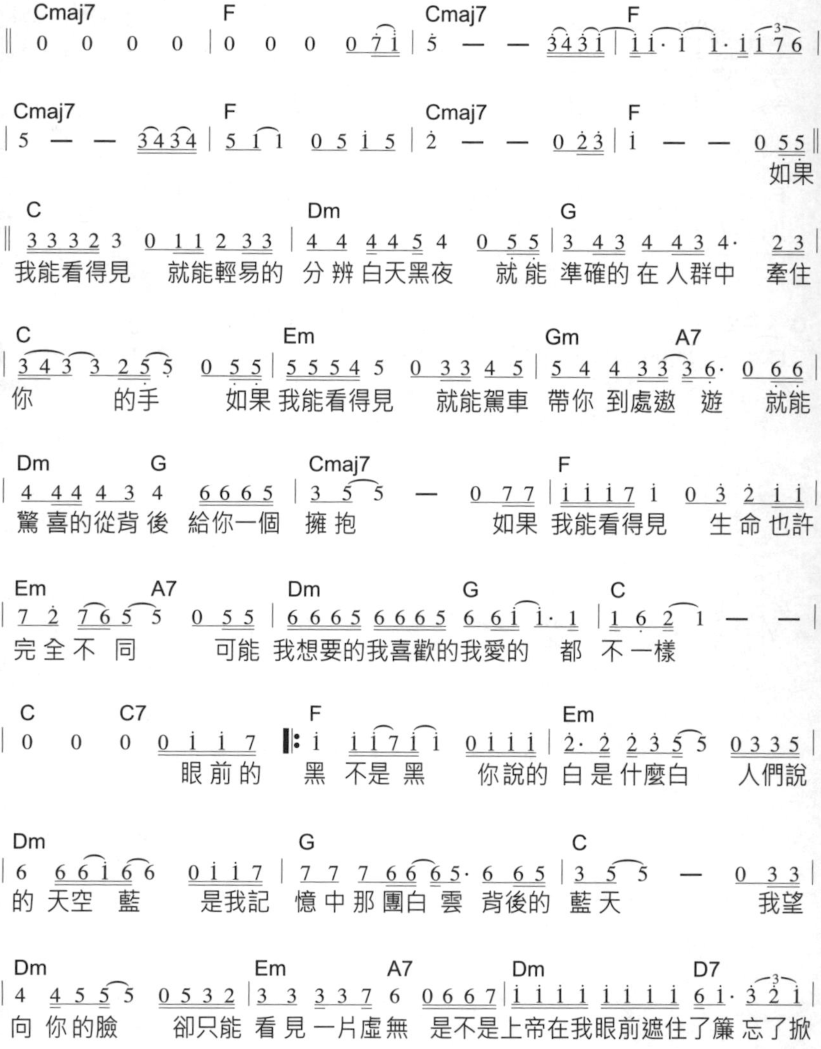

Cmaj7 F Cmaj7 F

Cmaj7 F Cmaj7 F

如果

C Dm G

我能看得見 就能輕易的 分辨白天黑夜 就能 準確的在人群中 牽住

C Em Gm A7

你 的手 如果 我能看得見 就能駕車 帶你 到處遨 遊 就能

Dm G Cmaj7 F

驚喜的從背後 給你一個 擁抱 如果 我能看得見 生命也許

Em A7 Dm G C

完全不同 可能 我想要的我喜歡的我愛的 都 不一樣

C C7 F Em

眼前的 黑 不是 黑 你說的 白是什麼白 人們說

Dm G C

的天空 藍 是我記 憶中那團白 雲 背後的 藍天 我望

Dm Em A7 Dm D7

向 你的臉 卻只能 看見一片虛無 是不是上帝在我眼前遮住了簾 忘了掀

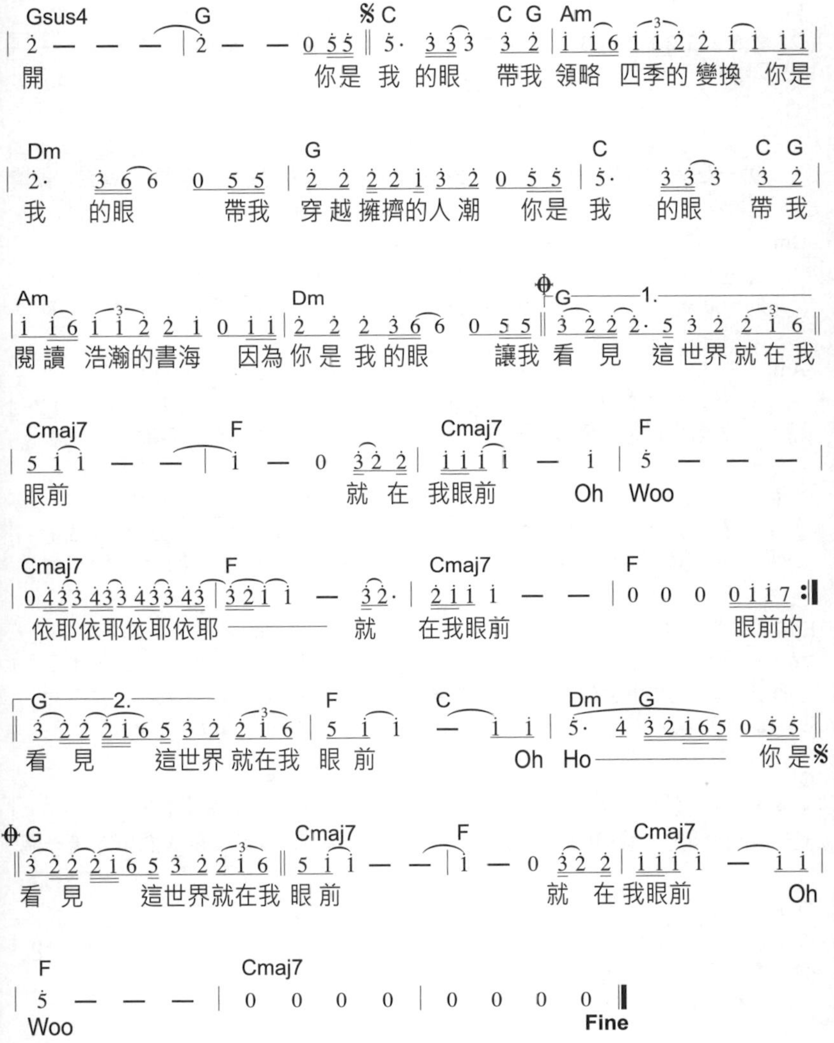

Gsus4 G 𝄋C C G Am

開 你是 我 的眼 帶我 領略 四季的 變換 你是

Dm G C C G

我 的眼 帶我 穿越 擁擠的人 潮 你是 我 的眼 帶 我

Am Dm 𝄌G 1.

閱 讀 浩瀚的書海 因為 你 是 我 的眼 讓我 看 見 這 世界 就 在 我

Cmaj7 F Cmaj7 F

眼前 就 在 我眼前 Oh Woo

Cmaj7 F Cmaj7 F

依耶依耶依耶依耶 ———— 就 在我眼前 眼前的

G 2. F C Dm G

看 見 這世界 就在我 眼 前 Oh Ho ———— 你 是𝄋

𝄌G Cmaj7 F Cmaj7

看 見 這世界就在我 眼 前 就 在 我眼前 Oh

F Cmaj7

Woo

Fine

Key：E♭
Play：C
男調：G 女調：D
4/4 ♩=63

愛一直閃亮

詞 / 瑞業 曲 / 鄧智彰 唱 / 羅美玲

彈奏參考

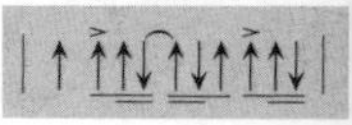

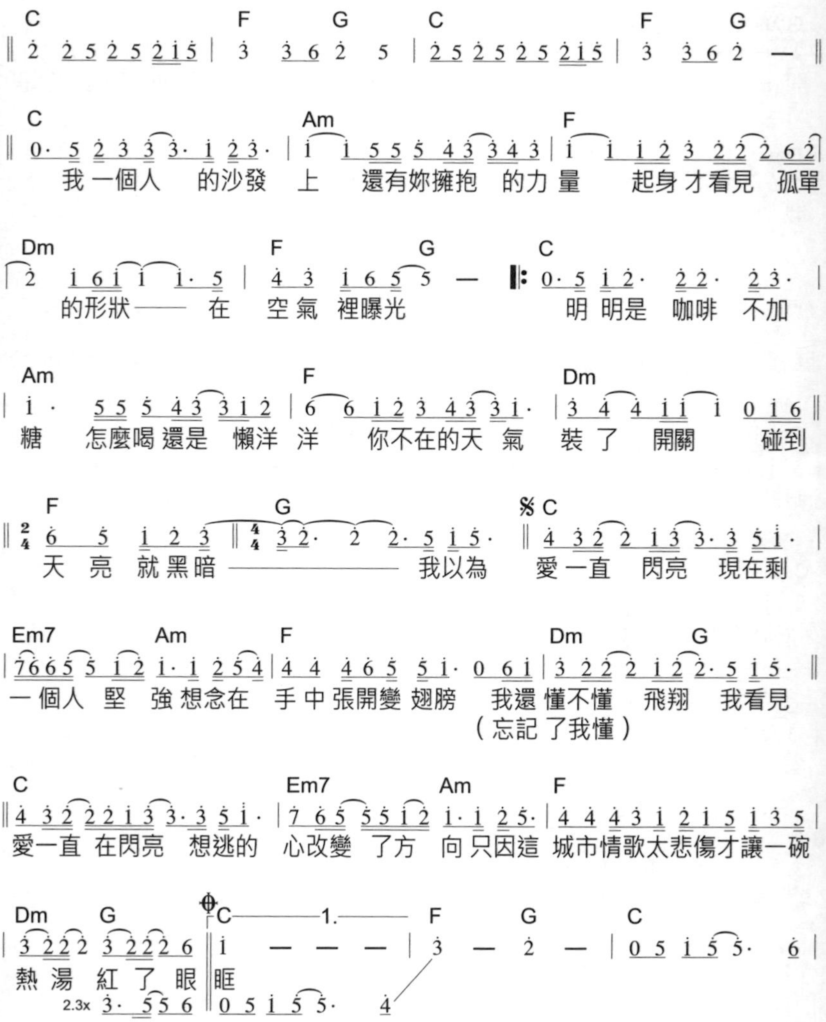

C F G C F G
‖ 2 2 5 2 5 2 1 5 | 3 3 6 2 5 | 2 5 2 5 2 5 2 1 5 | 3 3 6 2 — ‖

C Am F
‖ 0· 5 2 3 3 3· 1 2 3· | 1 1 5 5 5 4 3 3 4 3 | 1 1 1 2 3 2 2 2 6 2 |
我一個人 的沙發 上 還有妳擁抱 的力量 起身才看見 孤單

Dm F G C
| 2 1 6 1 1 1· 5 | 4 3 1 6 5 5 — ‖: 0· 5 1 2· 2 2· 2 3· |
的形狀—— 在 空氣 裡曝光 明 明是 咖啡 不加

Am F Dm
| 1 · 5 5 5 4 3 3 1 2 | 6 6 1 2 3 4 3 3 1· | 3 4 4 1 1 1 0 1 6 ‖
糖 怎麼喝還是 懶洋 洋 你不在的天 氣 裝了 開關 碰到

F G 𝄋 C
‖ 2/4 6 5 1 2 3 ‖ 4/4 3 2· 2 2· 5 1 5· ‖ 4 3 2 2 1 3 3· 3 5 1· |
天 亮 就黑暗 ———— 我以為 愛一直 閃亮 現在剩

Em7 Am F Dm G
| 7 6 6 5 5 1 2 1· 1 2 5 4 | 4 4 4 6 5 5 1· 0 6 1 | 3 2 2 2 1 2 2· 5 1 5· ‖
一個人 堅 強 想念在 手中張開變 翅膀 我還 懂不懂 飛翔 我看見
（忘記了我懂）

C Em7 Am F
‖ 4 3 2 2 2 1 3 3· 3 5 1· | 7 6 5 5 5 1 2 1· 1 2 5· | 4 4 4 3 1 2 1 5 1 3 5 |
愛一直 在閃亮 想逃的 心改變 了方 向只因這 城市情歌太悲傷才讓一碗

Dm G Φ C 1. F G C
| 3 2 2 2 3 2 2 2 6 ‖ 1 — — — | 3 — 2 — | 0 5 1 5 5· 6 |
熱湯 紅了 眼 眶
2.3x 3· 5 5 6 ‖ 0 5 1 5 5· 4

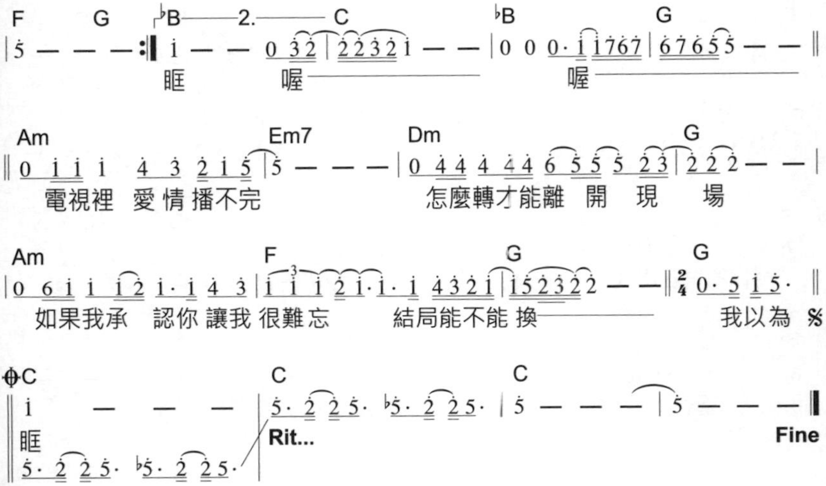

F G ♭B 2. C ♭B G

眶 喔 喔

Am Em7 Dm G

電視裡 愛情播不完 怎麼轉才能離 開 現 場

Am F G G

如果我承 認你 讓我 很難忘 結局能不能 換 我以為 𝄋

𝄌C C C

眶

Rit... Fine

Key：F
Play：F
男調：B♭ 女調：F
4/4 ♩=95

孤單北半球

詞 / 陳靜楠 曲 / 方文良 唱 / 林依晨

彈奏參考

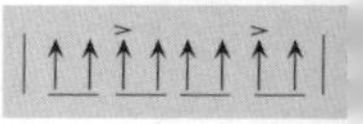

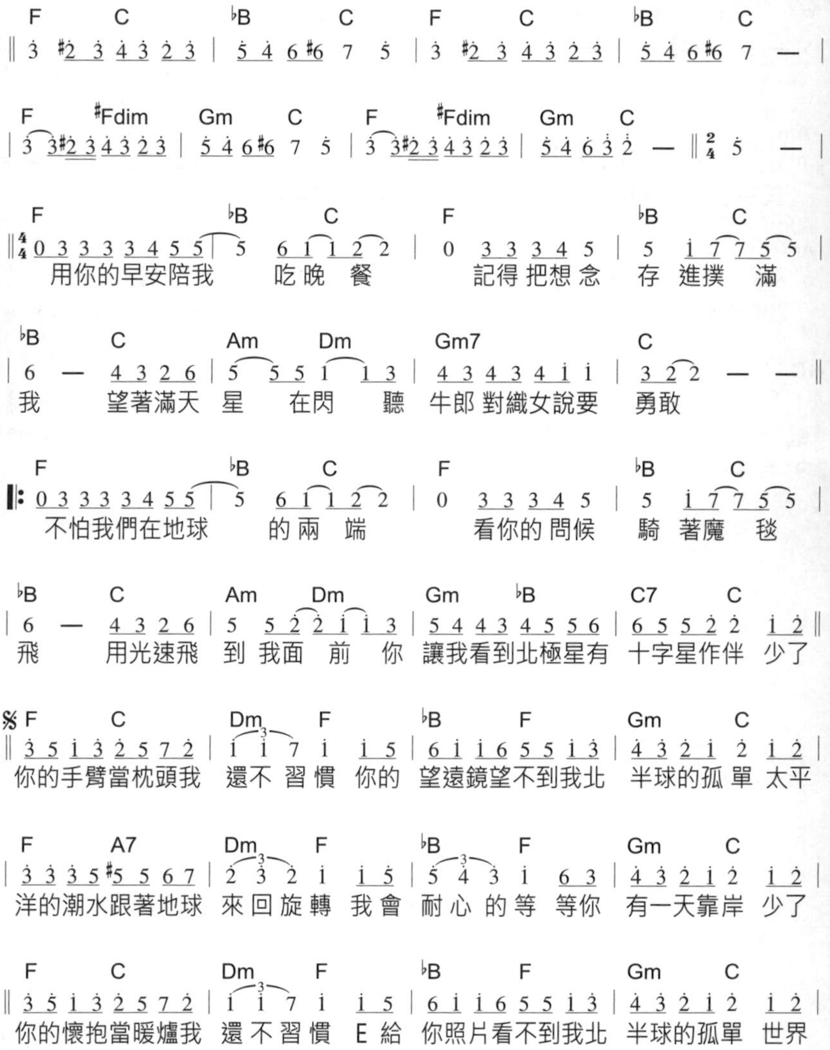

F C ♭B C F C ♭B C

F #Fdim Gm C F #Fdim Gm C

F ♭B C F ♭B C
用你的早安陪我 吃晚 餐 記得把想念 存 進撲 滿

♭B C Am Dm Gm7 C
我 望著滿天 星 在閃 聽 牛郎對織女說要 勇敢

F ♭B C F ♭B C
不怕我們在地球 的兩 端 看你的問候 騎 著魔 毯

♭B C Am Dm Gm ♭B C7 C
飛 用光速飛 到 我面 前 你 讓我看到北極星有 十字星作伴 少了

𝄋 F C Dm F ♭B F Gm C
你的手臂當枕頭我 還不 習 慣 你的 望遠鏡望不到我北 半球的孤 單 太平

F A7 Dm F ♭B F Gm C
洋的潮水跟著地球 來回旋轉 我會 耐心 的等 等你 有一天靠岸 少了

F C Dm F ♭B F Gm C
你的懷抱當暖爐我 還不習慣 E 給 你照片看不到我北 半球的孤單 世界

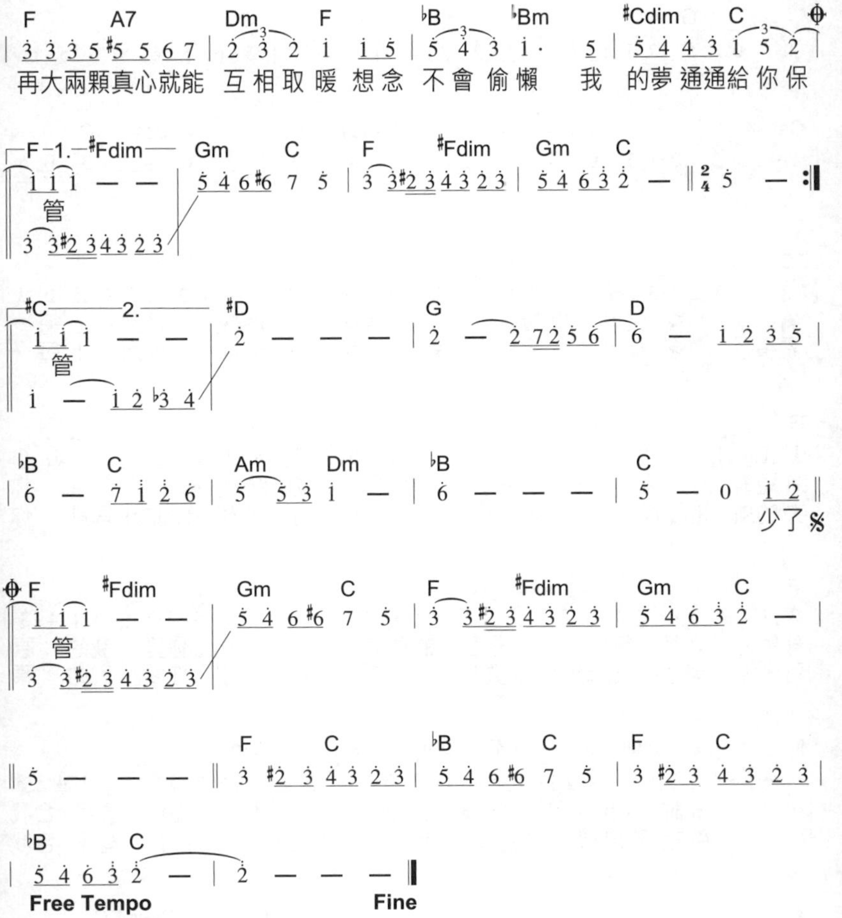

F A7 Dm F ♭B ♭Bm ♯Cdim C

再大兩顆真心就能 互相取暖 想念 不會 偷懶 我 的夢通通給你保

F 1. ♯Fdim Gm C F ♯Fdim Gm C

管

♯C 2. ♯D G D

管

♭B C Am Dm ♭B C

少了

F ♯Fdim Gm C F ♯Fdim Gm C

管

F C ♭B C F C

♭B C

Free Tempo

Fine

Key：D
Play：C
男調：F 女調：C
4/4 ♩=70

旅行的意義(吉他版)

詞 / 陳綺貞 曲 / 陳綺貞 唱 / 陳綺貞

彈奏參考
| ↑ ↑ ↑ ↑ |

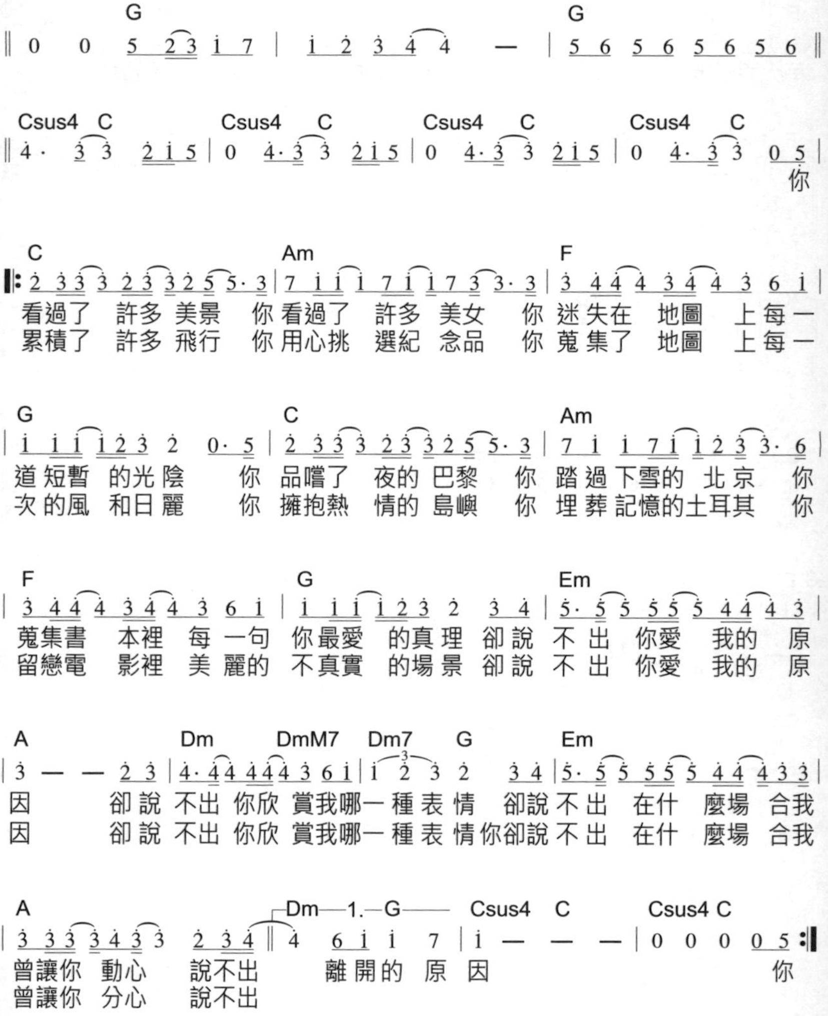

G G
‖ 0 0 5 23 1 7 | 1 2 3 4 4 — | 5 6 5 6 5 6 5 6 ‖

Csus4 C Csus4 C Csus4 C Csus4 C
‖ 4· 3 3 2 1 5 | 0 4·3 3 2 1 5 | 0 4·3 3 2 1 5 | 0 4·3 3 0 5 |
你

C Am F
‖: 2 33 3 23 3 2 5 5·3 | 7 1 1 1 7 1 1 7 3 3·3 | 3 4 4 4 3 4 4 3 6 1 |
看過了 許多 美景 你 看過了 許多 美女 你 迷失在 地圖 上每一
累積了 許多 飛行 你 用心挑 選紀 念品 你 蒐集了 地圖 上每一

G C Am
| 1 1 1 1 2 3 2 0· 5 | 2 3 3 3 2 3 3 2 5 5·3 | 7 1 1 7 1 1 2 3 3· 6 |
道 短暫 的光 陰 你 品嚐了 夜的 巴黎 你 踏過 下雪的 北京 你
次 的風 和日 麗 你 擁抱熱 情的 島嶼 你 埋葬 記憶的土耳其 你

F G Em
| 3 4 4 4 3 4 4 3 6 1 | 1 1 1 1 2 3 2 3 4 | 5· 5 5 5 5 5 4 4 4 3 |
蒐集書 本裡 每 一句 你最愛 的真 理 卻說 不出 你愛 我的 原
留戀電 影裡 美 麗的 不真實 的場 景 卻說 不出 你愛 我的 原

A Dm DmM7 Dm7 G Em
| 3 — — 2 3 | 4· 4 4 4 4 4 3 6 1 | 1 2 3 2 3 4 | 5· 5 5 5 5 5 4 4 4 3 3 |
因 卻 說 不出 你欣 賞我哪一 種 表 情 卻說 不出 在什 麼場 合我
因 卻 說 不出 你欣 賞我哪一 種 表 情你卻說 不出 在什 麼場 合我

A Dm 1. G Csus4 C Csus4 C
| 3 3 3 3 4 3 3 2 3 4 | 4 6 1 1 7 | 1 — — — | 0 0 0 0 5 :‖
曾讓你 動心 說不出 離 開的 原 因 你
曾讓你 分心 說不出

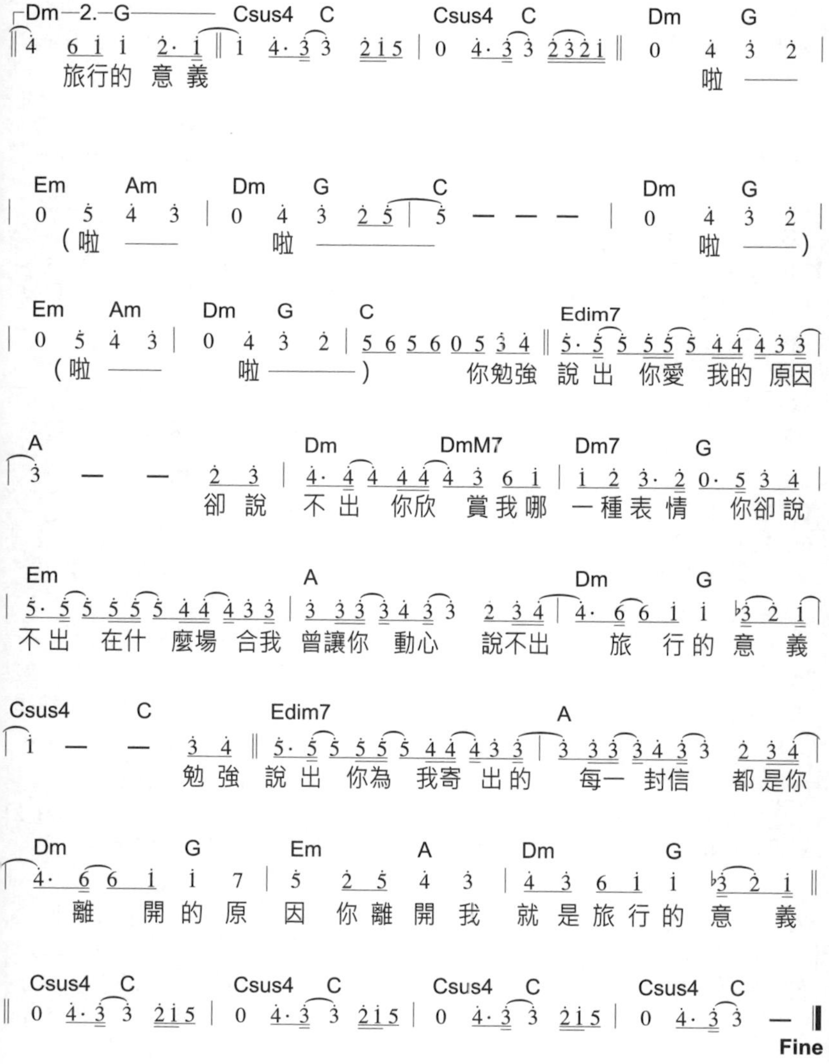

Dm 2. G Csus4 C Csus4 C Dm G

‖ 4 6 1 1 2· 1 ‖ 1 4· 3 3 2 1 5 | 0 4· 3 3 2 3 2 1 ‖ 0 4 3 2 |

旅行的 意 義 啦 ——

Em Am Dm G C Dm G

| 0 5 4 3 | 0 4 3 2 5 | 5 — — — | 0 4 3 2 |

（啦 —— 啦 —————— 啦 ——）

Em Am Dm G C Edim7

| 0 5 4 3 | 0 4 3 2 | 5 6 5 6 0 5 3 4 ‖ 5· 5 5 5 5 5 4 4 4 3 3 |

（啦 —— 啦 ————）你勉強 說 出 你愛 我的 原因

A Dm DmM7 Dm7 G

| 3 — — 2 3 | 4· 4 4 4 4 4 3 6 1 | 1 2 3· 2 0· 5 3 4 |

卻 說 不 出 你欣 賞 我 哪 一 種 表 情 你 卻 說

Em A Dm G

| 5· 5 5 5 5 5 4 4 4 3 3 | 3 3 3 3 4 3 3 2 3 4 | 4· 6 6 1 1 ♭3 2 1 |

不 出 在 什 麼 場 合 我 曾 讓 你 動 心 說 不 出 旅 行 的 意 義

Csus4 C Edim7 A

| 1 — — 3 4 ‖ 5· 5 5 5 5 5 4 4 4 3 3 | 3 3 3 3 4 3 3 2 3 4 |

勉 強 說 出 你 為 我 寄 出 的 每 一 封 信 都 是 你

Dm G Em A Dm G

| 4· 6 6 1 1 7 | 5 2 5 4 3 | 4 3 6 1 1 ♭3 2 1 ‖

離 開 的 原 因 你 離 開 我 就 是 旅 行 的 意 義

Csus4 C Csus4 C Csus4 C Csus4 C

‖ 0 4· 3 3 2 1 5 | 0 4· 3 3 2 1 5 | 0 4· 3 3 2 1 5 | 0 4· 3 3 — ‖

Fine

你那麼愛他

Key：A♭
Play：G-G♯
男調：G　女調：D
4/4 ♩=60

詞 / 林隆璇　曲 / 林隆璇　唱 / 林隆璇、李聖傑

彈奏參考

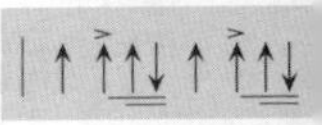

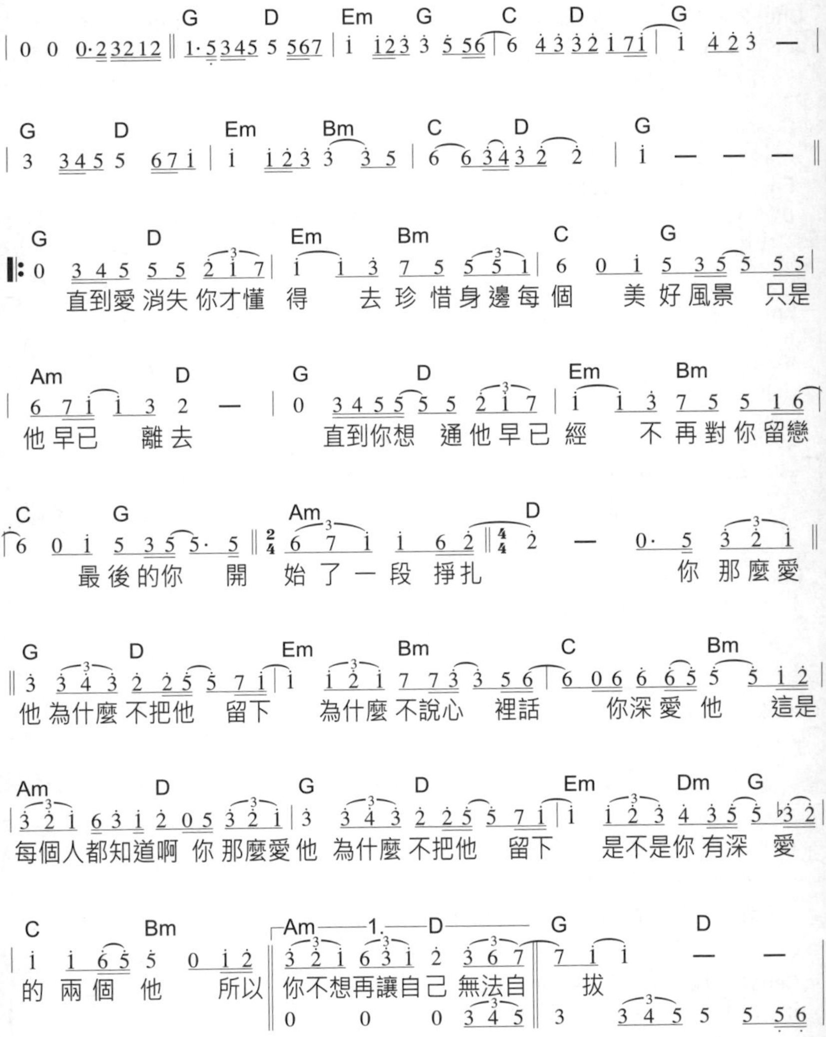

直到愛消失你才懂得　去珍惜身邊每個　美好風景　只是

他早已　離去　　直到你想通他早已經　不再對你留戀

最後的你　開始了一段掙扎　　你那麼愛

他為什麼不把他　留下　為什麼不說心　裡話　你深愛他　這是

每個人都知道啊　你那麼愛他　為什麼不把他　留下　是不是你有深　愛

的兩個他　所以　你不想再讓自己無法自　拔

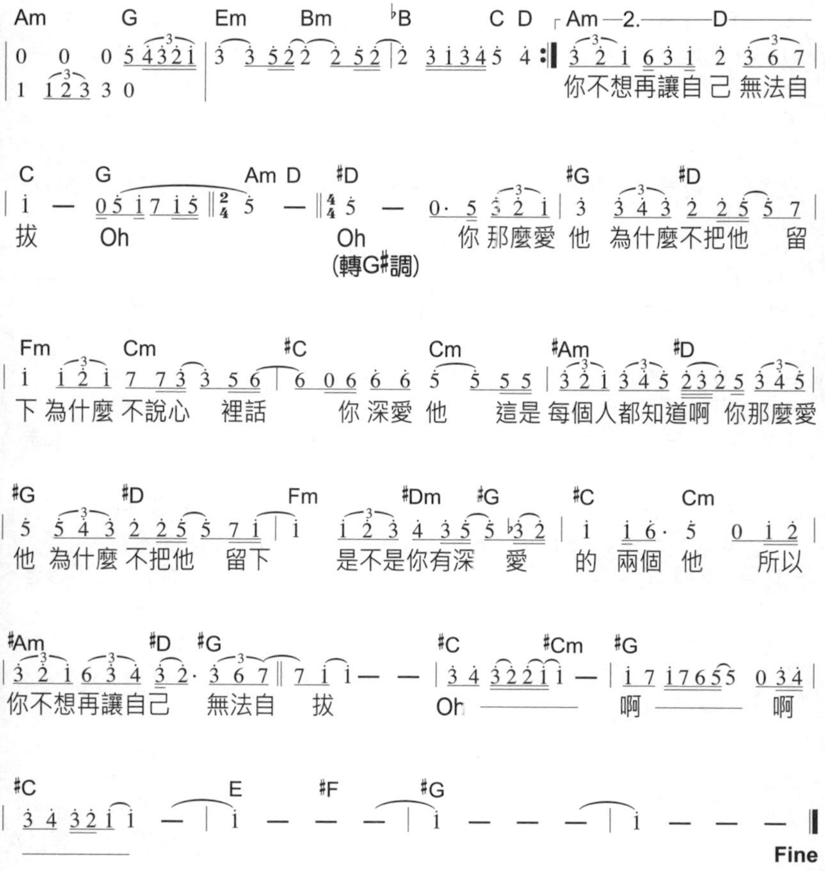

Am G Em Bm ♭B C D Am 2. D

| 0 0 0 5 4 3 2 1 | 3 3 5 2 2 2 5 2 | 2 3 1 3 4 5 4 :‖ 3 2 1 6 3 1 2 3 6 7 |

| 1 1 2 3 3 0 |

你不想再讓自己 無法自

C G Am D ♯D ♯G ♯D

| 1 — 0 5 1 7 1 5 ‖ 2/4 5 — ‖ 4/4 5 — 0· 5 3 2 1 | 3 3 4 3 2 2 5 5 7 |

拔 Oh Oh 你那麼愛 他 為什麼不把他 留

(轉G♯調)

Fm Cm ♯C Cm ♯Am ♯D

| 1 1 2 1 7 7 3 3 5 6 | 6 0 6 6 6 5 5 5 5 | 3 2 1 3 4 5 2 3 2 5 3 4 5 |

下 為什麼 不說心 裡話 你 深愛 他 這是 每個人都知道啊 你那麼愛

♯G ♯D Fm ♯Dm ♯G ♯C Cm

| 5 5 4 3 2 2 5 5 7 1 | 1 1 2 3 4 3 5 5 ♭3 2 | 1 1 6· 5 0 1 2 |

他 為什麼 不把他 留下 是不是你有深 愛 的 兩個 他 所以

♯Am ♯D ♯G ♯C ♯Cm ♯G

| 3 2 1 6 3 4 3 2· 3 6 7 ‖ 7 1 1 — — | 3 4 3 2 2 1 1 — | 1 7 1 7 6 5 5 0 3 4 |

你不想再讓自己 無法自 拔 Oh —— 啊 —— 啊

♯C E ♯F ♯G

| 3 4 3 2 1 1 — | 1 — — — | 1 — — — | 1 — — — ‖

Fine

一直很安靜

Key：B♭
Play：G
男調：F　女調：C
4/4 ♩=55

詞 / 方文山　曲 / 如花如岳　唱 / 阿桑

彈奏參考

C D Em7 | C D G | C D Em7 | Am D
1· 1 1 7 1 1 — | 1· 1 1 7 1 1 — | 1· 1 1 7 1 1· 1 1 2 3 | 4· 4 4 3 2 2 —

G D Em7 | C D | G D Em7
3 5 2 2 3 1 1 0 1 7 | 1· 5 5· 3 3 2 2 2 | 3 5 2 2 3 1 1 0 5 1 2
空蕩的 街景 想找 個 人 放 感 情 做這種 決定 是寂寞

C D G | G D Em7 | C G
1· 1 1 7 1 1 — | 3 5 2 2 5 1 1 0 1 1 | 6 6 6 6 5 3 3 —
與 我 為鄰 我們的 愛情 像你 路過的 風景

G D Em7 | C D G
3 5 2 2 3 1 1· 1 2 4 3 2 1 | 2/4 6 1 7 7 1 1 | 4/4 1 — 0 3 5 i 7
一直在 進行 腳步卻從來不 會 為我 而停 給你的愛

C D Em7 | C D G | C D Em7
i 5 6 6 5 3 3· 3 4 3 2 1 | 1 5 5 5 2 3 3 3 5 i 7 | i 5 6 6 5 3 3· 3 4 3 2 1
一直很 安靜 來交換你偶爾給的 關心 明明是三個人的 電影 我卻始終不

C D G | G | G
2/4 1 7 1 1 | 4/4 1 — — — | 3 3 4 4 2 7 7 5 2 2 4 2 | 3 3 2 2 4 5 5 7 2 5 5 4·
能 有 姓名

Am | D E | G D Em7
5 4 1 5 5 4 i i· 4 4 5· | 3 0 3 3 3 2 2 — | 3 5 2 2 3 1 1 0 1 2 1
你說愛 像雲 要自在

C D | G D Em7 | C D G
6 6 6 6 5 3 3 — | 3 5 2 2 3 1 1· 1 2 4 3 2 1 | 6 1 7 7 1 1 1 3 5 i 7
飄浮才 美麗 我終於 相信 分手的理由有時候很 動聽 給你的愛

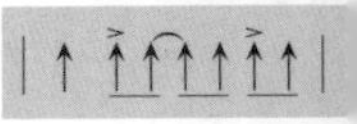

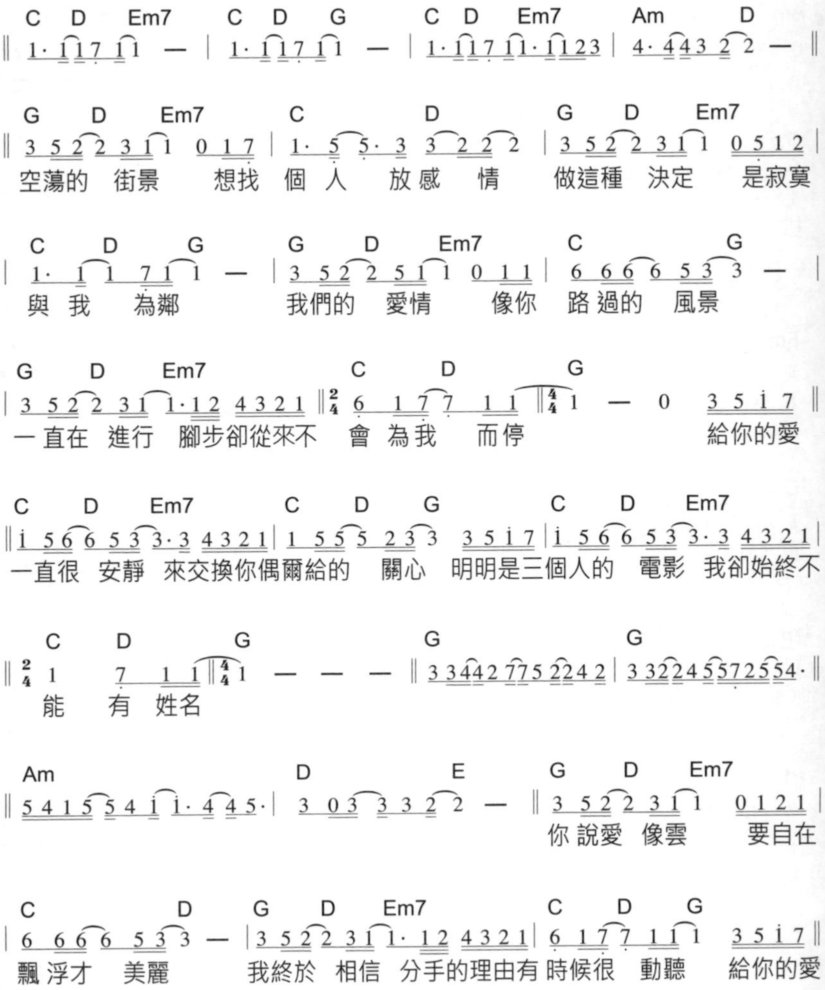

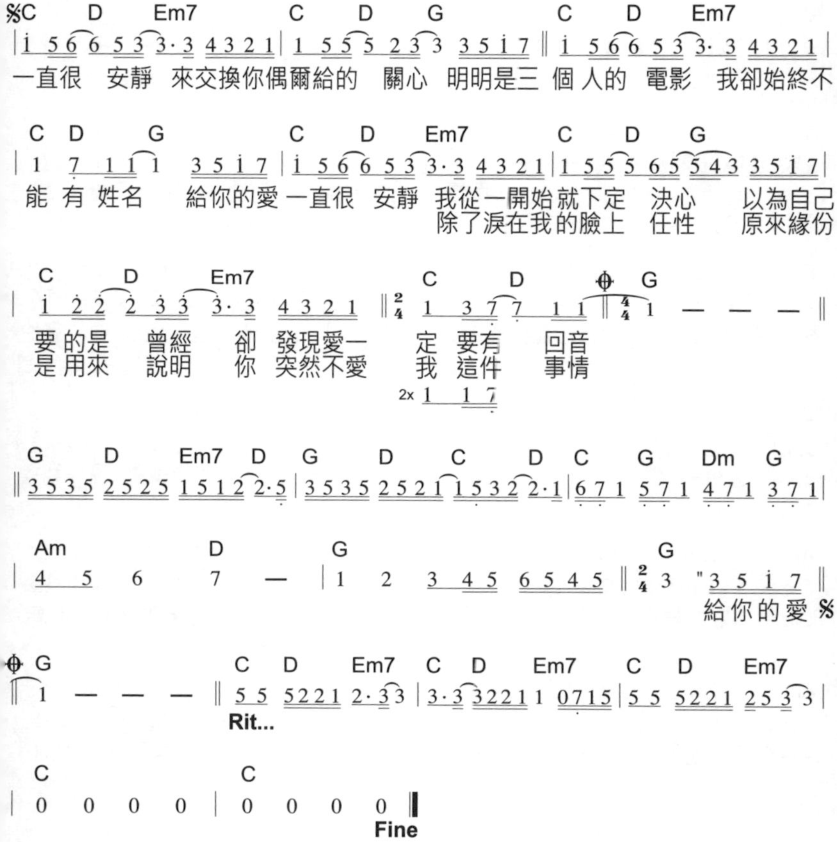

𝄋C D Em7 C D G C D Em7

| i 56 6 53 3·3 4321 | 1 55 5 23 3 351̇7 ‖ i 56 6 53 3·3 4321 |

一直很 安靜 來交換你偶爾給的 關心 明明是三 個人的 電影 我卻始終不

C D G C D Em7 C D G

| 1 7 11 1 351̇7 | i 56 6 53 3·3 4321 | 1 55 5 65 543 351̇7 |

能 有 姓名 給你的愛 一直很 安靜 我從一開始就下定 決心 以為自己

除了淚在我的臉上 任性 原來緣份

C D Em7 C D 𝄌 G

| i 22 2 33 3·3 4321 ‖ 2/4 1 37 7 11 ‖ 4/4 1 — — — ‖

要的是 曾經 卻 發現愛一 定 要有 回音

是用來 說明 你 突然不愛 我 這件 事情

2x 1 17

G D Em7 D G D C D C G Dm G

‖ 3535 2525 1512 2·5 | 3535 2521 1532 2·1 | 671 571 471 371 |

Am D G G

| 4 5 6 7 — | 1 2 3 45 6545 ‖ 2/4 3 "351̇7 ‖

給你的愛 𝄋

𝄌 G C D Em7 C D Em7 C D Em7

‖ 1 — — — ‖ 55 5221 2·33 | 3·3 32211 0715 | 55 5221 2533 |

Rit...

C C

| 0 0 0 0 | 0 0 0 0 ‖

Fine

Key：F
Play：F-G♭-G
男調：F　女調：C
4/4 ♩=72

老鼠愛大米

詞 / 楊臣剛　曲 / 楊臣剛　唱 / 王啟文

彈奏參考
| ↑ ↑↑↓ ↑↑ ↑↑↓ |

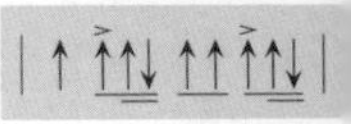

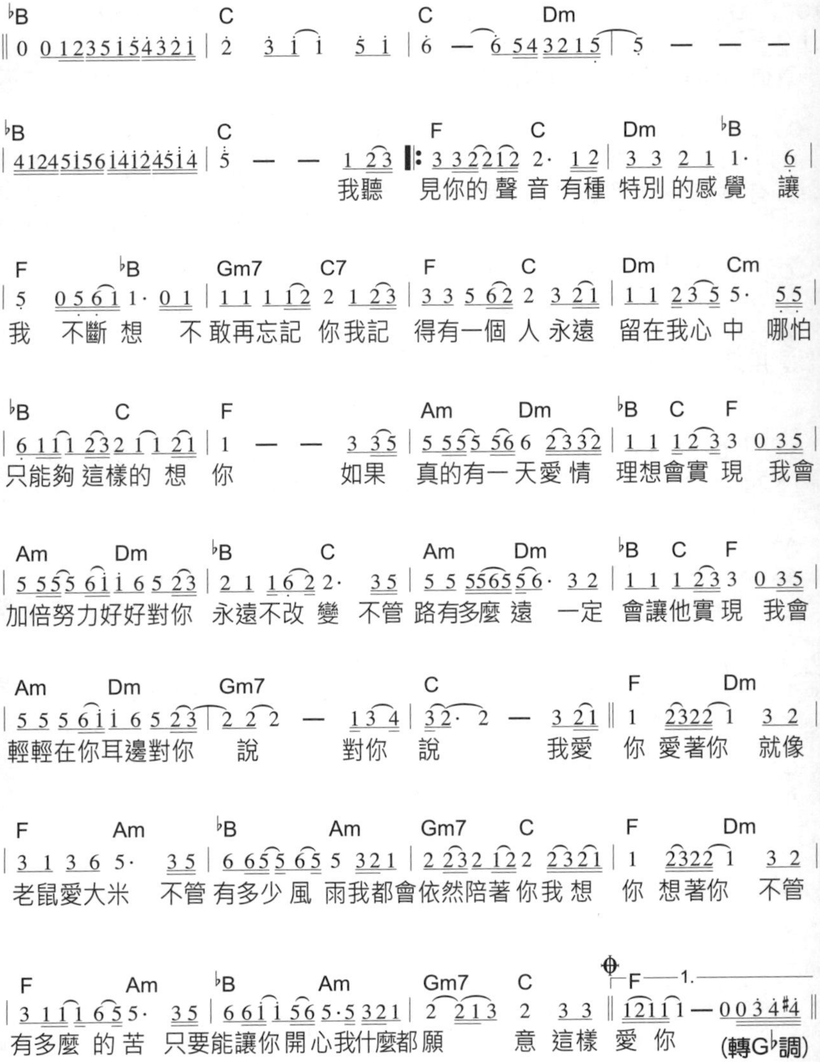

♭B　C　C　Dm
‖ 0 0 1 2 3 5 1 1 5 4 3 2 1 | 2 3 1 1 5 1 | 6 — 6 5 4 3 2 1 5 | 5 — — — |

♭B　C　F　C　Dm　♭B
| 4 1 2 4 5 1 5 6 1 4 1 2 4 5 1 4 | 5 — — 1 2 3 ‖: 3 3 2 2 1 2 2· 1 2 | 3 3 2 1 1· 6 |
我聽　見你的聲音有種　特別的感覺　讓

F　♭B　Gm7　C7　F　C　Dm　Cm
| 5 0 5 6 1 1· 0 1 | 1 1 1 1 2 2 1 2 3 | 3 3 5 6 2 2 3 2 1 | 1 1 2 3 5 5· 5 5 |
我　不斷想　不敢再忘記　你我記　得有一個人永遠　留在我心中　哪怕

♭B　C　F　Am　Dm　♭B　C　F
| 6 1 1 1 2 3 2 1 1 2 1 | 1 — — 3 3 5 | 5 5 5 5 5 6 6 2 3 3 2 | 1 1 1 2 3 3 0 3 5 |
只能夠這樣的想　你　如果　真的有一天愛情　理想會實現　我會

Am　Dm　♭B　C　Am　Dm　♭B　C　F
| 5 5 5 5 6 1 1 6 5 2 3 | 2 1 1 6 2 2· 3 5 | 5 5 5 5 6 5 5 6· 3 2 | 1 1 1 2 3 3 0 3 5 |
加倍努力好好對你　永遠不改變　不管路有多麼遠　一定　會讓他實現　我會

Am　Dm　Gm7　C　F　Dm
| 5 5 5 6 1 1 6 5 2 3 | 2 2 2 — 1 3 4 | 3 2· 2 — 3 2 1 ‖ 1 2 3 2 2 1 3 2 |
輕輕在你耳邊對你　說　對你　說　我愛　你　愛著你　就像

F　Am　♭B　Am　Gm7　C　F　Dm
| 3 1 3 6 5· 3 5 | 6 6 5 5 6 5 5 3 2 1 | 2 2 3 2 1 2 2 2 3 2 1 | 1 2 3 2 2 1 3 2 |
老鼠愛大米　不管有多少風　雨我都會依然陪著你我想　你　想著你　不管

F　Am　♭B　Am　Gm7　C　Φ F　1.
| 3 1 1 1 6 5 5· 3 5 | 6 6 1 1 5 6 5·5 3 2 1 | 2 2 1 3 2 3 3 ‖ 1 2 1 1 1 — 0 0 3 4 #4 ‖
有多麼的苦　只要能讓你開心我什麼都願　意這樣愛你　(轉G♭調)

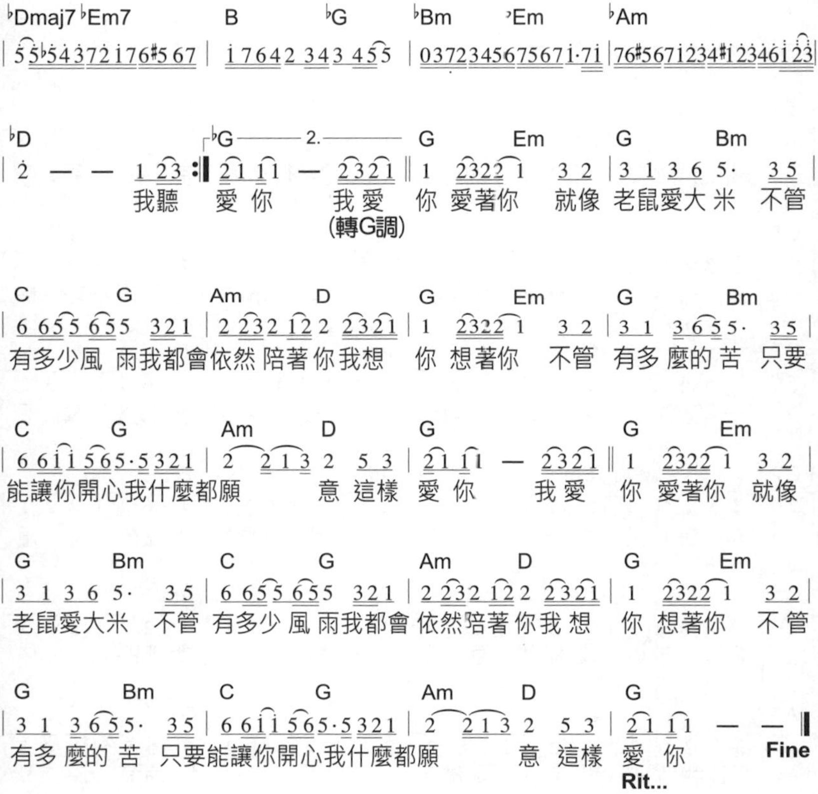

♭Dmaj7 ♭Em7 B ♭G ♭Bm ♭Em ♭Am

| 5 5♭5 4 3 7 2 1 7 6♯5 6 7 | 1 7 6 4 2 3 4 3 4 5 5 | 0 3 7 2 3 4 5 6 7 5 6 7 1·7 1 | 7 6♯5 6 7 1 2 3 4♯1 2 3 4 6 1 2 3 |

♭D ♭G 2. G Em G Bm

| 2 — — 1 2 3 :‖ 2 1 1 1 — 2 3 2 1 ‖ 1 2 3 2 2 1 3 2 | 3 1 3 6 5· 3 5 |

我聽 愛 你 我 愛 你 愛著你 就像 老鼠愛大米 不管

(轉G調)

C G Am D G Em G Bm

| 6 6 5 5 6 5 5 3 2 1 | 2 2 3 2 1 2 2 2 3 2 1 | 1 2 3 2 2 1 3 2 | 3 1 3 6 5 5· 3 5 |

有多少風 雨我都會依然 陪著你我想 你 想著你 不管 有多 麼的 苦 只要

C G Am D G G Em

| 6 6 1 1 5 6 5 5·5 3 2 1 | 2 2 1 3 2 5 3 | 2 1 1 1 — 2 3 2 1 ‖ 1 2 3 2 2 1 3 2 |

能讓你開心我什麼都願 意 這樣 愛 你 我 愛 你 愛著你 就像

G Bm C G Am D G Em

| 3 1 3 6 5· 3 5 | 6 6 5 5 6 5 5 3 2 1 | 2 2 3 2 1 2 2 2 3 2 1 | 1 2 3 2 2 1 3 2 |

老鼠愛大米 不管 有多少 風 雨我都會 依然陪著 你我 想 你 想著你 不 管

G Bm C G Am D G

| 3 1 3 6 5 5· 3 5 | 6 6 1 1 5 6 5 5·5 3 2 1 | 2 2 1 3 2 5 3 | 2 1 1 1 — — ‖

有多 麼的 苦 只要能讓你開心我什麼都願 意 這樣 愛 你 **Fine**

Rit...

Key：C
Play：C
男調：F　女調：C
4/4 ♩=130

小手拉大手

詞 / 陳綺貞　曲 / Tsujiayano　唱 / 梁靜茹

彈奏參考

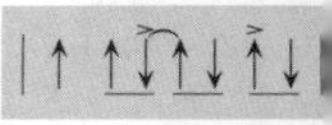

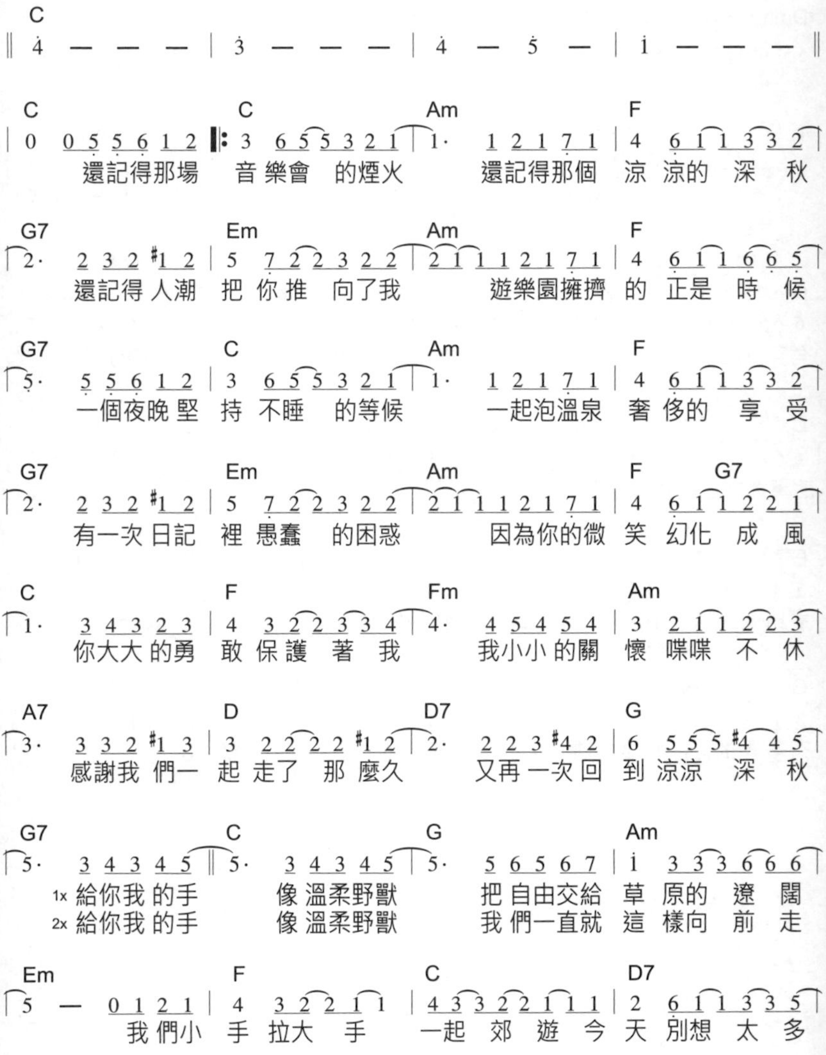

| ↑ ↑↓↑↓ ↑↓

C
‖ 4 — — — | 3 — — — | 4 — 5 — | 1 — — — ‖

C　C　Am　F
| 0 0 5 5 6 1 2 ‖: 3 6 5 5 3 2 1 | 1· 1 2 1 7 1 | 4 6 1 1 3 3 2 |
還記得那場　音樂會　的煙火　還記得那個　涼 涼的　深　秋

G7　Em　Am　F
| 2· 2 3 2 #1 2 | 5 7 2 2 3 2 2 | 2 1 1 1 2 1 7 1 | 4 6 1 1 6 6 5 |
還記得人潮　把 你推　向了我　遊樂園擁擠　的 正是　時　候

G7　C　Am　F
| 5· 5 5 6 1 2 | 3 6 5 5 3 2 1 | 1· 1 2 1 7 1 | 4 6 1 1 3 3 2 |
一個夜晚堅　持 不睡　的等候　一起泡溫泉　奢 侈的　享　受

G7　Em　Am　F　G7
| 2· 2 3 2 #1 2 | 5 7 2 2 3 2 2 | 2 1 1 1 2 1 7 1 | 4 6 1 1 2 2 1 |
有一次日記　裡 愚蠢　的困惑　因為你的微　笑 幻化　成　風

C　F　Fm　Am
| 1· 3 4 3 2 3 | 4 3 2 2 3 3 4 | 4· 4 5 4 5 4 | 3 2 1 1 2 2 3 |
你大大的勇　敢 保護　著　我　我小小的關　懷 喋喋　不　休

A7　D　D7　G
| 3· 3 3 2 #1 3 | 3 2 2 2 2 #1 2 | 2· 2 2 3 #4 2 | 6 5 5 5 #4 4 5 |
感謝我們一　起 走了　那　麼久　又再一次回　到 涼涼　深　秋

G7　C　G　Am
| 5· 3 4 3 4 5 ‖ 5· 3 4 3 4 5 | 5· 5 6 5 6 7 | 1 3 3 3 6 6 6 |
1x 給你我的手　像溫柔野獸　把自由交給　草 原的　遼　闊
2x 給你我的手　像溫柔野獸　我們一直就　這 樣向　前　走

Em　F　C　D7
| 5 — 0 1 2 1 | 4 3 2 2 1 1 | 4 3 3 2 2 1 1 1 | 2 6 1 1 3 3 5 |
我們小　手 拉大　手　一起 郊　遊 今　天 別想　太　多

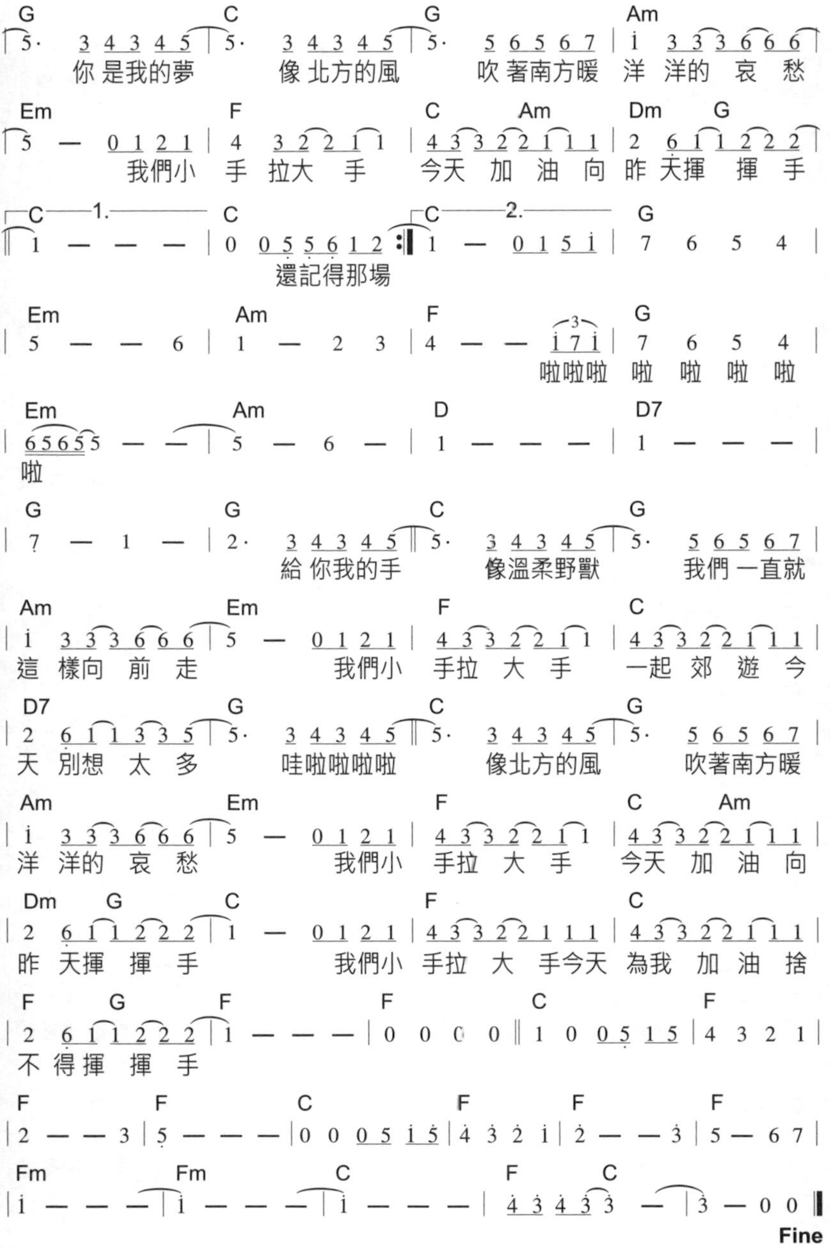

G C G Am
| 5· 3 4 3 4 5 | 5· 3 4 3 4 5 | 5· 5 6 5 6 7 | i 3 3 3 6 6 6 |
你 是我的夢 像 北方的風 吹 著南方暖 洋 洋的 哀 愁

Em F C Am Dm G
| 5 — 0 1 2 1 | 4 3 2 2 1 1 | 4 3 3 2 2 1 1 1 | 2 6 1 1 2 2 2 |
我們小 手 拉大 手 今天 加 油 向 昨 天揮 揮 手

C 1. C C 2. G
|| 1 — — — | 0 0 5 5 6 1 2 :|| 1 — 0 1 5 i | 7 6 5 4 |
還記得那場

Em Am F G
| 5 — — 6 | 1 — 2 3 | 4 — — i 7 i | 7 6 5 4 |
啦啦啦 啦 啦 啦 啦

Em Am D D7
| 6 5 6 5 5 — — | 5 — 6 — | 1 — — — | 1 — — — |
啦

G G C G
| 7 — 1 — | 2· 3 4 3 4 5 | 5· 3 4 3 4 5 | 5· 5 6 5 6 7 |
給 你我的手 像溫柔野獸 我們 一直就

Am Em F C
| i 3 3 3 6 6 6 | 5 — 0 1 2 1 | 4 3 3 2 2 1 1 | 4 3 3 2 2 1 1 1 |
這 樣向 前 走 我們小 手拉 大 手 一起 郊 遊 今

D7 G C G
| 2 6 1 1 3 3 5 | 5· 3 4 3 4 5 | 5· 3 4 3 4 5 | 5· 5 6 5 6 7 |
天 別想 太 多 哇啦啦啦啦 像北方的風 吹著南方暖

Am Em F C Am
| i 3 3 3 6 6 6 | 5 — 0 1 2 1 | 4 3 3 2 2 1 1 | 4 3 3 2 2 1 1 1 |
洋 洋的 哀 愁 我們小 手拉 大 手 今天 加 油 向

Dm G C F C
| 2 6 1 1 2 2 2 | 1 — 0 1 2 1 | 4 3 3 2 2 1 1 1 | 4 3 3 2 2 1 1 1 |
昨 天揮 揮 手 我們小 手拉 大 手今天 為我 加 油 捨

F G F F C F
| 2 6 1 1 2 2 2 | 1 — — — | 0 0 0 0 || 1 0 0 5 1 5 | 4 3 2 1 |
不 得揮 揮 手

F F C F F F
| 2 — — 3 | 5 — — — | 0 0 0 5 i 5 | 4 3 2 i | 2 — — 3 | 5 — 6 7 |

Fm Fm C F C
| i — — — | i — — — | i — — — | 4 3 4 3 3 — | 3 — 0 0 ||

Fine

Key：D♭
Play：C
男調：F 女調：C
4/4 ♩=70

隱形的翅膀

詞 / 王雅君 曲 / 王雅君 唱 / 張韶涵

彈奏參考

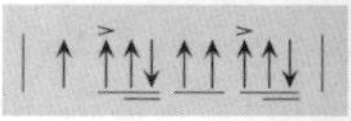

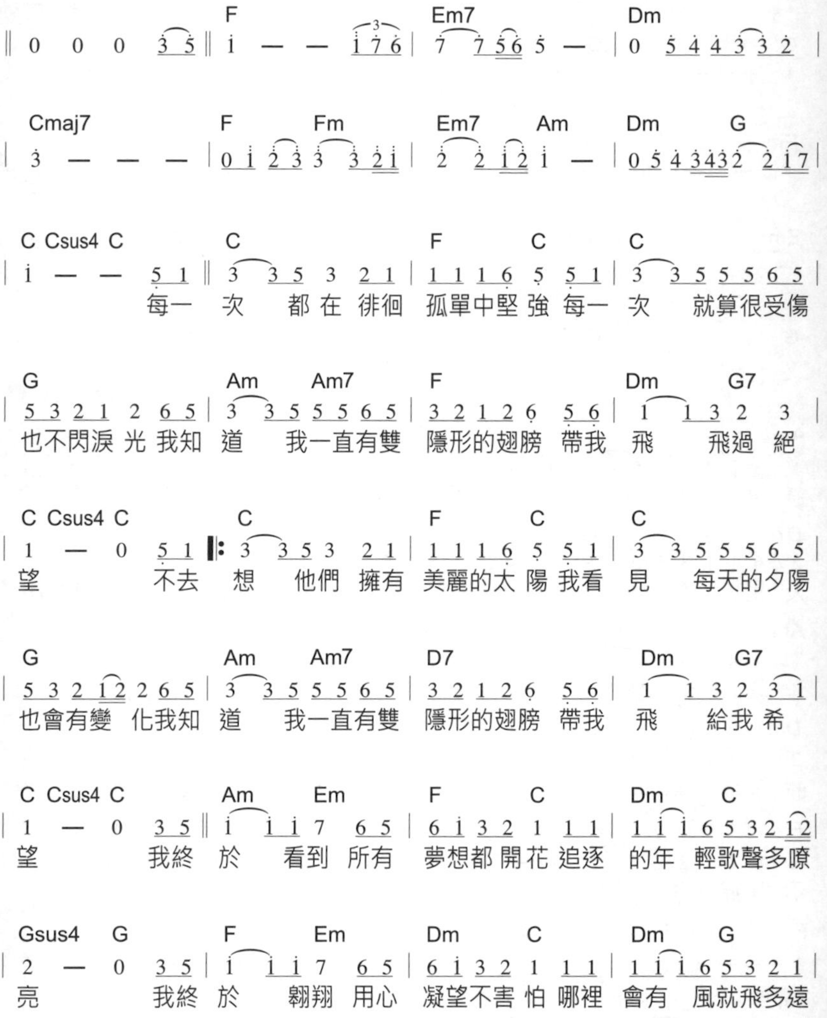

F Em7 Dm

Cmaj7 F Fm Em7 Am Dm G

C Csus4 C C F C C

每一 次 都在 徘徊 孤單中堅強 每一 次 就算很受傷

G Am Am7 F Dm G7

也不閃淚 光 我知 道 我一直有雙 隱形的翅膀 帶我 飛 飛過 絕

C Csus4 C C F C C

望 不去 想 他們 擁有 美麗的太 陽 我看 見 每天的夕陽

G Am Am7 D7 Dm G7

也會有變 化我知 道 我一直有雙 隱形的翅膀 帶我 飛 給我 希

C Csus4 C Am Em F C Dm C

望 我終 於 看到 所有 夢想都 開花 追逐 的年 輕歌聲多嘹

Gsus4 G F Em Dm C Dm G

亮 我終 於 翱翔 用心 凝望不害 怕 哪裡 會有 風就飛多遠

C - Csus4 - C - 1. | C ♭B | F C | C Dm

‖ 1 — 0 0 3 5 ‖ 5 5· 5 5 1 1 1 1 2 | 1 1 4 1 1 — | 0 5 4 4 3 2 2 2 1 1 2 3 |

吧

G E7 | Am Am7 | D7 | Dm G

| 2 — 0 3 #5 7 2 4 7 2 | 1 1 1 2 1 7 1 2 1 | 2 3· 2 1 5 6· 6 | 0 1 1 6 6 6 5 4 3 2 |

C Csus4 C | C - 2. - Csus4 - C | F Em7 | Dm C

| 1 — 0 5 1 :‖ 1 — 0 3 5 | 1 1 1 7 6 5 | 6 1 3 2 1 1 1 |

不去 吧 隱形 的 翅膀 讓夢 恆久比天長 留一

Dm | G | F Em7 | Dm G

‖ 2/4 1 1 1 6 ‖ 4/4 5 3 2 — 1 1 | 1 — 0 0 | 0 0 0 0 |

個 願 望 讓自己 想像

| 0 1 1 5 6 5 5 3 4 | 5 2 3 3 2 1 2 1 2 1 7 |

Cmaj7 | C

| 7 1 5 7 2 6 4 2 1 | 1 — — — ‖

Fine

Key：D
Play：C-F-D-C
男調：C 女調：G
4/4 ♩=70

突然好想你

詞 / 阿信(五月天) 曲 / 阿信(五月天) 唱 / 五月天

彈奏參考

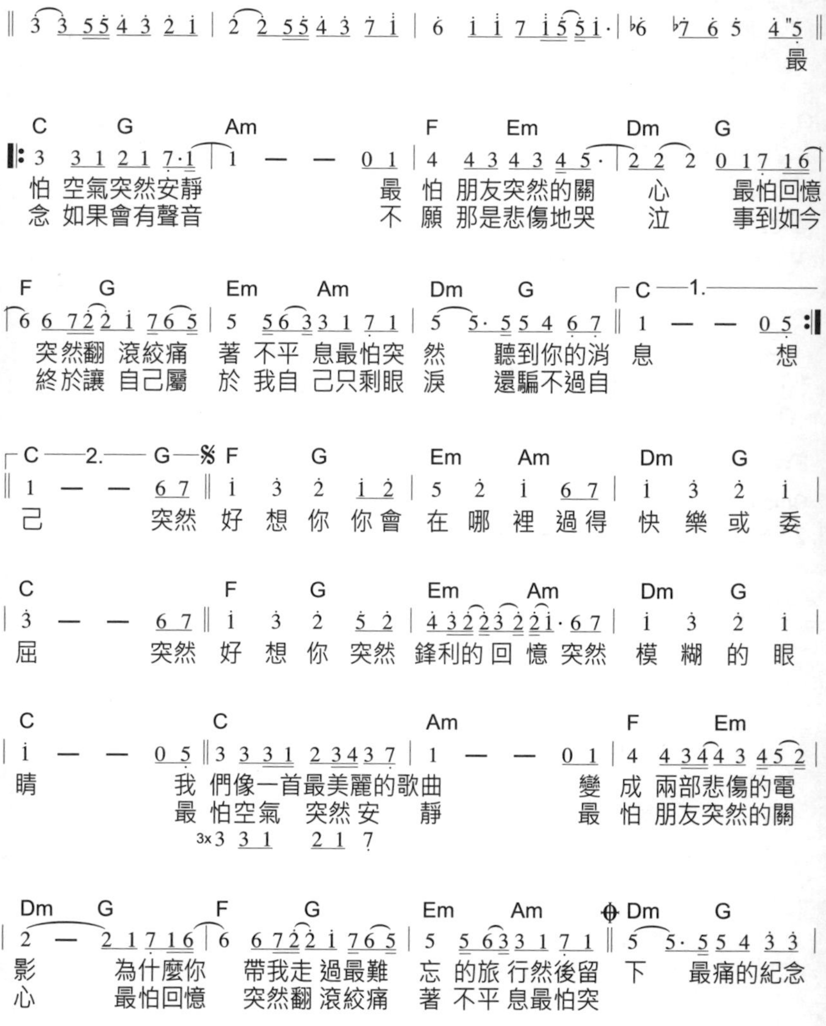

‖ 3 3 55 4 3 2 1 | 2 2 55 4 3 7 1 | 6 1 1 7 1 5 5 1· | ♭6 ♭7 6 5 4 ♯5 ‖
最

C G Am F Em Dm G
‖: 3 3 1 2 1 7·1 | 1 — — 0 1 | 4 4 3 4 3 4 5· | 2 2 2 0 1 7 1 6 |
怕 空氣突然安靜 最 怕 朋友突然的關 心 最怕回憶
念 如果會有聲音 不 願 那是悲傷地哭 泣 事到如今

F G Em Am Dm G C 1.
6 6 7 2 2 1 7 6 5 | 5 5 6 3 3 1 7 1 | 5 5· 5 5 4 6 7 ‖ 1 — — 0 5 :‖
突然翻 滾絞痛 著 不平 息最怕突 然 聽到你的消 息 想
終於讓 自己屬 於 我自 己只剩眼 淚 還騙不過自

C 2. G 𝄋 F G Em Am Dm G
‖ 1 — — 6 7 ‖ 1 3 2 1 2 | 5 2 1 6 7 | 1 3 2 1 |
己 突然 好 想 你 你會 在 哪 裡 過得 快 樂 或 委

C F G Em Am Dm G
| 3 — — 6 7 ‖ 1 3 2 5 2 | 4 3 2 2 3 2 2 1· 6 7 | 1 3 2 1 |
屈 突然 好 想 你 突然 鋒利的回 憶 突然 模 糊 的 眼

C C Am F Em
| 1 — — 0 5 ‖ 3 3 3 1 2 3 4 3 7 | 1 — — 0 1 | 4 4 3 4 4 3 4 5 2 |
睛 我 們像一首最美麗的歌曲 變 成 兩部悲傷的電
最 怕空氣 突然安 靜 最 怕 朋友突然的關
3x 3 3 1 2 1 7

Dm G F G Em Am 𝄌 Dm G
| 2 — 2 1 7 1 6 | 6 6 7 2 2 1 7 6 5 | 5 5 6 3 3 1 7 1 ‖ 5 5· 5 5 4 3 3 |
影 為什麼你 帶我走 過最難 忘 的旅 行然後留 下 最痛的紀念
心 最怕回憶 突然翻 滾絞痛 著 不平 息最怕突

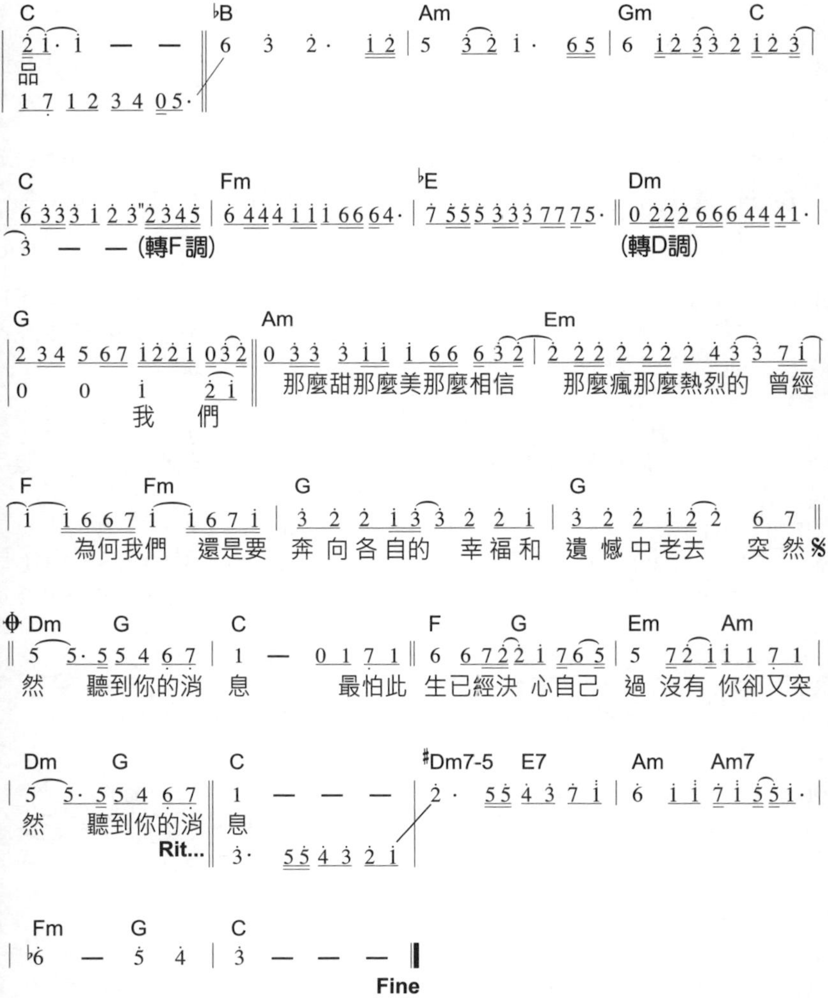

C ♭B Am Gm C

品

C Fm ♭E Dm

(轉F調) (轉D調)

G Am Em

我 們 那麼甜那麼美那麼相信 那麼瘋那麼熱烈的 曾經

F Fm G G

為何我們 還是要 奔 向 各 自的 幸 福 和 遺 憾 中 老去 突 然 𝄋

𝄌 Dm G C F G Em Am

然 聽到你的消 息 最怕此 生已經決 心自己 過 沒有 你卻又突

Dm G C ♯Dm7-5 E7 Am Am7

然 聽到你的消 息

Rit...

Fm G C

Fine

Key：G♭
Play：C
男調：G　女調：D
4/4 ♩=68 ♫=♩♪(3)

沒那麼簡單

詞 / 姚若龍　曲 / 蕭煌奇　唱 / 黃小琥

彈奏參考

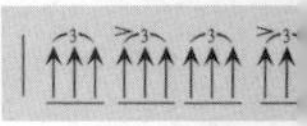

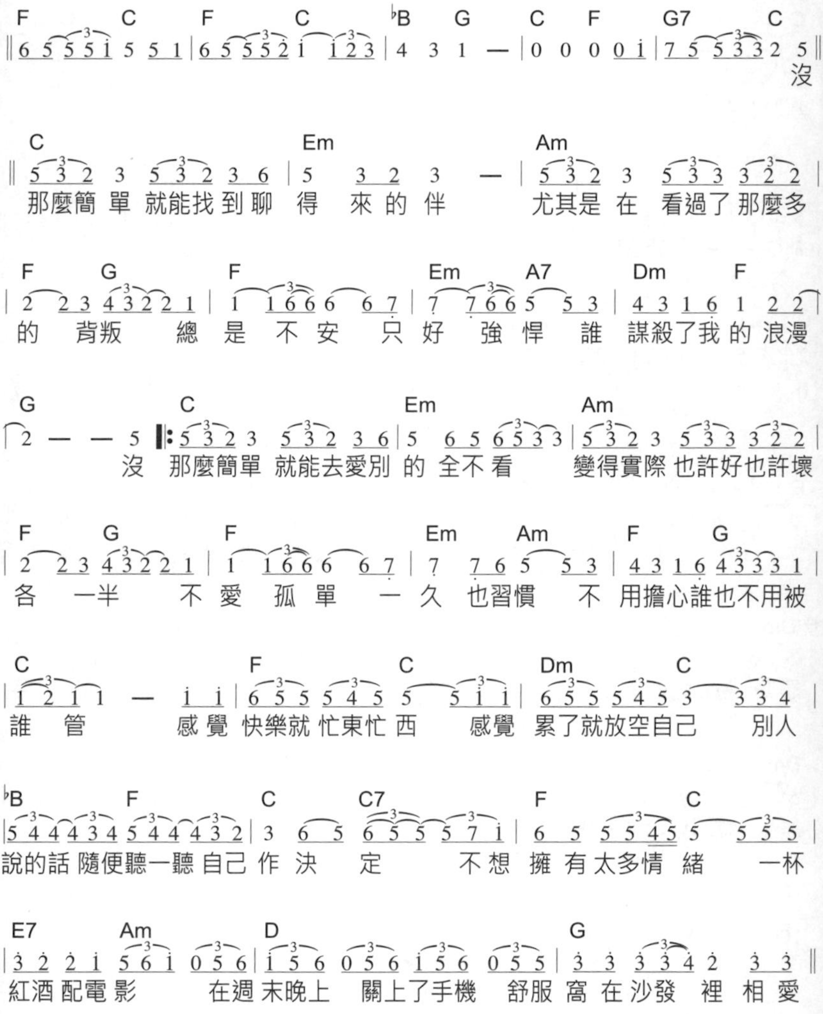

F C F C ♭B G C F G7 C
‖6 5 5 5 1̇ 5 5 1 | 6 5 5 5 2 1̇ 1̇ 2 3 | 4 3 1 — | 0 0 0 0 1̇ | 7 5 5 3 3 2 5 ‖
沒

C Em Am
‖5 3 2 3 5 3 2 3 6 | 5 3 2 3 — | 5 3 2 3 5 3 3 3 2 2 |
那麼簡單 就能找到聊得來的伴 尤其是在看過了那麼多

F G F Em A7 Dm F
| 2 2 3 4 3 2 2 1 | 1 1 6 6 6 6 7 | 7 7 6 6 5 5 3 | 4 3 1 6 1 2 2 |
的背叛 總是不安 只好強悍 誰謀殺了我的浪漫

G C Em Am
| 2 — — 5 |: 5 3 2 3 5 3 2 3 6 | 5 6 5 6 5 3 3 | 5 3 2 3 5 3 3 3 2 2 |
沒 那麼簡單 就能去愛別的全不看 變得實際 也許好也許壞

F G F Em Am F G
| 2 2 3 4 3 2 2 1 | 1 1 6 6 6 6 7 | 7 7 6 5 5 3 | 4 3 1 6 4 3 3 3 1 |
各一半 不愛孤單 一久也習慣 不用擔心誰也不用被

C F C Dm C
| 1̇ 2̇ 1̇ 1̇ — 1̇ 1̇ | 6 5 5 5 4 5 5 5 1̇ 1̇ | 6 5 5 5 4 5 3 3 3 4 |
誰管 感覺 快樂就忙東忙西 感覺 累了就放空自己 別人

♭B F C C7 F C
| 5 4 4 4 3 4 5 4 4 4 3 2 | 3 6 5 6 5 5 5 7 1̇ | 6 5 5 5 4 5 5 5 5 5 |
說的話 隨便聽一聽 自己作決定 不想擁有太多情緒 一杯

E7 Am D G
| 3̇ 2̇ 2̇ 1̇ 5 6 1̇ 0 5 6 | 1̇ 5 6 0 5 6 1̇ 5 6 0 5 5 | 3̇ 3̇ 3̇ 3̇ 4̇ 2̇ 3̇ 3̇ ‖
紅酒配電影 在週末晚上 關上了手機 舒服窩在沙發裡 相愛

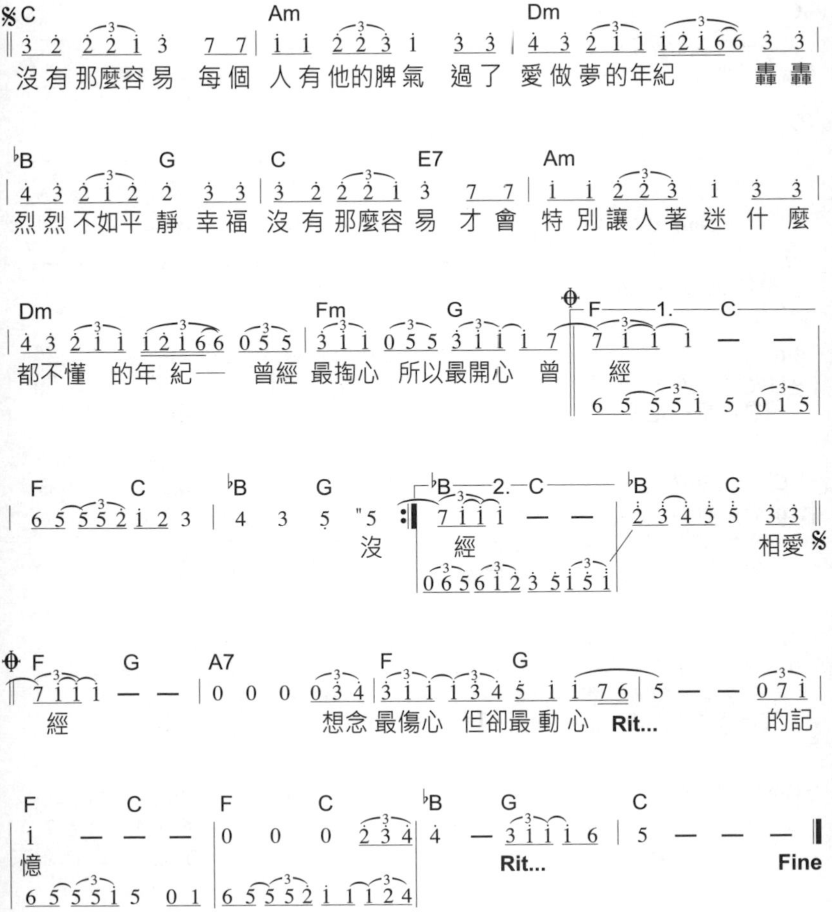

𝄋C Am Dm

‖ 3 2 2 2 1 3 7 7 | 1 1 2 2 3 1 3 3 | 4 3 2 1 1 1 2 1 6 6 3 3 |

沒有那麼容易 每個 人有他的脾氣 過了 愛做夢的年紀 轟轟

♭B G C E7 Am

| 4 3 2 1 2 2 3 3 | 3 2 2 2 1 3 7 7 | 1 1 2 2 3 1 3 3 |

烈烈不如平靜 幸福 沒有那麼容易 才會 特別讓人著迷 什麼

Dm Fm G 𝄌 F 1. C

| 4 3 2 1 1 1 2 1 6 6 0 5 5 | 3 1 1 0 5 5 3 1 1 1 7 ‖ 7 1 1 1 — — |

都不懂 的年 紀— 曾經 最掏心 所以最開心 曾 經

6 5 5 5 1 5 0 1 5

F C ♭B G ♭B 2. C ♭B C

| 6 5 5 5 2 1 2 3 | 4 3 5 "5 :‖ 7 1 1 1 — — | 2 3 4 5 5 3 3 ‖

沒 經 相愛 𝄋

0 6 5 6 1 2 3 5 1 5 1

𝄌 F G A7 F G

‖ 7 1 1 1 — — | 0 0 0 0 3 4 | 3 1 1 1 3 4 5 1 1 7 6 | 5 — — 0 7 1 |

經 想念最傷心 但卻最動心 **Rit...** 的記

F C F C ♭B G C

| 1 — — — | 0 0 0 2 3 4 | 4 — 3 1 1 1 6 | 5 — — — ‖

憶 **Rit...** **Fine**

6 5 5 5 1 5 0 1 | 6 5 5 5 2 1 1 1 2 4 |

Key：C
Play：C
男調：C 女調：G
4/4 ♩=75

想你就寫信

詞 / 方文山 曲 / 周杰倫 唱 / 浪花兄弟

彈奏參考

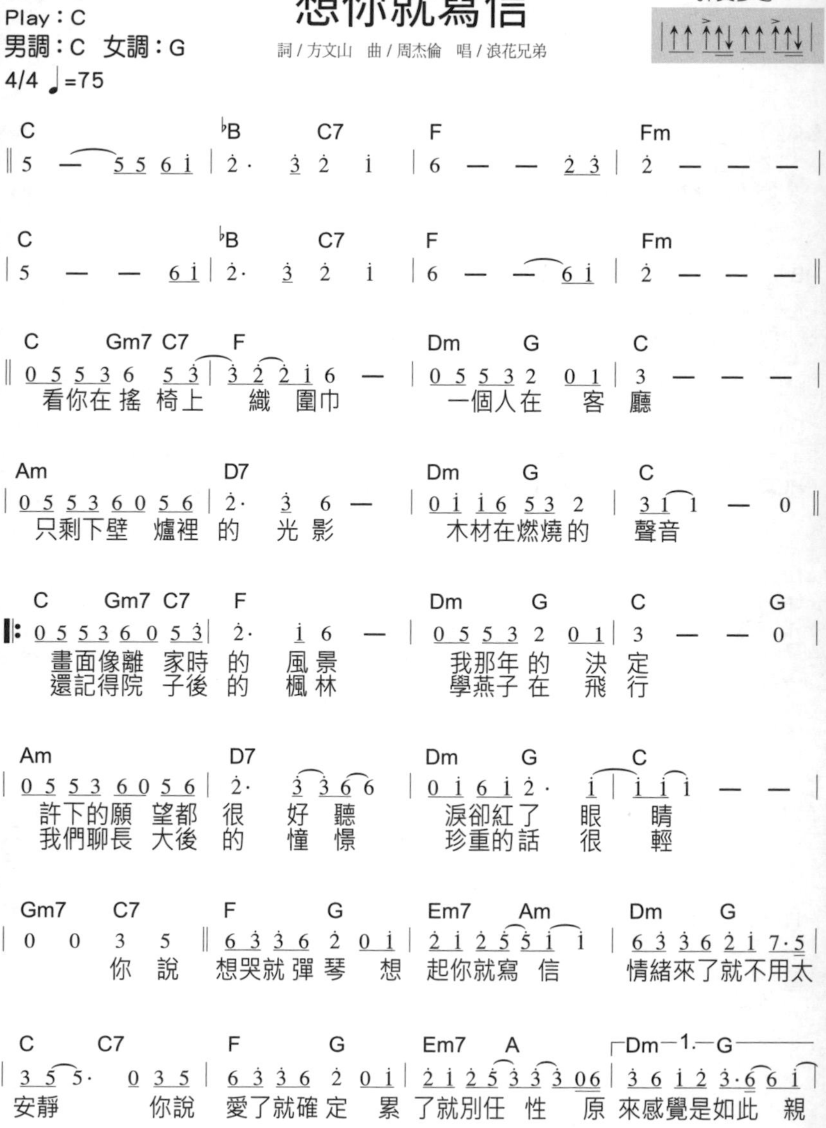

C	♭B C7	F	Fm
5 — 5 5 6 1	2· 3 2 1	6 — — 2 3	2 — — —

C	♭B C7	F	Fm
5 — — 6 1	2· 3 2 1	6 — — 6 1	2 — — —

C Gm7 C7 F | Dm G | C
0 5 5 3 6 5 3 | 3 2 2 1 6 — | 0 5 5 3 2 0 1 | 3 — — —
看你在搖椅上 織 圍巾 一個人在 客 廳

Am | D7 | Dm G | C
0 5 5 3 6 0 5 6 | 2· 3 6 — | 0 1 1 6 5 3 2 | 3 1 1 — 0
只剩下壁 爐裡 的 光 影 木材在燃燒的 聲音

C Gm7 C7 F | Dm G | C G
0 5 5 3 6 0 5 3 | 2· 1 6 — | 0 5 5 3 2 0 1 | 3 — — 0
畫面像離 家時 的 風 景 我那年的 決 定
還記得院 子後 的 楓 林 學燕子在 飛 行

Am | D7 | Dm G | C
0 5 5 3 6 0 5 6 | 2· 3 3 6 6 | 0 1 6 1 2· 1 | 1 1 1 — —
許下的願 望都 很 好 聽 淚卻紅了 眼 睛
我們聊長 大後 的 憧 憬 珍重的話 很 輕

Gm7 C7 | F G | Em7 Am | Dm G
0 0 3 5 | 6 3 3 6 2 0 1 | 2 1 2 5 5 1 1 | 6 3 3 6 2 1 7·5
你 說 想哭就彈琴 想 起你就寫 信 情緒來了就不用太

C C7 | F G | Em7 A | Dm 1. G
3 5 5· 0 3 5 | 6 3 3 6 2 0 1 | 2 1 2 5 3 3 3 0 6 | 3 6 1 2 3·6 6 1
安靜 你說 愛了就確定 累 了就別任 性 原 來感覺是如此 親

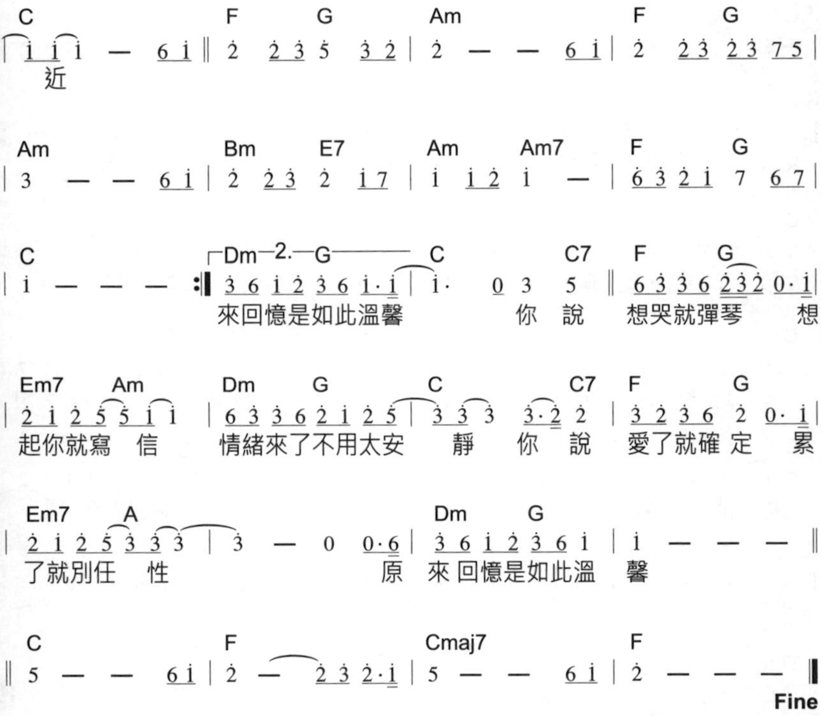

C F G Am F G

| 1 1 1 — 6 1 ‖ 2 2 3 5 3 2 | 2 — — 6 1 | 2 2 3 2 3 7 5 |

近

Am Bm E7 Am Am7 F G

| 3 — — 6 1 | 2 2 3 2 1 7 | 1 1 2 1 — | 6 3 2 1 7 6 7 |

C Dm 2. G C C7 F G

| 1 — — — :‖ 3 6 1 2 3 6 1 · 1 | 1 · 0 3 5 ‖ 6 3 3 6 2 3 2 0 · 1 |

來回憶是如此溫馨 你 說 想哭就彈琴 想

Em7 Am Dm G C C7 F G

| 2 1 2 5 5 1 1 | 6 3 3 6 2 1 2 5 | 3 3 3 3 · 2 2 | 3 2 3 6 2 0 · 1 |

起你就寫 信 情緒來了不用太安 靜 你 說 愛了就確 定 累

Em7 A Dm G

| 2 1 2 5 3 3 3 | 3 — 0 0 · 6 | 3 6 1 2 3 6 1 | 1 — — — ‖

了就別任 性 原 來 回憶是如此溫 馨

C F Cmaj7 F

‖ 5 — — 6 1 | 2 — 2 3 2 · 1 | 5 — — 6 1 | 2 — — — ‖

Fine

Key：B♭
Play：C
男調：E♭ 女調：B♭
4/4 ♩=126

讓我們看雲去

詞 / 鍾麗莉 曲 / 黃大城 唱 / 陳明韶

彈奏參考
↑ ↑↓↑↓↑↓

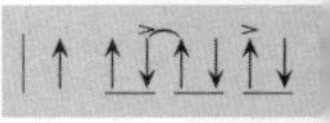

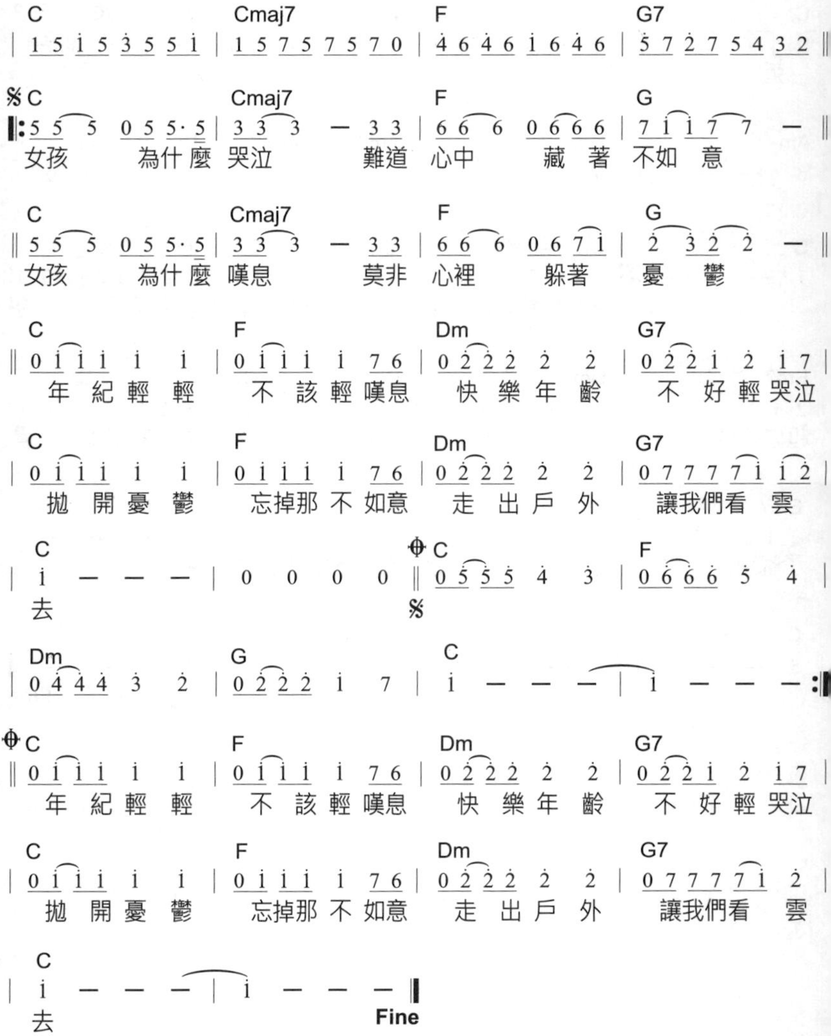

C Cmaj7 F G7
| 1 5 1 5 3 5 5 1 | 1 5 7 5 7 5 7 0 | 4 6 4 6 1 6 4 6 | 5 7 2 7 5 4 3 2 ||

𝄋 C Cmaj7 F G
|: 5 5 5 0 5 5· 5 | 3 3 3 — 3 3 | 6 6 6 0 6 6 6 | 7 1 1 7 7 — ||
女孩 為什麼 哭泣 難道 心中 藏 著 不如 意

C Cmaj7 F G
|| 5 5 5 0 5 5· 5 | 3 3 3 — 3 3 | 6 6 6 0 6 7 1 | 2 3 2 2 — ||
女孩 為什麼 嘆息 莫非 心裡 躲著 憂 鬱

C F Dm G7
|| 0 1 1 1 1 1 | 0 1 1 1 1 7 6 | 0 2 2 2 2 2 | 0 2 2 1 2 1 7 |
年 紀 輕 輕 不 該 輕 嘆息 快 樂 年 齡 不 好 輕 哭泣

C F Dm G7
| 0 1 1 1 1 1 | 0 1 1 1 1 7 6 | 0 2 2 2 2 2 | 0 7 7 7 7 1 1 2 |
拋 開 憂 鬱 忘掉那 不 如意 走 出 戶 外 讓我們看 雲

C ⊕ C F
| 1 — — — | 0 0 0 0 || 0 5 5 5 4 3 | 0 6 6 6 5 4 |
去 𝄋

Dm G C
| 0 4 4 4 3 2 | 0 2 2 2 1 7 | 1 — — — | 1 — — — :||

⊕ C F Dm G7
|| 0 1 1 1 1 1 | 0 1 1 1 1 7 6 | 0 2 2 2 2 2 | 0 2 2 1 2 1 7 |
年 紀 輕 輕 不 該 輕 嘆息 快 樂 年 齡 不 好 輕 哭泣

C F Dm G7
| 0 1 1 1 1 1 | 0 1 1 1 1 7 6 | 0 2 2 2 2 2 | 0 7 7 7 7 1 2 |
拋 開 憂 鬱 忘掉那 不 如意 走 出 戶 外 讓我們看 雲

C
| 1 — — — | 1 — — — ||
去 **Fine**

外婆的澎湖灣

Key：G
Play：G
男調：G 女調：D
2/4 ♩=180

詞 / 葉佳修 曲 / 葉佳修 唱 / 潘安邦

彈奏參考

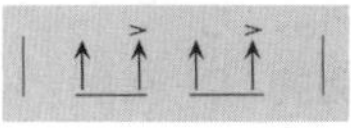

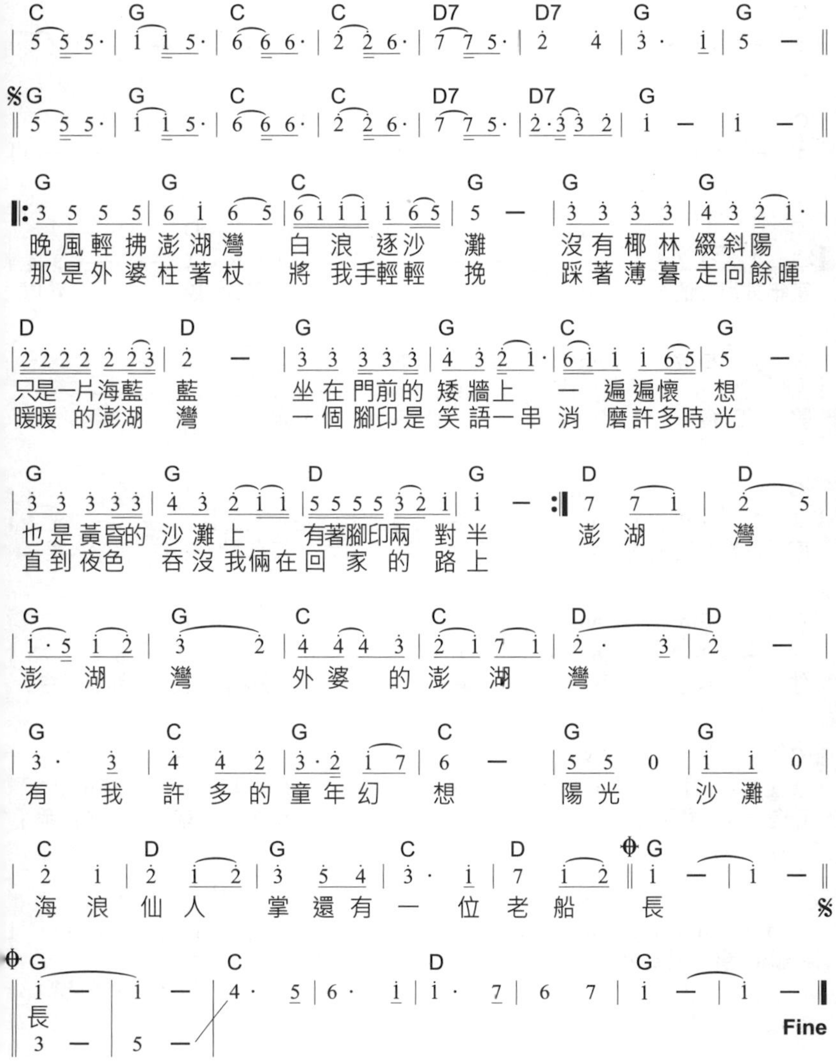

C G C C D7 D7 G G
| 5 5 5· | 1 1 5· | 6 6 6· | 2 2 6· | 7 7 5· | 2 4 | 3· 1 | 5 — ||

𝄋 G G C C D7 D7 G
|| 5 5 5· | 1 1 5· | 6 6 6· | 2 2 6· | 7 7 5· | 2·3 3 2 | 1 — | 1 — ||

G G C G G G
|: 3 5 5 5 | 6 1 6 5 | 6 1 1 1 1 6 5 | 5 — | 3 3 3 3 | 4 3 2 1· |
晚風輕拂澎湖灣 白浪逐沙灘 沒有椰林綴斜陽
那是外婆柱著杖 將我手輕輕挽 踩著薄暮走向餘暉

D D G G C G
| 2 2 2 2 2 2 3 | 2 — | 3 3 3 3 3 | 4 3 2 1· | 6 1 1 1 6 5 | 5 — |
只是一片海藍藍 坐在門前的矮牆上 一遍遍懷想
暖暖的澎湖灣 一個腳印是笑語一串 消磨許多時光

G G D G D D
| 3 3 3 3 3 | 4 3 2 1 1 | 5 5 5 5 3 2 1 | 1 — :|| 7 7 1 | 2 5 |
也是黃昏的沙灘上 有著腳印兩對半 澎湖灣
直到夜色吞沒我倆在回家的路上

G G C C D D
| 1·5 1 2 | 3 2 | 4 4 4 3 | 2 1 7 1 | 2· 3 | 2 — |
澎湖灣 外婆的澎湖灣

G C G C G G
| 3· 3 | 4 4 2 | 3·2 1 7 | 6 — | 5 5 0 | 1 1 0 |
有我許多的童年幻想 陽光沙灘

C D G C D ⊕ G
| 2 1 | 2 1 2 | 3 5 4 | 3· 1 | 7 1 2 || 1 — | 1 — ||
海浪仙人掌還有一位老船長 𝄋

⊕ G C D G
|| 1 — | 1 — | 4· 5 | 6· 1 | 1· 7 | 6 7 | 1 — | 1 — ||
長
|| 3 — | 5 — |

Fine

恰似你的溫柔

Key：G
Play：C
男調：D 女調：A
4/4 ♩=78

詞／梁弘志 曲／梁弘志 唱／蔡琴

彈奏參考

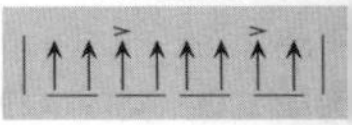

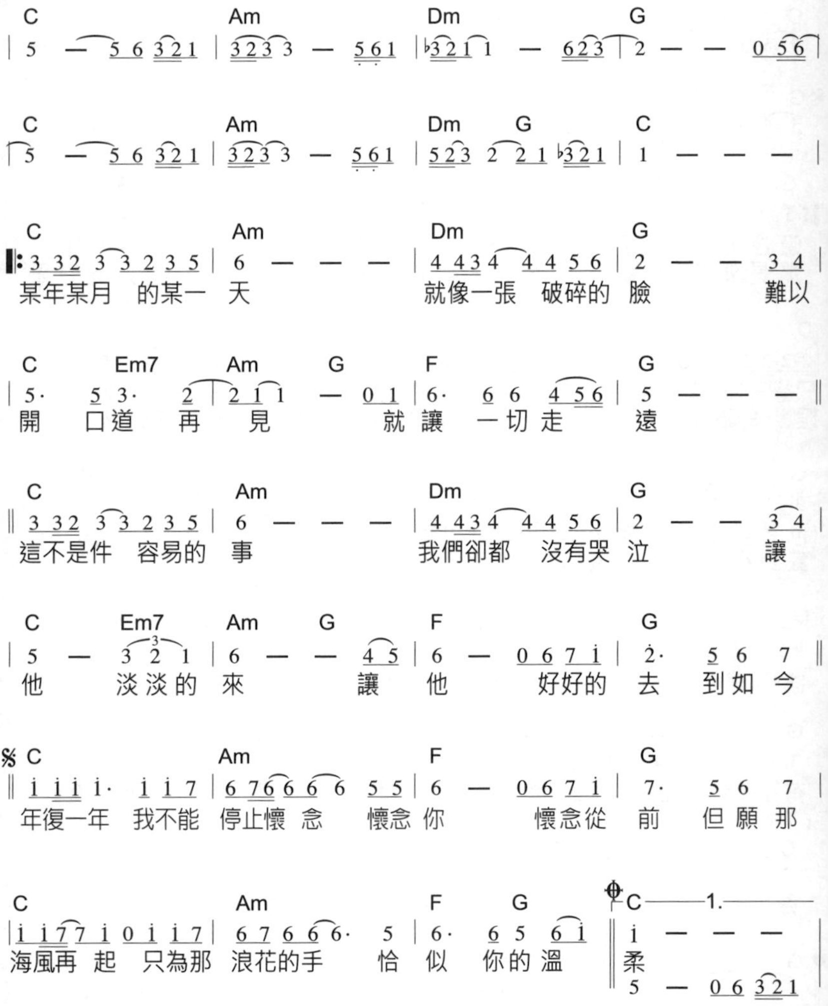

C Am Dm G
| 5 — 5 6 3 2 1 | 3 2 3 3 — 5 6 1 | ♭3 2 1 1 — 6 2 3 | 2 — — 0 5 6 |

C Am Dm G C
| 5 — 5 6 3 2 1 | 3 2 3 3 — 5 6 1 | 5 2 3 2 2 1 ♭3 2 1 | 1 — — — |

C Am Dm G
|: 3 3 2 3 3 2 3 5 | 6 — — — | 4 4 3 4 4 4 5 6 | 2 — — 3 4 |
某年某月 的某一 天 就像一張 破碎的 臉 難以

C Em7 Am G F G
| 5· 5 3· 2 | 2 1 1 — 0 1 | 6· 6 6 4 5 6 | 5 — — — ||
開 口道 再 見 就 讓 一切 走 遠

C Am Dm G
|| 3 3 2 3 3 2 3 5 | 6 — — — | 4 4 3 4 4 4 5 6 | 2 — — 3 4 |
這不是件 容易的 事 我們卻都 沒有哭 泣 讓

C Em7 Am G F G
| 5 — 3 2 1 | 6 — — 4 5 | 6 — 0 6 7 1 | 2· 5 6 7 ||
他 淡淡的 來 讓 他 好好的 去 到如 今

𝄋 C Am F G
|| 1 1 1 1· 1 1 7 | 6 7 6 6 6 6 5 5 | 6 — 0 6 7 1 | 7· 5 6 7 |
年復一年 我不能 停止懷 念 懷念 你 懷念從 前 但願 那

C Am F G 𝄌 C 1.
| 1 1 7 7 1 0 1 1 7 | 6 7 6 6 6· 5 | 6· 6 5 6 1 || 1 — — — |
海風再 起 只為那 浪花的手 恰 似 你的 溫 柔
5 — 0 6 3 2 1

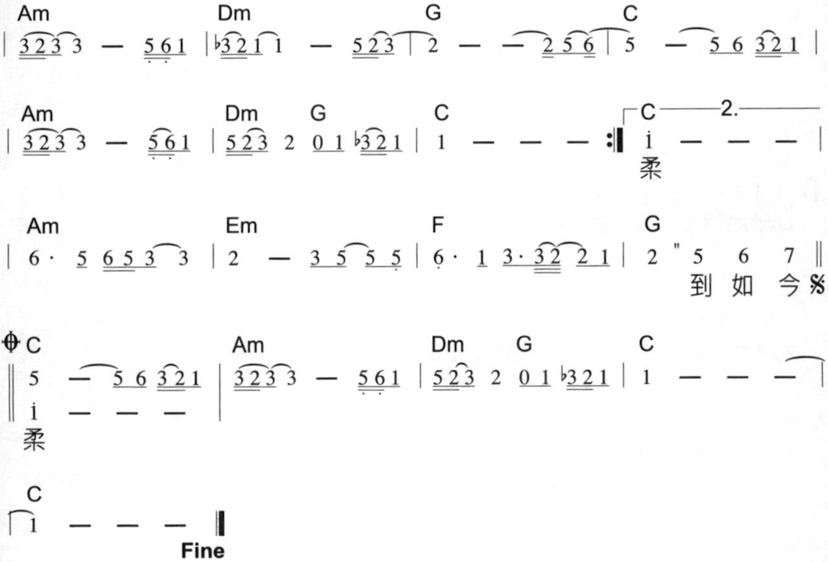

Am Dm G C

| 3 2 3 3 — 5 6 1 | ♭3 2 1 1 — 5 2 3 | 2 — — 2 5 6 | 5 — 5 6 3 2 1 |

Am Dm G C 2. C

| 3 2 3 3 — 5 6 1 | 5 2 3 2 0 1 ♭3 2 1 | 1 — — — :‖ i — — — |

柔

Am Em F G

| 6 · 5 6 5 3 3 | 2 — 3 5 5 5 | 6 · 1 3 · 3 2 2 1 | 2 " 5 6 7 ‖

到 如 今 𝄋

𝄌 C Am Dm G C

‖ 5 — 5 6 3 2 1 | 3 2 3 3 — 5 6 1 | 5 2 3 2 0 1 ♭3 2 1 | 1 — — — |

‖ i — — — |

柔

C

1 — — — ‖

Fine

不能說的秘密

Key：G
Play：G
男調：G 女調：D
4/4 ♩=72

詞／方文山 曲／周杰倫 唱／周杰倫

彈奏參考
| ↑ ↑ ↑ ↑ ↑ ↑ ↑ ↑ |

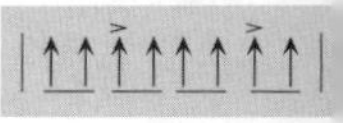

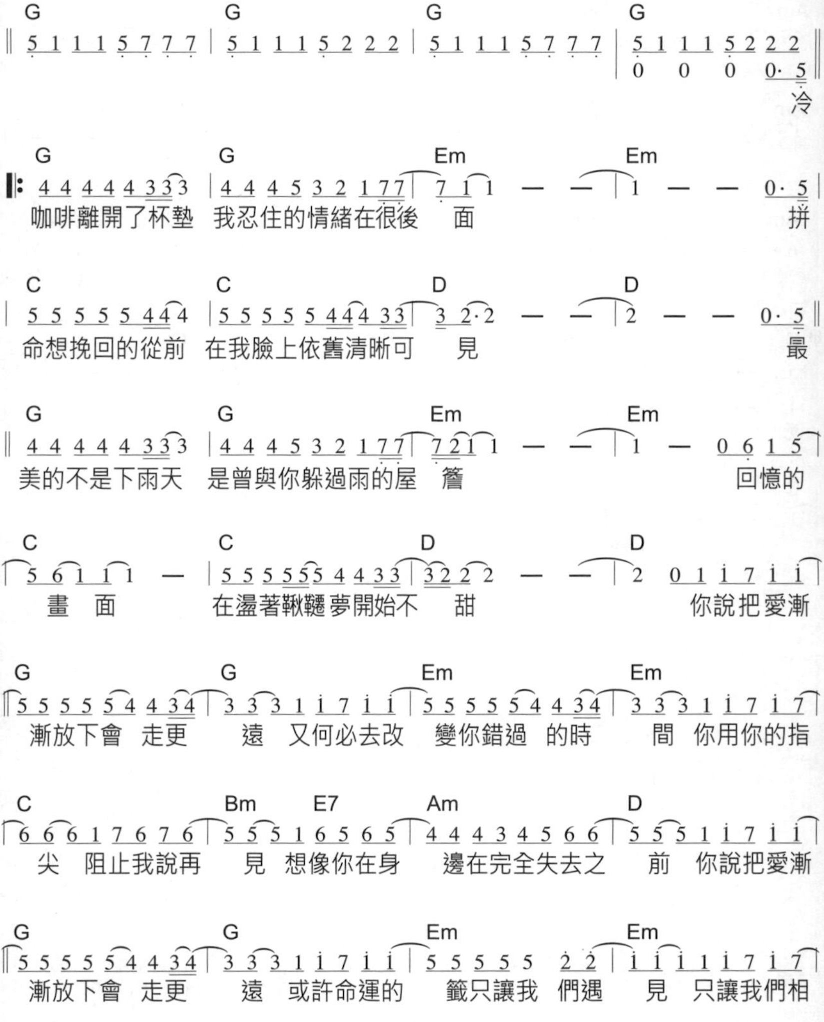

G | G | G | G
‖ 5 1 1 1 5 7 7 7 | 5 1 1 1 5 2 2 2 | 5 1 1 1 5 7 7 7 | 5 1 1 1 5 2 2 2 / 0 0 0 0· 5 ‖
冷

G | G | Em | Em
‖: 4 4 4 4 4 3 3 3 | 4 4 4 5 3 2 1 7 7 | 7 1 1 — — | 1 — — 0· 5 |
咖啡離開了杯墊 我忍住的情緒在很後 面 拼

C | C | D | D
| 5 5 5 5 5 4 4 4 | 5 5 5 5 5 4 4 4 3 3 | 3 2· 2 — — | 2 — — 0· 5 ‖
命想挽回的從前 在我臉上依舊清晰可 見 最

G | G | Em | Em
‖ 4 4 4 4 4 3 3 3 | 4 4 4 5 3 2 1 7 7 | 7 2 1 1 — — | 1 — 0 6 1 5 |
美的不是下雨天 是曾與你躲過雨的屋 簷 回憶的

C | C | D | D
| 5 6 1 1 1 — | 5 5 5 5 5 5 4 4 3 3 | 3 2 2 2 — — | 2 0 1 1 7 1 1 |
畫 面 在盪著鞦韆夢開始不 甜 你說把愛漸

G | G | Em | Em
‖ 5 5 5 5 5 4 4 3 4 | 3 3 3 1 1 7 1 1 | 5 5 5 5 5 4 4 3 4 | 3 3 3 1 1 7 1 7 |
漸放下會 走更 遠 又何必去改 變你錯過 的時 間 你用你的指

C | Bm E7 | Am | D
| 6 6 6 1 7 6 7 6 | 5 5 5 1 6 5 6 5 | 4 4 4 3 4 5 6 6 | 5 5 5 1 1 7 1 1 |
尖 阻止我說再 見 想像你在身 邊在完全失去之 前 你說把愛漸

G | G | Em | Em
‖ 5 5 5 5 5 4 4 3 4 | 3 3 3 1 1 7 1 1 | 5 5 5 5 5 2 2 | 1 1 1 1 1 7 1 7 |
漸放下會 走更 遠 或許命運的 籤只讓我 們遇 見 只讓我們相

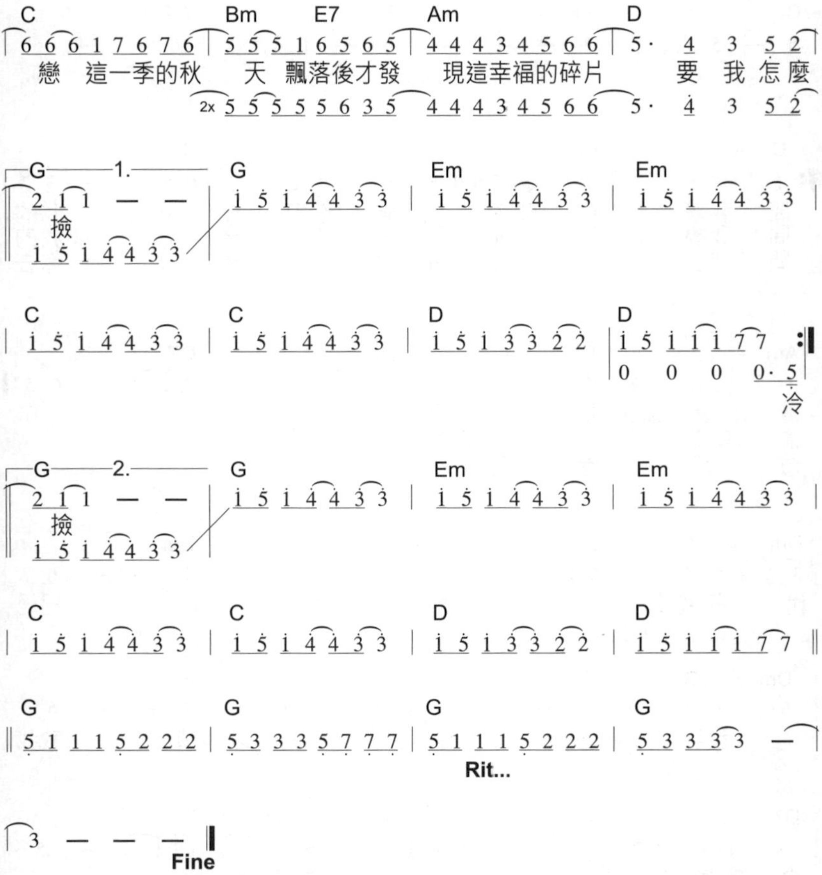

C Bm E7 Am D

| 6 6 6 1 7 6 7 6 | 5 5 5 1 6 5 6 5 | 4 4 4 3 4 5 6 6 | 5· 4 3 5 2 |

戀 這一季的秋 天 飄落後才發 現這幸福的碎片 要 我 怎 麼

2x 5 5 5 5 5 6 3 5 | 4 4 4 3 4 5 6 6 | 5· 4 3 5 2 |

G 1. G Em Em

|| 2 1 1 — — | 1 5 1 4 4 3 3 | 1 5 1 4 4 3 3 | 1 5 1 4 4 3 3 |

撿

1 5 1 4 4 3 3

C C D D

| 1 5 1 4 4 3 3 | 1 5 1 4 4 3 3 | 1 5 1 3 3 2 2 | 1 5 1 1 1 7 7 :|

0 0 0 0· 5

冷

G 2. G Em Em

|| 2 1 1 — — | 1 5 1 4 4 3 3 | 1 5 1 4 4 3 3 | 1 5 1 4 4 3 3 |

撿

1 5 1 4 4 3 3

C C D D

| 1 5 1 4 4 3 3 | 1 5 1 4 4 3 3 | 1 5 1 3 3 2 2 | 1 5 1 1 1 7 7 ||

G G G G

|| 5 1 1 1 5 2 2 2 | 5 3 3 3 5 7 7 7 | 5 1 1 1 5 2 2 2 | 5 3 3 3 3 — |

Rit...

| 3 — — — ||

Fine

Key：D♭
Play：C
男調：F　女調：C
4/4 ♩=80

月亮代表我的心

詞 / 孫儀　曲 / 翁清溪　唱 / 鄧麗君

彈奏參考

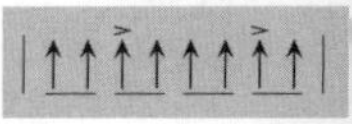

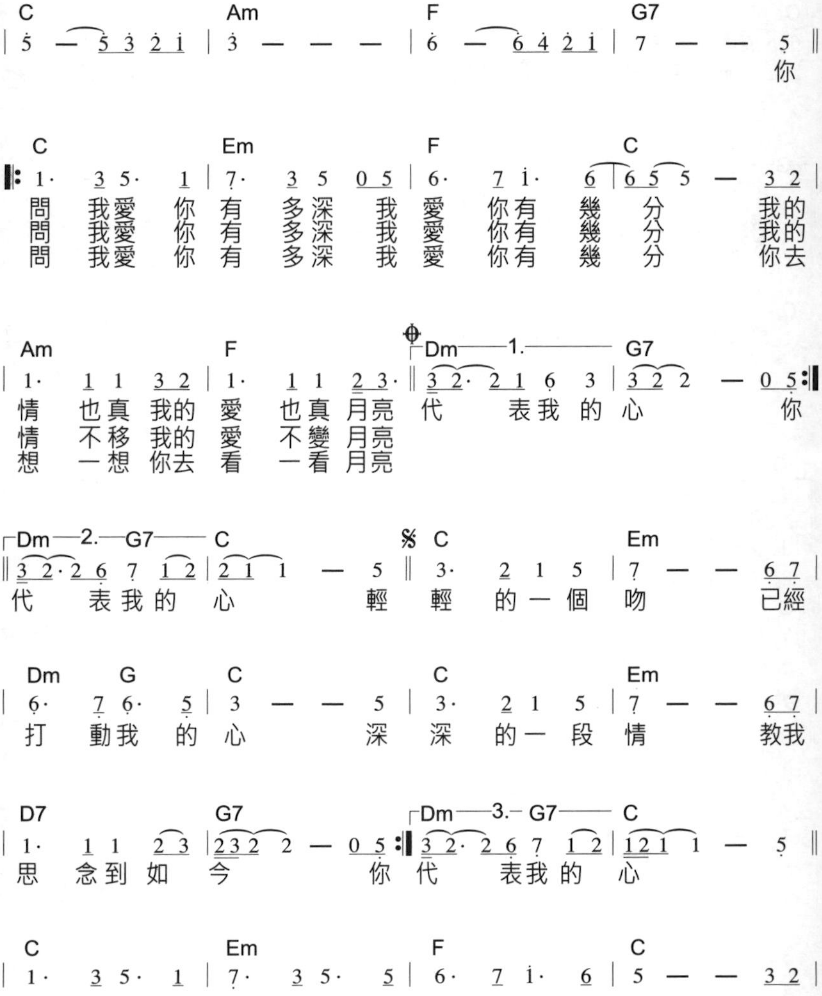

C　Am　F　G7

你

C　Em　F　C

問我愛你有多深　我愛你有幾分　我的
問我愛你有多深　我愛你有幾分　我的
問我愛你有多深　我愛你有幾分　你去

Am　F　Dm 1. G7

情也真　我的愛也真　月亮代表我的心　你
情不移　我的愛不變　月亮
想一想　你去看一看　月亮

Dm 2. G7　C　C　Em

代表我的心　輕輕的一個吻　已經

Dm　G　C　C　Em

打動我的心　深深的一段情　教我

D7　G7　Dm 3. G7　C

思念到如今　你代表我的心

C　Em　F　C

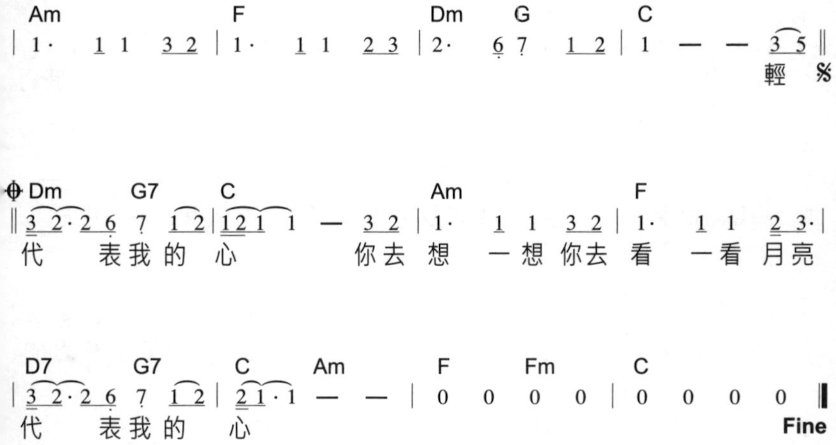

Am F Dm G C

| 1· 1 1 3 2 | 1· 1 1 2 3 | 2· 6 7 1 2 | 1 — — 3 5 ‖

輕 𝄋

𝄌 Dm G7 C Am F

‖ 3 2·2 6 7 1 2 | 1 2 1 1 — 3 2 | 1· 1 1 3 2 | 1· 1 1 2 3· |

代 表我的 心 你去 想 一想 你去 看 一看 月亮

D7 G7 C Am F Fm C

| 3 2·2 6 7 1 2 | 2 1·1 — — | 0 0 0 0 | 0 0 0 0 ‖

代 表我的 心

Fine

Key：G
Play：C
男調：C　女調：G
4/4 ♩=65

野白合也有春天

詞 / 羅大佑　曲 / 羅大佑　唱 / 潘越雲

彈奏參考

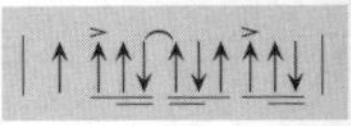

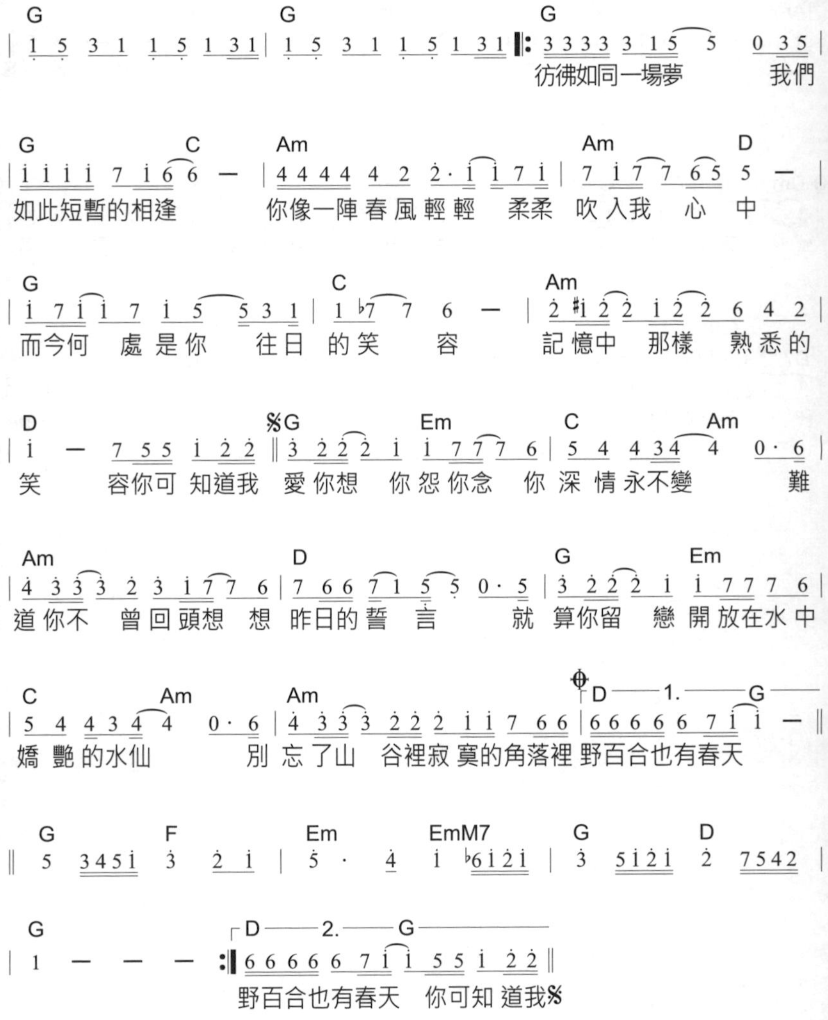

G　G　G
彷彿如同一場夢　我們

G　C　Am　Am　D
如此短暫的相逢　你像一陣春風輕輕　柔柔　吹入我　心　中

G　C　Am
而今何　處是你　往日　的笑　容　記憶中　那樣　熟悉的

D　𝄋G　Em　C　Am
笑　容你可　知道我　愛你想　你怨你念　你深情永不變　難

Am　D　G　Em
道你不　曾回頭想　想　昨日的誓　言　就　算你留　戀開放在水中

C　Am　Am　𝄌D　1.　G
嬌　豔的水仙　別　忘了山　谷裡寂寞的角落裡　野百合也有春天

G　F　Em　EmM7　G　D

G　D　2.　G
野百合也有春天　你可知 道我𝄋

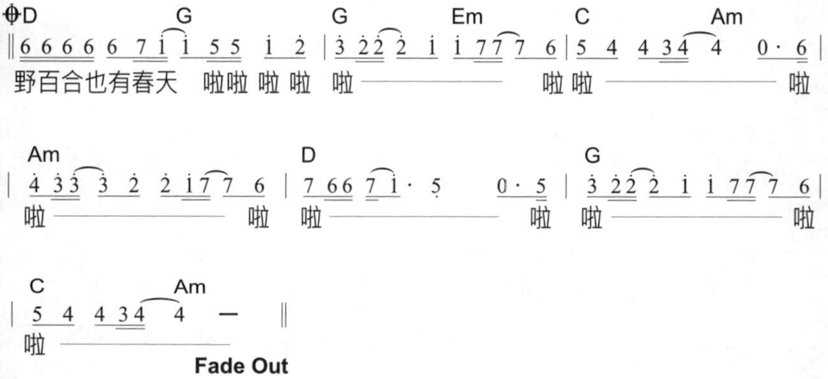

ΦD G G Em C Am

‖ 6 6 6 6 6 7 1 1 5 5 1 2 | 3 2 2 2 1 1 7 7 7 6 | 5 4 4 3 4 4 0 · 6 |

野百合也有春天 啦啦 啦 啦 啦 —— 啦 啦 —— 啦

Am D G

| 4 3 3 3 2 2 1 7 7 6 | 7 6 6 7 1 · 5 0 · 5 | 3 2 2 2 1 1 7 7 7 6 |

啦 —— 啦 啦 —— 啦 啦 —— 啦

C Am

| 5 4 4 3 4 4 — ‖

啦 ——

Fade Out

Key：C
Play：C
男調：F　女調：C
4/4 ♩=70

動不動就說愛我

詞／林秋離　曲／熊美玲　唱／芝麻與龍眼

彈奏參考

C　Am　F　G
| 1 5 1 5 2 3 · | 6 3 6 3 7 1 · | 4 5 1 5 2 3 · | 5 5 2 5 5 2 · |

C　Am　F　G　C
| 1 5 1 5 2 3 · | 6 3 6 3 7 1 · | 4 5 1 5 5 2 · | 1 5 1 5 2 3 · |

C　C　Am
| 1 5 1 5 2 3 · |: 3 · 56 5 1 23 | 3 · 1 6 — |
(Vocal 1) 離 別 後也沒有 什 麼
是 不 是人 都 難 免 有
2x 1 2 3 ·

F　G　Am
| 611 1 1 2 1 23 | 2 — — 0 | 6 · 1 1 2 · 1 |
會讓我更難 過 的理 由 只 不過 很 想
感動得忘了 我 的時 候 一 顆心 變 得
2x 1 5 5 2x 2 1

C　F　G　C
| 1 · 5 3 — | 6 5 3 1 6 2 1 | 1 — — 3553 |
讓 淚 水 痛 快 一 次 的 氾 流 (合)每個人都
好 脆 弱 需 要 多 情 的 溫 柔 每個人都
2x 5 5 3 · 3

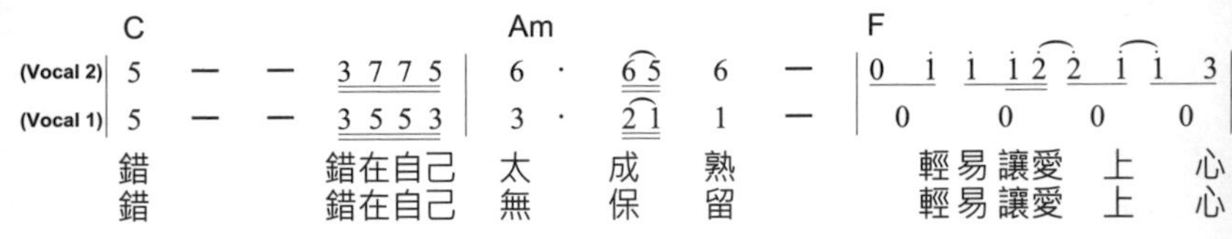

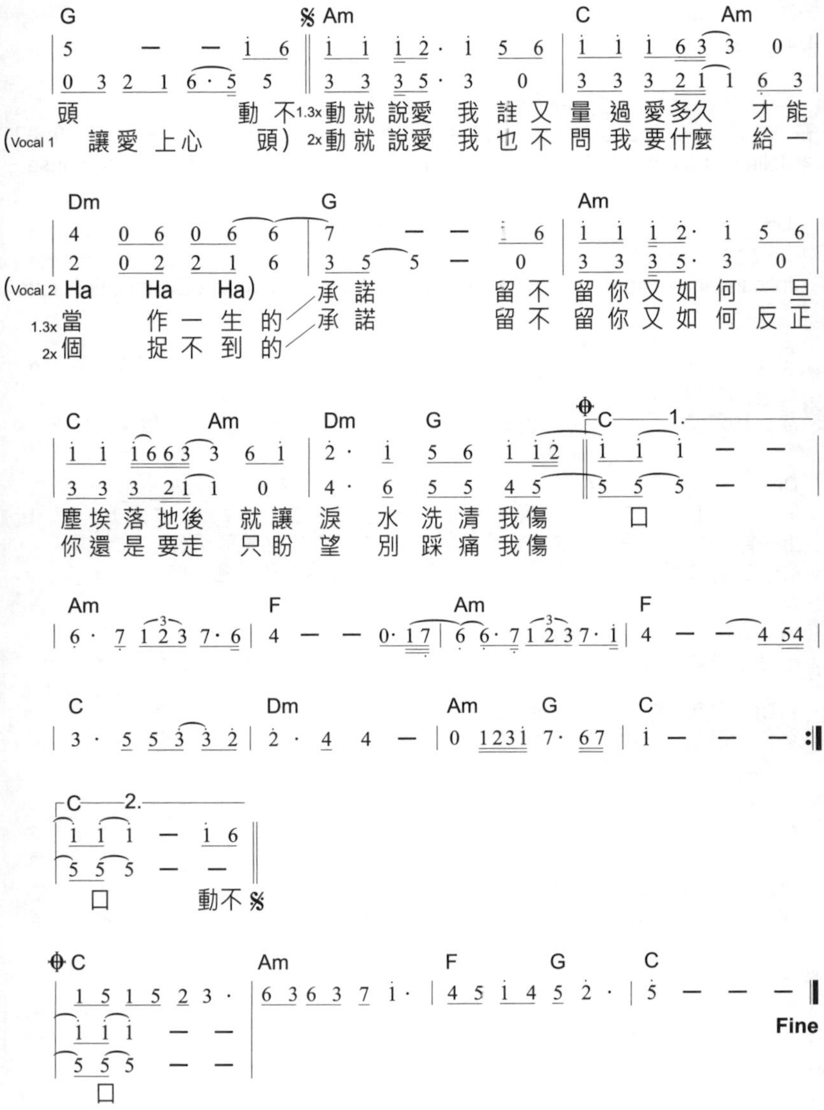

G 𝄋 Am C Am

| 5 — — 1 6 ‖ 1 1 1 2· 1 5 6 | 1 1 1 6 3 3 0 |
| 0 3 2 1 6· 5 5 ‖ 3 3 3 5· 3 0 | 3 3 3 2 1 1 6 3 |

頭 動 不 1.3x 動就說愛 我 誰 又 量 過 愛多久 才 能
(Vocal 1 讓 愛 上 心 頭) 2x 動就說愛 我 也 不 問 我 要什麼 給 一

Dm G Am

| 4 0 6 0 6 6 | 7 — — 1 6 | 1 1 1 2· 1 5 6 |
| 2 0 2 2 1 6 | 3 5 5 — 0 | 3 3 3 5· 3 0 |

(Vocal 2 Ha Ha Ha) 承 諾 留 不 留 你 又 如 何 一 旦
1.3x 當 作 一 生 的 承 諾 留 不 留 你 又 如 何 反 正
2x 個 捉 不 到 的

C Am Dm G Φ C 1.

| 1 1 1 6 6 3 3 6 1 | 2· 1 5 6 1 1 2 ‖ 1 1 1 — — |
| 3 3 3 2 1 1 0 | 4· 6 5 5 4 5 ‖ 5 5 5 — — |

塵 埃 落 地 後 就 讓 淚 水 洗 清 我 傷 口
你 還 是 要 走 只 盼 望 別 踩 痛 我 傷

Am F Am F

| 6· 7 1 2 3 7· 6 | 4 — — 0· 1 7 | 6 6· 7 1 2 3 7· 1 | 4 — — 4 54 |

C Dm Am G C

| 3· 5 5 3 3 2 | 2· 4 4 — | 0 1231 7· 67 | 1 — — — :‖

C 2.

| 1 1 1 — 1 6 ‖
| 5 5 5 — — ‖

口 動不 𝄋

Φ C Am F G C

| 1 5 1 5 2 3· | 6 3 6 3 7 1· | 4 5 1 4 5 2· | 5 — — — ‖
| 1 1 1 — — |
| 5 5 5 — — |

口

Fine

Key：A
Play：A
男調：A 女調：A
4/4 ♩=92

今天你要嫁給我

彈奏參考

詞 / 陶喆、娃娃 曲 / 陶喆 唱 / 陶喆、蔡依林

A Amaj7 A7 D
|: 3 3 — 3 2 | 2 3 3 0 3 4 5 | 5 — 0 4 3 1 | 1 — — 0 1 2 |
2x Jolin in the house D.T. in the house Jolin in the house D.T. in the house

Dm A Bm E7 A
| ♭3 3 2 2 1 ♭7 ♭6 5 6 5 | 5 3 3 — — | 2 1 7 2 2 | 2 1 1 — — ||
Jolin in the house D.T. in the house Our love in the house Sweet sweet love

A Amaj7 A7 D
|| 3 3 3 3 3 2 1 | 3 3 3 3 3 0 | 3 3 3 3 3 4 5 ♭3 2 | 2 1 1 0 0 |
(男)
春暖的花開 帶走 冬天的感傷 微風吹來浪漫的氣 息
夏日的熱情 打動 春天的懶散 陽光照耀美滿的家 庭

Dm A Bm E7 A
| 1 1 1 1 1 2 1 5 | 5 3 5 3 2 1 0 1 | 2 2 2 3 2 1 7 2 | 1 2 1 1 0 0 ||
每一首情歌忽然充 滿意義 我 就在此刻突然見到 你
每一首情歌都會勾 起回憶 想 當年我是怎麼認識 你

A Amaj7 A7 D
|| 3 3 3 3 3 2 1 | 3 3 3 3 3 0 | 3 3 3 3 3 4 5 ♭3 2 | 2 1 1 0 0 |
0 0 1 2 6 1 6
(女)
春暖的花香 帶走 冬天的淒寒 微風吹來意外的愛 情
冬天的憂傷 接續 秋天的孤單 微風吹來苦樂的思 念(I missing you yeah)

Dm A Bm E A
|(女) 1 1 1 1 1 2 1 5 | 5 3 5 3 2 1 0 1 | 2 2 2 3 2 1 7 1 2 | 1 2 1 0 5 6 5 5 ||
(男) 0 0 0 0 3 | 4 4 4 5 4 3 2 3 4 | 3 4 3 0 3 3 4 3 ||
鳥兒的高歌拉近我 們距離 我 就在此刻突然愛上 你 聽我 說
鳥兒的高歌唱著不 要別離 此 刻我多麼想要擁抱 你 聽我 說

𝄋 A Amaj7 A7 D
|| 5 5 5 3 4 | 5 5 5 3 4 | 5 5 5 6 5 5 1 | 1 — 0 0 |
3 3 3 1 2 | 3 3 3 1 2 | 3 3 3 4 3 3 5 | 6 — 0 0 |
1x 手 牽 手 跟我 一 起 走 創造 幸 福 的 生 活
2x 手 牽 手 跟我 一 起 走 過著 安 定 的 生 活
3x 手 牽 手 我們 一 起 走 把你 一 生 交 給 我

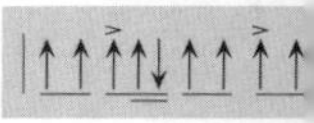

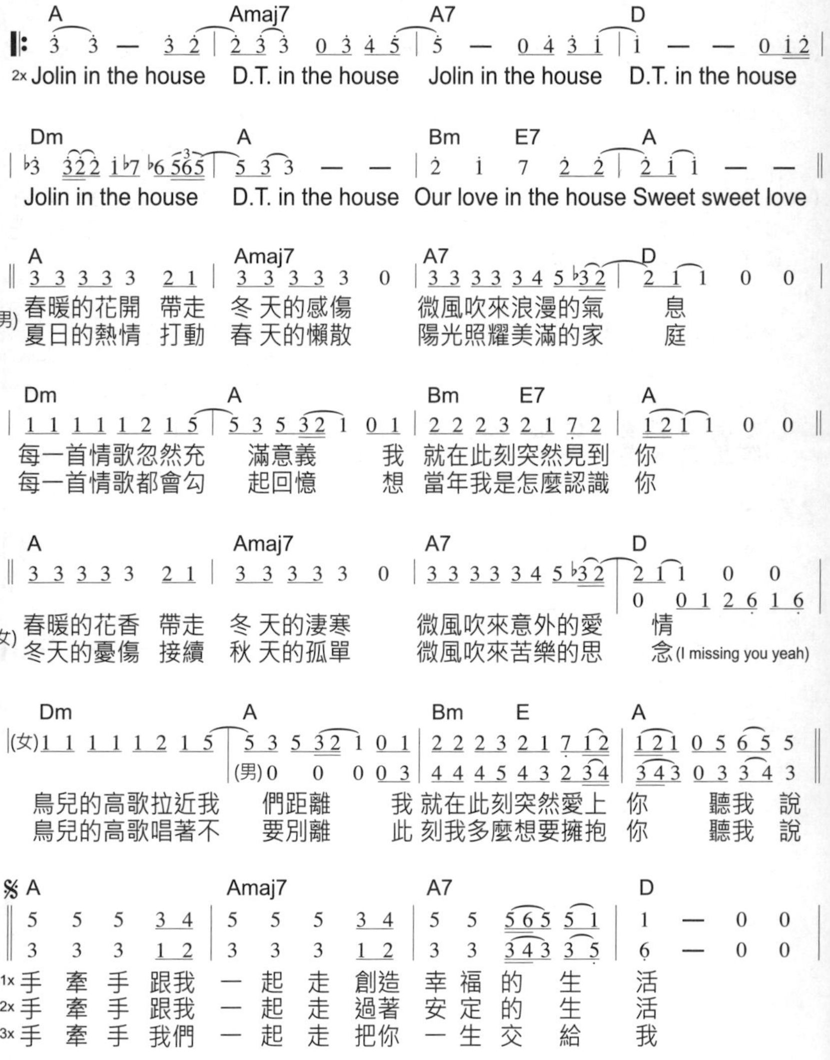

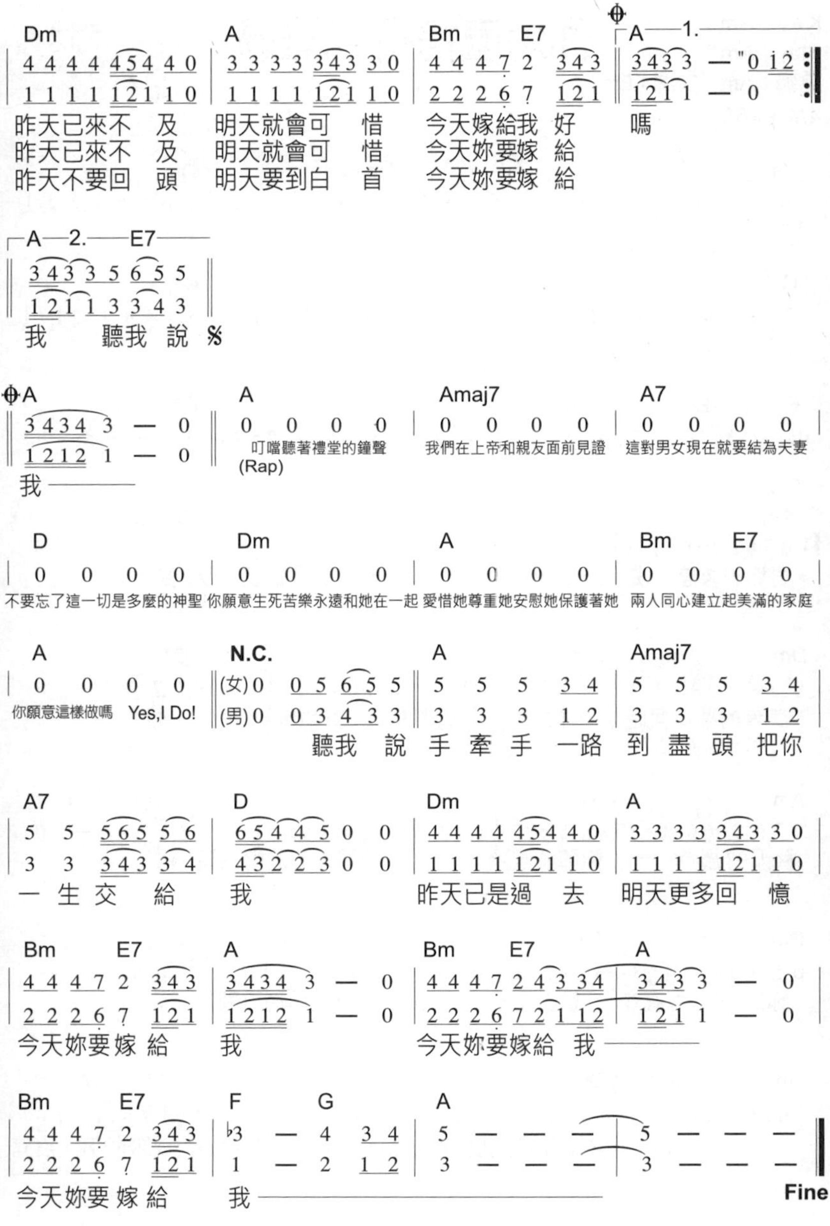

Dm | A | Bm E7 | 𝄌 A 1.

| 4 4 4 4 454 4 0 | 3 3 3 3 343 3 0 | 4 4 4 7 2 343 || 343 3 — 0 12 :|
| 1 1 1 1 121 1 0 | 1 1 1 1 121 1 0 | 2 2 2 6 7 121 || 121 1 — 0 :|

昨天已來不 及 明天就會可 惜 今天嫁給我 好 嗎
昨天已來不 及 明天就會可 惜 今天妳要嫁 給
昨天不要回 頭 明天要到白 首 今天妳要嫁 給

A 2. E7

|| 343 3 5 6 5 5 ||
|| 121 1 3 3 4 3 ||

我 聽我 說 𝄋

𝄌 A | A | Amaj7 | A7

|| 3434 3 — 0 || 0 0 0 0 | 0 0 0 0 | 0 0 0 0 |
|| 1212 1 — 0 ||

我——— (Rap) 叮噹聽著禮堂的鐘聲 我們在上帝和親友面前見證 這對男女現在就要結為夫妻

D | Dm | A | Bm E7

| 0 0 0 0 | 0 0 0 0 | 0 0 0 0 | 0 0 0 0 |

不要忘了這一切是多麼的神聖 你願意生死苦樂永遠和她在一起 愛惜她尊重她安慰她保護著她 兩人同心建立起美滿的家庭

A | N.C. | A | Amaj7

| 0 0 0 0 || (女) 0 0 5 6 5 5 || 5 5 5 3 4 | 5 5 5 3 4 |
| || (男) 0 0 3 4 3 3 || 3 3 3 1 2 | 3 3 3 1 2 |

你願意這樣做嗎 Yes,I Do! 聽我 說 手 牽 手 一路 到 盡 頭 把你

A7 | D | Dm | A

| 5 5 565 5 6 | 654 4 5 0 0 | 4 4 4 4 454 4 0 | 3 3 3 3 343 3 0 |
| 3 3 343 3 4 | 432 2 3 0 0 | 1 1 1 1 121 1 0 | 1 1 1 1 121 1 0 |

一 生 交 給 我 昨天已是過 去 明天更多回 憶

Bm E7 | A | Bm E7 | A

| 4 4 4 7 2 343 | 3434 3 — 0 | 4 4 4 7 2 4 3 34 | 343 3 — 0 |
| 2 2 2 6 7 121 | 1212 1 — 0 | 2 2 2 6 7 2 1 12 | 121 1 — 0 |

今天妳要嫁 給 我 今天妳要嫁給 我———

Bm E7 | F G | A |

| 4 4 4 7 2 343 | ♭3 — 4 3 4 | 5 — — — | 5 — — — ||
| 2 2 2 6 7 121 | 1 — 2 1 2 | 3 — — — | 3 — — — ||

今天妳要 嫁 給 我———

Fine

Key：Am
Play：Am
男調：Am　女調：Em
4/4 ♩=68

你怎麼捨得我難過

詞 / 黃品源　曲 / 黃品源　唱 / 黃品源

彈奏參考

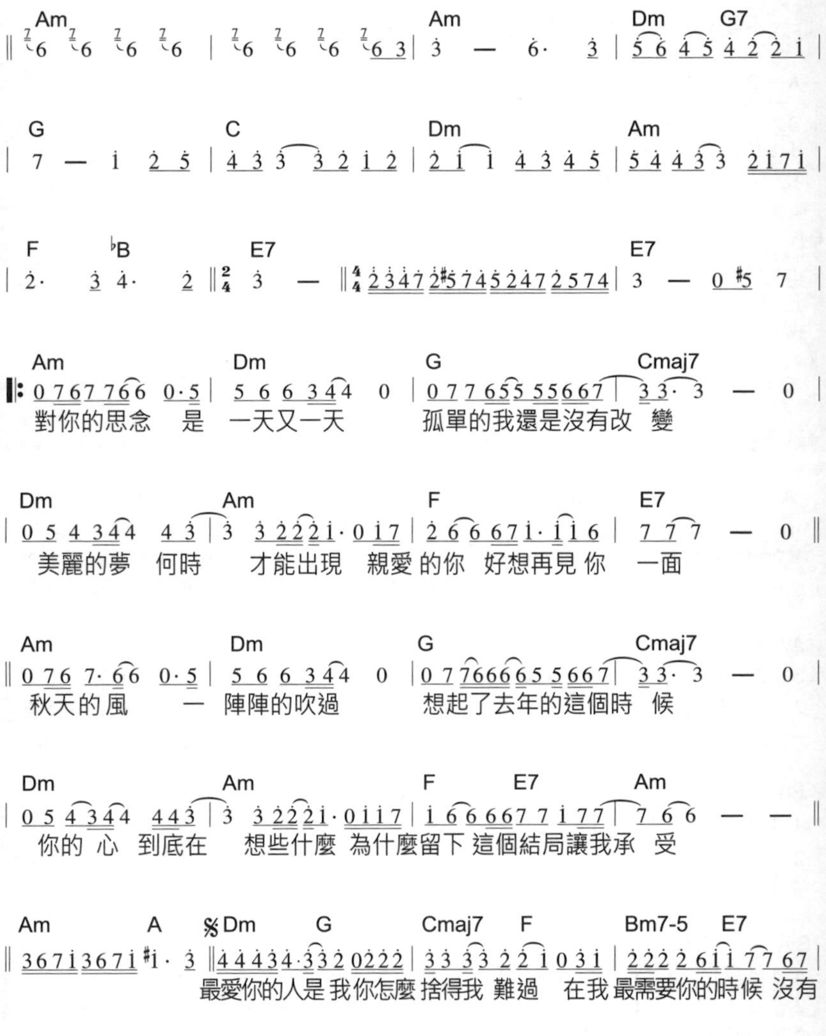

Am　Am　Dm　G7

G　C　Dm　Am

F　♭B　E7　E7

Am　Dm　G　Cmaj7
對你的思念　是　一天又一天　孤單的我還是沒有改　變

Dm　Am　F　E7
美麗的夢　何時　才能出現　親愛 的你　好想再見 你　一面

Am　Dm　G　Cmaj7
秋天的 風　一　陣陣的吹過　想起了去年的這個時　候

Dm　Am　F　E7　Am
你的 心　到底在　想些什麼 為什麼留下 這個結局讓我承　受

Am　A　𝄋Dm　G　Cmaj7　F　Bm7-5　E7
最愛你的人是 我你怎麼 捨得我 難過　在我 最需要你的時候 沒有

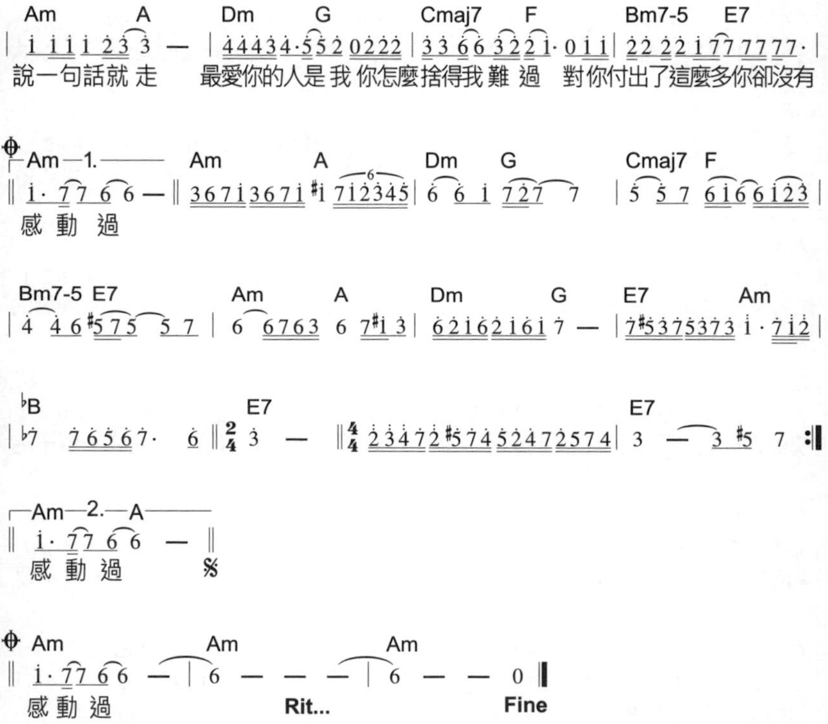

Am A Dm G Cmaj7 F Bm7-5 E7

| 1 11 1 23 3 — | 44434·552 0222 | 33 66 322 1· 0 11 | 22 22 1 77777 7· |

說一句話就走 最愛你的人是我 你怎麼捨得我難過 對你付出了這麼多你卻沒有

Am 1. Am A Dm G Cmaj7 F

‖ 1· 77 6 6 — ‖ 36713671 #1 712345 | 6 6 1 727 7 | 5 5 7 6166 6123 |

感動過

Bm7-5 E7 Am A Dm G E7 Am

| 4 4 6 #575 5 7 | 6 6763 6 7#1 3 | 62162161 7 — | 7#537537 3 1 · 712 |

♭B E7 E7

| ♭7 76567· 6 ‖ 2/4 3 — ‖ 4/4 2347 2#574 52472574 | 3 — 3 #5 7 :‖

Am 2. A

‖ 1· 77 6 6 — ‖

感動過 𝄋

Φ Am Am Am

‖ 1· 77 6 6 — | 6 — — — | 6 — — 0 ‖

感動過 **Rit...** **Fine**

原來你什麼都不要

Key：B♭
Play：C-B-C-D
男調：F　女調：C
4/4 ♩=58

詞 / 鄔裕康　曲 / 郭子　唱 / 張惠妹

彈奏參考

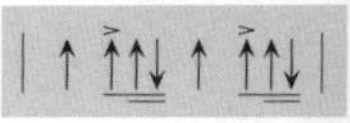

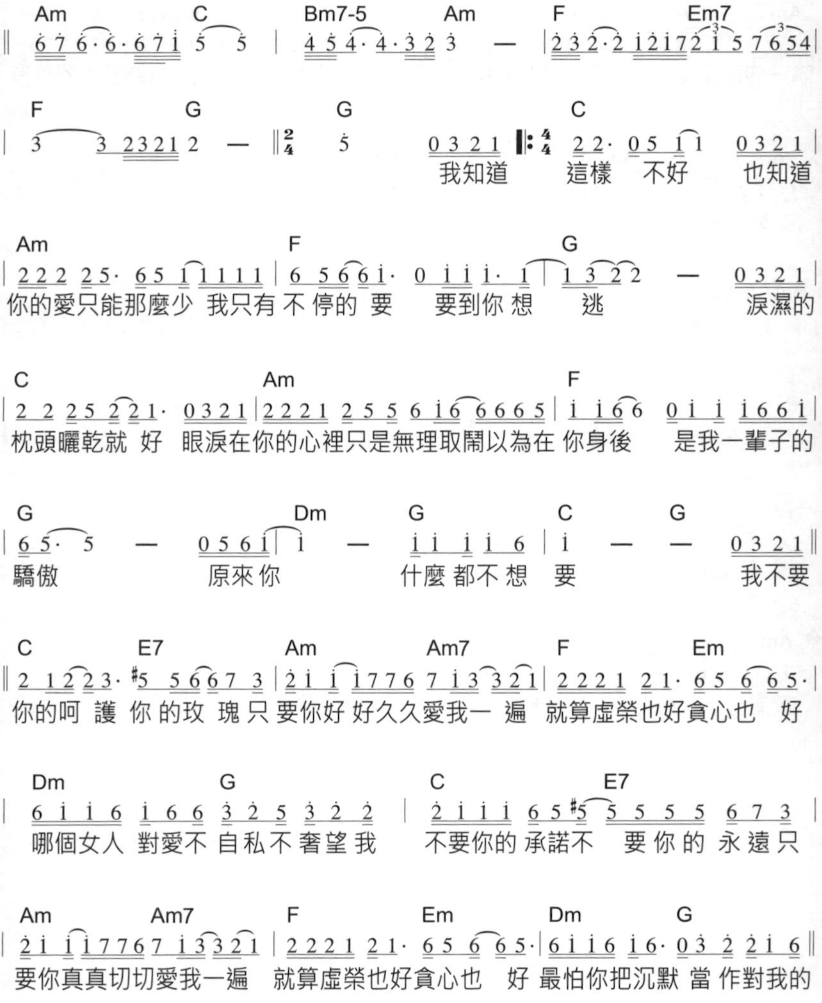

Am　C　Bm7-5　Am　F　Em7

F　G　G　C
我知道　這樣　不好　也知道

Am　F　G
你的愛只能那麼少　我只有不停的要　要到你想　逃　淚濕的

C　Am　F
枕頭曬乾就　好　眼淚在你的心裡只是無理取鬧以為在你身後　是我一輩子的

G　Dm　G　C　G
驕傲　原來你　什麼都不想　要　我不要

C　E7　Am　Am7　F　Em
你的呵　護　你的玫　瑰只要你好好久久愛我一　遍　就算虛榮也好貪心也　好

Dm　G　C　E7
哪個女人　對愛不　自私不奢望我　不要你的承諾不　要你的　永遠只

Am　Am7　F　Em　Dm　G
要你真真切切愛我一遍　就算虛榮也好貪心也　好　最怕你把沉默　當作對我的

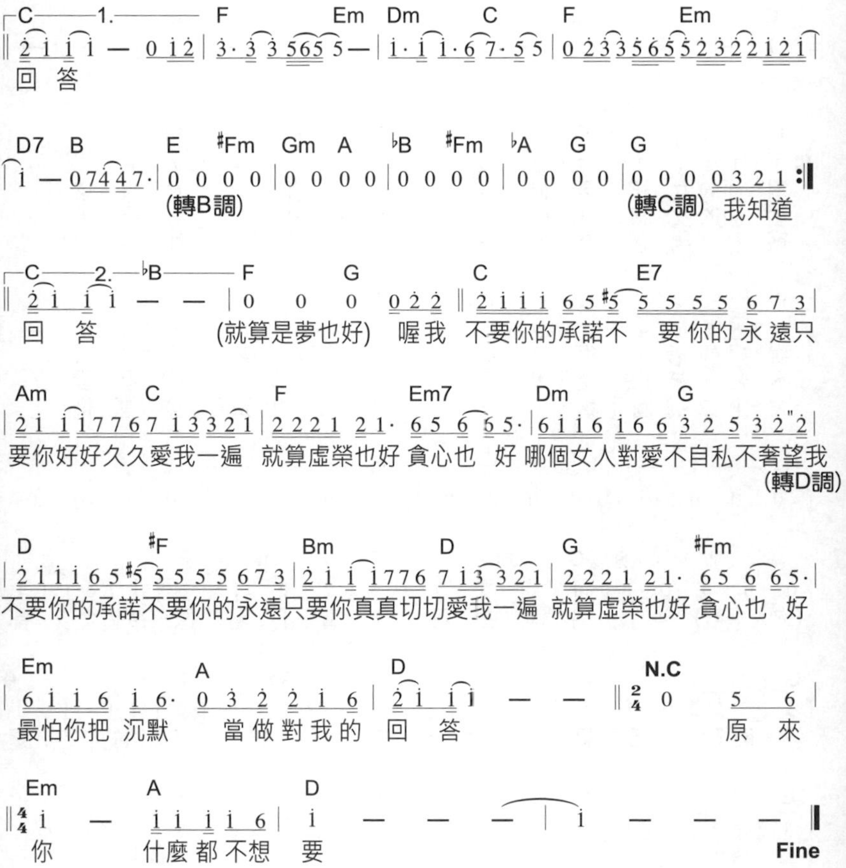

C 1. F Em Dm C F Em

‖ 2 1 1 1 — 0 1 2 | 3· 3 3 5 6 5 5 — | 1· 1 1· 6 7· 5 5 | 0 2 3 3 5 6 5 5 2 3 2 2 1 2 1 |

回 答

D7 B E #Fm Gm A bB #Fm bA G G

| 1 — 0 7 4 4 7· | 0 0 0 0 | 0 0 0 0 | 0 0 0 0 | 0 0 0 0 | 0 0 0 0 3 2 1 :‖

(轉B調) (轉C調) 我知道

C 2. bB F G C E7

‖ 2 1 1 1 — — | 0 0 0 0 2 2 ‖ 2 1 1 1 6 5 #5 5 5 5 5 6 7 3 |

回 答 (就算是夢也好) 喔我 不要你的承諾不 要你的永遠只

Am C F Em7 Dm G

| 2 1 1 1 7 7 6 7 1 3 3 2 1 | 2 2 2 1 2 1· 6 5 6 6 5· | 6 1 1 6 1 6 6 3 2 5 3 2 2 |

要你好好久久愛我一遍 就算虛榮也好 貪心也 好 哪個女人對愛不自私不奢望我

(轉D調)

D #F Bm D G #Fm

| 2 1 1 1 6 5 #5 5 5 5 5 6 7 3 | 2 1 1 1 7 7 6 7 1 3 3 2 1 | 2 2 2 1 2 1· 6 5 6 6 5· |

不要你的承諾不要你的永遠只要你真真切切愛我一遍 就算虛榮也好 貪心也 好

Em A D N.C

| 6 1 1 6 1 6· 0 3 2 2 1 6 | 2 1 1 1 — — ‖ 2/4 0 5 6 |

最怕你把 沉默 當做對我的 回 答 原 來

Em A D

‖ 4/4 1 — 1 1 1 1 6 | 1 — — — | 1 — — — ‖

你 什麼都不想 要 **Fine**

對面的女孩看過來

Key：C
Play：C
男調：C　女調：G
4/4 ♩=130

詞 / 阿牛　曲 / 阿牛　唱 / 任賢齊

彈奏參考

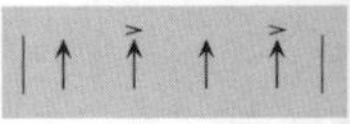

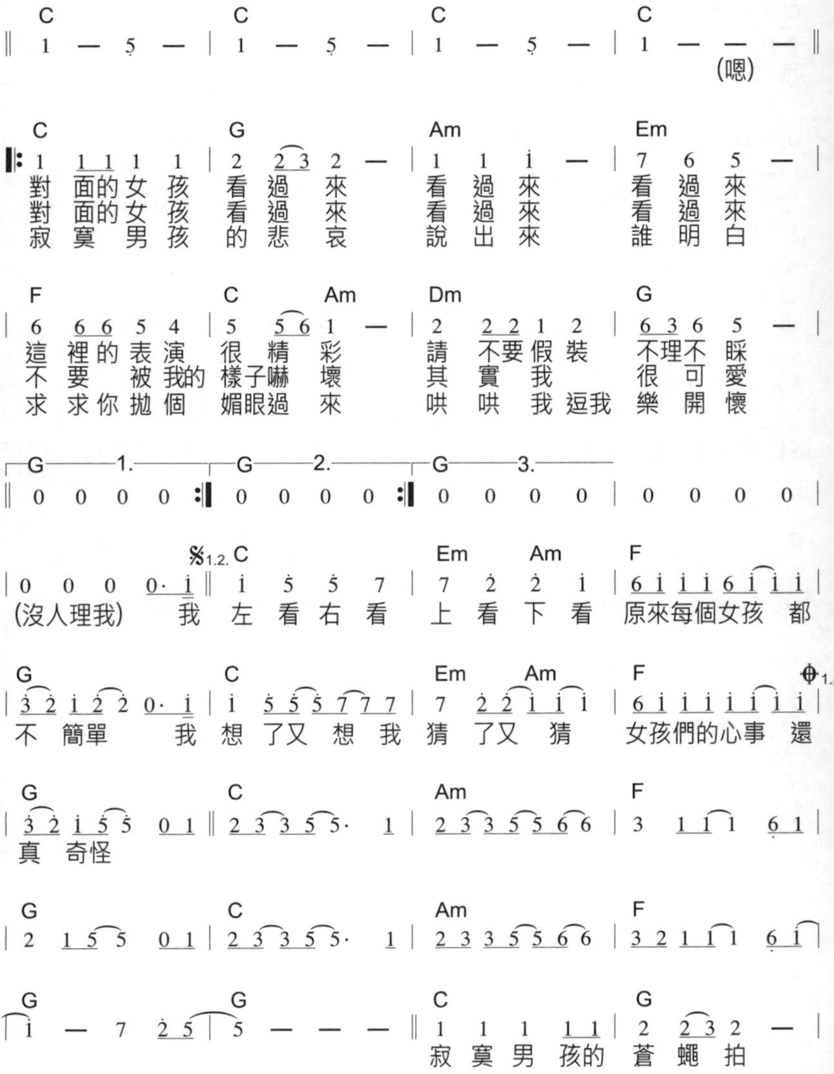

| ↑ ↑ ↑ ↑ |

C　C　C　C
‖ 1 — 5 — | 1 — 5 — | 1 — 5 — | 1 — — — ‖
(嗯)

C　G　Am　Em
‖: 1 1 1 1 1 | 2 2 3 2 — | 1 1 1 — | 7 6 5 — |
對 面的女 孩 看 過 來 看 過 來 看 過 來
對 面的女 孩 看 過 來 看 過 來 看 過 來
寂 寞 男 孩 的 悲 哀 說 出 來 誰 明 白

F　C　Am　Dm　G
| 6 6 6 5 4 | 5 5 6 1 — | 2 2 2 1 2 | 6 3 6 5 — |
這 裡的 表 演 很 精 彩 請 不要 假 裝 不理不 睬
不 要 被 我的 樣子嚇 壞 其 實 我 很 可 愛
求 求你 拋 個 媚眼過 來 哄 哄 我 逗我 樂 開 懷

G 1.　G 2.　G 3.
‖ 0 0 0 0 :‖ 0 0 0 0 :‖ 0 0 0 0 | 0 0 0 0 |

𝄋1.2. C　Em　Am　F
| 0 0 0 0· 1 ‖ 1 5 5 7 | 7 2 2 1 | 6 1 1 1 6 1 1 1 |
(沒人理我) 我 左 看 右 看 上 看 下 看 原來每個女孩 都

G　C　Em　Am　F　𝄌1.
| 3 2 1 2 2 0· 1 | 1 5 5 5 7 7 7 | 7 2 2 1 1 1 | 6 1 1 1 1 1 1 1 |
不 簡單 我 想 了又 想 我 猜 了又 猜 女孩們的心事 還

G　C　Am　F
| 3 2 1 5 5 0 1 ‖ 2 3 3 5 5· 1 | 2 3 3 5 5 6 6 | 3 1 1 1 6 1 |
真 奇怪

G　C　Am　F
| 2 1 5 5 0 1 | 2 3 3 5 5· 1 | 2 3 3 5 5 6 6 | 3 2 1 1 1 6 1 |

G　G　C　G
| 1 — 7 2 5 | 5 — — — ‖ 1 1 1 1 1 | 2 2 3 2 — |
寂 寞 男 孩的 蒼 蠅 拍

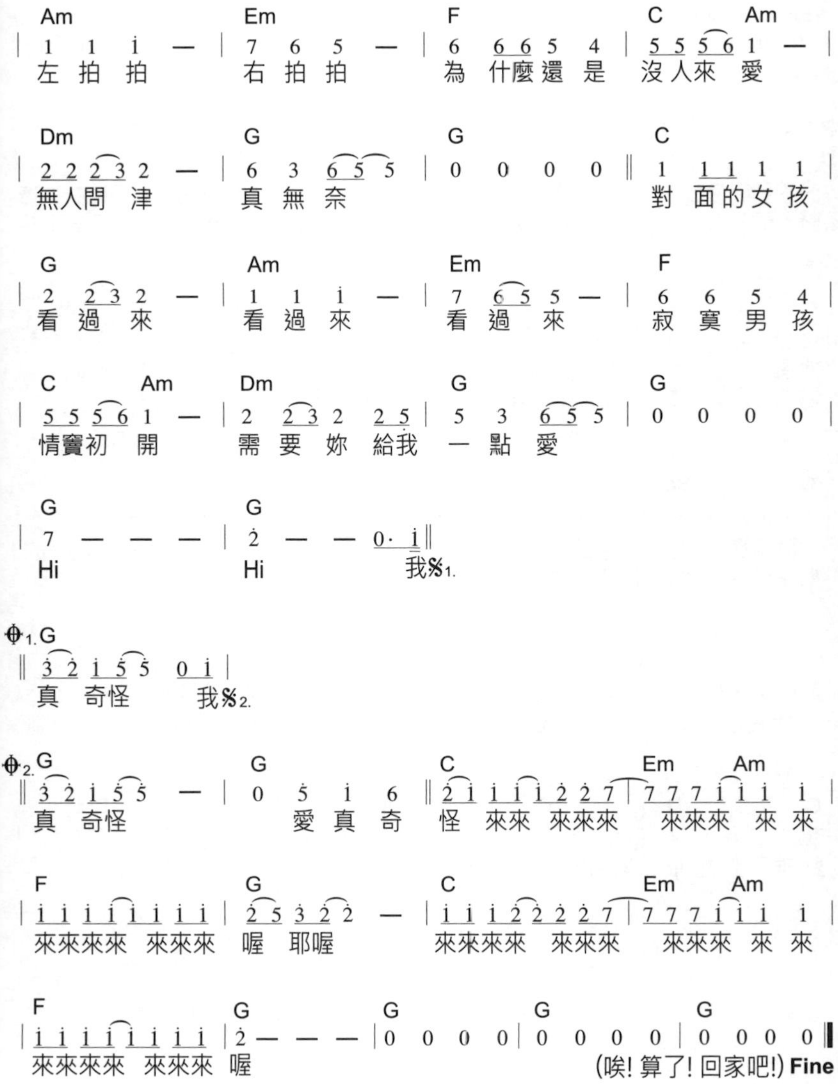

Am Em F C Am
| 1 1 i — | 7 6 5 — | 6 6 6 5 4 | 5 5 5 6 1 — |
左 拍 拍 右 拍 拍 為 什麼還 是 沒人來 愛

Dm G G C
| 2 2 2 3 2 — | 6 3 6 5 5 | 0 0 0 0 ‖ 1 1 1 1 1 |
無人問 津 真 無 奈 對 面的女 孩

G Am Em F
| 2 2 3 2 — | 1 1 i — | 7 6 5 5 — | 6 6 5 4 |
看 過 來 看 過 來 看 過 來 寂 寞 男 孩

C Am Dm G G
| 5 5 5 6 1 — | 2 2 3 2 2 5 | 5 3 6 5 5 | 0 0 0 0 |
情竇初 開 需 要 妳 給我 一 點 愛

G G
| 7 — — — | 2 — — 0· i ‖
Hi Hi 我𝄋1.

Φ1. G
‖ 3 2 1 5 5 0 i |
真 奇怪 我𝄋2.

Φ2. G G C Em Am
‖ 3 2 1 5 5 — | 0 5 i 6 ‖ 2 i i i i 2 2 7 | 7 7 7 i i i i |
真 奇怪 愛 真 奇 怪 來來 來來來 來來來 來 來

F G C Em Am
| i i i i i i i i | 2 5 3 2 2 — | i i i 2 2 2 2 7 | 7 7 7 i i i i |
來來來來 來來來 喔 耶喔 來來來來 來來來 來來來 來 來

F G G G G
| i i i i i i i i | 2 — — — | 0 0 0 0 | 0 0 0 0 | 0 0 0 0 ‖
來來來來 來來來 喔 (唉! 算了! 回家吧!) **Fine**

Key：Em
Play：Em
男調：Am　女調：Em
4/4 ♩=64

愛我的人和我愛的人

詞 / 許常德　曲 / 游鴻明　唱 / 裘海正

彈奏參考

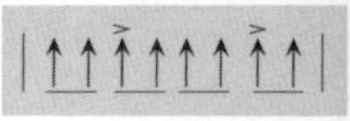

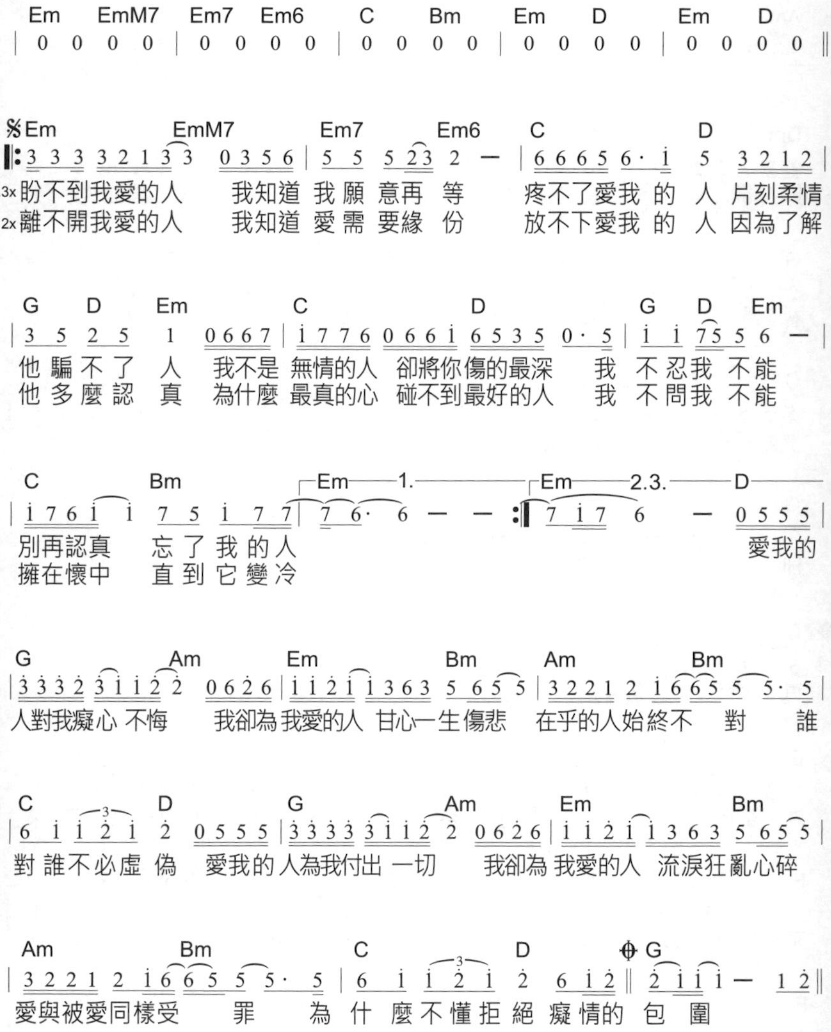

Em EmM7 Em7 Em6 C Bm Em D Em D
| 0 0 0 0 | 0 0 0 0 | 0 0 0 0 | 0 0 0 0 | 0 0 0 0 ||

𝄋Em EmM7 Em7 Em6 C D
|: 3 3 3 3 2 1 3 3 0 3 5 6 | 5 5 5 2 3 2 — | 6 6 6 5 6· 1 5 3 2 1 2 |
1.3x 盼不到我愛的人　我知道 我願 意再 等　疼不了愛我 的 人 片刻柔情
2x 離不開我愛的人　我知道 愛需 要緣 份　放不下愛我 的 人 因為了解

G D Em C D G D Em
| 3 5 2 5 1 0 6 6 7 | 1 7 7 6 0 6 6 1 6 5 3 5 0· 5 | 1 1 7 5 5 6 — |
他 騙 不 了 人　我不是 無情的人 卻將你傷的最深　我 不 忍我 不能
他 多 麼 認 真　為什麼 最真的心 碰不到最好的人　我 不 問我 不能

C Bm Em 1. Em 2.3. D
| 1 7 6 1 1 7 5 1 7 7 | 7 6· 6 — — :| 7 1 7 6 — 0 5 5 5 |
別再認真　忘 了 我 的 人　愛我的
擁在懷中　直 到 它 變 冷

G Am Em Bm Am Bm
| 3 3 3 2 3 1 1 2 2 0 6 2 6 | 1 1 2 1 1 3 6 3 5 6 5 5 | 3 2 2 1 2 1 6 6 5 5 5· 5 |
人對我癡心 不悔　我卻為 我愛的人 甘心一生傷悲　在乎的人始終不　對　誰

C D G Am Em Bm
| 6 1 1 2 1 2 0 5 5 5 | 3 3 3 3 3 1 1 2 2 0 6 2 6 | 1 1 2 1 1 3 6 3 5 6 5 5 |
對 誰不必虛 偽　愛我的 人為我付出 一切　我卻為 我愛的人 流淚狂亂心碎

Am Bm C D 𝄌G
| 3 2 2 1 2 1 6 6 5 5 5· 5 | 6 1 1 2 1 2 6 1 2 || 2 1 1 1 — 1 2 ||
愛與被愛同樣受　罪　為 什 麼不 懂 拒 絕 癡 情的 包 圍

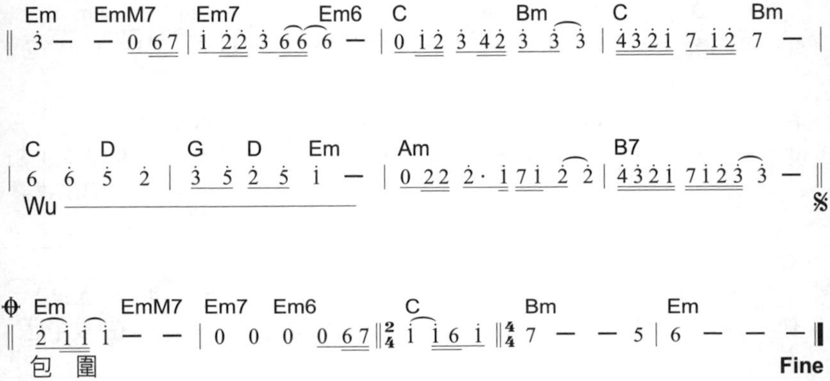

Em EmM7 Em7 Em6 C Bm C Bm

‖ 3 — — 0 6 7 | 1 2 2 3 6 6 6 — | 0 1 2 3 4 2 3 3 3 | 4 3 2 1 7 1 2 7 — |

C D G D Em Am B7

| 6 6 5 2 | 3 5 2 5 1 — | 0 2 2 2 · 1 7 1 2 2 | 4 3 2 1 7 1 2 3 3 — ‖

Wu ———— 𝄋

𝄌 Em EmM7 Em7 Em6 C Bm Em

‖ 2 1 1 1 — — | 0 0 0 0 6 7 ‖ 2/4 1 1 6 1 ‖ 4/4 7 — — 5 | 6 — — — ‖

包 圍

Fine

Key：C
Play：C-E♭-C
男調：C　女調：G
4/4 ♩=64

男人不該讓女人流淚

詞 / 王中言　曲 / 黃國倫　唱 / 蘇永康

彈奏參考

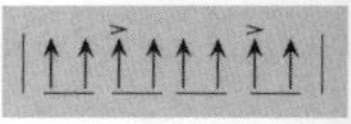

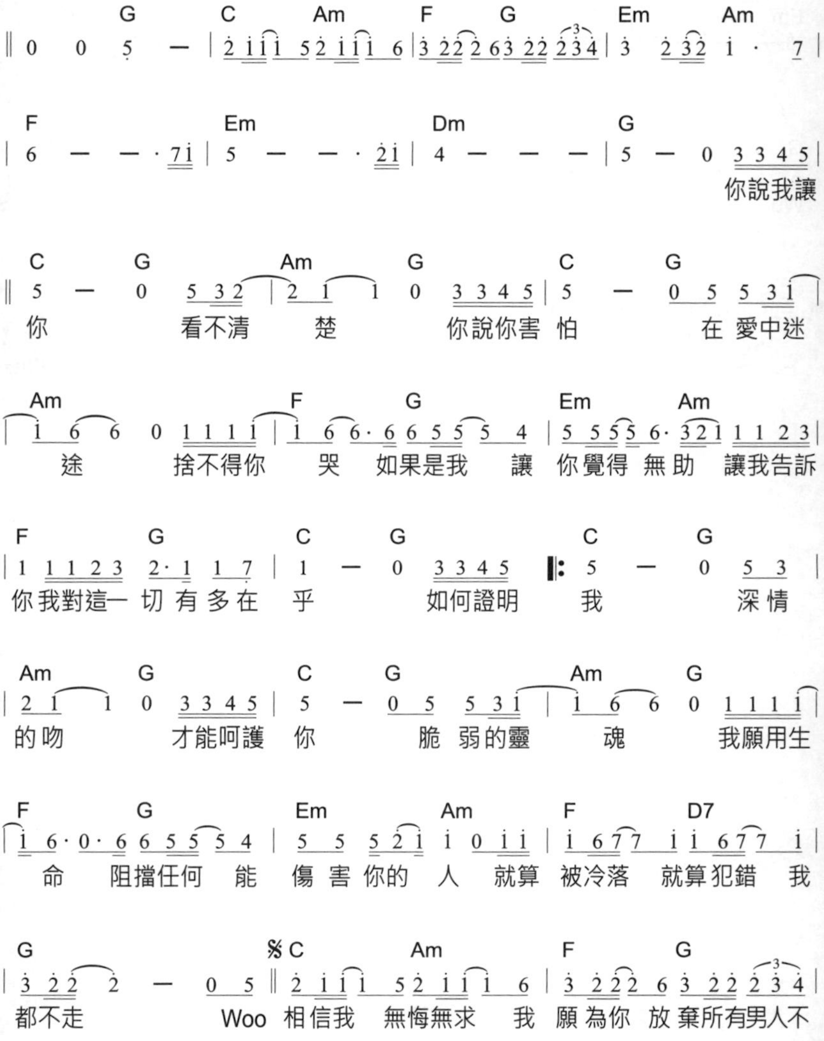

你說我讓

你　看不清　楚　你說你害　怕　在　愛中迷

途　捨不得你　哭　如果是我　讓　你覺得　無助　讓我告訴

你我對這一　切　有　多　在　乎　如何證明　我　深　情

的　吻　才能呵護　你　脆　弱的靈　魂　我願用生

命　阻擋任何　能　傷　害　你的　人　就算　被冷落　就算犯錯　我

都不走　Woo　相信我　無悔無求　我　願為你　放棄所有男人不

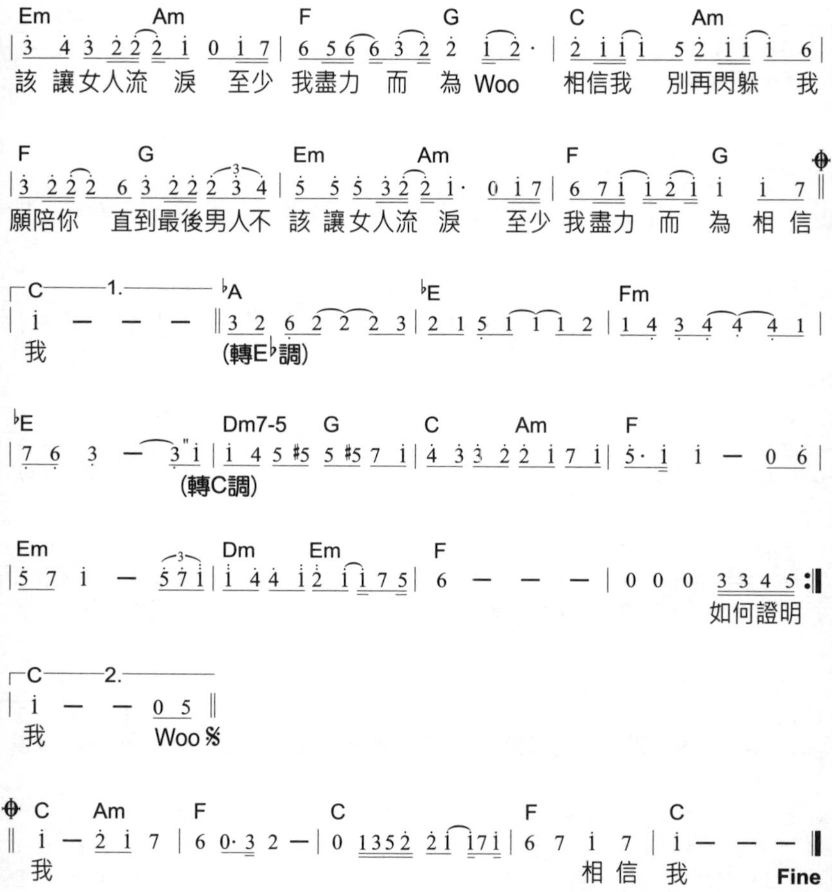

Em Am F G C Am

| 3 4 3 2 2 2 1 0 1 7 | 6 5 6 6 3 2 2 1 2· | 2 1 1 1 5 2 1 1 1 6 |

該 讓女人流 淚 至少 我盡力 而 為 Woo 相信我 別再閃躲 我

F G Em Am F G

| 3 2 2 2 6 3 2 2 2 3 4 | 5 5 5 3 2 2 1· 0 1 7 | 6 7 1 1 2 1 1 1 7 ‖ ⊕

願陪你 直到最後男人不 該 讓女人流 淚 至少 我盡力 而 為 相 信

C 1. ♭A ♭E Fm

| 1 — — — ‖ 3 2 6 2 2 2 3 | 2 1 5 1 1 1 2 | 1 4 3 4 4 4 1 |

我 (轉E♭調)

♭E Dm7-5 G C Am F

| 7 6 3 — 3 1 | 1 4 5 #5 5 #5 7 1 | 4 3 3 2 2 1 7 1 | 5· 1 1 — 0 6 |

(轉C調)

Em Dm Em F

| 5 7 1 — 5 7 1 | 1 4 4 1 2 1 1 7 5 | 6 — — — | 0 0 0 3 3 4 5 :‖

如何證明

C 2.

| 1 — — 0 5 ‖

我 Woo 𝄋

⊕ C Am F C F C

‖ 1 — 2 1 7 | 6 0· 3 2 — | 0 1 3 5 2 2 1 1 7 1 | 6 7 1 7 | 1 — — — ‖

我 相 信 我

Fine

Key：B
Play：C
男調：B　女調：F
4/4 ♩=98

當你孤單你會想起誰

彈奏參考
| ↑ ↑↑↓ ↑↓↑ ↑↑↓ |

詞 / 莎莎　曲 / 施盈偉　唱 / 張棟樑

C　G　Am　Em　F/G
‖ 3 3 4 3 2 1 | 2 — — — | 1 1 2 1 2 1 | 7 — 1 — |
Free Tempo

C　G　Am
‖ 3/4 1 — 3 4 ‖: 4/4 5 5 5 5 5 3 4 | 5 5 5 5 5 6 7 | i 3 3 2 3 3 |
你 的 心情總在飛 什麼 事都想去追 想 抓 住 一 點安 慰

Em7　F　C　Dm
| 3 — — 0 5 | 5 4 4 3 2 1 1 3 | 3 4 3 1 1 0 5 | 5 4 4 3 4 5 5 3 |
你 總是喜歡在人 群 中徘徊 你 最害怕孤單的 滋

G　C　G　Am
| 2 2 2 — 3 4 | 5 5 5 5 5 0 5 | 5 5 5 5 5 6 7 | i 3 3 2 3 3 |
味 你的 心那麼脆 一 碰就 會碎 禁不 起 一 點風 吹

Em7　F　C　D
| 3 — — 0 5 | 5 4 4 3 1 1 1 3 | 3 4 3 1 1 0 5 | 5 4 4 3 4 5 5 6 |
你 的身邊總是要 許 多人陪 你 最害怕每天的 天

G　G　Am　Em　F
| 5 5 5 6 7 ‖ i i 2 i i 0 i | 7 i 7 5 5 0 5 | 6 1 1 1 1 3 |
黑 但 是 天總會黑 人 總要離別 誰 也 不 能 永遠

C　G　Am　Em　F
| 3 5 5 3 2 6 7 | i i 2 i i 0 i | 7 i 7 6 5 5 0 5 | 6 i i i i 0 i |
陪 誰 而孤 單的滋味 誰 都要面對 不 只是你我 會

G　G　𝄋 C　G
| 3 2 1 3 2 2 | 2 — — — ‖ 3 3 4 3 2 1 | 2 5 2 2 — |
感覺到疲 憊 當 你孤單 你會 想 起 誰

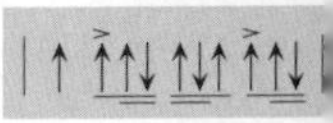

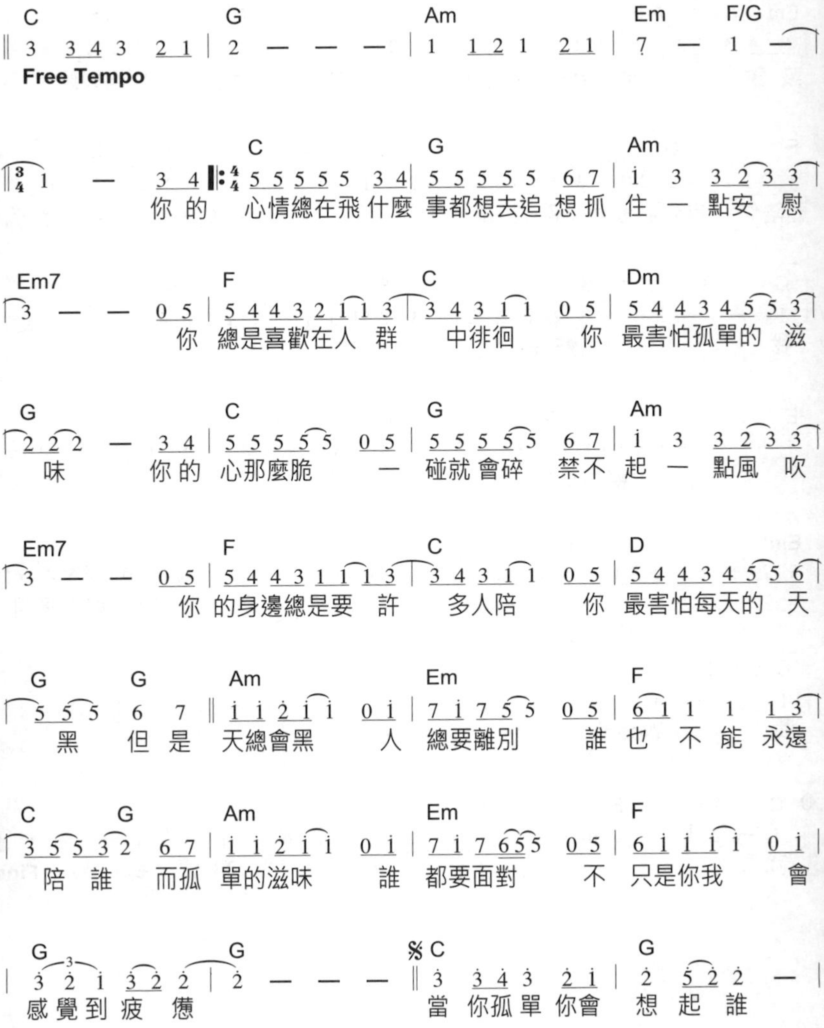

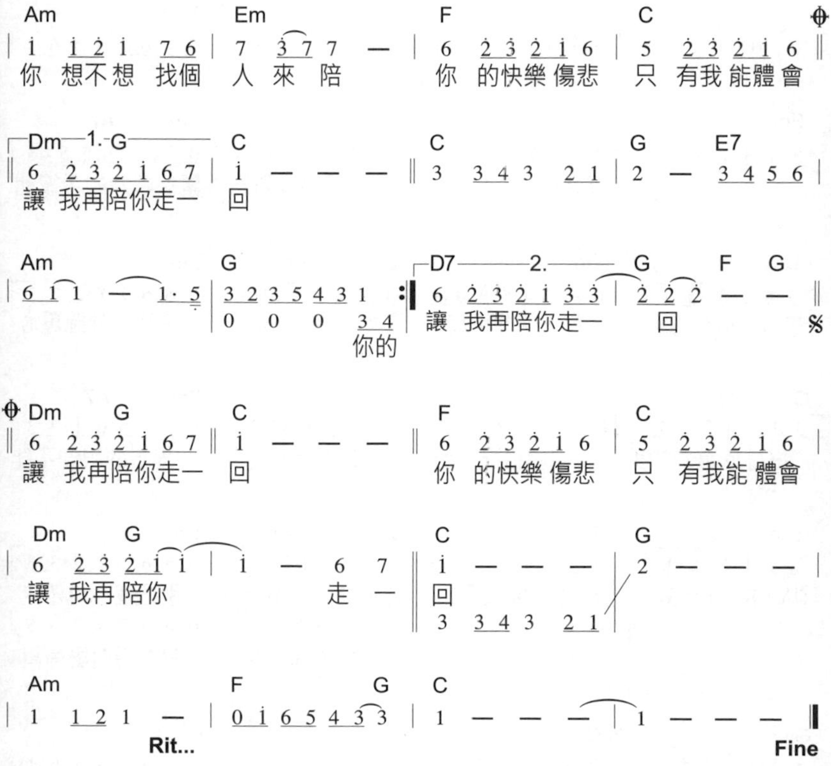

Am Em F C 𝄌

| 1 1 2 1 7 6 | 7 3 7 7 — | 6 2 3 2 1 6 | 5 2 3 2 1 6 ||

你 想不想 找個 人 來 陪 你 的快樂 傷悲 只 有我能體會

Dm 1. G C C G E7

|| 6 2 3 2 1 6 7 | 1 — — — || 3 3 4 3 2 1 | 2 — 3 4 5 6 |

讓 我再陪你走一 回

Am G D7 2. G F G

| 6 1 1 — 1· 5 | 3 2 3 5 4 3 1 :|| 6 2 3 2 1 3 3 | 2 2 2 — — ||

| 0 0 0 3 4 |

你的 讓 我再陪你走一 回 𝄋

𝄌 Dm G C F C

|| 6 2 3 2 1 6 7 || 1 — — — || 6 2 3 2 1 6 | 5 2 3 2 1 6 |

讓 我再陪你走一 回 你 的快樂 傷悲 只 有我能體會

Dm G C G

| 6 2 3 2 1 1 | 1 — 6 7 || 1 — — — | 2 — — — |

讓 我再 陪你 走 一 回

3 3 4 3 2 1

Am F G C

| 1 1 2 1 — | 0 1 6 5 4 3 3 | 1 — — — | 1 — — — ||

Rit... Fine

Key：D
Play：C
男調：C　女調：G
4/4 ♩=60

Kiss Goodbye

詞 / 王力宏　曲 / 王力宏　唱 / 王力宏

彈奏參考

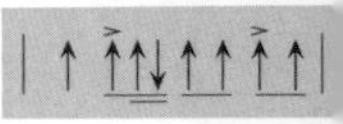

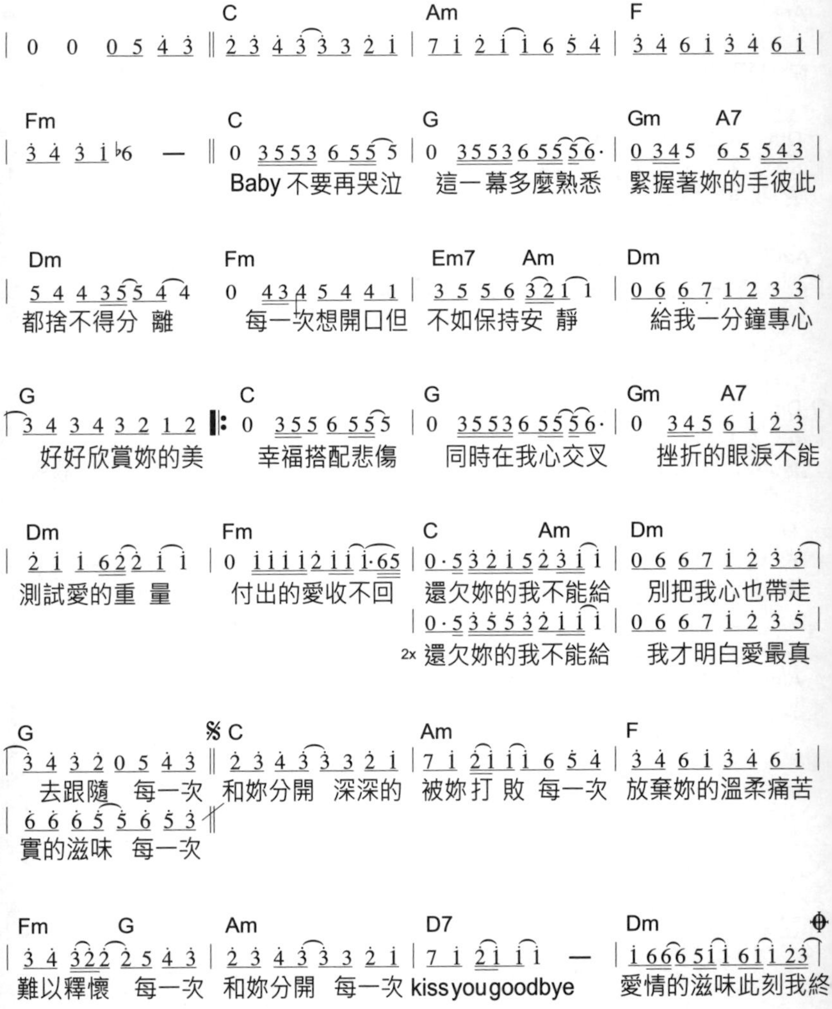

| ↑ ↑↑↓↑↑↑↑ |

C　Am　F

| 0 0 0 5 4 3 ‖ 2 3 4 3 3 3 2 1 | 7 1 2 1 1 6 5 4 | 3 4 6 1 3 4 6 1 |

Fm　C　G　Gm　A7

| 3 4 3 1 ♭6 — ‖ 0 3 5 5 3 6 5 5 5 | 0 3 5 5 3 6 5 5 5 6· | 0 3 4 5 6 5 5 4 3 |

Baby 不要再哭泣　這一幕多麼熟悉　緊握著妳的手彼此

Dm　Fm　Em7　Am　Dm

| 5 4 4 3 5 5 4 4 | 0 4 3 4 5 4 4 1 | 3 5 5 6 3 2 1 1 | 0 6 6 7 1 2 3 3 |

都捨不得分 離　每一次想開口但　不如保持安 靜　給我一分鐘專心

G　C　G　Gm　A7

| 3 4 3 4 3 2 1 2 ‖: 0 3 5 5 6 5 5 5 | 0 3 5 5 3 6 5 5 5 6· | 0 3 4 5 6 1 2 3 |

好好欣賞妳的美　幸福搭配悲傷　同時在我心交叉　挫折的眼淚不能

Dm　Fm　C　Am　Dm

| 2 1 1 6 2 2 1 1 | 0 1 1 1 1 2 1 1 1·6 5 | 0·5 3 2 1 5 2 3 1 1 | 0 6 6 7 1 2 3 3 |

測試愛的重 量　付出的愛收不回　還欠妳的我不能給　別把我心也帶走

| 0·5 3 5 5 3 2 1 1 1 | 0 6 6 7 1 2 3 5 |

2x 還欠妳的我不能給　我才明白愛最真

G　𝄋 C　Am　F

| 3 4 3 2 0 5 4 3 ‖ 2 3 4 3 3 3 2 1 | 7 1 2 1 1 6 5 4 | 3 4 6 1 3 4 6 1 |

去跟隨　每一次　和妳分開　深深的　被妳打 敗　每一次　放棄妳的溫柔痛苦

| 6 6 6 5 5 6 5 3 ‖

實的滋味　每一次

Fm　G　Am　D7　Dm　𝄌

| 3 4 3 2 2 2 5 4 3 | 2 3 4 3 3 3 2 1 | 7 1 2 1 1 1 — | 1 6 6 6 5 1 1 6 1 1 2 3 |

難以釋懷　每一次　和妳分開　每一次 kiss you goodbye　愛情的滋味此刻我終

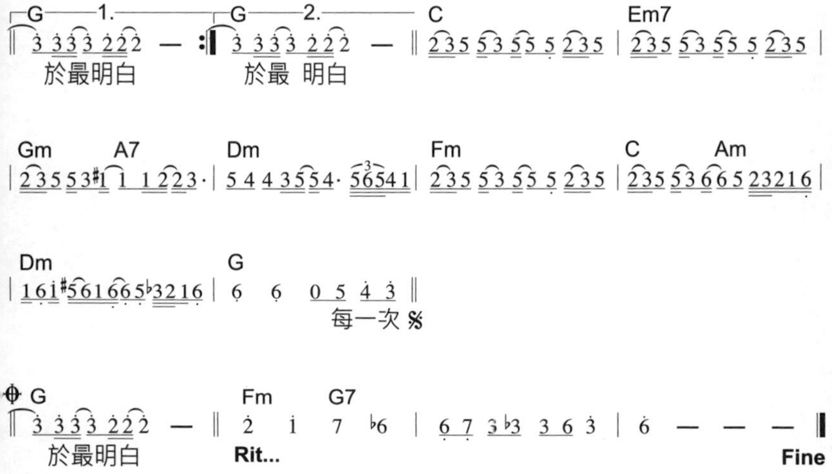

G 1. | G 2. | C | Em7

於最明白 於最 明白

Gm A7 | Dm | Fm | C Am

Dm | G

每一次 𝄋

𝄌 G | Fm G7

於最明白

Rit...

Fine

和弦級數	C 調		F 調		G 調	
	三和弦	七和弦	三和弦	七和弦	三和弦	七和弦
I	C	Cmaj7	F	Fmaj7	G	Gmaj7
II	Dm	Dm7	Gm	Gm7	Am	Am7
III	Em	Em7	Am	Am7	Bm	Bm7
IV	F	Fmaj7	B♭	B♭maj7	C	Cmaj7
V	G	G7	C	C7	D	D7
VI	Am	Am7	Dm	Dm7	Em	Em7
VII	Bdim(7)	Bm7-5	Edim(7)	Em7-5	F♯dim(7)	F♯m7-5
修飾代用	Csus4	Cm	Fsus4	Fm	Gsus4	Gm

和弦動音線						
	Am	AmM7	Dm	DmM7	Em	EmM7
	Am7	Am6	Dm7	Dm6	Em7	Em6

烏克麗麗和弦表

和弦級數	C 調		F 調		G 調	
	三和弦	七和弦	三和弦	七和弦	三和弦	七和弦
I	C	Cmaj7	F	Fmaj7	G	Gmaj7
II	Dm	Dm7	Gm	Gm7	Am	Am7
III	Em	Em7	Am	Am7	Bm	Bm7
IV	F	Fmaj7	B♭	B♭maj7	C	Cmaj7
V	G	G7	C	C7	D	D7
VI	Am	Am7	Dm	Dm7	Em	Em7
VII	Bdim(7)	Bm7-5	Edim(7)	Em7-5	F♯dim(7)	F♯m7-5
修飾代用	Csus4	Cm	Fsus4	Fm	Gsus4	Gm
和弦動音線	Am	AmM7	Dm	DmM7	Em	EmM7
	Am7	Am6	Dm7	Dm6	Em7	Em6

吉他和弦表

I PLAY音樂手冊－MY SONGBOOK

編著｜麥書文化編輯部　校對｜吳怡慧、陳珈云
電腦製譜｜林倩如、鄭自明　製譜編修｜林怡君、林仁斌
美術設計｜范韶芸　出版發行｜麥書國際文化事業有限公司
電話｜886-2-23636166　傳真｜886-2-23627353
地址｜10647台北市羅斯福路三段325號4樓之2
http://www.musicmusic.com.tw
中華民國105年3月 二版

ISBN 978-9865952600
9 789865 952600 00360
定價：NT.360元